DOCUMENTS

concernant

LA NORMANDIE

Extraits du Mercure François

IMPRIMÉ PAR ESPÉRANCE CAGNIARD

Rue Jeanne-Darc, 88, à Rouen

DOCUMENTS

CONCERNANT

LA NORMANDIE

EXTRAITS DU « MERCURE FRANÇOIS »

1605-1644

PUBLIÉS AVEC UNE INTRODUCTION ET DES NOTES

PAR

A. HÉRON

ROUEN

CH. MÉTÉRIE, SUCCESSEUR DE A. LE BRUMENT

LIBRAIRE DE LA SOCIÉTÉ DE L'HISTOIRE DE NORMANDIE

RUE JEANNE-D'ARC, N° 11

M DCCC LXXXIII

EXTRAIT DU RÈGLEMENT.

Art. 16. — Aucun volume ou fascicule ne peut être livré à l'impression qu'en vertu d'une délibération du Conseil, prise au vu de la déclaration du commissaire délégué, et, lorsqu'il y a lieu, de l'avis du comité intéressé portant que le travail *est digne d'être publié*. Cette déclaration est imprimée au verso de la feuille du titre du premier volume de chaque ouvrage.

Le Conseil, vu la déclaration de M. F. Bouquet, *commissaire délégué portant que l'édition des* Documents relatifs a l'histoire de la Normandie, extraits du « Mercure françois, » *préparée par* M. A. Héron, *lui a paru digne d'être publiée par la* Société de l'Histoire de Normandie, *après en avoir délibéré, décide que cet ouvrage sera livré à l'impression.*

Fait à Rouen, le 6 août 1883.

Le Secrétaire de la Société,

Ch. Legay.

INTRODUCTION

I

En l'année 1605, un ancien ministre protestant, devenu prêtre catholique, messire Pierre-Victor-Palma Cayet (1), *docteur en la sacrée faculté de théologie et chronologue de France,* publiait chez le libraire Jean Richer sa *Chronologie septenaire contenant l'histoire de la paix entre les Roys de France et d'Espagne et les choses les plus memorables advenues depuis la paix faicte à Vervins, le 2 de mai 1598, jusques à la fin de l'an 1604.*

[1] Né à Montrichard (Loir-et-Cher) en 1525, Palma Cayet s'était déclaré pour la Réforme, à l'exemple de Ramus, son maître et son ami. Il fut ministre en Poitou et prédicateur de Catherine de Bourbon, sœur de Henri IV. Il revint à la religion catholique en 1595, fut chargé de professer l'hébreu au collège de Navarre en 1596, et reçut les ordres en 1600; il avait alors soixante-quinze ans. Il mourut le 10 mars 1610. Outre des écrits historiques et théologiques, on lui doit l'*Histoire prodigieuse et lamentable du docteur Faust, grand magicien,* qu'il traduisit de l'allemand, et publia en 1603.

La faveur qui accueillit cet ouvrage, dans lequel les faits étaient relatés avec impartialité et sans passion, produisit un double résultat.

D'abord, quelques « seigneurs de qualité » représentèrent à l'auteur qu'il aurait dû, en remontant à l'an 1589, raconter comment Henri IV « a succedé à la couronne de France, les batailles qu'il a données, les rencontres, les sieges des villes, et bref tout ce qui s'est passé de plus remarquable en la chrestienté durant les neuf premieres années de son regne et pour preceder *l'histoire de la paix* [1]. » Palma Cayet s'empressa de satisfaire à une requête aussi flatteuse pour sa vanité d'auteur, et il fit paraître en 1608, chez le même libraire, sa *Chronologie novenaire, contenant l'histoire de la guerre sous le regne du tres chrestien Roy de France et de Navarre Henri IV, et les choses les plus memorables advenues par tout le monde depuis le commencement de son regne, l'an 1589, jusqu'à la paix faicte à Vervins, en juin 1598, entre sa majesté tres chrestienne et le roy catholique des Espagnes, Philippe II.*

D'autre part, le libraire Jean Richer, désirant tirer tout le parti possible du succès obtenu par la *Chronologie septenaire*, conçut l'idée d'en donner la continuation au public, en présentant sous une forme semblable le tableau des événements accomplis, année par année, dans les différents pays. C'est ce que montre bien clairement le titre inscrit au premier tome de cette publication nouvelle : *Le Mercure françois ou la*

---

[1] Avant-propos de la *Chronologie novenaire*.

suitte de l'histoire de la paix, commençant l'an M.DC.V. *pour suite du septenaire du D. Cayer* (sic), *et finissant au sacre du tres chrestien Roy de France et de Navarre Lovys XIII.*

Comme on le voit, l'intention de l'éditeur est bien de continuer l'œuvre de Palma Cayet; il adopte d'ailleurs le plan de cet auteur : comme lui, il fait connaître, en suivant l'ordre chronologique, ce qui s'est passé de remarquable dans les divers États de l'Europe; comme lui, il donne place dans ses récits aux expéditions entreprises vers les terres lointaines, principalement au Canada.

L'éditeur supprima le nom de Palma Cayet [1] dès le second volume qui porte ce titre : *La continuation du Mercure françois ou suitte de l'auguste regence de la Royne Marie de Medicis sous son fils le tres chrestien Roy de France et de Navarre Loys XIII.*

Les autres volumes sont intitulés : *Troisiesme tome, quatriesme tome*, etc., *du Mercure françois;* à partir de la seconde partie du troisième tome, ils portent désormais pour sous-titre, presque sans variante : *ou suitte de l'histoire de nostre temps sous le regne de tres chrestien Roy de France et de Navarre Louys XIII.*

Le dernier volume publié semblait devoir commencer une nouvelle série, si l'on en juge par l'intitulé : *Tome premier de l'histoire de nostre temps sous le regne de tres chrestien Roy de France et de Navarre*

[1] Le second tome commence avec l'année 1610, dans laquelle mourut Palma Cayet. Il y a donc coïncidence entre la mort et la suppression du nom de cet auteur.

Louis XIV, és années 1643 *et* 1644 *ou tome vingt-cinquiesme du Mercure françois és mesmes années* 1643 *et* 1644. L'ouvrage ne fut pas continué au-delà de cette dernière année.

Le *Mercure françois* embrasse donc une période de quarante années, de 1605 à 1644 inclusivement; il forme vingt-cinq gros volumes petit in-8° contenant chacun en moyenne un millier de pages [1]. Parfois plusieurs années sont comprises en un même tome (le premier va de 1605 à 1610) ; d'ordinaire on trouve en tête d'un volume la continuation de la dernière année comprise au tome précédent, une ou plusieurs années complètes et le commencement d'une année dont la continuation sera publiée dans le tome suivant.

L'éditeur eût pu faire du *Mercure* un annuaire historique en publiant séparément et régulièrement chaque année bien complète; à cette époque on n'attachait sans doute pas autant de prix que nous à la périodicité ; il préféra attendre qu'il eût assez de matière pour donner un gros volume au public.

La rédaction de l'ouvrage semble n'avoir commencé qu'après 1610 ; dans le récit des évènements qui se sont passés en 1605, il est fait mention de faits postérieurs,

---

[1] Il n'est pas toujours facile de se rendre un compte exact du nombre de pages que renferme un de ces volumes. Les deux premiers tomes sont foliotés, les suivants paginés, mais parfois la pagination s'interrompt et fait place pour quelque temps à la numérotation par folio. Ailleurs, toute numérotation est suspendue et ne recommence qu'après un certain nombre de feuillets qui ne portent aucun chiffre. Dans certains volumes, il y a une pagination spéciale pour chaque année; dans d'autres, la pagination se continue du commencement à la fin.

tels que l'assassinat de Henri IV par Ravaillac [1].

Les vingt premiers volumes furent publiés par les libraires Jean et Etienne Richer [2]; le dernier tome édité par eux porte la date de 1637. Le 8 octobre 1638, le privilège pour la publication du *Mercure* fut donné à Pierre Billaine, qui en accorda *part et portion* à Olivier de Varennes; ce fut ce libraire, demeurant rue Saint-Jacques, *au Vase d'or*, qui publia les tomes 21 à 24; le dernier fut édité par Jean Henaut, au Palais, en la salle Dauphine, *à l'Ange gardien*.

La publication du *Mercure* semble s'être traînée péniblement pendant les dernières années; les volumes ne paraissent plus que quelques années après les faits qui y sont racontés; le dernier tome, qui se termine par l'année 1644, n'est édité qu'en 1648.

Ajoutons un détail qui a bien son intérêt : on trouve dans plusieurs volumes des plans destinés à faciliter l'intelligence des évènements. Quelques tomes ont des frontispices dont le sujet se rapporte aux faits qu'ils contiennent; celui du tome 14e, par exemple, représente La Rochelle et la digue construite par Richelieu; enfin le tome 10e renferme un portrait de Louis XIII par J. Picart.

L'auteur de l'*Histoire politique et littéraire de la presse en France*, M. E. Hatin, donne à entendre que

---

[1] T. I, année 1605, fo 11 ro.

[2] Le premier tome est publié par Jean Richer, rue Saint-Jean-de-Latran, *à l'Arbre verdoyant*, et en sa boutique au Palais sur le perron royal, vis-à-vis de la galerie des prisonniers; le deuxième porte les noms de Jean et Estienne Richer; les tomes 3 à 7, celui d'Estienne Richer; les tomes 8 à 12 sont édités par Jean et Estienne Richer; les tomes 13 à 20 par Estienne Richer.

Jean et Etienne Richer furent à la fois et les éditeurs et les auteurs du *Mercure*. « Il fut commencé, dit-il, en 1605 par un imprimeur nommé Jean Richer, qui compila et imprima le premier volume; les dix-neuf suivants le furent par Etienne Richer. » Je ne sais ce qu'il faut croire de cette assertion; mais à la fin du quatrième volume nous trouvons une déclaration indiquant l'intention ou de terminer là cette publication ou de laisser à d'autres le soin de la continuer. En effet, après avoir raconté la fin tragique du maréchal d'Ancre, l'auteur ajoute : « Ce sera où nous finirons ces mémoires, laissans à ceux qui continueront les histoires de nostre temps, de descrire comme la mareschale d'Ancre fut changée de chambre le soir du 24 avril, etc. » Puisque le *Mercure* a changé d'auteur et non d'imprimeur, il faut bien conclure que l'auteur et l'imprimeur ne se confondaient pas.

Nous connaissons du moins l'auteur des quatre derniers volumes; ils ont été rédigés par Théophraste Renaudot [1], le père du journalisme, le fondateur de la *Gazette de France* et du bureau d'adresses, l'ingénieux esprit qui le premier comprit l'importance et pressentit l'avenir de la publicité. C'est à partir du vingt-deuxième volume et de l'année 1638, qu'il se chargea de la rédaction du *Mercure*. Il dédia ce volume à « Monseigneur Boutilier, conseiller du Roy en ses conseils, com-

---

(1) Théophraste Renaudot naquit à Loudun en 1584, exerça la médecine à Paris à partir de 1612, devint médecin du roi et obtint en 1631 de Richelieu l'autorisation de fonder la *Gazette de France*, qui fut le premier journal français; il mourut le 25 octobre 1653, laissant deux fils Isaac et Eusèbe, qui continuèrent la *Gazette*.

mandeur et grand thresorier de ses ordres et surintendant de ses finances, » et le fit précéder d'un préambule où il exposait les raisons qui l'avaient déterminé à s'imposer ce nouveau travail.

« Pour satisfaire, disait-il, la curiosité de ceux qui demanderont pourquoy ne manquant point d'autres emplois, j'ay presté l'oreille aux exhortations qu'on m'a faites, de vouloir donner encore au public d'autres memoires de nostre histoire que ceux lesquels j'ay publiés jusques icy dans mes Gazettes, Nouvelles et Relations tant ordinaires qu'extraordinaires, je les prie de considerer en premier lieu que la coustume authorisée de l'humeur de nostre nation, m'ayant prescrit si peu de champ en toutes mes relations qu'elles ne vont pour le plus qu'à deux ou trois feuilles, et quant aux Nouvelles que je vous donne sous ce titre ou sous celui de Gazettes (nom par moy choisi pour estre plus connu du vulgaire avec lequel il faut parler), chacune de leurs narrations occupant encore bien moins d'espace, cette briefveté ne sçauroit suffire à la description particuliere des choses memorables dont l'histoire doit estre composée. C'est pourquoy le principal but de l'historien estant d'estre utile à son lecteur et luy faire remporter quelque fruit, lequel se recueille des seules particularitez et circonstances et non du gros des affaires, il m'a fallu cercher un champ plus spacieux que les precedens pour rendre ma lecture plus profitable [1]. »

Renaudot établit nettement la différence qui existe entre la *Gazette de France* et le *Mercure françois*.

[1] T. XXII, pp. 1-3.

Ce dernier ouvrage n'est pas un journal, comme certains l'ont cru légèrement sur la foi de son titre, le seul point de ressemblance qu'il présente avec le *Mercure galant* de Donneau de Visé, dont il n'offre d'ailleurs ni la composition ni les allures. Ce n'est pas même un annuaire historique, comme nous l'avons dit plus haut, puisqu'il ne fut point soumis à une publication régulière; le nom qui lui convient le mieux est celui d'annales. C'est une œuvre sérieuse que les historiens ont tenue en haute estime et qui mériterait d'être mieux connue du public souvent curieux de mémoires qui ne la valent pas. Elle est écrite dans un style qui ne présente guère de relief, mais qui est, à tout prendre, correct et facile. Elle expose avec calme, sans parti-pris, et généralement avec exactitude, les faits de cette époque si tristement agitée par des guerres civiles, fomentées par les grands, qui, sous prétexte de renverser des favoris incapables ou indignes, ne cherchaient qu'à assouvir, selon la forte expression du cardinal de Richelieu, « la grosse faim de leur avarice et de leur ambition [1]. » Ce qui contribue à lui donner un haut intérêt, c'est le grand nombre des documents officiels qu'elle renferme, lettres-patentes, actes divers émanés du pouvoir. De plus, dans un avis au lecteur, qui précède le troisième volume, l'auteur dit qu'il a « esté le plus soigneux qu'il a pu d'y inserer tous les manifestes, declarations, lettres, res-

---

[1] Les présents que la reine fit aux grands au commencement de sa régence, par le conseil du président Jeannin, étourdirent la grosse faim de leur avarice et de leur ambition, mais elle ne fut pas pour cela éteinte. » (*Mémoires de Richelieu*, l. V, p. 183, collection Petitot.)

ponses, remonstrances, accusations, deffenses et excuses des uns et des autres, » pour que le lecteur pût mieux juger de ce qui s'est passé. Il n'a donné en ce livre, ajoute-t-il, aucune place aux libelles diffamatoires.

A une époque où la liberté de la presse n'existait pas, une pareille publication ne pouvait durer qu'à la condition de garder une extrême réserve ; ce qu'elle disait ne devait pas déplaire au pouvoir, et le seul fait d'exister dans de semblables conditions lui donnait une physionomie quasi-officielle. Mais c'est trop peu dire : le gouvernement dut se servir, pour agir sur l'opinion publique, de cet instrument de publicité, le seul qui existât jusqu'au moment où la *Gazette de France* fut fondée en 1631, et il n'est pas douteux qu'on peut lui appliquer ce que le père Griffet a dit de ce journal dans son *Histoire du règne de Louis XIII* : « Le cardinal de Richelieu prenoit un soin particulier de cet ouvrage, et il envoyoit souvent à Théophraste Renaudot, qui en étoit l'inventeur, des articles entiers, où l'on reconnoît aisément le style et la main de ce grand ministre. Il faisoit insérer dans ces gazettes les traités d'alliance, les capitulations, les relations des sièges et des batailles, écrites par les généraux, et les dépêches des ambassadeurs lorsqu'elles contenoient des faits que l'on vouloit faire savoir à toute l'Europe. Louis XIII ne dédaignoit pas lui-même d'employer une partie de son temps à composer des articles de la gazette. On en voit encore plusieurs dans le recueil des manuscrits de Béthune, que l'on retrouve imprimés dans les gazettes; ils sont écrits de sa main avec un grand nombre de ratures et de corrections qui ne permettent pas de douter qu'il n'en soit l'auteur [1]. »

Si le *Mercure françois* a eu, aussi bien que la *Gazette de France*, des attaches officielles, celui qui l'a rédigé n'a point fait cependant le sacrifice de son impartialité. Je n'en citerai qu'une preuve : dans le récit si intéressant et si dramatique par sa simplicité même, de la condamnation des comtes de Bouteville et des Chapelles, l'auteur n'a nullement cherché à diminuer l'intérêt qui s'attachait aux malheureux frappés par une loi bien rigoureuse sans doute, mais que les circonstances avaient rendue nécessaire. Le sentiment de pitié qui se dégage de cette relation était-il fait pour plaire au tout-puissant cardinal?

Bien que le *Mercure* ne fut pas publié à des intervalles assez réguliers pour mériter la qualification de périodique, ce n'en était pas moins une publication qu'on savait devoir paraître et sur laquelle on comptait ; la curiosité publique l'attendait avec une certaine impatience, et c'est le rapport, le seul, il est vrai, et bien éloigné sans doute, qu'on peut lui reconnaître avec un journal. S'il fallait absolument trouver des ancêtres à Théophraste Renaudot, nous serions plutôt porté à les voir dans les auteurs de ces *livrets* de toute nature, qu'on se hâtait de composer au courant des faits, souvent même avant que les évènements qui les avaient provoqués fussent bien connus. Il n'y avait plus, ce semble, qu'à centraliser ces écrits et en régulariser la publication, pour inventer le journalisme.

[1] T. 1, préface, pp. xj-xij.

Les conditions politiques dans lesquelles nous vivons aujourd'hui nous rendent sans doute, plus que nos devanciers, avides de nouvelles. Toutefois, ce serait bien mal connaître nos pères que de penser qu'ils aient été indifférents à ce qui se passait non seulement autour d'eux, mais encore dans les régions éloignées. N'étaient-ils pas les fils de ces Gaulois, qui, au dire de César, s'emparaient de tout étranger arrivant dans leur tribu, l'interrogeaient avidement sur ce qu'il avait appris dans ses voyages, et ne lui laissaient pas de trêve qu'il n'eût satisfait leur ardente curoisité[1] ? N'ont-ils pas été les pères de ces Français d'aujourd'hui, pour qui le journal est devenu un véritable aliment dont la privation leur serait une dure souffrance ? Bien considérable est le nombre de ces feuilles légères qui paraissaient au hasard des évènements, et dont la possession fait aujourd'hui la joie des bibliophiles. Plus considérable encore assurément est le nombre de celles que nous avons perdues. A partir des guerres de religion jusqu'au moment où le gouvernement absolu de Louis XIV imposa silence à cette presse verbeuse et parfois téméraire, la curiosité publique ne cessa pour ainsi dire pas un seul instant d'être tenue en haleine. L'opinion, d'ailleurs, devenait de plus en plus la reine du monde ; on comprenait que la discussion est habile, plutôt que les coups de force, à terminer les différends. La

---

[1] « Est autem hoc gallicæ consuetudinis, uti et viatores etiam invitos consistere cogant, et, quod quisque eorum de quaque re audierit aut cognoverit, quærant, et mercatores in oppidis vulgus circumsistat, quibusque ex regionibus veniant, quasque ibi res cognoverint, pronuntiare cogant. » *De Bello gallico*, l. IV, c. V.

grande lutte religieuse, qui remplit la dernière moitié du xvie siècle, n'était-elle pas engagée plus encore par la plume que par l'épée ? Catholiques et protestants le comprirent admirablement, et ce ne furent pas seulement les docteurs de l'une et de l'autre religion aussi bien que les politiques qui sentirent le besoin de faire un pressant appel à l'opinion publique ; les hommes d'action eux-mêmes entrevirent quel puissant secours elle pouvait leur apporter, et nous voyons Henri IV, pour ne citer que lui, se préoccuper, au milieu de ses campagnes, d'agir sur les esprits et s'intéresser à la publication de tel ou tel factum à la veille même de ses batailles. Sa correspondance en fournit maintes preuves[1]. Il semblait pressentir qu'il devrait son succès final au moins autant à la *Satire Ménippée* qu'à son abjuration et à ses victoires.

Est-ce par reconnaissance des services qu'il avait demandés lui-même à cette arme nouvelle ou qu'il en avait reçus, qu'il se montra relativement tolérant pour les hardiesses des écrivains, ou faut-il attribuer tout simplement sa longanimité à cette bonté native dont le souvenir a traversé les temps et lui a conservé jusqu'à nous un renom populaire ? Toujours est-il que sous son règne, les auteurs de ces nombreux factums, dont la verve satirique avait parfois de singulières hardiesses, semblent n'avoir guère connu d'autre danger que celui de voir leurs écrits confisqués. On en peut citer comme preuve ce passage du *Mercure* de l'année 1605 : « La France seule jouyt d'une paix heureuse

---

[1] Lettres de Henri IV, t. I, pp. 228, 229, 230 ; t. II, pp. 66, 251, 266.

sous le regne de Henri IV. On n'y fit la guerre qu'en papier : le Soldat françois fait par un Béarnais, ne courut que par les boutiques de libraire ; le Cavalier Savoyard et le Citadin de Geneve furent confisquez ; les autheurs du Pacifique et de l'Anti-Pacifique n'en eurent pas de meilleurs souliers. L'esprit de Chicot vint des valées de Bretagne, pour representer par escrit les resveries de Maistre Guillaume ; force responses, respliques et dupliques faites par des scholares d'armes, et le tout pour faire gagner les imprimeurs : telle estoit la liberté d'escrire en France en ce temps-là ; les curieux s'y amusoient [1]. »

« La liberté d'imprimer est tres-grande, dit encore le *Mercure*...., c'est la mode en France : il faut qu'en chaque année il y ait quelque plume qui fasse quelque these nouvelle, afin d'amuser toutes les plumes pour y repondre, et le peuple s'en repaist, sans qu'il y en ait davantage de bruit. Sa Majesté se soucioit peu de ces escrits : il soignoit du tout au bien, et à l'embellissement de sa ville de Paris [2]. » Henri IV faisait mieux encore, il savait profiter des attaques dirigées contre son gouvernement, et il tempérait l'ardeur que les magistrats auraient volontiers mise à poursuivre les écrivains, « faisant conscience, disait-il, de fascher un honnête homme pour avoir dit la vérité [3]. »

Cette liberté que le bon sens et la facilité du souverain laissaient prendre, les circonstances l'ont aussi donnée

---

[1] T. I, f. 55 v° et 56 r°.
[2] T. I, 1607, f. 227 r° et v°.
[3] Supplément du registre-journal de l'Estoile, avril 1605, p. 384.

parfois aux écrivains. Pendant les troubles civils qui attristèrent les débuts du règne de Louis XIII, les pamphlétaires trouvaient une protection auprès des grands qu'ils servaient de leur plume et que le pouvoir ménageait jusqu'au moment où il se voyait contraint d'engager la lutte. Il est vrai que la guerre une fois terminée, il leur arrivait souvent d'en payer bien chèrement les frais, et que l'autorité, après une indulgence forcée et par conséquent peu méritoire, avait de terribles retours de sévérité. Si Le Normant fut simplement mis à la Bastille pour un libelle intitulé: *L'homme d'Estat françois vrayement catholique dédié au Roy par le sieur de Chiremont* [1], quelques écrivains qui avaient servi le maréchal d'Ancre au temps de sa puissance, furent bien cruellement traités après la chute tragique de leur protecteur. Voici en effet ce que dit le *Mercure*, sous la date de 1618 : « Durant, l'un des gentils poëtes de son temps, inventif à dresser des ballets, et Siti Florentin, qui avoit esté secretaire du jadis archevesque de Tours, frere de la mareschale d'Ancre, pour avoir ensemblément composé un libelle diffamatoire sur les affaires du temps, furent par arrest desdits sieurs du grand Conseil, du 16 juillet, atteints et convaincus du crime de leze-majesté, et condamnez d'estre rompuz et bruslez avec leurs escrits en la place de Greve, après avoir fait amande honorable devant Notre-Dame, ce qui fut executé ledit jour ; et le frere dudit Siti, pour en avoir fait des copies, fut pendu [2]. »

---

[1] T. XI, 1626, p. 113.
[2] T. V, 1618, p. 268.

On sait à quel point les pamphlétaires ont, pendant la Fronde, abusé de la liberté qui leur était laissée ; ce furent là les derniers excès que la plume pût se permettre en France jusqu'à la révolution. Il fut dangereux désormais aux historiens eux-mêmes de dire toute leur pensée, quelque grandes que fussent la gravité et la mesure qu'ils s'efforçaient de garder dans leurs écrits. On considérait volontiers les jugements sévères portés sur le passé, comme un blâme indirect du temps présent. La louange continua d'être trop favorablement accueillie ; la critique dut se taire.

Laissant de côté ces considérations pour revenir au *Mercure françois*, nous formulerons un regret. A côté des faits politiques et militaires sur lesquels il abonde en renseignements précis et détaillés, on aimerait à voir, tout au moins mentionnés, les évènements qui se produisirent dans la vie littéraire de la nation. Les compilateurs de ce recueil n'oublient pas de raconter longuement les fêtes données à la cour, de décrire les ballets, qui étaient alors un divertissement très goûté, et dans lesquels les plus grands seigneurs et plus tard Louis XIV lui-même, ne dédaignèrent pas de paraître, mais ils sont muets sur les grands faits littéraires et scientifiques, qui pourtant passionnèrent à ce moment les esprits, et que la postérité regarde justement comme une des gloires principales du règne de Louis XIII. On chercherait en vain dans leur recueil les noms de Descartes et de Corneille. Mentionnent-ils parfois une comédie, ils n'ont garde d'en faire connaître le titre ni l'auteur, et s'ils en parlent, c'est uniquement parce qu'elle fut représentée à la réception d'un prince, le duc

XXII

de Parme : « Le dix-neufiesme [janvier], son Eminence le receut en son hostel et luy donna une fort belle comedie avec changement de theatre et d'excellents concerts de luths, espinettes, violes et violons entre les actes. Cette comedie fut suivie d'un balet composé de douze entrées de fort bons danseurs richement vestus ; l'assemblée estoit fort belle et toute de personnes de condition[1]. »

Ce regret une fois exprimé, ne demandons plus à nos auteurs que ce qu'ils ont voulu nous donner, et déclarons-nous satisfaits s'ils ont atteint le but qu'ils s'étaient proposé. A cet égard leur compilation mérite des éloges ; elle présente bien le tableau complet des évènements accomplis pendant chacune des quarante années qu'elle embrasse ; elle est un répertoire d'informations très étendues pour l'histoire de la France durant les ministères de Concini, de Luynes et du cardinal de Richelieu ; elle n'offre pas moins de ressources pour l'histoire des autres nations de l'Europe. Pour ne citer que quelques-uns des évènements principaux qui se trouvent détaillés dans le *Mercure*, les différends du pape Paul V avec la république de Venise, la lutte entre l'Espagne et les Provinces-Unies, les querelles religieuses qui troublèrent ce dernier pays et amenèrent la fin tragique de l'infortuné Barneveldt, et principalement la guerre de Trente ans, qui n'était pas loin d'être achevée quand le *Mercure* cessa de paraître, sont racontés avec des détails très circonstanciés et d'après des informations généralement exactes.

---

[1] T. XXI, 1636, p. 126.

L'histoire particulière des provinces de la France peut tirer grand profit des relations, des actes officiels, des documents de toute sorte que contiennent les vingt-cinq gros volumes du *Mercure*. Le Conseil d'administration de la Société de l'histoire de Normandie a pensé que la réunion en un seul volume des pièces diverses qui se rapportent à cette province, serait utile à ceux qui s'intéressent à son histoire et qui ne peuvent feuilleter cette encombrante collection, devenue assez peu commune et parfois difficile à rencontrer. C'est le motif qui a fait entreprendre cette publication.

II

Un recueil tel que celui que nous publions, n'a de valeur qu'à la condition d'être bien complet et de dispenser ainsi ceux qui le consultent de recourir à l'œuvre originale d'où les extraits sont tirés. Tout ce qui, dans le *Mercure françois*, est relatif à la Normandie, le présent volume le contient, et même au-delà. Nous y avons fait entrer le traité de commerce conclu en 1606 entre la France et l'Angleterre, et confirmé en 1623 par Louis XIII; nous l'avons fait en raison de l'importance attribuée à Rouen dans ce traité, qui présente, on en conviendra, le plus haut intérêt.

Il ne suffisait pas d'emprunter au *Mercure* la relation de la mort de Montchrétien et de la condamnation prononcée contre son cadavre; l'histoire de cet étrange personnage s'éclairait et se complétait par le récit de ses entreprises sur Jargeau et sur Sancerre; quelque éloignés de nous que soient ces lieux, les faits qui s'y sont alors accomplis nous appartiennent, puisqu'ils se rapportent à un Normand.

La ville de Pontoise, tout en faisant partie du gouvernement de l'Ile-de-France, était comprise dans l'archidiaconé du Vexin français, qui lui-même ressortissait à l'archevêché de Rouen. Voilà pourquoi nous avons placé au nombre de ces extraits l'arrêt relatif à la prétention des jésuites de fonder un collège à Pontoise; cet arrêt, visant un ordre religieux, intéresse les affaires ecclésiastiques du diocèse.

Tous les autres extraits compris dans ce recueil sont bien normands; tous, jusqu'à cette assemblée des Notables qui se tint à Rouen en 1617. Il est vrai que les propositions qui lui furent soumises au nom du roi et que les réponses qu'elle y fit, visent les affaires générales du royaume, mais elles ont été discutées et approuvées à Rouen ; il était difficile de les détacher du récit de la tenue de cette assemblée; il eût été regrettable de le faire. Ces propositions sont en effet assez peu connues, bien qu'elles aient été insérées dans les *Mémoires de Mathieu Molé* [1], publiés par la Société de l'Histoire de France; elles méritent de fixer l'attention quoiqu'elles n'aient pas produit tous les résultats qu'on était en droit d'en attendre. Ce qui donne un haut intérêt à cette réponse aux vœux des Etats généraux de 1614, c'est la franchise avec laquelle le pouvoir reconnut les nombreux

[1] Le texte des propositions donné par ces Mémoires, t. I, pp. 164-212, a permis d'apporter quelques utiles corrections à celui du *Mercure*. — Nous donnerons plus loin la nomenclature des travaux qui ont été consacrés à l'assemblée des Notables de Rouen.

abus dont souffrait la France, et invita les Notables à lui prêter son concours pour y porter remède. Bien peu de ces abus furent réformés; ils subsistèrent malheureusement presque tous jusqu'à la Révolution française, soit que les circonstances aient été un obstacle à leur suppression, soit qu'on n'ait pas su déployer l'énergie nécessaire pour triompher des résistances. Nous aimons mieux expliquer ainsi la non-exécution de ces réformes que d'attribuer au pouvoir, comme on l'a fait, l'intention de se jouer de l'opinion publique, en faisant des promesses qu'il ne voulait pas réaliser. Les aveux faits par les gens du roi sont une véritable condamnation du régime qui existait alors, et l'on ne s'accuse ainsi soi-même qu'avec la résolution bien arrêtée de s'amender à l'avenir.

Il est inutile de passer en revue les documents divers que contient le présent volume. Nous nous contenterons de signaler quelques-uns d'entre eux, parce qu'ils nous fourniront l'occasion de faire certaines remarques qui ne sont pas sans importance.

Le récit du siège et de la reddition du château de Caen en 1620, est assurément une des pièces les plus intéressantes que renferme ce volume. M. L. Puiseux en a tiré un excellent parti dans l'intéressante notice qu'il a publiée sous le titre de *Siége du château de Caen par Louis XIII, épisode de la guerre civile de 1620*[1], mais il n'en a pas connu la provenance. Il n'eut entre les mains qu'une copie de cette relation, appartenant à M. Georges Mancel, alors bibliothécaire de la

---

[1] Publié chez E. Le Gost-Clérisse, à Caen, en 1856.

ville de Caen, et il crut pouvoir l'identifier avec une plaquette intitulée : *Le voyage du Roy en Normandie et la reduction du chasteau de Caen à l'obeïssance de sa Majesté*, etc., éditée à Paris en 1620, par le libraire Fleury Bourriquant[1]. En publiant pour la *Société des Bibliophiles normands* les diverses relations provoquées par les évènements qui s'étaient accomplis en Normandie, M. A. Canel n'eut pas de peine à établir, par la comparaison des textes, que le manuscrit de M. G. Mancel n'était pas une copie du *Voyage du Roy*, compris parmi ces relations, mais il eut tort de signaler cette copie comme « un léger tribut offert à la curiosité des chercheurs de documents inédits. » Le manuscrit de M. G. Mancel n'est pas, en effet, autre chose qu'une copie de la relation du *Mercure*, relation que M. Canel ne connaissait pas, puisqu'il ne l'a pas comprise dans la nomenclature qu'il a donnée des écrits relatifs aux affaires de Caen. Il est facile de s'en convaincre en rapprochant du texte du *Mercure* les citations faites par M. L. Puiseux dans le cours de son travail, ainsi que les extraits qu'il a publiés à la suite, sous cette rubrique : *Voyage du Roy*. Les deux textes sont partout identiques ; ils ne présentent que des variantes tout-à-fait insignifiantes, qui résultent, ici comme toujours, de l'inexactitude des copistes.

[1] M. L. Puiseux, p. 93, donne d'abord Fleury Bourriquant comme éditeur de cette plaquette, puis il la dit publiée chez Mesnier ; il y a confusion. Isaac Mesnier a édité la même année une autre plaquette portant pour titre : *La réduction de la ville et du chasteau de Caen soubs l'obeissance du Roy, le 17 juillet 1620*, mais c'est toujours au *Voyage du Roy* que M. L. Puiseux rapporte les extraits donnés par lui de la relation manuscrite appartenant à M. G. Mancel.

Les pièces publiées par M. A. Canel[1] peuvent donner lieu à quelques observations assez intéressantes. Deux d'entre elles nous fournissent la preuve du peu de scrupule avec lequel certains auteurs et libraires, avides de gagner quelque argent, s'empressaient de livrer à la curiosité publique de prétendus récits d'où les faits étaient absents, ou dans lesquels on les avait, ce qui était pire encore, étrangement défigurés.

La Reduction de la ville et du chasteau de Caen, soubs l'obeissance du Roy, publiée chez Isaac Mesnier, est bien, comme le remarque M. A. Canel, écrite d'un style grotesque à force de prétendre à l'élévation. « C'est, dit-il, comme un premier cri de victoire, poussé d'enthousiasme. » Louis XIII est un « magnanime Mars en valeur. » C'est « nostre victorieux coriphée, nostre Achille françois du quel les exploits sur les ailes de la renommée, battent desja les quatre extremitez du ciel : l'execution de ces derniers jours qui a paru à la confusion de ceux qui s'estoient retirés de son obeissance, luy font anticiper les armes de Cœsar, et les sceptres qu'Alexandre avoit subjugués, viendront sous la dition

---

[1] Ce sont : *Le voyage du Roy en Normandie*, etc. ; *la reduction de la ville et du chasteau de Caen soubs l'obeissance du Roy, le 17 septembre 1620*, publiée chez Mesnier ; *la reduction du chasteau de Caen en l'obeissance du Roy*, etc., publiée chez Sylvestre Moreau et *les Articles accordez par la clemence du Roy à Monsieur Prudent, lieutenant du chasteau de Caen, etc., par le sieur Desmarest, député pour les fortifications de l'armée du Roy*. M. Canel y a joint un long extrait des *Véritables relations de ce qui s'est passé de jour en jour au voyage du Roy, depuis son départ de Paris, qui fut le septiesme juillet, jusqu'à son retour du pays de Béarn à la fin du mois d'octobre 1620. A Paris, chez Julien Jacquin*, 1620, 52 pages.

de la couronne françoise. » Dans cette emphatique déclamation, on ne rencontre pas de faits; il est évident que l'auteur les ignore; il sait seulement que le château de Caen est pris et il veut tirer profit de cet évènement.

L'autre relation : *La reduction du chasteau de Caen en l'obeissance du Roy*, éditée par Sylvestre Moreau, a été composée par son auteur le lendemain même du jour [1] où des actions de grâces ont été rendues à Dieu pour le succès des armes royales. Les faits sont encore mal connus; on voit figurer dans cette relation des personnages qui n'ont pris aucune part aux évènements ou qui y ont joué un rôle différent; c'est ainsi, par exemple, que le marquis de Beuvron, et non Prudent, remet le château de Caen entre les mains du roi.

Le voyage du Roy en Normandie, etc., et les *Véritables relations de ce qui s'est passé de jour en jour au voyage du Roy*, etc., sont bien supérieurs aux deux écrits précédents. Ils présentent entre eux une certaine conformité et les *Véritables relations* ne paraissent être que le dévelopement du *Voyage du Roy*. C'est aux *Véritables relations* que le compilateur du *Mercure* a emprunté son récit en le complétant par de nouveaux détails suivant son procédé ordinaire, qui consiste à reproduire les publications du temps ou à les prendre pour base en les amplifiant.

Le récit de la dernière entreprise et de la mort de Montchrestien nous fournit une nouvelle preuve du peu

---

[1] « Pour le sujet de ceste reduction, actions de graces ont esté rendues à Dieu en la grand'eglise de Paris, hier jour de dimanche sur les six heures du soir en presence de la Royne de France. »

de confiance que méritent certaines relations, en raison de la précipitation avec laquelle elles ont été composées. Deux plaquettes devenues aujourd'hui très rares ont été publiées [1] sur la fin malheureuse de l'aventurier-poète. La première, intitulée : *La deffaicte des troupes du sieur de Montchrestien, levées en Normandie contre le service du Roy, sa mort,* etc., éditée par Abraham Saugrain, a été évidemment composée avant que les faits fussent suffisamment connus ; ils y sont ou peu précis ou défigurés. L'autre plaquette qui porte pour titre : *La memorable execution des rebelles à sa Majesté ..... ensemble la deffaicte des bandoliers courant la Normandie,* etc., éditée à Troyes par l'imprimeur Pierre Chevillot, mérite plus de confiance, et le récit donné par le *Mercure* s'en rapproche davantage.

Nous avons cru nécessaire d'insister sur ces observations pour bien faire voir à quel examen rigoureux il faut soumettre ces pièces, dont certaines n'ont d'autre mérite que celui de la rareté.

Le volume que nous publions contient encore les *Plaidez sur les privileges de la fierté S. Romain de Rouen* et le réquisitoire prononcé par l'avocat-général Le Guerchois, inséré dans l'*Arrest du Parlement de Rouen contre une Table chronologique imprimée soubs le nom d'un nommé Tanquerel*. Ces discours ont été prononcés dans des affaires qui ont alors pas-

---

[1] Elles ont été rééditées par M. C. Lormier pour la *Société des Bibliophiles normands* dans le volume intitulé *Miscellanées. — Pièces historiques et littéraires, recueillies et publiées par plusieurs bibliophiles.*

sionné les esprits et ils offrent des spécimens assez curieux de l'éloquence du temps.

Enfin, la dernière partie de ce recueil renferme presque exclusivement des documents officiels, savoir deux édits relatifs à la création d'une généralité des finances à Alençon et d'une cour des Aides à Caen, et surtout les Déclarations du roi, frappant d'interdiction les cours souveraines de Rouen, accusées de connivence avec les fauteurs des désordres survenus en cette ville en 1639, avec divers arrêts du Conseil d'Etat rendus en conséquence de ces troubles et parmi lesquels nous signalerons principalement celui qui frappait les contumaces. Le tarif des impositions établies sur les marchandises et denrées, pour satisfaire au paiement de la lourde contribution dont la ville de Rouen avait été frappée, permet d'établir d'utiles comparaisons entre les charges qui pesèrent alors sur ces marchandises et denrées et celles qu'elles supportent de nos jours.

Ces documents, qui, avant d'être insérés dans le *Mercure*, avaient été publiés sous forme de plaquettes devenues rares aujourd'hui, formeront un utile complément au récit des événements de 1639, présenté par M. A. Floquet dans son *Histoire du Parlement de Normandie*, ainsi qu'au *Diaire du chancelier Séguier* rédigé par le maître des requêtes Verthamont, et aux *Mémoires de Bigot de Monville*, édités pour notre Société par M. le vicomte R. d'Estaintot.

On a vu plus haut que le *Mercure françois* contient aussi des relations de voyages maritimes et d'expéditions entreprises pour fonder des colonies, principalement au Canada. Rouen et la Normandie ont joué un rôle prépondérant dans la colonisation de ce pays. Indépendamment de l'intervention directe des Rouennais, c'était encore dans leur ville que les membres des diverses Sociétés qui trafiquaient avec le Canada, venaient débattre leurs intérêts, affréter des navires, régler les bénéfices ou les pertes[1]. Toutefois les relations relatives à la nouvelle France s'attachèrent plutôt à décrire le pays, ses productions et les mœurs de ses habitants, qu'à faire connaître les actes accomplis par les colonisateurs et particulièrement par les Normands ; nous ne les avons pas fait entrer dans ce recueil ; nous nous contenterons de les signaler.

Nous rappellerons seulement que le cardinal de Richelieu, pourvu, le 18 mars 1627, de la charge et office de grand maître, chef et surintendant général de la navigation et commerce de France, constitua, le 29 avril de la même année, une nouvelle compagnie pour le commerce du Canada, à la place des diverses compagnies rivales que leur concurrence même réduisait trop souvent à l'impuissance. Richelieu révoquait par cet acte[2] « les articles precedemment accordez à Guil-

[1] V. M. Gosselin, *Les Normands au Canada*, dans le *Précis de l'Académie de Rouen*, 1871-1872, p. 342.

[2] *Mercure françois*, t. XIX, pp. 232 et suiv. — L'art. 11 de cet acte est ainsi conçu : « Sa Majesté fera don à ladite compagnie de quatre coulevrines de fonte verte, cy-devant accordées à la compagnie des Moluques, lesquelles ledit de Caen a depuis retirées du defunct sieur Muisson, de Rouen, pour s'en servir à la navigation de la Nouvelle-France. » Jacques Muisson avait fondé en 1618, avec Ezéchiel, de Caen, une association pour la navigation aux Indes orientales. Il est mentionné, en 1625, comme ayant été, en son vivant, administrateur de la flotte du Ponant, dont un autre Rouennais, Augustin de Beaulieu, était le général. — V. M. E. Gosselin, *Docu-*

laume de Caen[1] et à ses associés » et donnait la mission de constituer une compagnie de cent associés aux six personnes suivantes, parmi lesquelles nous trouvons des Normands : Claude de Roquemont, écuyer, s^r de Brisson; Jean Houel, s^r du Petit-Pré, conseiller du roi et contrôleur général des salines en Brouage; Gabriel de Lateignant, majeur de la ville de Calais; Simon Dablon, syndic de la ville de Dieppe; David Duchesne, échevin de la ville du Havre, et Jacques Castillon, bourgeois de Paris.

Au nombre des douze directeurs et administrateurs constitués par l'article 27 de la convention du 7 mai 1627, figurent encore deux rouennais, Jean Rozée et Simon le Maistre, tous deux qualifiés de marchands.

Le volume que nous publions reproduit exactement le texte du *Mercure*, à cette exception près que nous n'avons pas hésité à corriger les fautes qui devaient être manifestement portées au compte des imprimeurs; nous avons supprimé les capitales dont on abusait tant à cette époque, et modifié la ponctuation, qui, par son irrégularité, rendait parfois la lecture de ces pièces assez difficile. On pourra remarquer des différences dans l'orthographe d'un même mot; nous n'avons pas cru devoir ramener à l'unité orthographique des pièces qui ne sont pas l'œuvre

---

ments pour servir à l'histoire de la marine normande et du commerce rouennais, etc., pp. 162-163.

[1] Guillaume de Caen, originaire de Dieppe, fils de Guillaume de Caen et de Marie Langlois, était depuis 1620 à la tête de la compagnie Montmorency; il portait le titre de général de la flotte de la Nouvelle-France, possédée par cette compagnie, qui dépensa en établissements au Canada, la somme considérable pour le temps, de plus de 900,000 livres. V. M. Gosselin, op. cit. pp. 354-355.

d'un même auteur et dont la publication s'est faite pendant une durée de quarante ans. Nous n'avons modifié l'accentuation qu'en donnant l'accent aux finales, partout où les imprimeurs du *Mercure* avaient dérogé à l'habitude qu'ils avaient de le faire.

Les éléments des notes consacrées aux personnages qui se trouvent cités dans ces extraits ont été puisés principalement dans les nombreux mémoires du temps, que nous avons consultés presque tous. Plusieurs manuscrits du fonds Martainville (Bibliothèque publique de Rouen) et particulièrement les manuscrits cotés $\frac{Y}{24}$ et $\frac{Y}{25}$ nous ont été du plus grand secours, par les renseignements qu'ils fournissent sur les familles parlementaires et sur une grande partie des familles nobles de la Normandie, auxquelles les membres du Parlement étaient alliés. Les *Cahiers des Etats de Normandie sous les règnes de Henri IV, de Louis XIII et de Louis XIV et les documents relatifs à ces Assemblées*, publiés par M. Ch. de Beaurepaire, nous ont aidé dans des identifications dont il était difficile de trouver ailleurs les bases. Enfin, nous devons quelques notes sur des personnages protestants à l'obligeance de M. E. Lesens, si compétent dans tout ce qui concerne l'histoire du protestantisme en Normandie.

ERRATA

Page :	Ligne :	Lisez :	au lieu de :
1	4	françois	français
17	25	année	annee
27	9	Esther de Costentin, fille du s^r de Tourville,	Esther de Costentin s^r de Tourville,
28	22	François de Rouxel	François Rouxel
32	14	Gonzague.	Gonzagues.
46	37	d'Escalis,	d'Escalist
72	17	feu	feu
99	15	ayent	ayant
111	29	d'Orléans-Longueville	Orléans-Longueville
123	23	Guillaume Vauquelin, s^r de la Fresnaye,	Guillaume, s^r de la Fresnaye,
126	22	de la Mark,	de la Marck,
160	20	se	re
184	11 et 16	Montchrestien	Montcrhestien
218	33	Thévenot	Thouvenot
227	4	Anglois	Anglais

DOCUMENTS

concernant

LA NORMANDIE

EXTRAITS DU *MERCURE FRANÇAIS*

(1605-1644)

1606

Philippes Desportes[1]

Philippes Desportes, chartrain, mourut sur l'automne en son abbaye de Bon-port[2] en Normandie : entre les poëtes françois, il a emporté le surnom de mignard.

---

[1] T. I, 2e livre, fo 164 vo. — Philippe Desportes, un des meilleurs poètes français de la fin du xvie siècle, était né à Chartres, en 1546. Il mourut le 6 octobre 1606 et fut inhumé dans l'église de l'abbaye de Bonport.

[2] Sur la rive gauche de la Seine, un peu en aval du Pont-de-l'Arche.

1607

Plaidez sur les privileges de la fierte S. Romain de Roüen[1].

Le meurtre du sieur de Halot[2] fait en la ville de Vernon le 22 septembre 1592 par le marquis d'Allegre[3], fut le sujet de plusieurs plaidez qui se firent au grand Conseil par plusieurs doctes advocats, touchant le privilege de la fierte ou chasse S. Romain[4] à Roüen, dont voicy l'abregé.

La Motte[5] ayant obtenu lettres d'abolition du Roy pour

---

[1] T. I, 3e livre, fo 178 vo à 189 ro. — L'auteur du *Mercure* a résumé ou publié par extraits *Les Plaidoyers faicts au grand Conseil sur le privilege de la Fierte pretendu par les Doyen, Chanoines et Chapitre de l'Eglise cathedrale de Roüen, et les Arrests sur ce intervenus*, Paris, 1608. Le plaidoyer de Foulé, avocat du roi au grand Conseil, que donne le *Mercure*, ne se trouve pas dans cette publication.

[2] François (II) de Montmorency, sr du Hallot, etc., fils de François (I) de Montmorency, sr du Hallot, de Bouteville, etc., et de Jeanne de Montdragon. Nommé par Henri IV bailli et gouverneur de Gisors, et lieutenant général en Normandie, il fut tué à Vernon par le marquis d'Alègre et par ses gens, le dimanche 13, et non le 22 septembre 1592.

[3] Christophe (II) d'Alègre, sr de Blainville, etc., fils de Christophe (I) d'Alègre et d'Antoinette du Prat, devint marquis d'Alègre en 1592, par la mort de son cousin Yves, marquis d'Alègre et baron de Millau. D'abord partisan zélé de Henri IV, il fut, en 1591, nommé par ce prince gouverneur de Gisors. Ses *pilleries* et ses violences le rendirent tellement odieux, que le roi se vit obligé de le remplacer en 1592 par du Hallot, dont il se vengea en le faisant assassiner. Sur ce personnage, qui joua d'ailleurs un rôle assez important, v. M. F. Bouquet, *Recherches historiques sur les sires et le château de Blainville*, dans la *Revue de la Normandie*, t. I, 1862, pp. 572-585 et 669-689.

[4] Sur le privilége de S. Romain, v. Etienne Pasquier, *Les Recherches de la France*, l. IX, c. XLII, et M. A. Floquet, *Histoire du privilége de S. Romain*, Rouen, 1832, 2 vol. in-8o.

[5] Claude de Pehu, sr de la Mothe, né à Longueil, en Picardie.

avoir assisté le marquis d'Allegre en sa retraite apres qu'il eut assassiné le sieur de Halot, fit appeler l'an 1604 la veufve[1] dudit sieur de Halot et la dame de la Veronne[2] sa fille, pour proceder à l'entherinement de ses lettres d'abolition par devant le prevost de l'hostel ; mais les dames de Halot et de la Veronne formerent un reglement au privé Conseil par arrest duquel le procez, tant pour le regard de l'exception qu'alleguoit la Motte à raison du privilege de la fierté S. Romain qu'il avoit levée à Roüen, que pour proceder sur l'entherinement de ladite abolition, est renvoyé au grand Conseil. Auquel procez intervindrent aussi le cardinal de Joyeuse[3] archevesque, et les doyen[4], chanoines et chapitre de Roüen, pour defendre le privilege de ladite fierté.

De Cerizay[5] pour la Motte dit, que lors du meurtre il

[1] Claude Hébert, dite d'Ossonvilliers, dame de Courcy, fille de Louis Hébert, sr de Courcy, et de Gillette de Saint-Amadour.

[2] Jourdaine-Madeleine de Montmorency avait épousé le 3 juillet 1591 Gaspard de Pelet, sr de la Vérune, vicomte de Cabanes, baron des Deux-Vierges, etc., chevalier des ordres du roi. Nommé en décembre 1583 lieutenant général au bailliage de Caen et gouverneur de la ville et du château de Caen, il se distingua par sa fidélité aux rois Henri III et Henri IV. Il mourut le 10 avril 1598.

[3] François de Joyeuse, second fils de Guillaume (II) de Joyeuse, maréchal de France, et de Marie de Baternay, né le 24 juin 1562, abbé de Fécamp, archevêque de Narbonne 1582, cardinal 1583, archevêque de Toulouse 1589, de Rouen 1604, conseiller d'Etat, ambassadeur à Rome, président de l'ordre du clergé aux Etats généraux de 1614, mort à Avignon le 23 août 1615. Il avait fondé à Rouen le séminaire de Joyeuse, dont les bâtiments font aujourd'hui partie du Lycée Corneille. Le *Mercure françois* donne, t. IV, année 1615, p. 445, un résumé de sa vie.

[4] Le doyen du chapitre était, depuis 1594, Guillaume Péricard, conseiller-clerc au Parlement, abbé de Saint-Thaurin ; il devint évêque d'Evreux après le cardinal du Perron, et mourut le 26 novembre 1613.

[5] L'auteur du *Mercure* résume le plaidoyer de Guillaume de Serisay, avocat au grand Conseil, qui remplit les pp. 5-16 de la

n'estoit aagé que de quinze ans, recentement sorti de page, et encor lors domestique du marquis d'Allegre, que de verité il entra avec le marquis dans Vernon le soir auparavant qu'il fit le meurtre, mais que l'ayant accompagné chez monsieur le comte de S. Paul[1], où il alla souper, se retira en son hostellerie, et ne vit point le marquis jusques au lendemain matin que l'on luy vint dire qu'il montoit à cheval ; ce qui fut occasion qu'il se leva promptement, s'habilla, et monta à cheval pour l'attraper ; s'enquerant par les ruës de Vernon du chemin qu'il avoit tenu, il apprit qu'il estoit allé au logis du sieur de Halot, où ledit la Motte le rencontra qu'il en sortoit en tumulte; lequel n'ayant eu du commencement advis qu'il eust tué le sieur de Halot, et mesmes depuis le sçachant, suivit ledit marquis en sa retraite. Dequoy ayant entendu que l'on le vouloit rechercher et rendre complice dudit assassin, pour eviter tout danger, auroit en l'année 1593 levé pour ce faict la fierte S. Romain à Roüen, encor qu'il ne fust ny du conseil ny de l'entreprise de cet assassinat, mais il le fit pour mettre ceste forte barriere au devant de la grande authorité et puissance des dames de Halot et de la Veronne.

Aussi qu'il ne s'est pas contenté d'avoir levé ladite fierte ; mais pour plus grande precaution, a obtenu lettres d'abolition de sa Majesté, de l'entherinement desquelles il s'agit.

publication citée plus haut, *Les Plaidoyers faicts au grand Conseil*, etc.; quelques phrases sont à peu près textuellement reproduites.

[1] François, comte de Saint-Pol, fils de Léonor d'Orléans, duc de Longueville, et de Marie de Bourbon, duchesse d'Estouteville, comtesse de Saint-Pol, chevalier des ordres du roi 1595, créé duc de Fronsac en janvier 1608, gouverneur d'Orléans, Blois et Tours, mort le 7 octobre 1631.

Partant qu'il a trois bonnes defenses à l'encontre de ses adverses parties : 1. son innocence; n'ayant point assisté au meurtre; 2. qu'il a levé la fierte S. Romain, laquelle a ce privilege depuis mil ou onze cens ans en çà, qu'elle esteint indifferemment tout crime, fors celuy de leze majesté : le meurtre du sieur de Halot n'est point de ceste sorte, tant parce qu'il n'avoit point esté recogneu lieutenant du Roy au Parlement lors seant à Caën, qu'aussi parce qu'il fut tué pour une querelle particuliere, joinct que ce ne fut point pendant la function de sa charge, et 3. quant bien la Mothe seroit en quelque chose coulpable du meurtre, ce que non, l'abolition qu'il a obtenuë du Roy, laquelle il a meritée pour tant de bons services qu'il luy a rendus, ensevelit en un oubly perpetuel pour son regard le crime pour raison duquel il est recherché. Par quoy il conclud, ou qu'il jouisse du levement de la fierte, ou, quoy que ce soit, qu'entherinant son abolition il soit mis en liberté.

De Monstreuil [1], pour l'archevesque et le chapitre de Roüen en son plaidé, dit, que leur intervention n'est seulement que pour l'interest de la conservation de leur privilege de la chasse S. Romain, et sçavoir si la Mothe en jouyra puis qu'il l'a levée en l'an 1593. Que c'estoit la cause de Dieu et de son eglise qu'il plaidoit, puis qu'il s'agissoit de defendre l'honneur de Dieu, et de ses saincts.

Et de faict, dit-il, l'on ne me peut revoquer en doute la saincteté du privilege dont il s'agist. Car la verité est

---

[1] Jean de Montereul est le nom exact de cet avocat, dont le plaidoyer est non pas résumé, mais reproduit par extraits d'après *Les Plaidoyers faicts au grand Conseil*, etc., où il occupe les pp. 16-50. — Il y a dans l'argumentation de Montereul, de Bouthillier et de Foulé bien des erreurs chronologiques qu'il est inutile de signaler, cette question ayant été discutée à fond par M. A. Floquet, ouvrage précité, t. I, pp. 1-65.

qu'au temps du roy Clotaire II, la ville de Roüen et le pays d'alentour estant cruellement travaillé d'une beste horrible et monstrueuse en forme de grand serpent ou dragon, qui couroit tout le pays, devoroit hommes et bestes, faisoit miserablement perir batteaux et navires, navigeans sur la riviere de Seine, bref, faisoit des maux innumerables qui feroient horreur à les ouyr seulement raconter, S. Romain lors evesque de Roüen, meu d'une tres-ardante charité, ne craignit, fortifié de la grace de Dieu, se devoüant pour son peuple et son troupeau, d'aller à la caverne où repairoit ceste beste espouvantable, pour la combattre et en delivrer le pays. En ce brave et glorieux exploict, il se fit accompagner d'un prisonnier condamné à la mort, qui luy fut baillé et delivré par la justice. Là, comme il n'y a puissance qui ne flechisse devant Dieu et devant ses ministres, qui ont ceste vive foy à laquelle rien n'est impossible, qui peut faire changer les montagnes de place, et les transporter de lieu à l'autre, S. Romain prend ce dragon, luy met son estole au col, et le baille à mener au prisonnier. Ceste beste non moins effroyable que ce serpent qui seul arresta l'armée entiere des Romains commandée par ce grand capitaine Marcus Attilius[1], et par un furieux combat, et grand meurtre de gens de guerre tint un long temps la victoire en balance; ceste beste, dis je, ployant sous le joug du commandement de Dieu, devenuë plus douce qu'un agneau, se laisse sans difficulté mener par le prisonnier en la ville de Roüen, où publiquement en la presence du peuple, elle mourut, et fut bruslée et consumée par feu. Le sainct n'eut autre loyer et recom-

[1] Marcus Attilius Regulus, si connu par son respect de la foi jurée. — Sur ce combat fantastique de l'armée romaine contre un serpent sur les bords du Bagradas (Medjerdah) en Afrique, voir le récit qu'en fait Valère-Maxime, l. I, c. VIII, d'après Tite-Live.

pense de ceste heureuse victoire que la gloire de Dieu, qu'il avoit pourchassée en la delivrance de son peuple; mais le prisonnier pour y avoir eu part fut delivré et respité de la mort à laquelle il avoit esté condamné. Depuis, S. Ouen, chancelier de France, ayant succedé à S. Romain en l'evesché de Roüen, pour perpetuer la memoire de ceste delivrance miraculeuse, et donner sujet au peuple catholique de rafraischir par chacun an, et renouveller la recognoissance d'un si grand bien par continuelles prieres à Dieu, et actions de graces, obtint du roy Dagobert pour l'archevesque, doyen, chanoines et chapitre de Roüen, le pouvoir et faculté d'eslire en leur chapitre chacun an le jour de l'Ascension nostre Seigneur un prisonnier pour quelque cas qu'il fust detenu, et iceluy mettre hors des prisons, et à pure delivrance, sans que puis-apres il peust estre recherché ny inquieté pour les crimes par luy commis. Ce privilege a esté confirmé de temps en temps par nos Roys, et en ont tousjours les archevesques, doyens, chanoines, et chapitre de Roüen, pleinement et paisiblement joüy sans aucun contredit. Depuis environ mille ans, il ne s'est passé une seule année en laquelle ils n'ayent delivré un prisonnier criminel. Cela s'est tousjours fait en public, à la veuë de tout le monde, et avec grande solemnité. Car treize jours avant l'Ascension, quatre chanoines accompagnez de quatre chappelains revestus de surplis et aumusses, ayans l'huissier de leur chapitre devant eux, vont sommer les officiers du Roy en la grand'chambre du Parlement, puis au Bailliage, et en apres en la cour des Aydes, de cesser et faire cesser à l'endroit de tous criminels detenus és prisons du Roy toutes procedures extraordinaires, jusques à ce que leur privilege ait sorty son plein et entier effect. Le lundy des Rogations, deux chanoines prestres, accompagnez de deux chapelains, de l'huissier du chapitre, et du notaire, aussi prestre, vont és prisons, prennent les depositions de ceux qui se veulent prevaloir du privilege, et continuent à y vacquer és jours suivans jusques au jour de l'Ascension. Auquel les prisonniers sont sommairement recolez et interrogez s'ils persistent en leurs confessions, et s'ils y veulent rien adjouster; puis apres sur les sept heures du matin du mesme jour, tous les chanoines prestres s'assemblent en leur chapitre, invoquent la grace du sainct Esprit, font serment solemnel de ne rien reveler des depositions des criminels, ains au contraire les tenir secrettes, *sub sigillo confessionis*. Les depositions leuës, les commissaires ouys, le choix du prisonnier fait, le nom d'iceluy est escrit en un cartel seellé et cacheté des seaux du chapitre, et promptement envoyé par un prestre chapelain, revestu de son surplis et aumusse, à MM. du Parlement, qui sont assemblez en robbes rouges en la grand'salle du palais, attendans la nomination du prisonnier, sur laquelle sur le champ ils donnent leur arrest, par lequel il est dit que le prisonnier qui a esté esleu par le chapitre luy sera delivré, pour jouyr du privilege de la chasse S. Romain, pour luy et ses complices; et de faict le prisonnier et ses complices, si aucuns sont detenus, sont delivrez, et mis hors des prisons, et lors en la presence de tout le peuple sont bruslez sur l'autel toutes les depositions des autres criminels qui n'ont point esté esleus par le chapitre. Puis se fait la procession, en laquelle est portée la chasse S. Romain, dont le prisonnier nuë teste porte le premier bout du brancard, accompagné des autres, qui depuis sept ans ont esté delivrez, tenans tous en leur main des torches ardantes. La procession faicte, se dit la messe, pendant laquelle le prisonnier va à chacun des chanoines, et demande pardon à genoux, et est exhorté par tous d'amender sa vie, et de ne plus recidiver.

La messe ouye, il est mené en la maison du maistre de la confrairie S. Romain, où, quelque pauvre qu'il soit, il est traicté et servy magnifiquement. Le lendemain matin il se presente au chapitre, où estant à genoux en la presence de tout le peuple, il est blasmé selon l'enormité de son crime par un des chanoines à ce commis et deputé, et admonesté de rendre graces à Dieu, à S. Romain, et au chapitre, et finalement apres qu'il a promis de venir ou envoyer par chacune des années prochaines avec une torche ardente en la procession, et s'estre confessé au penitencier de l'Eglise, il reçoit l'absolution de ses fautes. Ce n'est donc point chose qui se fasse à la desrobée puis qu'elle se fait si solemnellement, et que le Parlement y passe ; et est certain qu'autant d'arrests qui se donnent tous les ans pour la delivrance des prisonniers qui sont éleus et choisis par le chapitre, ce sont autant de titres pour l'Eglise de Roüen, qui ne peuvent recevoir aucun contredit. Comme à la verité il doit suffire qu'un chacun sçait que c'est une loy de ce royaume inviolablement gardée jusques à present, avec tant de reverence, qu'il ne se trouve point qu'aucune compagnie souveraine l'ait jamais entamée. C'est de là qu'elle prend sa force et sa vigueur, toute autre raison est trop foible pour luy en donner. Rechercher la raison et le merite d'une loy, c'est en vouloir juger, c'est l'affoiblir, c'est enerver son pouvoir, c'est mettre en compromis son authorité, c'est assubjettir et asservir celle qui doit commander souverainement. Il ne faut pas juger des lois, mais juger selon les lois. Au moyen de quoy nostre privilege estant constant et notoire, il est sans doute que nos parties adverses se trouveront non recevables à vouloir nonobstant faire faire le procez au sieur de la Mothe : c'est une loy de ce royaume, qui ne peut et ne doit estre enfrainte en aucune façon. Les parties adverses ne peuvent qu'ils ne recognoissent ceste verité ; mais ils disent que le privilege de la chasse S. Romain ne se peut estendre au crime de leze majesté. Cela est vray : et si le crime dont il s'agit estoit un crime de leze majesté, l'on ne nous eut pas veu paroitre en ceste audience. L'Eglise n'a point de voix pour defendre une telle abomination, elle n'en a que pour la maudire et detester, et faire entendre par tout que l'enfer n'a jamais enfanté meschanceté si horrible et si execrable qui puisse approcher du crime de ceux qui attentent à la vie de leur prince, ou contre son Estat. Mais il ne s'agit icy de chose qui approche de ce crime. Personne n'ignore ce qui s'est passé en la mort du sieur de Halot ; ce fut l'effect d'une querelle particuliere entre deux seigneurs, qui n'alloit nullement à l'Estat. La qualité du sieur de Halot, que l'on dit avoir esté un des lieutenans du Roy en la province de Normandie, ne peut avoir assez de poids pour faire que le meurtre commis en sa personne soit un crime de leze majesté, car l'on ne fait point apparoir que son pouvoir ait esté verifié au Parlement de Normandie ; et neantmoins pour le faire valoir en la justice comme l'on pretend, et luy donner ceste force de faire changer le nom et la qualité d'un crime, d'un meurtre en faire un crime de leze majesté, il faudroit que les formes de la justice y eussent esté gardées, et que suivant les loix de ce royaume il eust fait le serment au Parlement de Normandie. Doncques pour fermer ce poinct, je dis, soit que l'on considere le defaut de verification du pouvoir du sieur de Halot, soit que l'on regarde le pouvoir en soy, soit que l'on considere le lieu du delict, que l'on ne peut à ce meurtre (procedé d'une haine et jalousie particuliere attachée à la personne du sieur de Halot) donner le nom de leze majesté. Je demeure d'accord que c'est un meschant acte, un assassinat, un guet à pend, que l'on ne sçauroit assez blasmer. Mais aussi nostre privilege n'est point pour les fautes legeres, pour les cas remissibles, pour les delicts communs : c'est un remede extraordinaire, une grace du ciel, dont la grandeur n'éclate sinon par l'opposition de l'énormité des crimes, qui sont éteints et abolis par icelle. Lors que pour maintenir tousjours fresche et recente en la memoire des hommes ceste delivrance émerveillable, ceste œuvre de Dieu, dont sainct Romain a esté l'instrument, nos Roys octroyerent ce privilege à l'Eglise de Roüen, leur dessein fut de faire quelque chose dont la grandeur approchast au plus prés de la grandeur de ce bienfait, et qui apportast de l'étonnement au peuple, pour le faire humilier devant Dieu, et luy faire considerer combien grand estoit ce miracle, puis que pour en faire vivre la memoire l'on faisoit une chose extraordinaire en delivrant des criminels atteints et convaincus de crimes si énormes. C'est pourquoy le privilege ne porte exception quelconque, et est l'Eglise de Roüen en possession de delivrer ceux qui ont commis des assassinats et meurtres de guet à pend. Il est notoire qu'entre les prisonniers l'on choisit tousjours ceux qui sont accusez de crimes les plus qualifiez.

L'on nous objecte la diversité des partis : je responds que sainct Romain n'avoit point de party. Les guerres, dissentions, partialitez, sont marques de la misere et foiblesse des hommes; cela ne touche point ces esprits bienheureux, qui vivent en la beatitude eternelle. Comme aussi l'Eglise, mere commune de tous les catholiques, ne ferme la porte à personne : au contraire elle tend les bras à un chacun. C'est pourquoy ce que le sieur de la Mothe a levé la chasse S. Romain en la ville de Roüen lors contraire au service du Roy, ne peut estre pris pour un acte d'hostilité : c'est un acte de pieté non subjet à la consideration de la diversité des partis. Car cela ne depend que de la seule grace du chapitre de Roüen. Par ainsi le Conseil void que le chapitre de Roüen n'a rien fait d'extraordinaire au choix et élection de la personne du sieur de la Mothe, et qu'il n'y a rien qui puisse empescher qu'il ne jouysse du privilege de la chasse S. Romain. Et que toutes procedures criminelles cesseront, à l'égard d'iceluy sieur de la Mothe.

Bouthillier[1] pour les dames du Hallot et de la Veronne, dit, qu'il y avoit trois questions à juger entre les parties. La premiere, si le pretendu miracle qu'ils disent avoir esté fait par S. Romain, qualifié archevesque de Roüen, et chancelier de France, en l'an 520, et le privilege qu'ils disent leur avoir esté accordé par le roy Dagobert, à la sollicitation de S. Oüen, aussi qualifié archevesque de Roüen, sont veritables.

La seconde, si au cas qu'ils fussent accompagnez de quelque verité, le privilege doit estre effectué pour y comprendre les accusez de crimes detestables.

Et la troisiesme, si Pehu, dit la Mothe, et tous les autres assassinateurs du feu sieur de Hallot en doivent jouyr.

Sur la premiere question concernant la verité du pretendu miracle, et du privilege que l'on dit avoir esté accordé en consequence d'iceluy, il dit, que les dames du Hallot et de la Veronne ne peuvent estre blasmées, en soustenant que ce pretendu miracle ne peut estre veritable, ainsi qu'il est proposé par les premieres et plus anciennes lettres qui en ont esté communiquées dont la datte est du mois de novembre 1512, que MM. du chapitre de Roüen pretendent avoir esté accordées par le feu roy Louys XII, d'autant qu'elles contiennent en mots tres-

---

[1] Le plaidoyer de Denis Bouthillier, avocat au Parlement de Paris, occupe les pp. 51-101 des *Plaidoyers faicts au grand Conseil*, etc.; le *Mercure* n'en donne donc qu'un abrégé très succinct.

expres, que ce pretendu miracle a esté fait en l'année 520 par S. Romain, qualifié archevesque de Roüen, et toutesfois il ne se trouve point en autheur approuvé, qu'en ce temps-là ny auparavant il y ait eu aucun sainct de ce nom, auquel le miracle puisse estre attribué.

Qu'il n'y avoit qu'un seul autheur, sçavoir, Vincent[1] en son *Miroir d'Histoire*, qui parle de S. Romain, evesque de Roüen, auquel S. Oüin succeda : mais, qu'il mettoit son deceds en l'an 659 ou 649, selon le compte de Sigisberg[2].

Plus, qu'il est impossible que S. Oüin estant archevesque de Roüen ait demandé ce pretendu privilege au roy Dagobert et l'ait obtenu, d'autant que les mesmes histoires justifient, et particulierement Addo Viennensis[3] en sa *Chronique*, que Dagobert est decedé en l'année 646. Que ceux du chapitre de Roüen recognoissent, comme il est veritable, que S. Oüin n'a esté archevesque sinon apres la mort de S. Romain, advenuë en l'année 649, trois ans apres celle de Dagobert.

Que la qualité de chancelier de France n'estoit pas encore née au temps de nos premiers Roys, et mesme de Clotaire II et de Dagobert son fils.

Que du temps de Clotaire II et Dagobert son fils, le siege de Roüen n'estoit point erigé en archevesché, et

---

[1] Vincent de Beauvais, de l'ordre des Dominicains, a composé sous le titre de *Speculum majus* une vaste encyclopédie, dont le *Miroir d'histoire, Speculum historiæ*, est une partie. Il mourut en 1264.

[2] Sigisbert de Gemblours, ainsi nommé de l'abbaye bénédictine dont il fut moine, a continué la *Chronique* d'Eusèbe de 331 à 1112, date à laquelle il mourut.

[3] Adon, archevêque de Vienne en 859, a composé une Chronique universelle qui s'étend de la création du monde à l'époque où il vécut.

consequemment que le tiltre d'archevesque a esté erronément donné à S. Romain.

Sur la seconde partie, au cas que le pretendu miracle et privilege fussent accompagnez de quelque verité, si ledit privilege devoit estre effectué pour y comprendre les accusez des crimes detestables, il dit, que ceux du chapitre de Roüen apres avoir obtenu les lettres du roy Louys XII, se sont bien donnez garde d'en poursuivre de semblables pour les obtenir du feu roy François I de ce nom.

Il est vray qu'ils en ont obtenu du roy Henri II son fils, mais elles n'ont point esté verifiées, et contiennent les mesmes defectuositez, et vicieuses expressions que celles du roy Louys XII. Ils n'en ont point du roy François II. Celles qu'ils ont obtenuës du roy Charles IX n'ont point esté verifiées non plus. Le roy Henry III[1] dernier decedé ne leur en a point voulu accorder, et le Roy qui est de present n'en a point accordé non plus, sinon celles du mois de janvier 1597, lors que sa Majesté estoit en la ville de Roüen[2], par lesquelles, sans autre particuliere confirmation, sa Majesté a ordonné pour servir de reglement inviolable, que tous ceux qui se trouveront prevenus de crime de leze majesté, heresie, fausse monnoye, et guet à pend, violement de filles, ne pourront s'ayder ny servir du pretendu privilege, et que ceux

---

[1] M. A. Floquet donne au contraire, ouvrage précité, t. II, appendice, p. 649, des lettres de confirmation de François II, datées d'Orléans, 6 novembre 1660; le Parlement les entérina le 19 du même mois. D'autres lettres confirmatives furent données non pas par Charles IX, mais par Henri III, en juin 1576; elles furent enregistrées en même temps que celles de Henri II par le Parlement de Rouen, le 14 mai 1577.

[2] Henri IV s'était rendu à Rouen le 16 octobre 1596, à l'occasion de l'assemblée des Notables, dont il fit l'ouverture le 4 novembre.

qui voudront s'éjouyr d'iceluy seront tenus de se presenter eux-mesmes pour le demander.

En tant que touchoit Pehu, dit la Mothe, il dit, qu'il y avoit des moyens indubitables par lesquels il ne se pouvoit aucunement prevaloir de ce pretendu privilege, parce que par arrest du Conseil privé de sa Majesté du 14 aoust 1593, verifié au Parlement de Roüen, lors seant en la ville de Caën le 19 janvier ensuivant, sa Majesté a declaré que l'assassinat commis en la personne du feu sieur du Hallot estoit un crime de leze majesté, et tellement qualifié qu'il ne pouvoit estre compris sous le privilege de la fierte.

Plus, que par la confession dudit Pehu, dit la Mothe, il recognoist que le sieur d'Allegre, et ses complices, tindrent conseil, et resolurent de tuer le sieur du Hallot, que Pehu, dit la Mothe, mesmé fut de cet advis : qu'estans jusques au nombre de treize ils s'en allerent armez en son logis, que y estans arrivez, et s'estans enquis s'il y avoit moyen de parler à luy, le feu sieur du Hallot appuyé sur des potences, à cause de ses blessures, descendit sans armes de sa chambre : qu'estant descendu, il salüa gracieusement le sieur d'Allegre, ne pouvant estimer qu'il fust là pour luy méfaire. Et qu'au contraire le sieur d'Allegre, lequel auparavant avoit mis pied à terre, avec autres de ceux qui l'accompagnoient, le salüa de ces mots : Il faut mourir, et au mesme instant luy et ses complices, et mesme ledit la Mothe, luy donnerent plusieurs coups de poignards et d'espées, dont il mourut sur le lieu.

Partant conclud à ce que l'archevesque et chapitre de Roüen soient declarez non recevables en leurs requestes, quoy que soit qu'ils en soient deboutez; que sans y avoir égard, ny aux lettres patentes en forme d'abolition obtenuës par Pehu, dit la Mothe, il soit passé outre à l'instruction et jugement de son procez.

Le sieur Foulé, advocat du Roy audit grand Conseil, apres le plaidé des susdits trois advocats, dit :

Que le privilege de la fierte est nul, faux et abusif, droitement contraire aux loix et maximes de l'Estat, qui ont attaché inseparablement à la personne des Roys treschrestiens ce droit souverain par dessus tous les autres, qu'ils appellent de la vie ou de la mort, pour monstrer que ceste puissance absoluë par laquelle ils pardonnent et abolissent les crimes capitaux leur estoit specialement reservée par prudence d'Estat pour se faire aimer de leurs subjets, sans toutesfois qu'ils la laissassent transmettre ny communiquer à qui que ce soit. Il s'ensuivoit doncques que la concession qui avoit esté faite au chapitre de Roüen par le roy Louys XII en l'an 1512 estoit nulle, et qu'elle ne pouvoit obliger ses successeurs, joint aussi qu'elle estoit fondée sur un faux principe que l'on rapportoit en l'an 522, auquel temps on dit que S. Romain estoit evesque de Roüen.

Mais tant s'en faut que cela soit, qu'au contraire l'histoire apprend que pour lors il n'estoit pas encor né, et que sous le regne des quatre enfans de Clovis qui partagerent ceste grande monarchie françoise, Flavius (autrement dit Alanus) estoit evesque de Roüen, et tint le siege depuis 498, jusques en l'an 534, pendant lequel il assista aux trois conciles d'Orleans. Apres sa mort Pretextatus[1] luy succeda, qui fut appellé au concile de Tours et Paris, et auquel mesme de son vivant par la disgrace que chacun sçait, le roy Chilperic subrogea en son evesché Melantius, lequel irrité de ce qu'au commencement du

---

[1] Flavius eut pour successeur de 542 à 550 Evodius, qui fut remplacé par Prétextat.

regne du jeune Clotaire second, ce prelat dechassé avoit esté reintegré à son prejudice, vengea sur luy sa passion et celle de Fredegonde, et le fit proditoirement assassiner un jour de Pasques dans le chœur de son eglise, si bien que ny l'un ny l'autre ne demeurant evesque, on choisit Hidulphus qui prit leur place, et tint ce siege depuis 594 jusques en l'an 622 que S. Romain y fut appelé.

Ceste remarque servira seulement pour montrer qu'il y a un évident mesconte d'une centaine d'années en ceste chronologie que ceux du chapitre de Roüen ont feinte pour faire croire leur privilege plus ancien; mais il est à craindre que le seul antidate ne donne juste sujet à plusieurs de douter de la foy et de la verité de l'acte, auquel on ne doit varier pour en rapporter l'origine, et la cotter plus tard à un autre siecle, non pas pour là dessus faire prendre pied ou corroborer une usurpation si importante que ceste-cy; mais seulement pour excuser la simplicité de ceux qui ont creu pieusement la verité de ce si glorieux et genereux combat, qui peut estre a esté, encor que l'on n'en trouve un seul tesmoignage autentique dans aucun autheur approuvé qui ait escrit depuis mil ans en çà, et qu'il n'y ait autre marque de reste de ces trophées et de ces triumphes sinon une feinte representation de ceste gargoüille que l'on fait voir au peuple, et que l'on porte en procession solemnelle une fois l'annee.

Davantage, ce qui annulle du tout ceste confirmation du roy Louys XII et toutes celles qui ont esté octroyées du depuis en consequence, c'est qu'elles ont esté obtenuës sous un faux donné à entendre, et une supposition que l'on a fait d'une premiere concession pretenduë faite par Dagobert, et des insinuations et notifications qu'on disoit en avoir esté faites du depuis de temps en temps, et neant moins de tout cela il ne s'en void chose quelconque, encor que les pieces justificatives eussent deu estre rapportées et attachées sous le contresel; ce qui fait voir et croire que tout ce grand narré a esté feint et supposé depuis, afin que sous ombre et sous pretexte d'une fausse antiquité dont on revestoit ce privilege, l'on authorisast davantage par suite de temps le nouvel établissement et l'introduction moderne qui pour lors seulement en fut faite, l'abus qui s'est glissé parmy leur possession, et ce qu'elle doit faire d'autant plustost reveler.

Car le rolle qu'on a communiqué de ceux qui en ont usé fait recognoistre, que pour le faire valoir et le rendre plus éminent on en a abusé : et ayant tousjours choisi les plus criminels et les plus scelerats, qui en l'exposition de leurs crimes auroient plus grand nombre de complices, lesquels on a absous ensemblément et tiré des mains de la justice, qui est une contravention manifeste à toutes loix et ordonnances divines et humaines, pour lesquelles les lieux de franchises ont esté introduits seulement en faveur de ceux qui par imprudence ou inadvertance auroient failly.

Et quoy que la pratique et usage en ce royaume en soit abolie, ce neantmoins s'il restoit quelque force à celle de la fierte, ce devroit estre seulement avec cognoissance de cause és cas esquels l'azile de la clemence du Roy est ouvert à un chacun, pour obtenir comme lettres ordinaires et de droict des remissions en petites chanceleries, afin d'effacer ce qui est du crime, d'essuyer ce sang respandu qui ne se peut purger autrement pour quelque cause, excuse et pretexte que ce soit, sinon par la grace du souverain : c'est tout ce à quoy on peut étendre mesme par connivence ce privilege.

Mais le chapitre de Roüen ne le veut pas donner et arrester si court, il en fait un sauf-conduit et un passeport à toutes sortes de crimes, quelques horribles et detestables qu'ils soient, on n'y reçoit que des homicides et parricides, des assassineurs de guet à pend, ou des femmes qui ont fait perir leur fruict comme il se voit par leurs rolles; et de plus ils penseroient en donner quelque chose s'ils y apportoient ce nouveau temperament de supplier le Roy tous les ans d'accorder à celuy qu'ils auroient choisi lettres d'abolition et forme de confirmation sur leur presentation et notification, qui est la seule modification et la plus facile couverture qui peut faire subsister ce privilege, en le renfermant dans les loix de l'Estat et de la police de l'ordre judiciaire qui a esté cy-devant troublé par ce moyen. En consequence dequoy il requeroit pour le Roy d'estre receu opposant à l'enterinement de ce privilege, et que acte luy fust delivré de son opposition, pour sur icelle et sur les tres-humbles remonstrances qu'il en feroit à sa Majesté, y estre pourveu, afin qu'il fut entierement cassé, revoqué et annullé à l'exemple de ce qui avoit esté ordonné de pareilles occurrences par le senat du temps de Tybere.

Et quant au faict premier qui se presentoit, le privilege de la fierte ne s'y pouvoit rapporter, à cause que c'estoit un assassinat et un guet à pend trop qualifié d'un seigneur de marque, qui avoit l'honneur d'estre lieutenant du Roy, et qui seul parmy ces guerres estoit en ceste province son œil, son bouclier et son espée. Davantage, il est certain que ce levement de fierte fait en la ville de Roüen, qui pour lors estoit ville rebelle, ne pouvoit expier un acte si horrible commis au service du Roy, pour reparation dequoy neantmoins on n'ordonne point autre penitence à cet accusé, sinon qu'il empoignera le flambeau de sedition, et jurera contre l'Estat en faisant le serment de la Ligue[1]. Ce qui monstre assez la nullité

---

[1] Le texte de l'engagement pris par Claude Pehu de la Mothe de ne plus servir le parti de Henri IV, qu'il appelle le roi de Navarre, et de s'attacher à la Ligue, a été publié par M. A. Floquet, ouvrage précité, t. II, appendice, p. 650.

de cet acte qui est subjet à cassation : joinct aussi que par arrest du privé Conseil, il est ordonné que sans y avoir égard le procez sera fait et parfait ausdits accusez. En consequence dequoy par arrest de ceans y en a eu deux executez à mort[1]; et partant l'intervention des demandeurs n'est pas raisonnable, et neantmoins il n'empeschoit pas au lieu de les debouter prealablement et sur le champ de leur intervention, que le requisitoire fut joinct au procez, pour en iceluy jugeant y avoir tel égard que de raison.

Sur tous ces plaidez, le Conseil octroya acte[2] de l'opposition formée par les gens du Roy à l'execution du privilege de la chasse S. Romain; et ordonna que les requestes desdits du chapitre et les lettres d'abolition de la Mothe seroient joinctes au procez, pour le jugeant y avoir tel égard que de raison.

Du depuis par arrest du vingt-deuxiesme decembre de ceste année, le Conseil sans avoir égard ausdites requestes de l'archevesque, et chapitre de Roüen, ordonna qu'auparavant faire droict sur lesdites lettres d'abolition, les tesmoins seroient recollez, et si besoin estoit confrontez audit la Mothe, dans un mois pour tous delais.

Et par autre arrest du vingt-sixiesme mars 1608, le Conseil ayant aucunement égard ausdites lettres d'abolition, pour les cas resultans du procez, ledit la Mothe fut banny neuf ans de la suitte de la court, et des pays de Normandie et Picardie, pendant lequel temps il serviroit le Roy en tel lieu que sa Majesté ordonneroit :

[1] Trois des complices du marquis d'Alègre avaient été condamnés et exécutés, savoir : Fremyn de Floques, capitaine, originaire du Vimeu en Picardie, Dumont-Doubledent et le Cadet-Lagloë.

[2] Cet acte, du 5 novembre 1607, et l'arrêt suivant ont été publiés sous ce titre : *Extrait des registres du grand Conseil du Roy*, dans *Les Plaidoyers faicts au grand Conseil*, etc., pp. 132-147.

condamné à quinze cens livres de reparation envers lesdites dames, cent cinquante livres envers les pauvres, cent cinquante livres applicables à la discretion du Conseil, et aux despens.

Ceux du chapitre de Roüen ne furent gueres contents de ce que le Conseil n'avoit eu nul égard à leurs requestes. Ils firent imprimer à Roüen une Defense du privilege S. Romain[1] contre les plaidez de l'advocat du Roy Foulé et de Bouthillier. On creut que c'estoit le penitencier de Roüen[2] qui l'avoit faicte. Elle ne demeura sans response par Bouthillier; toutesfois les escrits des uns et des autres s'accordent que le miracle S. Romain ne peut avoir esté fait en l'an 520. Qu'il n'ait point esté fait aussi, aucun d'eux ne l'asseure, et tous remercient Dieu de la modification qu'il a pleu au Roy Henri IIII apporter au privilege de la chasse S. Romain allegué cydessus dans le plaidé de Bouthillier.

1609

S. Germain et autres executez à mort[3].

Ceste année aussi le sieur de S. Germain du pays de Normandie, un medecin et une vieille magicienne pour s'estre aydez de miroüers et autres sortileges, furent executez à mort en la place de Greve, S. Germain decapité, et les autres pendus et bruslez.

---

[1] V. sur les différents écrits auxquels cette controverse a donné lieu, M. Ed. Frère, *Manuel du Bibliographe normand*, t. II, p. 418; l'analyse en est donnée par M. A. Floquet, ouvrage précité, t. I, pp. 467-490.

[2] Jean Dadré, chanoine et grand pénitencier, mort en 1617.

[3] T. I, 5e livre, fo 344 vo.

1610

[Edits révoqués][1]

Le vingt-deuxiesme juillet par lettres patentes en forme de declaration, fut revoqué..... 24 L'edict portant creation des offices de conseillers en chacun siege royal, et aux vicomtez de Normandie..... 53 L'edict des offices de clercs siegez à Roüen, outre les trois establis..... 56 L'edict de creation des offices de lieutenants des bureaux particuliers, greffiers, priseurs et calculeurs, seelleurs, gardes de maistres des ports en Normandie.....

Plus, les edicts suivans furent surcis jusques à ce qu'il en fust autrement ordonné, fors et excepté ceux qui se trouveroient pourveus et receus ausdites offices..... Autre portant creation des offices de greffiers de l'impost en Normandie..... Les offices d'advocats du Roy, premier et second, és vicomtez, eauës et forests, et autres justices en Normandie, creez par edict verifié en l'an 1594.

1611

Erection d'une chambre de l'Edict au Parlement de Rouen, en 1599[2].

En l'année 1611, à propos de « l'Assemblée generale des Eglises pretenduës reformées de France en la ville de

---

[1] T. I, 7ᵉ livre, fᵒ 506 rᵒ à 508 vᵒ. — Des cinquante-neuf édits révoqués alors, on ne donne ici que ceux où la Normandie est expressément désignée. L'auteur du *Mercure* dit que, en les révoquant, Marie de Médicis « travailla pour pourvoir aux plaintes communes et trop veritables de la vexation que le peuple recevoit de plusieurs edicts et commissions extraordinaires que le feu Roy avoit octroyées par importunité. » Il faut voir surtout dans cette mesure un désaveu de l'administration de Sully, qui quitta bientôt le pouvoir.

[2] T. II, fᵒ 63 rᵒ.

Saumur, qui commença le 27 de may, » *le Mercure revient sur les faits qui ont précédé et suivi la publication de l'édit de Nantes; il donne par extrait le cahier des plaintes que les députés protestants présentèrent au Roy qui était à Blois et les réponses qui y furent faites le 22 août 1599; puis, il ajoute:*

En leur faveur, fut au mesme temps estably la chambre de l'Edict au Parlement de Roüen, composée d'un president et douze conseillers. Trois conseillers de la religion pretenduë reformée furent pourveus desdits estats de conseillers; dont l'un seroit de ladite chambre, les autres distribuez aux enquestes. Tous les procez de la province de Normandie evoquez au Parlement de Paris, ou au grand Conseil, furent renvoyez à Roüen. Et fut fait aussi un reglement sur les differents qui pourroient survenir entre les chambres du Parlement et de l'Edict.

1614

[Députation de la Normandie aux Etats-Généraux][1]

Il ne sera hors de propos d'inserer icy les noms des deputez selon les douze gouvernements de France, et l'ordre de leurs bailliages, sans donner ausdits deputez autre tiltre que celuy de leur benefice, seigneurie, ou office; et mesme pour briefveté, nous avons mis *E* pour signifier Ecclesiastique, *N* Noblesse, *T* Tiers-Estat, et *S* Seneschaussée.

Les presidents des trois chambres ou ordres.

Ecclesiastique. Le cardinal de Joyeuse.
Noblesse. Le baron de Senecey[2].

---

[1] T. III, 2ᵉ partie, pp. 7 et 12-14.
[2] Henri de Beaufrémont, baron, puis marquis de Senecé, lieutetenant général pour le roi au comté de Mâconnais, gouverneur des ville et château d'Auxonne, bailli et capitaine de Châlon-sur-Saône,

Tiers-Estat. Robert Miron, prevost des marchands de Paris [1].

. . . .

Gouvernement du pays et duché de Normandie

Ville et B. de Rouen. Ledit François cardinal de Joyeuse, doyen des cardinaux, archevesque de Roüen, et president au Clergé; Alphonse de Breteville [2], official et chanoine de Roüen, l'un des secretaires de la chambre du Clergé, *E.* Louys de Mouy, seigneur de la Mailleraye [3], *N.* Jacques Hallé [4], secretaire du Roy, ancien et second eschevin de Roüen, et secretaire de la chambre

chevalier des ordres du roi en 1619, tué au siége de Montpellier en 1622.

[1] Robert Miron, sr du Tremblay, président aux requêtes, fut élu prévôt des marchands en 1614; il était frère de François Miron, qui avait exercé cette charge de 1604 à 1606, et avait fait achever l'Hôtel-de-Ville de Paris. Robert Miron mourut en 1641.

[2] Alphonse de Bretteville est ainsi qualifié par Farin dans son Histoire de Rouen, t. II, p. 418, édit. de 1738 : « Official de Rouen, chancelier en l'église cathédrale, prieur de St-Blaise et syndic général du clergé de Normandie ». Il fut élu député du clergé aux Etats de Normandie le 30 septembre 1600 et le 7 novembre 1619; il fut nommé 15 janvier 1620 président de cette dernière assemblée.

[3] Louis de Mouy, sr de la Mailleraye, fils de Jacques de Mouy, sr de Pierrecourt, et de Françoise, dame de Betheville, gentilhomme ordinaire de la chambre du roi, capitaine de cent hommes d'armes, député de la noblesse du bailliage de Rouen aux Etats de Normandie 1610, membre de l'assemblée des Notables en 1617, lieutenant général au gouvernement de Normandie et gouverneur du vieil Palais en 1632, chevalier des ordres du roi en 1633, mort en 1637.

[4] Jacques Hallé, écuyer, sr de Cantelou, Orgeville, Pitres, etc., conseiller et secrétaire du roi, député du Tiers aux Etats de Normandie en 1616, 1620 et 1623, échevin de Rouen en 1608, 1614 et 1620, mort le 9 novembre 1632. Il fut secrétaire des Etats généraux.

du Tiers-Estat; Michel Mariage[1] secretaire du Roy, et eschevin moderne de Roüen, et Jacques Campion[2] *T.*

B. de Caen. Jacques d'Angennes[3], evesque de Bayeux, *E.* Jean de Lonquaunay, sieur de saincte Marie du Mont[4], *N.* Guillaume Vauquelin[5], lieutenant general à Caën, et Abel Olivier l'un des syndics de Falaize, *T.*

B. de Caux. Anthoine Banastre[6], seigneur et curé

---

[1] Michel Mariage, s^r de Mongrimont, conseiller-notaire et secrétaire du roi, contrôleur en la chancellerie de Normandie, député aux Etats de Normandie en 1616, échevin de Rouen, même année.

[2] Jacques Campion ne figure pas dans la liste des députés du bailliage de Rouen, donnée par Farin, t. II, p. 418, édit. de 1738. Masseville (*Hist. sommaire de Normandie*, t. VI, p. 81) le cite avec la qualification de s^r d'Auzouville.

[3] Jacques d'Angennes, fils de Louis d'Angennes, baron de Meslai, s^r de Maintenon, et de Jeanne d'O, évêque de Bayeux en 1606, mort en 1647.

[4] Jean, s^r de Longaunay et d'Amigny, avait épousé Suzanne Aux-Espaules, fille de Georges, s^r de Sainte-Marie-du-Mont, lieutenant de roi en Normandie.

[5] Guillaume Vauquelin, fils de Jean Vauquelin de la Fresnaye et frère de Nicolas Vauquelin des Yveteaux, qui furent tous deux poètes. Guillaume devint président au présidial de Caen, et lieutenant général au bailliage de cette ville, en remplacement de son frère interdit par arrêt du Parlement de Rouen. Nicolas fut précepteur de Louis XIII.

[6] Antoine de Banastre, s^r d'Harcanville et curé de ce lieu, descendait d'une ancienne famille qui apparaît dès l'époque de la conquête de l'Angleterre. « Ce digne abbé se croyait poète, mais n'en sut pas mériter le nom par les pitoyables vers qu'il écrivit. Mieux inspiré par sa charité que par la verve lyrique, il fonda en faveur d'Harcanville une rente annuelle de 100 livres, dont une moitié devait servir à doter une fille orpheline ou indigente et l'autre à nourrir les pauvres, instruire les enfants, entretenir les élèves ecclésiastiques, etc. Une des clauses expresses de la donation portait que le curé n'en pouvait rien attribuer à ses parents pauvres. » (M. l'abbé Tougard, *Géographie de la Seine-Inférieure, arrondissement d'Yvetot*, p. 152.)

d'Arcanville, et Guillaume Helie¹, prieur de Cleville, *E.*
Samuël de Boullanvilliers² sieur de S. Cere, *N.* Constantin Housset³, habitant de Flamaville⁴, *T.*

B. de Constantin. François de Pericard⁵ evesque

---

¹ Guillaume Hélie, moine de la Sainte-Trinité-du-Mont, prieur de Cléville, abbé de Valmont 1622, vicaire général de l'archevêque François de Harlay, mort, d'après le *Gallia christiana*, le 19 janvier 1640 ou 1641.

² Samuel de Boulainvilliers, chevalier, sʳ de Saint-Saire, de Mesle, de Beaubec-la-Ville et du Mesnil-Mauger, député de la noblesse du bailliage de Caux aux États de Normandie de 1610, mort en 1646. L'historien Henri de Boulainvilliers était son petit-fils.

³ Constantin Housset fut député du Tiers aux États de Normandie, pour la vicomté de Caudebec, en 1606.

⁴ Flamanville, Seine-Inférieure, canton d'Yerville, arrondissement d'Yvetot.

⁵ La famille Péricard a produit cinq évêques. — Jean Péricard, fils d'un conseiller au Parlement de Bourgogne, et lui-même avocat général, puis procureur général au Parlement de Rouen, eut six fils et deux filles. Les six fils furent : 1º Nicolas, avocat du roi au bailliage de Rouen, puis secrétaire du duc Henri de Guise et capitaine de trois cents hommes de pied; 2º Guillaume, conseiller-clerc au Parlement de Normandie, 1ᵉʳ juin 1571, grand chantre 1582, puis doyen, 24 février 1594, de l'église de Rouen, député du diocèse de Rouen aux États de Normandie de 1610, abbé de Saint-Taurin, évêque d'Évreux, 1608, mort le 26 novembre 1613; 3º Georges, conseiller-clerc au Parlement de Normandie, abbé de Saint-Étienne de Caen et de Saint-Julien de Tours, théologal, puis évêque d'Avranches, 1583, mort le 22 juillet 1587; 4º François, conseiller-clerc au Parlement de Normandie, 5 février 1583, théologal, doyen et enfin évêque d'Avranches après son frère Georges, en 1588, mort le 25 novembre 1639; 5º Emery, sʳ de Saint-Étienne; 6º Oudart ou Odoart, sʳ de la Lande, sergent-major à Rouen.

Nicolas eut de son mariage avec Jeanne de Croismare deux fils, Charles et François. Ce dernier fut chanoine, puis doyen de Rouen, 2 octobre 1610, évêque de Tarse, député pour le clergé du bailliage de Rouen aux États de Normandie de 1613, dont il fut nommé président, coadjuteur de son oncle Guillaume Péricard, évêque d'Avranches, *E.* Henry Anquetil¹ sieur de sainct Vast, *N.* Jacques Germain d'Arcanville², advocat à Carantan, *T.*

B. d'Evreux. François de Pericard³ evesque d'Evreux, *E.* Adrian sieur de Breauté⁴, *N.* Claude Doux⁵, lieutenant general civil et criminel à Evreux, *T.*

B. de Gisors. Claude de Bauquemare⁶, prieur de

---

d'Évreux, 1612, et enfin évêque d'Évreux, 1613; il mourut le 21 ou 22 juillet 1646. Son frère, Charles Péricard, épousa Charlotte-Esther de Costentin, sʳ de Tourville, et fut père de François Péricard, évêque d'Angoulême en 1646.

Enfin, Anne Péricard, une des deux filles de Jean, fut, par son mariage avec Romain de Boivin, mère de Henri de Boivin, évêque de Tarse.

1 Henri d'Anquetil, sʳ de Saint-Waast, fils de Louis d'Anquetil et de Renée Carbonel, beau-frère de Louis de Mouy, sʳ de la Mailleraye, dont il avait épousé la sœur Françoise de Mouy.

2 Jacques Germain, sʳ de la Conté, secrétaire ordinaire de la chambre du roi, maître des requêtes ordinaires de l'hôtel de la reine, demeurant à Carentan, cité par M. Ch. de Beaurepaire parmi les personnes qui se trouvaient à la suite de la cour lors de la tenue de l'assemblée des Notables à Rouen en 1617. (V. *Louis XIII et l'Assemblée des Notables en 1617*, p. 123, publication de la *Société rouennaise de Bibliophiles.*)

3 *V.* la note 5 de la page précédente.

4 Adrien (III) sire de Bréauté, etc., vicomte hérédital de Hoton-en-Auge, second fils d'Adrien (II) de Bréauté et de Suzanne de Monchi, gentilhomme ordinaire de la chambre du roi, député pour la noblesse du bailliage d'Evreux aux Etats de Normandie de 1613, mort en 1658.

5 Claude le Doux, sʳ de Milleville, fils de Jean le Doux, conseiller au Parlement de Rouen, puis président au présidial d'Evreux et lieutenant général du bailli dudit siège, exerça lui-même ces deux dernières charges et fut ensuite maître des requêtes de l'hôtel du roi.

6 Claude de Bauquemare, chanoine de N.-D. de Rouen, prieur de Sausseuze, était fils de Jacques de Bauquemare, sʳ de Bourdeny, qui fut premier président du Parlement de Rouen en 1565 et mourut en 1585, et de Catherine de Croismare.

Sausseuze, *E*. Philippes de Foüilleuze[1], sieur de Flavacourt, *N*. Julian le Bret[2], vicomte de Gisors, *T*.

B. d'Alençon. François de Rouxel de Medavy[3], evesque comte de Lizieux, et Jacques Camus[4] evesque de Sees, *E*. François de Vauquelin sieur de Bazoches[5], et François Anzeray sieur de Fontevieille[6], *N*. Pierre de la Rouille[7] advocat à Alençon, *T*.

---

1 Philippe de Fouilleuse, chevalier, sr de Flavacourt, bailli et capitaine de Gisors, fut député pour les gens nobles de ce bailliage aux Etats de Normandie en 1610.

2 Julien le Bret, sr du Mesnil-Gaillard, était (d'après MM. Charpillon et l'abbé Caresme, *Dictionnaire historique de toutes les communes du département de l'Eure*, pp. 374-375) fils de Robert le Bret, gouverneur de Gisors en 1655, qui se vit forcé de quitter son commandement parce qu'il avait tué en duel, le 19 mars 1664, le chevalier d'Aubourg. Julien le Bret fut lieutenant général du bailliage de Gisors en 1631, puis, 1632, intendant du duc de Longueville.

3 François de Rouxel de Médavy, fils de Jacques (II) de Rouxel sr de Medavy, etc., et de Perrette Foulques, chanoine de Paris, abbé de Cormeilles (Eure), évêque de Lisieux 1600, mort le 8 août 1617. Son neveu François Rouxel de Médavy, fut archevêque de Rouen de 1671 à 1691.

4 Jacques Camus, fils de Geoffroy Camus, sr de Pontcarré et de Torci, et de Jeanne Sanguin, fut évêque de Séez de 1614 à 1650.

5 François Vauquelin, sr de Bazoches, bailli d'Alençon en 1614, était fils de François Vauquelin, sr de Sacy, cousin-germain du poète Jean Vauquelin de la Fresnaye, lieutenant général au bailliage de Caen.

6 François Anzeray, chevalier, sr de Fontenelle, fils de François Anzeray, sr de Courvaudon, et de Marie Damours, gentilhomme ordinaire de la chambre du roi, député pour la noblesse du bailliage de Caen aux Etats de Normandie de 1610.

7 Pierre le Rouillé, avocat du roi au siège d'Alençon ; il fut compris en 1600 au nombre des délégués nommés par les officiers de justice pour examiner, de concert avec les députés des Etats de Normandie, les modifications à apporter à la coutume de cette province (V. *Cahiers des Etats de Normandie sous le règne de*

1616

[*Le maréchal d'Ancre gouverneur de Normandie.*][1]

Bien que l'edict[2] et les articles secrets accordez à M. le Prince[3] ne fussent verifiez à la cour, on disposa de la part du Roy toutes choses à l'execution d'iceux..... On

Henri IV, p. p. M. Ch. de Beaurepaire, t. I, p. 304). Il descendait sans doute de Guillaume le Rouillé, né 1494, mort après 1550, avocat à Alençon, lieutenant général de Beaumont et de Fresnay, conseiller à l'échiquier d'Alençon, auteur de commentaires sur les coutumes de Normandie et du Maine, et du *Recueil de l'antique préexcellence de Gaule et des Gaulois*, dans lequel se trouve *l'Epistre composée au nom des Rossignols du parc d'Alençon, à la très illustre royne de Navarre, duchesse d'Alençon et de Berry* (rééditée en 1878, par M. P. Blanchemain, pour la *Société rouennaise de Bibliophiles*). — Nous trouvons encore Isaac le Rouillé député aux Etats de Normandie de 1620 pour le Tiers-Etat de la vicomté d'Alençon, et Jean le Rouillé, avocat d'Alençon en 1655.

[1] T. IV, 2ᵉ partie, pp. 87-88.

[2] L'édit de paix signé à Blois le 6 mai 1616, à la suite de la conférence de Loudun; il est connu sous le nom de paix de Loudun, et termina la seconde guerre civile. L'article 37 de cet édit (v. *Mercure françois*, t. IV, p. 115) cassait et révoquait tous les arrêts donnés contre le duc de Vendôme et contre ceux qui l'avaient suivi, et parmi eux « celuy de nostre cour du Parlement de Roüen, du unziesme mars dernier, donné contre le sieur de la Balliviere, et autres y nommez, lesquels nous avons entierement deschargez, ensemble les vefves, enfans et heritiers de ceux qui ont esté executez, de toutes les condamnations portées par iceluy. »

[3] Henri (II) de Bourbon, prince de Condé, duc d'Anguien, premier prince du sang et premier pair de France, fils de Henri (I) de Bourbon, prince de Condé, et de Charlotte-Catherine de la Tremoille, né le 1ᵉʳ septembre 1588, premier prince du sang, premier pair de France, gouverneur et lieutenant général en Berry, chevalier des ordres du roi en 1610, mort le 26 décembre 1646. Il prit une part importante aux troubles qui agitèrent la France sous le ministère du maréchal d'Ancre et du duc de Luynes. De son mariage avec Charlotte-Marguerite de Montmorency naquirent le grand Condé, le prince de Conti, et la célèbre duchesse de Longueville.

retire (comme on l'avoit promis) le mareschal d'Ancre[1] de la citadelle d'Amiens, où on met le duc de Montbazon[2] qui change sa lieutenance de Roy en la Normandie[3] en celle de la Picardie. Le mareschal d'Ancre en mesme temps est pourveu du gouvernement de Normandie; Belfont[4] gouverneur du chasteau de Caën en sort, et du Thier[5] y entre au nom dudit sieur mareschal.

[1] Concino-Concini, marquis d'Ancre, maréchal de France et premier ministre par la faveur de Marie de Médicis, avait reçu le gouvernement de Montdidier, Roye et Péronne, ainsi que celui de la citadelle d'Amiens, à l'occasion de laquelle un conflit s'était élevé entre lui et le duc de Longueville, gouverneur de la Picardie (v. *Mercure françois*, t. IV, pp. 89 et suiv.).

[2] Hercule de Rohan, duc de Montbazon, fils de Louis de Rohan, prince de Guémené, comte de Montbazon, et d'Eléonore de Rohan, dame du Verger, comtesse de Rochefort, né en 1568, pair et grand veneur de France, lieutenant pour le roi des ville et château de Nantes, et capitaine des villes et châteaux de Soissons, Noyon, etc., chevalier des ordres du roi 1597, mort le 16 octobre 1654.

[3] Le gouvernement de la Normandie avait été donné en 1612 à Marie de Médicis après la mort de Charles de Bourbon, comte de Soissons. Par commission de la reine-mère, la charge de gouverneur fut remplie successivement par Guillaume de Hautemer, sieur de Fervaques; Hector de Rohan, duc de Montbazon; Concini, maréchal d'Ancre; Charles d'Albert, duc de Luynes, et Jean-Baptiste d'Ornano, colonel général des Suisses. Marie de Médicis s'étant démise en 1619 de ce gouvernement, il fut donné à Henri d'Orléans, duc de Longueville, qui le conserva jusqu'à sa mort en 1663.

[4] Bernardin Gigault, seigneur de Bellefonds, fils de Jean Gigault de Bellefonds et de Charlotte de Voisines, gouverneur de Valognes et de la ville et du château de Caen.

[5] Du Thier s'était signalé par l'énergie avec laquelle il avait défendu pour le maréchal d'Ancre le château d'Amiens, contre les entreprises du duc de Longueville, alors gouverneur de Picardie. Il fut plus tard chargé de la garde du prince de Condé à la Bastille, à la place du comte de Lausières. Cornette des chevau-légers de la reine-mère, il fut blessé au combat des Ponts-de-Cé.

1617

[Préparatifs de guerre en Normandie][1]

On eut advis à la cour, que plusieurs errements de gens de guerre se faisoient au commencement de ceste année dans les pays de Thimerays[2], Perche, le Mayne, et sur les frontieres de Normandie qui joignent ces provinces, tant par la Noblesse qui avoit esté ouvertement du party des princes en la seconde guerre civile, que par ceux qui y estoient demeurez neutres. Mais le Roy pour empescher telles practiques y envoya le comte d'Auvergne[3], avec deux canons et quatre mille hommes de guerre, lequel asseura tous ces pays par les garnisons qu'il mit en diverses places, comme il sera dit cy-apres.

. . . .

Le Roy ayant eu advis qu'il y avoit sujet d'avoir l'œil sur ce qui se passoit au pays de Thimerays, au Perche, et au Mayne, pource qu'au Thimerays, Se-

---

[1] T. IV, 3ᵉ partie, pp. 33 et 111-113.

[2] Le Thimerais, partie du Perche située aux confins de la Normandie et du pays chartrain, avait pour lieu principal Châteauneuf en Thimerais.

[3] Charles de Valois, comte d'Auvergne, de Ponthieu, etc., fils naturel de Charles IX et de Marie Touchet, né 28 avril 1573, mort 24 septembre 1650. Ayant pris part à la conspiration du comte d'Entragues et de Henriette d'Entragues, sa sœur utérine, il fut condamné à mort le 12 février 1605. Sa peine fut commuée par Henri IV en une prison perpétuelle qu'il subit à la Bastille ; il fut mis en liberté par la reine-mère le 26 juin 1616. Il eut la charge de colonel général de la cavalerie légère de France, reçut le duché d'Angoulême en 1619 à la mort de Diane, légitimée de France, duchesse d'Angoulême, et fut créé la même année chevalier des ordres du roi.

nonches¹ appartenoit au duc de Nevers², et la Ferté³ au vidame de Chartres⁴, qui avoit esté du party des princes avec le sieur de la Loupe⁵, en la seconde guerre civile; qu'au Perche les habitans de Verneuil⁶ où estoit gouverneur le baron de Mesdavy⁷, qui tenoit le chasteau et la tour n'avoient point bien esté avec ledit baron durant et depuis la seconde guerre civile où ils s'estoient portez ouvertement au service du Roy; et que le chasteau de

---

1 Eure-et-Loir, ch. l. de c. de l'arrondissement de Dreux.

2 Charles de Gonzague-Clèves, duc de Nevers et de Rethel, fils de Louis de Gonzague, prince de Mantoue, et de Henriette de Clèves, duchesse de Nevers et de Rethel, mort le 21 septembre 1637. Il hérita du duché de Mantoue en 1628 après la mort de Vincent I de Gonzagues. Louis XIII, par deux expéditions, força les Espagnols à reconnaître ses droits, et leur imposa le traité de Cherasco, 19 juin 1631.

3 La Ferté-Vidame, Eure-et-Loir, ch. l. de c. de l'arrondissement de Dreux.

4 Pregent de la Fin, vidame de Chartres, sr de Maligny, la Ferté, etc., capitaine de cinquante hommes d'armes, maréchal de camp, mort en août 1624, à l'âge de soixante-six ans. Il avait été député du bailliage de Châteauneuf en Thimerais aux Etats généraux de 1614. Il fut le dernier des anciens vidames de Chartres; après lui le vidamé fut vendu par décret au duc de Saint-Simon.

5 Louis d'Angennes, sr de la Loupe, de Marville, de Sainte-Colombe et de Gasprée, fils de René d'Angennes, sr de la Loupe, chevalier des ordres du roi, et de Louise de Raillart, dame de Marville et de Saulmeri, conseiller au conseil d'Etat et privé 6 novembre 1615, capitaine de cinquante hommes d'armes 7 novembre 1615, mort 7 mars 1622.

6 Eure, ch. l. de c. de l'arrondissement d'Evreux.

7 Pierre Rouxel, baron de Médavy, comte de Grancey, fils de Jacques Rouxel, sr de Médavy, etc., et de Perrette Foulques, lieutenant général en Normandie, gouverneur de Verneuil, d'Argentan, conseiller d'Etat 1611. Il fut frère de l'évêque de Lisieux et père de l'archevêque de Rouen, qui tous deux portèrent le nom de François Rouxel de Médavy. Il mourut le 31 décembre 1617.

Nogent le Rotrou[1] qui est à M. le prince de Condé, meritoit une garnison; qu'au Mayne, la Ferté-Bernard[2] qui appartient au duc de Mayenne[3], et le chasteau du Mans, avoyent grand besoin d'estre asseurez; bref, qu'il y avoit plusieurs gentils-hommes de ces pays là, qui avoient suivi M. le Prince et le duc de Vendosme[4], lesquels n'attendoient que le mandement des princes et seigneurs assemblez à Soissons[5] pour monter à cheval, et travailler les affaires du Roy de ce costé là, tellement que lesdits princes empescheroient leurs Majestez en trois endroicts, 1. Au Perche, et aux pays qui sont entre les rivieres de Seine et Loire.....

Leurs Majestez prevoyants donc qu'il leur estoit necessaire d'oster premierement tout ce qui pourroit nuire entre les rivieres de Seine et Loire, et tout ce dequoy ils auroient subject d'avoir de la mesfiance, manderent le

---

[1] Eure-et-Loir, ch. l. d'arrondissement.

[2] Sarthe, ch. l. de c. de l'arrondissement de Mamers.

[3] Henri de Lorraine, duc de Mayenne et d'Aiguillon, fils de Charles de Lorraine, duc de Mayenne, qui fut chef de la Ligue sous Henri IV, et de Henriette de Savoie, marquise de Villars, comtesse de Tende et de Sommerive, né 20 novembre 1578, tué au siège de Montauban, 27 septembre 1621. Il fut grand chambellan de France, gouverneur et lieutenant général pour le roi en Guyenne, et chevalier des ordres du roi en 1619.

[4] César, duc de Vendôme, de Beaufort et d'Etampes, fils naturel de Henri IV et de Gabrielle d'Estrées, légitimé par lettres du roi, janvier 1595, pair de France, gouverneur et lieutenant général pour le roi en Bretagne, grand-maître, chef et surintendant de la navigation et commerce de France, chevalier des ordres du roi en 1619, mort 22 octobre 1665.

[5] Les princes et seigneurs rebelles s'étaient réunis en 1616 à Soissons, d'où, après s'être concertés, ils s'étaient rendus dans les diverses provinces pour lever des troupes.

baron de Mesdavy de venir en cour ; sa femme[1] y vient ; on luy demande que son mary ait à remettre Verneuil entre les mains du Roy ; sur quelques dilayements, on prepare deux pieces de batterie à l'Arcenal, et est arresté, que le comte d'Auvergne s'achemineroit avec trois mille hommes tant cavalerie qu'infanterie à Verneuil. Sur ce, Mesdavy promit de rendre Verneuil, ce qu'il fit, et on mit en sa place le sieur de Longueval[2], qui estoit au mareschal d'Ancre, pource que ceste ville est dans le gouvernement de Normandie.

1617

[*Extrait d'un « livret » contre le maréchal d'Ancre*[3].]

Le mareschal d'Ancre dit, *qu'il obeyra dans les armées du Roy, pourveu que sa M. luy permette de contester son rang.* Mais comment contester, puisque ce n'est pas

[1] Charlotte de Hautemer, comtesse de Grancey, fille de Guillaume de Fervaques, maréchal de France.

[2] François de Monchi, sr de Longueval, etc., fils d'Antoine de Monchi, sr de Senarpont, et de Françoise de Vaux, lieutenant pour le roi au gouvernement d'Amiens, gouverneur de Verneuil. — Pontchartrain dit dans ses Mémoires (collection Petitot, t. XVII, p. 196) que le château de Verneuil fut mis entre les mains du marquis de Mauny, qui dépendait du maréchal d'Ancre.

[3] T. IV, 3e partie, pp. 158-160. — Le maréchal d'Ancre, qui était allé en Normandie activer les fortifications des places dont il avait le gouvernement, avoit écrit du Pont-de-l'Arche, le 13 mars 1617, une lettre au roi par laquelle il s'engageoit à mettre à son service, et cela *à ses despens*, pendant quatre mois, six mille hommes de pied et six cens chevaux. Les partisans des princes éclatèrent contre l'insolence « de cest estranger, qui s'est gorgé des biens du Roy, et lequel estoit si miserable lorsqu'il vint en France qu'il n'avoit pas le moyen d'entretenir un laquais, se vante maintenant de souldoyer sept mille hommes de guerre pour le service de sa Majesté. »

son dessein d'y aller; voit-on pas que dès qu'il a eu fait mener le baron de Heurtevan à Paris pour luy faire trancher la teste, et faict passer l'Oise aux troupes qu'il avoit levées en Normandie pour aller en l'armée que doit conduire le comte d'Auvergne [1], il s'en est retourné à Quillebeuf [2], où il fait travailler tous les jours un nombre innumerable de personnes aux fortifications nouvelles qu'il y a faict faire, esperant rendre ceste ville la plus forte place de l'Europe?

Les citadelles (au dire d'un empereur romain), sont entraves de la liberté publique, qui mettent les peuples en desfiance du souverain, ou qui donnent occasion aux mauvais gouverneurs de travailler les subjects du Roy, et les irriter. Chacun sçait que durant la regence de la Royne mere du Roy, feu M. le comte de Soissons [3] ayant esté pourveu du gouvernement de Normandie, on envoya des Suisses en garnison à Quillebeuf, principalement pour

[1] Après sa courte expédition dans le Maine et le Perche en janvier et février 1617, le comte d'Auvergne retourna dans l'Ile de France; il réunit des troupes à Crespy-en-Valois, assiégea et prit le château de Pierrefonds, 24 mars - 2 avril, et investit, 12 avril, Soissons, où s'était enfermé le duc de Mayenne. L'assassinat du maréchal d'Ancre, 24 avril, amena la cessation des hostilités et la reddition de cette place.

[2] Eure, ch. l. de c. de l'arrondissement de Pont-Audemer, au fond de l'estuaire et sur la rive gauche de la Seine. Henri IV avait commencé en 1592 à fortifier cette place, à laquelle il avait donné le nom de Henricarville. Les Etats de Normandie en demandèrent à plusieurs reprises la démolition. (V. à ce sujet M. Ch. de Beaurerepaire, *Les Etats de Normandie sous les règnes de Louis XIII et de Louis XIV*, t. II, pp. 223-230.)

[3] Charles de Bourbon, prince du sang, comte de Soissons et de Dreux, fils de Louis (1) prince de Condé, et de Françoise d'Orléans-Longueville, né le 3 novembre 1566, chevalier des ordres du roi 1585, plus tard grand-maître de France, gouverneur de Normandie 1610, mort 1er novembre 1612.

n'irriter les Normans qui craignoient qu'on en fist une forteresse. Et toutes fois depuis cinq mois que cest estranger s'est veu seul gouverner la Normandie, il s'est introduict dans ceste ville, où desirant y faire la principale retraicte pour exercer sa tyrannie sur tous les navires qui entreront de la mer dans la riviere de Seine, ou qui en sortiront, il n'espargne aucune despense pour la faire munitionner de canons et d'armes, et fait couper les rochers afin que le flot de la mer l'environne de douze en douze heures.

On dit qu'il sera aussi facile à luy faire remettre entre les mains du Roy Quillebeuf et les autres places qu'il tient, comme il a faict la citadelle d'Amiens pour faciliter la paix. De la remettre : il faut dire qu'il a esté contrainct de la quitter poursuivy de la haine publique. Mais est ce la quitter que d'y retenir ses intelligences ? Ne sçait-on pas que ce qui s'est passé depuis quelques jours aux saisies que ce mareschal a fait faire des terres du duc de Montbazon[1] luy donne esperance d'y revenir ? Quelle perte a-t-il faicte d'en sortir ? Il a receu cinq cents mille livres de recompence, et le chasteau de Caën ; il a eu la Normandie ; il a acheté le gouvernement du Pont de l'Arche de Monsieur de Villars[2], pour tenir la Seine au dessus de Roüen, comme il en tient le dessous à Quillebeuf ; il dit

---

[1] Le duc de Montbazon, en prenant possession de la citadelle d'Amiens, avait acheté du maréchal d'Ancre des armes et autres objets qu'elle renfermait ; comme il tardait à s'acquitter de sa dette, le maréchal avoit fait saisir une de ses terres.

[2] Georges de Brancas, marquis de Villars, baron d'Oise, fils d'Ennemond de Brancas et de Catherine de Joyeuse, lieutenant général au gouvernement de Normandie, gouverneur du Havre et de Honfleur, créé duc de Villars en 1626, mort à 92 ans le 23 janvier 1657. Il était frère d'André de Brancas, connu sous le nom d'amiral de Villars-Brancas, qui défendit Rouen contre Henri IV en 1592.

qu'il fera rebastir le fort Saincte Catherine ¹ ; il marchande les gouvernements de Vernon, Meulan et Corbeil sur Seine ; Pontoise luy est promis ; il aspire d'avoir Meaux sur Marne : ce qu'il faict afin de tenir toutes les advenuës de Paris, avec la Bastille qui est à sa devotion. Ne sçait-on pas qu'il a voulu avoir le Bois de Vincennes, et en mettre dehors Madame d'Angoulesme ² ?

Encores si son avidité estoit rassasiée pour vouloir tenir ceux de Paris et de Roüen à sa devotion, et toute la Normandie.....

1617

Heurtevan decapité ³.

Laissant retourner en Normandie le mareschal d'Ancre, pour advancer ses fortifications de Quillebeuf, et employer son credit pour faire verifier au Parlement et chambre des Comptes de Roüen un don excessif qu'il avoit sur les bois de Normandie, nous dirons que le mardi 21 mars le

---

1 Henri IV avait ordonné en 1597 la démolition du fort Sainte-Catherine à Rouen.

2 Diane, légitimée de France, fille du roi Henri II et de Philippe des Ducs, damoiselle de Coni. Elle avait épousé en 1553 Horace Farnèse, duc de Castro, qui mourut presque aussitôt, et en 1557, François, duc de Montmorency, pair et maréchal de France. Le roi Henri III lui donna en 1582 le duché d'Angoulême et le comté de Ponthieu, en échange du duché de Châtellerault. Elle mourut le 11 janvier 1619, à l'âge de 80 ans. Le duché d'Angoulême fut alors donné au comte d'Auvergne.

3 T. IV, 3ᵉ partie, pp. 162-163. — M. de Bouis a réédité pour la *Société des Bibliophiles normands*, le *Récit véritable de la mort du sieur baron de Heurtevan, décapité à Paris devant la Croix du Tiroir, le mardy 21 de mars*. Ce court récit ne fait pas connaître les faits qui motivèrent la condamnation de Philippe de Liée, baron de Heurtevent. (V. M. A. Floquet, *Histoire du Parlement de Normandie*, t. IV, pp. 325-326.)

baron de Heurtevan fut decapité à la Croix du Tirouër [1]. Pres de l'eschaffaut estoient en armes une des compagnies du regiment des gardes, et une des suisses. Il ne pensoit point mourir, et eut de la peine à se resoudre à la mort. On disoit qu'il estoit accusé d'avoir eu dessein de surprendre pour les princes une place en Normandie, et avoit levé sous main des gens de guerre. Or le Roy avoit faict faire des publications par toute la France, de ne lever aucuns gens de guerre sans commission seellée de son grand seau, sur peine aux contrevenans d'estre punis comme criminels de leze-majesté. Ce Heurtevan avoit fait de grandes hostilitez sur les frontieres d'entre la Normandie et le Perche durant la seconde guerre civile.

1617

[Le maréchal d'Ancre en Normandie] [2].

Le mareschal d'Ancre estant allé en Normandie, comme il a esté dit cy dessus, tant pour faire parachever ses fortifications de Quillebeuf, que pour poursuivre la verification de son don des bois de haute fustaye, tascha par toutes sortes de façons de pouvoir s'y obliger la Noblesse, les officiers du Roy, et ceux qu'il pensoit luy pouvoir ayder. Aucuns ne le pouvoient aymer, d'autres suivant le cours des affaires du temps luy adheroient, dequoy il advint que les petits enfants de Roüen s'entredisoient : *Aymez moy, Monsour, je vous feray favor.*

Mais sur trois choses, sçavoir : 1. le refus qu'il eut de la verification de sondit don de bois, contre lequel le sieur de Fleury [3] grand-maistre des eaües et forests de Nor-

[1] A Paris, carrefour à la rencontre des rues de l'Arbre-Sec et de Saint-Honoré.
[2] T. IV, 3ᵉ partie, pp. 194-195 et 223-224.
[3] Nicolas Clausse, sʳ de Fleury, lieutenant d'une compagnie des ordonnances du roi sous la charge du duc de Nevers, conseiller du

mandie se roidit; 2. sur ce qu'il vouloit faire establir un maistre des requestes intendant de la justice dans Roüen; et 3. sur le bruit qui courut qu'il vouloit mettre une de ses creatures dans le vieux Palais de Roüen, et restablir le fort S. Catherine, on a escrit qu'on l'advertit qu'il luy falloit eviter la litanie *à furore Normanorum*, surquoy il luy eschapa de dire : *Je feray manger les doigts à ceux qui contrarieront mes volontez*.

Ce fut pourquoy estant à Ponteaudemer prez Quillebeuf, sur un advis qu'il reçeut de Paris, qu'il se diligentast de recourir en cour (pour les causes portées en la lettre du Roy aux gouverneurs de ses provinces comme il se verra cy apres) il s'y achemina, et sans aller à Roüen, il passa au Pont de l'Arche, d'où il se rendit à Paris.

Arrivé, les siens disoient tout haut, qu'il estoit venu pour deux choses : 1. pour oster d'aupres de sa Majesté plusieurs personnes en qui elle se confioit, et luy en donner qui seroient affidées à monseigneur le mareschal; et 2. pour avoir des lettres de jussion de verification de son don de bois.

Le Roy, qui pour les occasions portées par ladite lettre aux gouverneurs, avoit fait semblant d'ignorer les desseins dudit mareschal, fut encore adverty que passant au Pont de l'Arche, il avoit offert le gouvernement de quelques places en Normandie à des capitaines, pourveu qu'ils luy feissent le serment envers tous et contre tous, sans apporter

---

roi en son conseil d'Etat, nommé à l'office de grand maître enquêteur et général réformateur des eaux et forêts de France, aux départements de l'Ile de France et de la Normandie, sur la résignation de son père, 17 octobre 1611. (Note de M. Ch. de Beaurepaire, *Cahiers des Etats de Normandie sous les règnes de Louis XIII et de Louis XIV*, t. I, p. 300.) — Il était fils de Henri Clausse, sr de Fleury et de Marchemont, et de Denyse de Neufville, sœur de M. de Villeroy.

— 40 —

cette exception, *si je ne voy un mandement du Roy seellé*.

. . . .

Les gouverneurs et capitaines que le mareschal d'Ancre [1] avoit mis dans les chasteaux et forteresses de Caën, Quillebeuf, Alençon, Verneuil, Falaize, le Pont de l'Arche et autres villes de Normandie, ayant remis toutes leurs places et charges au premier mandement du Roy entre les mains de ceux qu'il y envoya, la France a commencé de jouir d'une paix generale, et la justice et les loix à reprendre leur force et authorité.

1617

Assemblée des Notables à Rouen [2].

Le Roy apres s'estre donné les esbats de la chasse au

[1] Le maréchal d'Ancre avait été tué le 24 avril 1617 par Vitry, capitaine des gardes. Luynes hérita de ses fonctions et de ses biens. « En ce mois de septembre, dit le *Mercure françois*, t. V, année 1617, p. 97, la cour alla passer la fin de l'esté à Lesigny-en-Brie. M. de Luynes, seigneur que le Roy a toujours affectionné, espousa la fille du duc de Montbason et fut pourvu de la lieutenance generale au gouvernement de Normandie, qu'avoit le mareschal d'Ancre, et eut le don de ses immeubles. »

[2] T. V, 1re partie, pp. 252-317. — Par lettres patentes du 4 octobre 1617, enregistrées au Parlement de Paris, le 12 octobre suivant (V. *Mercure françois*, t. V, année 1617, pp. 230-235), le roi avait convoqué une assemblée de Notables sans fixer le lieu de la réunion. D'autres lettres indiquèrent Rouen. Le voyage de Louis XIII et la tenue de cette assemblée à Rouen ont fourni matière aux publications suivantes : *Louis XIII à Rouen*, par M. de Stabenrath (*Revue de Rouen et de la Normandie*, années 1840 et 1841); *Assemblée des Notables tenue à Rouen en 1617*, par M. de Bouis (*Revue de la Normandie*, septembre et octobre 1866); *Louis XIII et l'Assemblée des Notables à Rouen en 1617*, documents *recueillis et annotés* par M. Ch. de Beaurepaire (publication de la *Société rouennaise de Bibliophiles*).

On trouvera dans les divers mémoires du temps des détails sur chasteau de Gaillon, entra sur la fin de novembre à Roüen¹, où la plus grande part des mandez s'estant renduz, l'ouverture de l'Assemblée fut faicte le lundy quatriesme decembre en la grande salle de l'Archevesché. Quant à la disposition du lieu et des personnes, le Roy estoit sur le theatre sous un dais ; aux pieds du Roy estoit le duc de Mayenne, comme grand chambellan ; à la main droicte du Roy estoit Monsieur², frere de sa M., et M. le comte de Soissons³ en deux chaires separées, et esloignées en aisle.

cette assemblée des Notables ; mais le récit le plus circonstancié, avec celui du *Mercure*, est le *Narré de l'assemblée des Notables de Rouen*, qui se trouve dans les *Mémoires de Mathieu Molé*, t. I, pp. 154-212, publiés par la *Société de l'Histoire de France*. Le texte des propositions nous a fourni quelques variantes que nous avons ou introduites dans celui du *Mercure*, quand elles étaient manifestement meilleures, ou données au bas des pages.

1 Arrivé à Gaillon le 16 novembre, Louis XIII séjourna pendant toute une semaine dans la magnifique résidence des archevêques de Rouen ; il en partit le 23, coucha à Rouville et arriva le 24 à Rouen. L'ouverture de l'assemblée des Notables étant fixée au 4 décembre, le roi profita du délai pour faire un voyage à Dieppe. Il partit de Rouen le lundi 27 novembre, coucha à Bacqueville et arriva à Dieppe le lendemain. Asseline (*Antiquités et Chroniques*, t. II, pp. 195-198), nous apprend qu'il visita le Pollet, la cité de Limes et le village de Puis, où il se divertit à pêcher. Il quitta Dieppe le 1ᵉʳ décembre, coucha de nouveau à Bacqueville et rentra à Rouen le samedi 2 décembre, pour n'en partir que le 29 du même mois, trois jours après que l'assemblée des Notables eut terminé ses travaux.

2 Le frère du roi, Gaston-Jean-Baptiste, né le 25 avril 1608, portait alors le titre de duc d'Anjou ; lors de son mariage avec Mademoiselle de Montpensier, en 1626, il reçut comme apanage les duchés d'Orléans et de Chartres avec le comté de Blois, et ne fut plus désigné que sous le nom de duc d'Orléans. Il mourut le 2 février 1660.

3 Louis de Bourbon, fils de Charles de Bourbon, comte de Soissons, et d'Anne, comtesse de Montafié, né le 16 mai 1604, che-

En un banc encore plus bas, aussi ouvert en aisle, estoient les ducs de Mont-bason, et de Suilly[1].

Derriere M. le comte de Soissons sur plusieurs bancs de travers, couverts de tapisserie, estoit le Conseil du Roy.

Au premier banc de devant estoient MM. de Villeroy [2], Pont-Carré [3], president Jeannin [4], de Boysise [5], et president Jambeville [6].

---

valier des ordres du roi, en 1619, pair et grand-maître de France, gouverneur et lieutenant général pour le roi en Dauphiné, tué à la bataille de la Marfée, dans les rangs des Espagnols, le 6 juillet 1641.

[1] Maximilien de Béthune, duc de Sully, marquis de Rosny, l'illustre ministre de Henri IV, disgrâcié au début du règne de Louis XIII, avait conservé la charge de grand-maître de l'artillerie, qu'il céda à son fils le 30 avril 1618. Né en 1559, il mourut le 21 décembre 1641.

[2] Nicolas de Neufville, sr de Villeroy, né en 1542, mort à Rouen le 12 décembre 1617, secrétaire et ministre d'Etat sous les règnes de Charles IX, Henri III, Henri IV et Louis XIII; ce fut un des plus habiles politiques et diplomates de son temps.

[3] Geoffroy Camus, sr de Pontcarré et de Torci, fils de Jean Camus, baron de Bagnols, et d'Antoinette de Vignols, dame de Pontcarré, maître des requêtes en 1573, puis conseiller d'Etat.

[4] Pierre Jeannin, né à Autun en 1540, avocat au Parlement de Dijon en 1569, député aux Etats généraux de Blois, conseiller, puis président au Parlement, et connu sous le nom de Président Jeannin, fut employé par Henri IV dans des négociations importantes, notamment celles qui aboutirent à la trève de douze ans entre l'Espagne et la Hollande. Il mourut le 31 octobre 1622. Ses négociations, publiées en 1656, ont été réimprimées en 1819, dans la collection Petitot.

[5] Jean de Thumery, sr de Boissise, conseiller du roi en ses conseils d'Etat et privé, fut ambassadeur en Angleterre en 1598, et envoyé comme négociateur à l'assemblée de Halle, pour traiter des affaires relatives aux duchés de Clèves et de Juliers.

[6] Antoine le Camus, sr de Jambeville, conseiller d'Etat, président à mortier en 1612, mort en 1619.

Derriere eux MM. les autres conseillers d'Estat et MM. les maistres des requestes.

A costé gauche du Roy, sur ledit theatre estoient MM. les cardinaux du Perron [1] et de la Roche-Foucault [2], vis à vis de M. le comte de Soissons, et du mesme costé, M. le Chancelier [3], et M. le Garde des Seaux [4] sur un banc qui s'ouvroit en aisle, esloigné de la chaire du Roy environ une toise et demie.

Derriere eux estoient des bancs mis en travers couverts de tapisserie pour MM. les deputez de la Noblesse.

Voilà ce qu'il y avoit sur le theatre.

Au bas dudit theatre tout aupres des marches estoient MM. les secretaires d'Estat de Lomenie [5], de Pisieux [6],

---

[1] Jacques Davy du Perron, né à Saint-Lô, 1556, évêque d'Evreux 1591, cardinal 1604, archevêque de Sens 1606, grand aumônier de France, mort 5 sept. 1618.

[2] François de la Rochefoucaud, fils de Charles de la Rochefoucaud, comte de Randan, et de Fulvie Pic de la Mirandole, né 5 déc. 1558, évêque de Clermont 1585, cardinal 1607, évêque de Senlis 1610, mort 14 fév. 1645.

[3] Nicolas Brulart, chevalier puis marquis de Sillery, fils aîné de Pierre Brulart, sr de Berny, et de Marie Cauchon, dame de Sillery et de Puisieux, garde des sceaux 1604, chancelier 1607, mort 1er oct. 1624.

[4] Guillaume du Vair, né 7 mars 1556, conseiller puis maître des requêtes au Parlement de Paris, premier président du Parlement d'Aix, évêque-comte de Lisieux 11 août 1617, garde des sceaux du 16 mai au 25 nov. 1616, puis du 25 avril 1617 jusqu'à sa mort, 3 août 1621.

[5] Antoine de Loménie, sr de la Ville-aux-Clercs, secrétaire des commandements, puis du cabinet de Henri IV, secrétaire d'Etat 1606, mort 17 janv. 1638.

[6] Pierre Brulart, vicomte de Puisieux, fils de Nicolas Brulart, marquis de Sillery, chancelier de France, et de Claude Prudhomme, secrétaire d'Etat 1606, mort 22 avril 1640.

Philippeaux, Pontchartrain [1], et de Lomenie fils [2], sur un banc posé de travers.

A main droicte, aussi au bas dudit theatre tout aupres des marches, estoient MM. les archevesques de Narbonne [3], d'Arles [4], de Roüen [5], et de Tours [6], puis MM. les evesques d'Angers [7], de Paris [8], de Poictiers [9], et autres.

[1] Il faut lire Phelypeaux-Pontchartrain, ou Phelypeaux, s' de Pontchartrain. Ce personnage, 3e fils de Louis Phelypeaux, s' de la Vrillière, et de Radegonde Garraut, né 1569, fut secrétaire des commandements de la reine Marie de Médicis, puis secrétaire d'Etat 21 avril 1610. Il mourut le 21 oct. 1621.

[2] Henri-Auguste de Loménie, comte de Brienne et de Montbron, s' de la Ville-aux-Clercs, fils d'Antoine de Loménie, secrétaire d'Etat, et d'Anne d'Aubourg, fut d'abord secrétaire du cabinet du roi; il obtint la survivance de la charge de secrétaire d'Etat avec permission de signer pour son père, et mourut 5 nov. 1666 à l'âge de 71 ans.

[3] Louis de Vervins, né en 1547, vicaire général et official de l'église de Castres, inquisiteur général de la foi à Avignon 1589, archevêque de Narbonne 1600, mort 9 février 1628.

[4] Gaspard du Laurens, frère d'André du Laurens, premier médecin de Henri IV, abbé de Saint-André de Vienne, archevêque d'Arles 1603, mort 1630.

[5] François de Harlay, fils de Jacques de Harlay, marquis de Chanvalon, et de Catherine de la Mark, dame de Bréval, né en 1586, abbé de Saint-Victor de Paris, coadjuteur du cardinal de Joyeuse 1614, archevêque de Rouen 1615, se démit en 1651 en faveur de son neveu François de Harlay (II) et mourut 22 mars 1654.

[6] Bertrand d'Eschaux, de la famille des vicomtes de Baigorry-Navarre, évêque de Bayonne 1598, premier aumônier du roi 1611, député aux Etats généraux de 1614, archevêque de Tours, juin 1617, chevalier des ordres du roi 1619, mort 21 mai 1641.

[7] Guillaume Fouquet de la Varenne était alors évêque d'Angers. Il avait succédé en 1616 à Charles Miron, qui avait résigné son évêché par suite de mésintelligences avec son chapitre. D'après le *Gallia christiana*, ce fut Fouquet de la Varenne qui assista à

Apres eux MM. Nicolai[1], et de Motteville[2], premiers presidents en la chambre des Comptes de Paris et Roüen,

l'assemblée des Notables de Rouen, *mittitur anno 1617 ad generalia Franciæ comitia* (l'expression *generalia comitia* signifie d'ordinaire *états généraux*; elle est employée ici au sens de *notables*). Toutefois Charles Miron était à Rouen en décembre 1617, et il est ainsi désigné dans la liste, donnée par M. Ch. de Beaurepaire, des personnes qui se trouvaient alors à la suite de la cour : Myron (Ch.) ancien évêque d'Angers, conseiller du roi en ses Conseils d'Estat et privé, aumônier ordinaire de S. M., nommé à l'abbaye de Saint-Laumer de Blois, 8 déc. 1617 (*Louis XIII et l'assemblée des Notables à Rouen en 1617*, p. 124, publication de la *Société rouennaise de Bibliophiles*). Charles Miron fut même désigné alors avec le cardinal de la Rochefoucaud et François de Harlay archevêque de Rouen, pour travailler à la réforme des monastères de l'ordre de saint Benoît et de saint Augustin. Après la mort de Guillaume Fouquet de la Varenne, 9 janvier 1621, il fut de nouveau nommé évêque d'Angers, fut transféré en 1626 sur le siége archiépiscopal de Lyon et mourut le 6 août 1628.

8 (*de la page précéd.*) — Henri de Gondi, second fils d'Albert de Gondi, baron, puis duc de Retz, et de Claude-Catherine de Clermont, baronne de Retz, né 1572, évêque de Paris 1598, cardinal 1618, chef du conseil 1620, mort 13 août 1622.

9 (*de la page précéd.*) — Henri-Louis Châteigner de la Roche-Pozai, né 6 sept. 1577 à Tivoli, pendant que son père Louis Châteigner, s^r de la Roche-Pozai était ambassadeur à Rome, évêque de Poitiers 1611, mort 30 juillet 1651.

[1] Jean Nicolaï, s^r de Goussainville et de Presle, fils d'Antoine Nicolaï et de Jeanne Lhuillier, conseiller au Parlement de Paris, maître des requêtes, premier président de la chambre des Comptes, 6 mai 1587. Son fils Antoine Nicolaï lui succéda dans sa charge le 3 juin 1624. Les Nicolaï ont rempli, de père en fils, cette haute fonction de 1506 à la Révolution.

[2] Nicolas Langlois, s^r de Motteville (ou plutôt de Mauteville), premier président de la chambre des Comptes de Rouen 1585, mort 1640, à l'âge de 82 ans. Il avait épousé en 1639 Françoise Bertaut née en 1621, si connue sous le nom de Mme de Motteville par ses intéressants mémoires.

avec robbes et toques de velours ; puis M. de la Vache-Sainct-Jean [1] procureur general de la chambre, tous sur un banc posé sur la longueur de la salle et non en travers. Derriere lesdicts sieurs archevesques et evesques et autres, estoient grand nombre de seigneurs et gentils-hommes.

De l'autre costé de ladite salle à main gauche estoient M. le premier president de Paris [2], M. le president Seguier [3], et MM. les premiers presidents de Dijon [4], Roüen [5], Provence [6], et Bretaigne [7]. Ceux de Thou-

---

[1] Nicolas la Vache, écuyer, s[r] du Val-Saint-Jean et de Cléry, conseiller du roi et procureur général en sa chambre des Comptes de Normandie. La famille la Vache, originaire des Andelys, a donné cinq conseillers au Parlement de Rouen.

[2] Nicolas de Verdun, président aux requêtes puis aux enquêtes du Parlement de Paris, premier président du Parlement de Toulouse 1600, de Paris 1611, mort 16 mars 1627.

[4] Antoine Séguier, 5e fils de Pierre Séguier et de Louise Boudet, né 1552, conseiller au Parlement de Paris sous Charles IX, maître des requêtes de l'hôtel sous Henri III, lieutenant civil, conseiller d'Etat ordinaire 1586, avocat général 1587, président à mortier 21 mars 1597, ambassadeur à Venise 1598, mort 1624. Antoine Séguier fit recevoir en survivance de sa charge, 17 mars 1624, son neveu Pierre Séguier, plus tard chancelier de France.

[4] Nicolas Brulart, baron de la Borde et de Massy-la-Fosse, s[r] de Reuley, de Sainte-Marie, etc., fils de Denys Brulart et de Madeleine Hennequin, maître des requêtes, puis président 1602, et enfin premier président au Parlement de Dijon 1610, par la démission de son père, mourut en janvier 1627.

[5] Alexandre de Faucon, s[r] de Ris, fils de Claude, s[r] de Ris, conseiller du roi, premier président au Parlement de Bretagne, et d'Estiennette Huault, fille du s[r] de Montmagny, maître des requêtes de l'hôtel du roi. D'abord président au grand Conseil, il fut nommé premier président au Parlement de Rouen en remplacement de Claude Groulard ; il fut reçu à cet office le 8 mars 1608 et mourut le 10 février 1628. Il eut pour successeur son frère Charles de Faucon, s[r] de Frainville.

[6] Marc-Antoine d'Escalis, baron de Bras. Son fils, Sextus d'Escalist

Jouse [1], de Bordeaux [2], et de Grenoble [3] n'estoient encore arrivez.

Apres lesdits sieurs premiers presidents, sur le mesme banc estoient, MM. les procureurs generaux de Paris [4], Dijon [5], Roüen [6], Provence [7], et Bretagne [8], le lieute-

capitaine-lieutenant de la compagnie des gendarmes du maréchal de Vitry, viguier de Marseille 1636, premier consul d'Aix, fut père de Henri d'Escalis de Sabran, président au Parlement d'Aix.

7 (*de la page précéd.*) — Jean de Bourgneuf, s^r de Cussé. La terre de Cussé ou Cucé fut érigée en marquisat par lettres patentes de décembre 1643, enregistrées 4 août 1644 en faveur de M. de Bourgneuf, premier président du Parlement de Bretagne.

1 Gilles Mazurier ou plutôt le Mazuyer, mort de la peste à Toulouse le 10 octobre 1631. Dom Vaissette (*Histoire générale du Languedoc*, t. V, p. 677) dit que, de tous ceux qui furent enlevés par ce fléau, « le plus qualifié fut le premier président le Masuyer, qui eut le courage de se renfermer dans la ville... » Le *Mercure françois* (t. XVII, 2e partie, p. 213) lui rend ce témoignage : « Les Tolozains en ont porté un grand deuil par la perte notable qu'ils ont faite en sa mort. »

2 Marc-Antoine de Gourgues, conseiller, maître des requêtes, président à mortier et enfin premier président du Parlement de Bordeaux. Il avait épousé Marie Séguier, sœur du chancelier, et mourut en 1623.

3 Claude Frère, s^r de Crolles, avocat général 1595, maître des requêtes 1603, premier président du Parlement de Grenoble 1619, mort 1639.

4 Mathieu Molé, s^r de Champlâtreux, né 1584, conseiller 1606, président aux requêtes, procureur général 1614, premier président du Parlement de Paris 19 nov. 1641, garde des sceaux 1651, mort 3 janv. 1656. Ses *Mémoires*, 4 vol. in-8o, ont été publiés pour la *Société de l'Histoire de France*, par M. Aimé Champollion-Figeac.

5 Hugues Picardet, conseiller du roi en ses conseils d'État et privé, procureur général au Parlement de Bourgogne, mort 1641. Sa fille Marie épousa Jacques-Auguste de Thou, fils du célèbre historien.

6 François de Bretignières, fils d'un père avocat à Verneuil, puis à Rouen, fut lui-même avocat dans cette dernière ville, procureur

nant civil ¹, et le prevost des marchands ² de Paris.

Derriere ce banc il y en avoit un autre estendu sur la mesme longueur, où estoient MM. les premiers presidents de la cour des Aydes de Paris, ³ Roüen ⁴, et quelques autres.

Derriere eux estoient encore quelques seigneurs et gentils-hommes.

Au bas de la salle il y auoit des barrieres, et les gardes du Roy, pour empescher la confusion.

En ceste ouverture il se fit deux harangues : celle de sa

---

syndic des Etats de Normandie, puis procureur général 26 novembre 1613, en la place de Le Jumel de Lisores. Il mourut le 22 avril 1632.

7 (*de la page précéd.*) — Louis-François de Rabasse, sʳ de Vergons. « La famille de Rabasse, originaire de Dauphiné, passa dans le Comtat-Venaissin et, de là, à Aix, où elle a donné successivement six procureurs généraux au Parlement de cette ville. (*Dict. de la Noblesse*, de la Chesnaye-Desbois.)

8 (*de la page précéd.*) — Charles de Marbeuf, baron de Blaison, etc., procureur général, puis premier président au Parlement de Bretagne, conseiller du roi en ses conseils d'Etat et privé, lieutenant du roi en Bretagne.

1 Henri de Mesmes, chevalier, sʳ de Roissi et d'Irval, conseiller d'Etat 1608, lieutenant civil 1613, prévôt des marchands 1618 et 1620, président à mortier 1621, mort 1650.

2 Antoine Bouchet, sʳ de Bouville, conseiller au Parlement de Paris, fut élu prévôt des marchands en 1616; il remplaça Robert Miron, sʳ du Tremblay, et eut pour successeur Henri de Mesmes.

3 Nicolas Chevalier.

4 Jean Dyel, sʳ des Hameaux, de Beaunay, etc., fils de Nicolas, sʳ de Miromesnil, avocat du roi au siège d'Arques, puis lieutenant général du bailli de Caux, et d'une fille de Nicolas Le Conte, sʳ de Draqueville, président au Parlement de Rouen. Le sʳ des Hameaux fut reçu avocat le 24 novembre 1579, devint conseiller en la cour des Aides le 21 juillet 1582 et premier président le 6 mai 1591. Il mourut en mai 1624.

Majesté fut assez courte, mais en paroles toutes royales, sur le contentement et l'esperance qu'il avoit que ceste Assemblée luy donneroit des conseils utiles, et à luy et à son Estat; et finit par un commandement à M. le Chancelier d'exposer plus amplement sa volonté : lequel commença sa harangue par ces mots, *Ecce Rex vester cum vultu mansueto et jucundo, etc.*, passage de l'escriture saincte qu'il accommoda au temps, mais avec un discours si succinct, nerveux, fluide, et net, que l'Assemblée en laquelle estoient les plus grands personnages, et les mieux disants de toute la France, luy donna cette loüange, qu'il possedoit le bien-faire, et le bien-dire.

Quant à l'Assemblée particuliere des Notables, elle ne commença que cinq jours apres ceste ouverture, pendant lesquels sa Majesté fit dresser l'acte suivant, contenant :

1. La nomination de ceux qu'elle vouloit presider en ladite Assemblée.

2. Sa volonté sur les debats survenus entre les chefs des Parlements, et les mandez de la Noblesse pour les seances.

3. Par qui les propositions seroient portées à l'Assemblée.

Et 4. La forme que l'on observeroit en opinant.

Aujourd'huy, septiesme decembre mil six cents dix-sept, le Roy estant à Roüen, apres avoir consideré combien il importoit au bien general de son royaume, et aux particuliers d'iceluy, que l'Assemblée d'aucuns notables personnages qu'elle a convoquez en ce lieu, fust presidée par des personnes de telle qualité et merite que cet Estat en reçoive de l'advantage, et qu'elle soit estimée et loüée d'un si bon choix, et que pour faciliter l'acheminement et conclusion d'icelle l'on terminast les debats qui estoient pour la seance entre iceux :

Sa Majesté pour plusieurs bonnes et grandes considerations importantes le bien de ses affaires et services, apres y avoir meurement deliberé, a recognu ne pouvoir commettre pour president personne qui honorast d'avantage ladite Assemblee, que monseigneur le duc d'Anjou [1] son frere unicque, et luy adjoindre MM. les cardinaux du Perron et de la Roche-Foucault, duc de Mont-bason, et comte de Brissac [2] mareschal de France, qu'elle a à ce commis et deputez, ou les uns en la place des autres, pour la cognoissance qu'elle a de leur suffisance, fidelité, et affection au bien de cet Estat.

Et pour ce qui regarde lesdites seances, sadite Majesté declare, que ceste Assemblée n'estant Etats generaux, ains composée seulement de personnes qu'elle a choisies entre ceux du Clergé de son royaume, de la Noblesse, et de ses officiers, les seances qu'elle leur a ordonnées sont honorables pour eux, les leur ayant expressément choisies.

Et quant à ce qui est de la forme d'opiner en ladite Assemblée, sa Majesté veut et entend que ce qu'elle en a ordonné et faict entendre ausdits Notables par M. le Chancelier soit observé; qu'à cet effect elle fera bailler à son procureur general de son Parlement de Paris ses propositions par escrit, qu'il presentera à mondit seigneur, ou ausdits sieurs adjoints : entendant sa Majesté qu'ils luy donnent leur advis en mesme forme et par escrit, et qu'il soit apporté par mondit seigneur, ou en son absence par l'un desdits sieurs. Et afin que chacun soit instruict

---

[1] Le duc d'Anjou, né le 25 avril 1608, n'avait pas encore dix ans.

[2] Charles (II) de Cossé, comte, puis, 1620, duc de Brissac, fils de Charles (I) de Cossé, comte de Brissac, maréchal de France, et de Charlotte d'Esquetot. Gouverneur de Paris pendant la Ligue, il ouvrit à Henri IV les portes de la capitale le 22 mars 1594; il fut alors nommé maréchal de France et, en 1595, chevalier des ordres du roi. Il mourut en 1621.

de la volonté de sadite Majesté, elle les en a plus particulierement faict informer par mondit sieur le Chancelier, et commandé le premier acte estre dressé, qu'elle a voulu signer de sa propre main[1].

Sa Majesté veut et entend que ce qu'elle a fait dire ausdits Notables par M. le Chancelier, touchant la forme d'opiner, soit observé, à sçavoir, qu'ez matieres qui se proposeront concernans les choses ecclesiastiques, lesdits sieurs presidents ayent à faire opiner les premiers ceux dudit Clergé, et en suitte ceux qu'ils adviseront et estimeront pouvoir donner esclaircissement esdites affaires; qu'en celles qui concerneront la Noblesse ils ayent pareillement à les faire les premiers opiner, puis ceux qu'ils adviseront; qu'en matiere de justice, les officiers ayent aussi d'en dire les premiers leur advis, et des autres ainsi qu'il est dit. Et pour le fait des finances, opineront semblablement les premiers ceux des chambres des Comptes, et cours des Aydes.

Les nobles, comme vous avez veu cy-dessus à l'ouverture, eurent leur seance comme environnant la personne du Roy, et sa Majesté par ledict acte entend qu'ils tiennent encor la mesme seance en l'Assemblée pres de la personne de Monsieur. Ils disoient qu'estans le second membre de l'Estat, leur seance devoit estre vis à vis du Clergé, et que MM. des Parlements ne devoient representer que le Tiers-Estat.

A cela lesdits sieurs des Parlements respondoient, que ce n'estoit pas une assemblée d'Estats generaux, qu'ils estoient mandez de sa Majesté pour donner leur advis sur

---

[1] Dans les *Mémoires de Mathieu Molé* (t. I, p. 159), le brevet se termine par ces mots : ...de sa propre main et être contre-signé par nous conseillers en ses conseils, secrétaires d'État et de ses commandements. Louis. Et plus bas : Brulart, Phélypeaux, De Loménye.

les propositions qu'elle desiroit leur faire, et n'estoient point des deputez de provinces aux Estats, et qu'on ne les deputoit jamais ausdits Estats generaux, et lors qu'ils assistoient à l'ouverture ou closture d'iceux, c'estoit en leur qualité de conseillers d'Estat : qu'il n'estoit pas aussi raisonnable que la Noblesse les precedast, ayant juridiction sur elle.

La Noblesse ne se contentant pas de l'acte cy-dessus, en voulut avoir lettres patentes du Roy, portant[1] :

Nous avons voulu declarer, comme nous faisons par ces presentes, meus de la bonne volonté que nous avons tousjours porté à nostre Noblesse, et de la cognoissance que nous avons qu'ils sont vrayment nostre bras droict, que nostre intention n'a point esté en ceste convocation de tenir une assemblée d'Estats, ny autres de pareille matiere, et que nous leur avons ordonné ceste seance proche de nostre personne, et de ceux que nous avons ordonnez pour presider en ladite Assemblée, comme tres honorable, advantageuse, convenable à l'action, tant de l'ouverture de ladite Assemblée, que de la continuation d'icelle, sans qu'elle puisse prejudicier, ny moins deminuer de celle qui de tout temps leur appartient en nos Estats generaux, sçavoir la seconde seance et apres l'ordre ecclesiastique, laquelle nous entendons et voulons leur estre conservée.

Quant à la seance qui fut observée en l'Assemblee particuliere des Notables, laquelle commença le neufiesme decembre :

Monsieur frere du Roy, president en icelle, estoit au haut bout de la salle en une chaire posée sur une riche tapisserie.

[1] V. dans *Mathieu Molé*, t. I, pp. 159-161, le texte complet de ces lettres patentes, datées du 8 décembre, et dont le *Mercure* ne donne qu'un extrait.

A sa gauche sur sieges un peu plus reculez, estoient les adjoincts pour presider, sçavoir, MM. les cardinaux du Perron et de la Roche-Foucault, le duc de Mont-bason, et le mareschal de Brissac.

Aux deux bancs endossez, qui estoient comme en demy cercle, à la droicte et à la gauche de Monsieur, et de ses-dits adjoints, estoient les treize mandez de la Noblesse [1] : dans celuy de main droicte, MM. de Ragny [2], de Palézeau [3], de la Nouë [4], de la Mailleraye, d'Ambres [4], et

---

[1] Fontenay-Mareuil (*Mémoires*, t. I, pp. 405-406, collect. Petitot), est tout à fait d'accord avec le *Mercure*, sur la composition de l'Assemblée des Notables :

« De ces notables il y en eust unze pour le clergé, tous archevesques ou evesques; treize pour la noblesse, à sçavoir messieurs de Ragny, de Palaiseau et de Dandelot, chevaliers de l'ordre; de Beuvron, de Montpezat, de la Meilleraye, de Souliers, d'Ambres et de Vaillac, catholiques; Du Plessis-Mornay, de Merge, de la Noue et de La Rochebaucourt, huguenots. Et pour les officiers, le premier president, le second et le procureur general du Parlement de Paris; tous les premiers presidents et les procureurs generaux des autres Parlements, les premiers presidents et les procureurs generaux des chambres des comptes et des cours des aides de Paris et de Rouen, avec le lieutenant civil et le prevot des marchands de Paris. »

[2] François de la Madeleine, marquis de Ragny, conseiller d'Etat, gouverneur et lieutenant général au duché de Nivernais, pays de Bresse et comté de Charolais, chevalier des ordres du roi 1595, mort le 29 juillet 1628.

[3] Claude de Harville, sr de Palaiseau, baron de Nainville, fils d'Esprit de Harville, sr ae Palaiseau, et de Catherine de Lévis-Charlus, capitaine de cinquante hommes d'armes, gouverneur de Compiègne et de Calais, chevalier des ordres du roi 1597, mort 21 janvier 1636.

[4] Odet de la Nouë, fils de François de la Nouë dit Bras-de-Fer, et de Marguerite de Téligni, député de la sénéchaussée de Poitou, Fresnay et Niort aux Etats généraux de 1614, ambassadeur en Hollande 1617. Son fils, Claude de la Nouë, fut gentilhomme de la manche de Gaston.

[5] Louis de Voisins, vicomte de Lautrec, baron d'Ambres, gentil-

d'Andelot [1]; à la gauche, MM. de Beuvron [2], de Mont-Pezat [3], de Vaillac [4], de Souliers [5], de Morges [6], de la Roche-beaucourt [7], et du Plessis-Mornay [8].

homme ordinaire de la chambre du roi, capitaine de cinquante hommes d'armes de ses ordonnances, gouverneur d'Albret, Castres, et Lavaur, tué à Tonneins en 1622.

[1] Charles de Coligny, marquis d'Andelot, fils de l'amiral de Coligny et de Charlotte de Laval, lieutenant général au gouvernement de Champagne, chevalier des ordres du roi 1619, mort 27 janv. 1632.

[2] Jacques d'Harcourt, marquis de Beuvron, fils aîné de Pierre d'Harcourt, marquis de Beuvron, et de Gillonne de Matignon, né 6 fév. 1585, gouverneur de Falaise, tué au siége de Montpellier 1622.

[3] Emmanuel-Philibert des Prez, sr de Montpezat, marquis de Villars, fils aîné de Melchior des Prez et de Henriette de Savoie, marquise de Villars, tué à Montauban 1621. Il était frère utérin du duc de Mayenne.

[4] Louis Ricard de Gourdon, sr de Genouillac, comte de Vaillac, etc., un des vingt-trois enfants de Louis de Gourdon et d'Anne de Montberon.

[5] Gaspard de Forbin, sr de Soliers et de Saint-Cannat, fils aîné de Palamède de Forbin et de Jeanne de la Garde, gouverneur de Toulon, viguier de Marseille en 1613, mort 1631.

[6] Abel de Bérenger, sr de Morges. Il commandait en 1600 une partie des troupes qui s'emparèrent de Montmélian. (V. *Mémoires de Bassompierre*, t. I, p. 81.)

[7] Jean de Galard de Béarn, baron de la Rochebeaucourt, comte de Brassac, fils de René de Galard de Béarn et de Marie de la Rochebeaucourt, capitaine de cinquante hommes d'armes, conseiller d'Etat, gouverneur de Nancy et de la Lorraine, puis de Saintonge et d'Angoumois, chevalier des ordres du roi, se montra partisan zélé du roi dans l'assemblée de Saumur 1611, obtint pour un instant en 1622 la lieutenance de roi à Saint-Jean-d'Angely, fut ambassadeur à Rome pendant plusieurs années et surintendant de la maison d'Anne d'Autriche, dont sa femme, Catherine de Sainte-Maure, était dame d'honneur. Il mourut en 1645.

[8] Philippe de Mornay, sr du Plessis-Marly, fils de Jacques de Mornay, sr de Buhi, et de Françoise du Bec, dame du Plessis-

Proche desdits deux bancs en demy cercle, et en suitte, estoit du costé de main droite un long banc endossé pour les onze mandez du Clergé, MM. les archevesques d'Auch [1], Narbonne, Arles, Roüen, et Tours : et MM. les evesques d'Angers, Chaalons sur Sone [2], Paris, Grenoble [3], Poitiers, et Triguier [4].

Et du costé de main gauche, estoit un pareil banc endossé, où estoient les chefs des Parlements et les procureurs generaux : M. le premier president de Paris, et M. Seguier president audit Parlement, MM. Masurier, Frere, Brulart, de Ris, de Bras, et de Cussé, premiers presidents des Parlements de Tholouse, Grenoble, Dijon, Roüen, Aix et Rennes, MM. de Mollé, de Sainct Felix [5],

Marly, né 5 nov. 1549, conseiller du roi en ses conseils d'Estat et privé, capitaine de cinquante hommes d'armes de ses ordonnances, gouverneur de la ville et château de Saumur, mort 11 nov. 1623.

1 Léonard de Trapes, nommé archevêque d'Auch en 1597, obtient ses bulles du pape le 8 nov. 1599, est député aux Etats généraux de 1614, aux Notables de Rouen de 1617 et meurt le 29 oct. 1629.

2 Cyrus de Tiard de Bissi, évêque de Châlon 1594, mort 3 janv. 1624. Il était devenu évêque de Châlon par la démission de son oncle Ponthus de Tiard, un des poètes de la Pléiade.

3 Jean de la Croix, sr de Chevrières, de Brie, etc., comte de Saint-Vallier, conseiller 1578, puis avocat général 1585, au Parlement de Grenoble, président à mortier 1605, surintendant des finances en Dauphiné 1595, conseiller d'Etat, etc. Devenu veuf, il fut nommé, en 1607, évêque de Grenoble, et mourut en mai 1619.

4 Pierre Cornullier, abbé de Sainte-Croix de Guingamp, puis de Saint-Méen 6 juillet 1601, évêque de Tréguier 1616, de Rennes 17 mars 1619, conseiller au Parlement de Bretagne. Il fut député de sa province aux Etats généraux de 1614 et mourut le 21 juillet 1639.

5 François de Saint-Félix, probablement fils de Claude de Saint-Félix, qui fut président au Parlement de Toulouse et qui figura en 1596 aux Notables de Rouen avec Pierre du Faur, premier président de ce même Parlement.

de Servient [1], Picardet, Bretignières, de Vergons, et de Mereboeuf, procureurs generaux des Parlements de Paris, Thoulouse, Grenoble, Dijon, Roüen, Aix, et Rennes.

A ces deux longs bancs estoient par les deux bouts d'embas à chasque costé joint un banc aussi endossé et en aisle, laissant seulement entre deux une ouverture pour l'entrée. Sur celuy de main droicte estoient MM. Nicolai, et de Motteville, premiers presidents des chambres des Comptes de Paris et Roüen, et MM. l'Huillier [2], et de la Vache Sainct Jean, procureurs generaux desdites chambres des Comptes de Paris et Roüen : et sur celuy de main gauche M. de Mesmes lieutenant civil de la prevosté et vicomte de Paris.

Derriere le banc des chefs, et des procureurs generaux des Parlements estoit un banc, où estoient MM. Chevalier et des Hameaux, premiers presidents des cours des Aydes de Paris et Roüen, et MM. le Tonnelier [3] et la Montagne [4], procureurs generaux desdites cours des

[1] Abel Servien, marquis de Sablé et de Chateauneuf, etc., procureur général au Parlement de Grenoble, conseiller d'Etat, premier président au Parlement de Bordeaux 1630, secrétaire d'Etat 1636, surintendant des finances 1653, chancelier des ordres du roi, sénéchal d'Anjou, mort 17 février 1659. Il prit une part active aux négociations du temps, particulièrement à celles qui amenèrent la conclusion de la paix de Westphalie.

[2] Jérôme Lhuillier, qui paraît appartenir à la famille des Lhuillier de Chalendos, et non à la famille parisienne des Luillier, cessa d'être procureur général avant le 14 novembre 1625, ainsi qu'il résulte d'une lettre en date de ce jour, adressée par le chancelier d'Aligre à Mathieu Molé. (V. *Mémoires* de ce dernier, t. I, p. 353.)

[3] Claude le Tonnelier de Breteuil, fils de Claude le Tonnelier, receveur général des finances de Paris, et de Marie le Charon, conseiller, puis procureur général en la cour des Aides de Paris, mort 9 avril 1630.

[4] Le personnage désigné par le *Mercure françois* sous le nom de M. de la Montagne, est Robert le Page, sr de Pinterville, qui

Aydes de Paris et Roüen, et M. Bouchet sieur de Bouville, prevost des marchands de la ville de Paris.

M. de Flecelles[1] nommé par le Roy pour estre greffier de l'Assemblée, estoit comme au milieu de cest enclos.

Et aux deux fois que M. le president Jeannin, superintendant des finances, et MM. de Meaupou [2], de Chevry [3], de Castille [4], et Deagen [5], intendans des finances, furent en ceste Assemblée, ils prirent seance sur un banc endossé, mis au devant dudit sieur de Flecelles, greffier.

succéda en 1607 à son père Gabriel le Page, sr de *Montaigu* (V. Farin, t. II, p. 277, éd. de 1738), dans sa charge de procureur général en la cour des Aides de Rouen. Son fils Gabriel le Page, sr de Pinterville, le remplaça en 1644.

[1] Jean de Flesselles, sr de Bregy et du Plessis-au-Bois, greffier du Conseil, fut nommé greffier des Notables par cette assemblée avec l'agrément du roi. Il devint ensuite président en la chambre des Comptes de Paris. Son frère Antoine de Flesselles fut conseiller au Parlement de Rouen 1605, puis à celui de Paris.

[2] Gilles de Maupeou, sr d'Ableiges et de Villeneuve, anobli janvier 1586, conseiller du roi en ses Conseils, intendant et contrôleur général des finances sous Henri IV, renvoyé après la mort de ce prince, rétabli dans ses offices après la mort du maréchal d'Ancre.

[3] Charles Duret, sr de Chevry, conseiller d'Etat, intendant et contrôleur général des finances, président à la chambre des Comptes de Paris, 8 janv. 1610. Son fils, Charles Duret, sr de Chevry et de la Grange, le remplaça dans cette charge le 21 juillet 1637.

[4] Pierre de Castille, receveur du clergé, puis contrôleur général et intendant des finances; c'est lui qui, cette même année 1617, avait été chargé d'opérer la saisie des papiers de Concini. De son mariage avec Charlotte, fille du président Jeannin, naquit Nicolas Jeannin de Castille, marquis de Montjeu, qui fut trésorier de l'épargne et greffier des ordres du roi.

[5] Guichard (ou Guiscard) Deageant de Saint-Marcellin, commis de Barbin, puis intendant des finances par la faveur de Luynes, dont il était la créature, fut disgracié après la mort du connétable, se retira en Dauphiné et devint premier président de la chambre des Comptes de cette province. Il a laissé des mémoires intéressants sur cette époque. Il mourut en 1639.

M. de Rhodes [1], grand maistre des ceremonies, estoit debout derriere les sieges des adjoints pour presider.

Derriere la chaire de Monsieur, un peu plus reculé que le banc de la Noblesse qui estoit à main droicte, estoient le sieur de Breves [2] gouverneur de Monsieur, et le sieur d'Ouailly [3] capitaine de ses gardes : et derriere eux le sieur de Mansan [4] son sous-gouverneur, et Royer [5] son secrétaire.

A la porte de la salle estoient les huissiers du Conseil.

Voilà l'ordre et la seance qui fut observée en ceste Assemblée des Notables. Quant aux propositions qui y furent

[1] François Pot, chevalier, sr de Rhodes, de Magnet et de Chemant, fils de Guillaume Pot et de Jacqueline de la Châtre, grand maître des cérémonies de France, premier écuyer tranchant et porte-cornette blanche du roi, reçut en 1612 la charge de prévôt et maître des cérémonies des ordres et l'exerça après la mort de son frère aîné en 1616 jusqu'en 1619. Il fut tué au siége de Montpellier 1622.

[2] François de Savary, marquis de Brèves, ambassadeur en Turquie 1589-1606, après son oncle auquel il avait été attaché dès 1582, à Rome 1608, gentilhomme ordinaire de la chambre du roi, gouverneur de Monsieur 13 juillet 1615, mort 1628. Eloigné de la cour en 1618, il a raconté sa disgrâce dans la brochure suivante : *Discours véritable fait par M. de Brèves du procédé tenu lorsqu'il remit entre les mains du Roy la personne de Monseigneur le duc d'Anjou, frère unique de S. M.*, in-4º de 47 pages.

[3] D'Ouailly ou d'Ouassy, d'après les mémoires de Fontenay-Mareuil (t. I. p. 211) qui font connaître qu'il fut élevé au poste de capitaine des gardes du duc d'Anjou par la faveur du maréchal d'Ancre. Dom Vaissette (*Histoire générale du Languedoc*, t. V, p. 590), le nomme Douailli et dit qu'il fut blessé à Castelnaudary en 1632.

[4] Gabriel d'Antist, sr de Mansan et de Saint-Plancard.

[5] Royer (M.) secrétaire des commandements et finances de Mgr. frère unique du Roi (*Louis XIII et l'Assemblée des Notables à Rouen en 1617*, par M. Ch. de Beaurepaire, p. 127, publication de la *Société des Bibliophiles rouennais*).

faictes, et aux advis qui furent donnez sur icelles, voicy le cahier qui en fut dressé, durant les 18 jours de sa tenuë.

AU ROY.

Sire, Vos tres-humbles subjets et serviteurs convoquez par vostre Majesté, assemblez en la ville de Roüen, vous rendent graces en toute humilité, de ce que dans un nombre infiny de tres-dignes personnages qui fleurissent en ce royaume, il vous a pleu les choisir pour prendre leurs advis sur plusieurs importantes affaires. Cet honneur, Sire, est à la verité tres-grand, neantmoins il n'a rien augmenté à leur fidelité à vostre service, ny à leur affection au bien de vostre Majesté et du public, tels que leurs consciences les a dictez sur les propositions qu'il vous a pleu leur envoyer par vostre procureur general du Parlement de Paris; et ne leur reste à y adjouster que le contentement de voir vostre Majesté recevoir leurs advis, avec un visage aussi benin que leur sinceritéa esté entiere à les vous donner. Ils se promettent, Sire, qu'en les voyant vous considererez que ce n'est pas assez aux grands Roys d'avoir de bonnes intentions, puisque Dieu les a constituez par dessus les autres hommes, avec authorité d'agir, mais qu'ils sont obligez de les faire réüssir pour le bien universel de leurs peuples, apportant la prudence et moderation d'un bon Roy et pere commun, comme vostre Majesté sçaura trop bien faire. Et esperez, Sire, que celui qui tient le cœur des Roys en ses mains, et a dressé le vostre à un si sainct œuvre, vous assistera pour les conduire à perfection.

Ensuivent les propositions envoyées par sa Majesté à ladicte Assemblée, et les advis qu'elle donne a sadite Majesté sur chacune d'icelles.

Premiere proposition.

Sur le maniement des affaires secrettes de l'Estat [1].

Il y a au maniement de l'Estat des affaires secrettes, et qui ne peuvent estre divulguées qu'au grand prejudice d'iceluy.

Bien que le Roy en sa majorité peut, comme ses predecesseurs, en commettre le maniement à qui bon luy semble, toutes fois son desir a esté d'y donner le plus de part qu'il sera possible aux princes et grands de son royaume.

Plusieurs difficultez s'y sont jusques icy rencontrées.

La premiere, le grand nombre de ceux de ceste qualité, pas un desquels ne croiroit en estre esclus; et neantmoins en ce grand nombre le secret necessaire aux affaires ne pourroit estre gardé, et la multitude des advis apporteroit de la longueur et de la confusion.

La seconde, que les differends qui sont entre les princes et grands du royaume pour leurs rangs, sont tels, qu'il n'y a eu moyen aucun jusques à present, de les pouvoir seoir en Conseil ensemblement.

La troisiesme, que difficilement il se pourroit faire que

---

[1] L'éditeur des *Mémoires de Mathieu Molé*, M. Aimé Champollion-Figeac dit que « ces propositions et les avis de l'assemblée furent imprimés à Paris en 1617, ainsi que les lettres patentes du Roi pour la convocation de l'assemblée que Sa Majesté veut être tenue à Rouen, in-8o. Ce volume, ajoute-t-il, est assez rare aujourd'hui, et il offre quelques variantes avec le texte officiel recueilli par Molé. » Le texte de Molé est une copie du texte officiel et présente de mauvaises leçons comme celui de *Mercure;* ils se rectifient l'un l'autre. — En 1618 parut le *Sommaire des propositions présentées par escrit de la part du Roy, en l'Assemblée de Roüen, avec les responces et advis de ladicte Assemblée sur icelles,* réimprimé dans *Louis XIII et l'Assemblée des Notables à Rouen, en 1617,* par M. Ch. de Beaurepaire.

les advis qui viennent ordinairement du dedans, ou du dehors le royaume, ne regardassent l'interest de quelqu'un de ce grand nombre.

La quatriesme, que tant de princes et grands ne pouvans à cause de leurs gouvernements, charges ou affaires particulieres, rendre l'assiduité necessaire au maniement, la texture et continuation qui y est requise seroit interrompüe.

Pour ces occasions sa Majesté a esté jusqu'à present contraincte de laisser le maniement de ses affaires aux ministres qui en avoient eu charge sous le Roy son pere, faisant neantmoins representer et lire tous les jours en sa presence, et de messieurs les princes et officiers de la couronne, les despesches, advis, instructions et resolutions qui y peuvent estre sceus par tant de personnes, sans nuire aux affaires de l'Estat; communiquant mesmes[1] aux princes et seigneurs, ce qui peut concerner leurs charges et gouvernements.

Demeurant d'ailleurs libre ausdits seigneurs, princes et officiers de la couronne d'assister aux Conseils d'Estat et privé de sa Majesté pour prendre la participation qui leur appartient aux affaires qui s'y traictent.

Et pour ce que sa Majesté desire qu'il soit rendu ausdits seigneurs, princes, ducs, pairs, et officiers de la couronne au gouvernement de l'Estat et maniement de ses affaires le plus de part d'honneur et de respect que faire se pourra, elle veut qu'il soit advisé par l'Assemblée s'il se peut trouver quelqu'autre moyen plus propre, plus seur et plus commode que celuy qui est observé de present pour la conduitte des affaires secrettes, et par lequel on puisse, sans interesser l'Estat, et prejudicier au service de sa Majesté, satisfaire au desir des particuliers.

[1] *Var.* : Mesmes en particulier aux...

L'Assemblée remercie tres-humblement le Roy de l'honneur qu'il plaist à sa Majesté luy faire de demander son advis sur une affaire des plus importantes de son Estat, dont il appartient à sadite Majesté seule de disposer selon sa volonté. Neantmoins pour deferer à son commandement, ladite Assemblée croit ne luy pouvoir donner un meilleur advis, que de continuer, si tel est son plaisir, l'ordre du maniement de ses affaires secrettes en la forme qu'elle faict à present, et par l'advis et conseil des mesmes personnes qui y sont employez.

Seconde proposition.

Le Roy desirant establir un bon ordre pour la conduitte des affaires, et pour l'administration de la justice, a voulu commencer par la reformation de son Conseil, tant par la diminution du nombre de ceux qui y sont entrez, que par le choix de ceux qui seront employez cy-apres, et par un bon reglement des choses qui doivent estre traictées au Conseil d'Estat et Finances et au Conseil[1] de sa Majesté.

Et principalement en deschargeant lesdits Conseils de toutes les matieres qui gisent en jurisdiction contentieuse, qui seront renvoyées aux Parlements, grand Conseil, cours des Aydes, et autres juges ordinaires, où les procez pourront estre jugez plus commodément pour le soulagement des subjects du Roy.

Le Roy est tres-humblement supplié que le deuxiesme article soit en ceste forme.

Et pour descharger les Conseils de sa Majesté de toutes les matieres qui gisent en jurisdiction contentieuse, elles seront renvoyées aux Parlements, grand Conseil, cours des Aydes, et autres juges ordinaires,

[1] *Var.* : Conseil privé...

ausquels la cognoissance en appartient par les ordonnances, sans que par commission particuliere elle leur puisse estre ostée, ny aussi attribuée plus grande cognoissance que celle qui leur appartient par lesdites ordonnances. Toutes commissions extraordinaires[1] des à present revoquées. Et pour les procez et instances pendant ausdits Conseils qui sont de la cognoissance desdites cours et juges, seront aussi dez à present renvoyez.

L'ordre que le Roy veut estre tenu en ses Conseils.

Le Conseil des affaires où se lisent les despeches du dedans et dehors le royaume, se tiendra en presence du Roy avec les princes et seigneurs de son Conseil, qu'il plaira à sa Majesté y appeller au lieu et heures qui seront ordonnez.

Audit Conseil seront leuës toutes les depesches, et deliberé des responses de ce qui sera à faire, sur le contenu et à l'occasion d'icelles. Seront leuës aussi les responses et les instructions qui seront baillées aux ambassadeurs et autres qui seront envoyez vers les princes estrangers, et ailleurs, et generalement les affaires de plus grande importance, soit pour la paix ou pour la guerre[2].

L'Assemblée estime ces deux articles si raisonnables qu'il n'y peut estre adjousté, et suplie tres-humblement sa Majesté qu'il luy plaise regler sondit Conseil des affaires, avec telle forme, choix, et nombre des personnes, que la dignité de sa Majesté et de son Conseil y soit gardée.

Pour le Conseil d'Estat et Finances et pour le Conseil privé.

Pour establir un meilleur ordre au Conseil du Roy, sa

---

[1] *Var.* : Extraordinaires à ce contraires seront...
[2] *Var.* : Pour la guerre, comme il plaira à S. M. l'ordonner.

Majesté veut et ordonne qu'il y ait un certain nombre de personnages choisis, de qualité et prud'hommie, experience et capacité qui serviront quatre mois seulement, comme il a esté autrefois pratiqué. Et neantmoins n'entreront audit Conseil, sinon ceux qui seront en quartier.

L'Assemblée supplie très-humblement le Roy que les personnes dont il plaira à sa Majesté composer lesdits Conseils, soient au moindre nombre que faire se pourra, et choisis du Clergé, de la Noblesse, et de ceux qui auront esté employez aux principales charges et affaires du royaume.

Les princes du sang, cardinaux et autres princes, ducs et pairs, et officiers de la couronne, secretaires d'Estat, le superintendant, controolleur¹, et les intendans des finances, auront entrée, seance, et voix deliberative ausdits Conseils.

L'Assemblée est d'advis, sous le bon plaisir du Roy, afin d'eviter à la confusion que sa Majesté veut oster de ses Conseils, que ces mots soient adjoustez audit article :

Pourveu qu'ils ayent fait le service du Conseil, et qu'il plaise à sa Majesté les y appeller.

Sa Majesté est aussi tres-humblement suppliée par l'Assemblée, pour remettre la dignité qui estoit anciennement en ses Conseils :

Que les personnes qui seront cy-apres admises aux charges de controolleurs ² generaux et d'intendans des finances, ne rapporteront que debout, et descouverts, comme il estoit accoustumé d'ancienneté.

Les gouverneurs et lieutenans generaux entreront aussi ausdits Conseils, y auront seance et voix deliberative, quand il sera question du faict de leurs charges.

---

¹ *Var.* : Les surintendants, commissaires et les intendants...
² *Var.* : De commissaires generaux...

Sa Majesté est suppliée par l'Assemblée de faire adjouster audit article, MM. les archevesques, evesques, et autres personnes de qualité qui auront presté serment au Conseil, lors qu'ils y seront mandez par sa Majesté, pour ses affaires, ou celles des provinces de leurs residences.

Et quand le Roy ne sera present, il ne sera rien resolu en son Conseil que par la pluralité des opinions, ny mesmes en sa presence, quand il sera question du faict et interest des particuliers; et l'arrest comme il aura esté arresté, sera leu au Conseil suivant, et signé, et incontinent delivré aux parties, sans qu'il puisse estre revoqué ny retracté, ni l'execution surcice par requeste ou remonstrance, sinon par les moyens de droict, comme il est accoustumé.

Sa Majesté est très-humblement suppliée après ces mots, moyens de droict, *et au lieu de ceux* comme il est accoustumé, *qui seront ostez, qu'il y soit mis,* parties ouyes contradictoirement.

Les arrests aussi donnez aux cours souveraines ne pourront estre revoquez ny surcis, sinon par les voyes de droict qui sont permises par les ordonnances.

D'autant que cest article est conforme aux ordonnances, il n'y doit estre rien changé.

Le Roy a ordonné qu'au Conseil d'Estat et des Finances, et non ailleurs, soient traictez[1] les affaires qui ensuivent, assavoir :

Les requestes, cahiers, articles et remonstrances des provinces envoyez et presentez à sa Majesté, tant par les gouverneurs et lieutenans generaux, cours de Parlement, et autres officiers de sadite Majesté, que par les villes et

---

[1] *Var. :* Traitées et resolues...

communautez, qui concerneront l'estat, repos et seureté desdites provinces, villes, et communautez.

D'autant qu'il est raisonnable et conforme aux anciens reglements, il n'y doit estre rien changé.

L'observation et entretenement, ou les contraventions qui seront faites aux edicts et ordonnances de sa Majesté en ce qui concerne l'estat et repos public.

Le Roy est tres-humblement supplié, qu'il soit adjousté audit article :

Entendant neantmoins sa Majesté, que ces cours souveraines, gouverneurs et lieutenans generaux des provinces, baillifs, seneschaux, et autres juges et officiers royaux ausquels la cognoissance en appartient par les ordonnances, puissent pourvoir ausdites contraventions, et autres accidents qui pourront survenir, ainsi qu'ils ont accoustumé, et en advertissent sadite Majesté.

Les requestes[1] concernans les affaires du Clergé, soit pour leurs descharges, ou autres choses qui concernent le public, et l'interest de sa Majesté.

Remis à deliberer en fin de l'Assemblée.

Les differents qui surviendront à cause des suppressions et remboursements d'offices, pour l'interest de sa Majesté.

D'autant qu'il est raisonnable et conforme aux anciens reglements, il n'y doit estre rien changé.

Les adjudications des fermes au plus offrant et dernier encherisseur.

L'Assemblée est d'advis sous le bon plaisir du Roy, que pour le bien et advantage de ses affaires et service, et demeurer dans les anciens reglements, que les adjudications des fermes qui se feront en son Conseil seront

---

[1] *Var.* : Les reglements.

des principales du royaume, et qu'elles ne se puissent adjuger ny delivrer qu'au plus offrant et dernier encherisseur, et apres deuës publications dans les principales villes des provinces de l'estenduë desdites fermes, qui seront faictes à la diligence des thresoriers generaux de France, et encheres receuës par devant eux; que lesdites adjudications ne soient faictes precipitamment, et par advance du temps, ny des deniers sur les prix desdites fermes; ne permettre aussi qu'il entre aucunes debtes en payement dudit prix, ne de partie d'iceluy.

Les adjudications des grands ponts et autres grands ouvrages publics, au rabais et moins disants.

Que l'article pour ce qui concerne les ponts, soit restrainct aux ponts des rivieres navigables; et adjousté, qu'il ne se fera aucune adjudication d'ouvrages publics qu'auparavant le devis n'en soit publié et affiché, lequel sera inseré dans le bail de l'adjudication; et en cas de changement ou diminution d'ouvrages et charges y declarées, sera procedé à nouvelle publication sur la reformation dudit premier devis.

Les requestes des differents concernans l'execution des baux faicts pour les fermes de sa Majesté; ensemble pour les partis faicts, pour le rachapt du domaine, rentes et aydes de sadite Majesté.

Sur le premier chef dudit article,

Sa Majesté sera tres-humblement suppliée par l'Assemblée, que suivant son intention portée par le deuxiesme article de ceste seconde proposition, ordonner, que les differents qui interviendront en execution des baux à ferme, entre parties, soient jugez et terminez par les juges ordinaires, et par appel aux cours ausquelles la cognoissance en appartient. Et pour le regard de l'interpretation des articles desdits baux et establissement des droits des fermes, dont les differents seront entre le Roy et les fermiers, qu'ils soient jugez audit Conseil. Et qu'à l'advenir il ne soit employé dans les baux aucun article pour evocation.

Sur le second chef dudit article a esté remis à en deliberer.

Les rabais, diminutions et remises qui seront demandées sur les tailles, sur la subvention des villes et sur les fermes.

L'Assemblée est d'advis, sous le bon plaisir du Roy, qu'il ne soit accordé en son Conseil aucun rabais sur les fermes, que pour grande consideration et avec cognoissance de cause, et apres deuë information faicte par les formes portées par les ordonnances, et que les fermiers ne jouyront de leurs rabais qu'il ne soit registré aux cours souveraines où il appartiendra.

Les baux et marchez pour le renouvellement et rafraischissement des vivres et munitions des places frontieres.

Les requestes presentées par les villes et communautez, et par les particuliers pour levée de deniers.

Le brevet de la taille, la commission de la creuë extraordinaire, les estats[1] de chacune generalité, les estats des fermes et les conditions qui doivent estre inserées ez baux qui en sont faits; l'estat general des finances; tout ce qui dependra de l'entretenement et observation desdits estats.

Tous articles et contracts de baux à ferme ou autres traictez pour le faict des finances seront veus et arrestez audit Conseil, et l'adjudication et delivrance sera aussi faicte audit Conseil, comme il est accoustumé.

Les requestes qui seront presentées pour faire employer gages, rentes[2], ou autres charges dans les estats de sa Majesté.

---

[1] *Var.* : Les estats du Roi de chacune...
[2] *Var.* : Gages, traites ou autres...

Ce que le Roy veut et ordonne pour le Conseil privé.

Sa Majesté veut et entend que les requestes presentées par les parties, afin d'evoquer des Parlemens et autres cours souveraines suivant les ordonnances, ensemble toutes requestes pour reglement de juges à cause de la contention et jurisdiction entre les Parlements, chambre de l'Edict et grand Conseil, seront rapportees audit Conseil par les maistres des requestes estans en quartier.

D'autant que lesdits articles sont raisonnables et conformes aux reglements precedents, l'Assemblée est d'advis qu'il n'y soit rien changé.

Les requestes contre les arrests donnez au Conseil ez cas qui sont permis par le reglement[1].

L'Assemblée par les mesmes considerations qu'elle a eu en deliberant sur le huictiesme article de cette seconde proposition est d'advis, sous le bon plaisir du Roy, qu'il soit adjousté audit article:

Lesquels arrests ne pourront estre revoquez, retractez, ny surcis, sinon par les moyens de droict, les parties ouyes contradictoirement.

Les oppositions formées aussi à l'expedition des lettres d'offices, ou autres qui sont renvoyées au Conseil.

L'Assemblée est d'advis, sous le bon plaisir du Roy, afin d'eviter à toute ambiguité, que ledit article soit couché en ceste forme:

Les oppositions formées à l'expedition des lettres de provision d'offices, ou autres lettres du grand sceau dont le jugement sera renvoyé au Conseil.

Que tous differents qui pourroient estre audit Conseil pour les eveschez, abbayes et autres benefices estans à la nomination du Roy, seront renvoyez au grand Conseil,

---

[1] *Var.:* Reglement sur ce fait.

encores qu'il soit question du tiltre pretendu à cause du brevet[1] de sa Majesté; enjoignant audit grand Conseil de juger lesdits procez selon le droict de nomination de sa Majesté, et comme jusques à present il en a esté usé.

L'Assemblée est d'advis, sous le bon plaisir du Roy, que, pour ne rien innover ny contrevenir aux ordonnances, ledit article soit mis en ceste forme:

Que tous differents qui sont et pourront venir audit Conseil privé, pour les eveschez, abbayes et autres benefices à la nomination du Roy, seront renvoyez au grand Conseil, encores qu'il fut question du tiltre pretendu à cause dudit brevet de nomination de sa Majesté, pour y estre jugez et terminez selon le droict de nomination, et n'en seront les actions receuës qu'apres provision bien et deuëment obtenuë en cour de Rome sur ladite nomination, sauf qu'en cas d'appel comme d'abus de l'execution des provisions, et où il s'agira du droict de regale, la cognoissance en demeurera aux cours ausquelles elle est attribuée.

Les maistres des requestes serviront leurs quartiers et feront leurs charges suivant les edicts et ordonnances, rapporteront toutes requestes et instances ausdits Conseils, ausquels ils auront été commis.

Les maistres des requestes qui ne seront en quartier, seront envoyez par les provinces pour faire leurs visitations et chevauchées, comme il est porté par les ordonnances.

L'Assemblée est d'advis, sous le bon plaisir du Roy, afin de conserver à ses cours la jurisdiction qui leur appartient, et soulager ses subjets, comme est son intention, qu'il soit apres lesdits deux articles adjousté un autre article de ceste forme:

---

[1] *Var.*: A cause des bons et nominations de Sa Majesté...

Lesdits maistres des requestes ne pourront juger en dernier ressort à peine de nullité, quelque attribution qui leur en soit faite par lettres [1], *ny prendre consignation pour le rapport, visitation et jugement des instances audit Conseil et ailleurs.*

Outre les Conseils cy-dessus, le Roy entend establir un Conseil de guerre, qui sera composé d'aucuns de messieurs les princes, de messieurs les mareschaux de France, officiers de la couronne, d'autres seigneurs, anciens capitaines experimentez, avec le secretaire qui a le departement de la guerre, et le surintendant [2] des finances, lesquels s'assembleront une fois le mois, ou plus souvent, selon l'occasion : auquel Conseil sera traicté de tout ce qui appartient au faict des armes et de la guerre, soit en temps de paix ou en temps de guerre.

L'Assemblée est d'advis, sous le bon plaisir du Roy, qu'il soit adjousté audit article :

Et audit Conseil les préeminences qui appartiennent à messieurs les mareschaux de France seront conservées.

Le Roy veut honorer ses Conseils de sa présence le plus souvent qu'il luy sera possible.

L'Assemblée loue l'intention de sa Majesté, l'estime tres-necessaire et la supplie tres-humblement l'effectuer.

Encores que sa Majesté sçache qu'elle peut choisir et establir son Conseil comme bon luy semble, elle desire neantmoins avoir l'advis de l'Assemblée sur tout ce que dessus, afin de choisir et ordonner ce qui sera pour le mieux.

[1] *Var.* : Par lettres du Roi...
[2] *Var.* : La surintendance...

Troisiesme Proposition.

Le Roy ayant desiré avec l'advis de l'Assemblée reigler ses Conseils, lesquels doivent servir pour faire observer l'ordre qui sera mis en la conduicte de l'Estat, il semble qu'il faut commencer à l'establir au faict des finances, afin que le mesnage qui s'y fera, serve à subvenir aux despens necessaires, et à soulager le peuple.

Ce mesnage ne peut consister qu'en reglant et diminuant les despenses, qui sont augmentées à mesure que le fonds a diminué, et establissant un ordre, par lequel il soit pourveu aux necessaires les premieres, afin que si il arrive quelque faute de fonds, elle ne tombe que sur les moins necessaires.

Pour cest effect on propose au Roy reduire la despense de sa maison, l'entretenement des garnisons, et gens de guerre, tant de pied que de cheval, au mesme estat qu'elles estoient lors du deceds du feu Roy.

Outre que l'exemple d'un si grand prince peut justement servir de regle au Roy son fils, il faut considerer que l'Estat est beaucoup plus pauvre et affaibly qu'il n'estoit.

Il faut avoir aussi esgard que graces à Dieu le Roy se trouve en paix avec tous ses voisins et n'a aucune apparente raison d'en rien craindre.

Plus il faut peser que l'entretenement des gens de guerre n'importe pas seulement pour la despense, mais pour la ruine, qu'allant, venant et sejournant, ils apportent au peuple, qui en demeure appauvry et plus mal affectionné vers son prince.

Sera donc advisé par l'Assemblée ce qui peut estre expedient pour ce regard.

L'Assemblée, sur la reduction de la maison du Roy, supplie sa Majesté d'agreer ladite proposition, et suivant icelle retrancher autant que faire se pourra les despenses de sa maison, pour les remettre au mesme estat qu'estoient celles du feu roy Henry le Grand son pere, et à mesure que les offices viendront à vacquer par mort, le feurt[1] diminué et osté de l'estat au profit de sa Majesté. Pour l'entretenement des garnisons, est d'advis, sous le bon plaisir du Roy, que la despense de l'entretenement de ses garnisons soit reduite à la mesme somme qu'elle estoit du temps du feu Roy, ou à moins s'il se peut, en retranchant les inutiles, et la distribution desdites garnisons faite à la volonte de sadite Majesté. Et pour ce que celles des frontieres sont les plus necessaires du royaume, et importe qu'elles soient complettes, que sadite Majesté les face bien payer, et par preference a toutes autres; que pareil retranchement soit fait des garnisons des pays d'Estats, dont le payement se leve sur ledit pays. Et d'autant qu'il y a en ce royaume plusieurs chasteaux et places fortes appartenant à sa Majesté, qui sont inutiles, l'Assemblée supplie tres-humblement sadite Majesté de les faire desmolir. Comme aussi que les fortifications faictes depuis vingt ans aux maisons des particuliers, sans droict et contre les ordonnances, seront desmolies, et lesdites maisons remises, pour ce qui est de ladite fortification, au mesme estat qu'elles estoient auparavant ledit temps. Enjoignant à ses procureurs generaux des Parlements de faire toutes poursuittes et diligences, et à tous ses officiers et subjects de prester main-forte et assistance suivant les ordonnances. Parce aussi que plusieurs provinces de ce royaume reçoivent de grandes charges et vexations pour la contribution des ustenciles et avitaillement (qui ne sont aucunement necessaires en temps de

---

[1] *Var.* : Le fonds...

paix), sa Majesté est pareillement suppliée de descharger lesdites provinces de ladite contribution pendant la paix et tranquillité de son Estat.

Sur l'entretenement des gens de guerre, tant de pied que de cheval, est d'advis, sous le bon plaisir de sa Majesté, que la despense dudit entretenement ordinaire de ses gens de guerre, tant de pied que de cheval, soit dés à present reducte comme audit temps du feu Roy, et les regiments d'infanterie et cavalerie, qu'il luy plaira retenir, payez par advance de mois en mois, sans aucun retranchement, afin que les compagnies soient complettes, et tousjours en estat de servir, les soldats retenus en discipline, et non contraincts par la necessité aux excez du passé. Que le mesme retranchement et ordre ayent lieu pour les provinces d'Estats et pour empescher que le peuple ne soit foulé ny opprimé à l'advenir par les gens de guerre, allans, venans et sejournans par le royaume, sa Majesté est tres-humblement suppliée de faire observer soigneusement les anciennes ordonnances et reglements faits sur la milice de ce royaume, et qu'il n'y ait aucun commissaire affecté d'ordinaire aux compagnies pour leur conduite et monstres, ains qu'ils soient departis par messieurs les mareschaux de France de temps en temps, et choisis pour leur experience et fidelité.

Que lesdits sieurs facent exactement garder l'ordonnance ausdits commissaires, et ne leur donnent departement qu'ils n'ayent envoyé ou rapporté, comme ils doivent, leurs procez-verbaux. Et afin que la bonne intention de sa Majesté envers ses subjects soit cognuë, que lesdictes ordonnances anciennes soient renouvellées, avec injonction expresse à tous officiers et autres qu'il appartiendra, tenir la main à l'observation.

Quatriesme Proposition.

Un des principaux desordres qui espuisent plus dommageablement le fonds des finances, sont les entretenements et pensions, qui se trouvent aujourd'huy monter à plus de six millions de livres, qui est le revenu[1] d'un grand royaume.

C'est pourquoy sa Majesté pressée par la requisition des Estats de son royaume de pourvoir au desordre qu'apporte l'immensité des pensions, et entretenement, desire qu'il y soit apporté tel temperament, que ceux qui meritent d'estre secourus de sa liberalité le soient avec le moins de prejudice que faire se pourra au bien et seureté de l'Estat.

Pour cest effect on luy propose :

Premierement d'arbitrer une certaine somme, que toutes les pensions et entretenements ne puissent exceder comme de trois millions de livres, ou moins s'il se peut.

Secondement d'en faire la distribution selon que le merite de ceux à qui elles sont données le peut requerir.

L'Assemblée est d'advis que sa Majesté sous son bon plaisir, retranche les estats, entretenements et pensions, jusques à trois millions de livres, et moins si faire se peut ; qu'elle en ordonne le fonds apres les despenses de sa maison, des maisons des Roynes, et de messieurs les Enfans de France, et les despenses et necessitez de l'Estat fournies, et que la distribution en soit faite selon son plaisir et volonté, ayant esgard aux merites de ceux à qui les estats, entretenements et pensions sont accordées.

Tiercement, que celles de ceux qui ne sont pas d'ordinaire pres la personne du Roy et à sa suitte, soient payées

---

[1] *Var.* : La ruine d'un grand royaume.

comme elles estoient anciennement en fin d'années, afin qu'il survient des necessitez en l'Estat, il ne faille recourir à des moyens extraordinaires, incertains et grandement à foule aux subjects du Roy.

L'Assemblée est d'advis, sous le bon plaisir du Roy, que au payement desdits estats, entretenements et pensions, il ne soit faict aucune distinction des personnes qui servent pres la personne de sa Majesté, ou dans les provinces, y ayant en icelles plusieurs seigneurs, gentils-hommes et officiers de grande consideration et merite.

Plus qu'elles soient payées à l'espargne, et ce faisant les thresoriers des pensions supprimez et remboursez tant pour la charge qu'ils apportent aux finances du Roy, que pour la perte et incommodité que reçoivent les pensionnaires à passer par tant de mains.

L'Assemblée louë grandement la proposition faite au Roy de faire payer par les thresoriers de son espargne lesdits estats, entretenements et pensions, et de supprimer les thresoriers desdictes pensions, en les remboursant. Et supplie tres-humblement sa Majesté de le faire executer à present, non seulement pour l'incommodité de passer par plusieurs mains, et pour la charge et diminution que les gages desdits officiers apportent à ses finances, mais aussi pour retourner à l'ancien ordre meurement estably, faire jouyr entierement les pensionnaires de la grace qu'il plaist à sa Majesté leur octroyer, et eviter infinis abus qui se commettent sous pretexte des assignations qui se donnent pour le payement des pensions.

Qu'elles ne soient payées que sur l'estat signé de la main du Roy, et non en vertu des brevets qui n'aquerront droict qu'entant qu'ils seront compris dans l'estat.

Qu'elles ne pourront estre resignées et venans ceux qui les ont à mourir, elles demeureront esteintes.

L'Assemblée est d'advis que lesdits articles soient observés.

Cinquiesme Proposition.

Les dons qui se font en argent durant l'année, soit par ordonnance, soit par acquits, espuisent plus dommageablement les finances du Roy, que toute autre despense, lesquelles on est contraint puis apres de remplacer par moyens extraordinaires grandement prejudiciables à l'Estat.

On propose donc au Roy d'ordonner, selon qu'il est accoustumé, un fonds à l'espargne pour payer les menus dons et recompenses des services presentement faicts, sans que l'on en puisse acquitter d'autres sur ledit fonds.

Et qu'il plaise d'oresnavant à sa Majesté s'abstenir des dons des sommes notables en argent, ayant d'autres moyens de recompenser ceux qui la servent, par offices, charges et autres choses qui sont en sa disposition.

Qu'il n'en soit employé aucun dans les comptans qui se font pour la necessité des affaires du Roy.

Que l'ordonnance de Blois soit inviolablement gardée, à ce qu'il ne s'acquitte aucun don d'argent, sinon en fin d'année, et les charges de l'estat du Roy entierement payées et acquittées.

L'Assemblée est d'advis, sous le bon plaisir du Roy, que le contenu en ladite proposition soit inviolablement observé, comme tres-utile et necessaire au bien de ses affaires et services, et que le fonds qui sera laissé d'oresnavant par chacun an dans l'estat general des finances pour employer au payemeut des menus dons et recompenses, soit seulement de la somme de cent cinquante mil livres, sans qu'il puisse estre excedé au courant de l'année, ny employé ailleurs; et pour empescher que par importunitez, ou autrement, il ne soit à l'advenir expedié acquit de comptant pour don ou gratification, ny employé aucun don et acquits de comptant par certification.

Que sa Majesté adresse ses lettres patentes à la chambre des Comptes à Paris, par lesquelles sa Majesté revocquera tous payements de don et gratification faicts par ceste forme; fera deffences aux comptables qu'il appartiendra d'en faire payement, et en cas de contravention, que les parties prenantes, les comptables et leurs heritiers, seront tenus à la restitution des deniers, et outre au payement du quadruple, dont la moitié tournera au profit de sa Majesté, et l'autre moitié au denonciateur, et qu'au payement les uns et les autres seront contraints, comme pour ses propres deniers et affaires. Qu'il luy plaise aussi faire exactement garder les ordonnances faictes contre les suppositions de noms dans les acquits de don, et faire autre ordonnance par laquelle toutes sortes de personnes qu'elle gratifiera de dons, soient tenues d'exprimer dans leurs placets et dans les acquits patents, les dons et bien-faicts qu'elles auront receus de sadite Majesté, pendant les trois années precedentes, à peine d'estre descheus de sa grace derniere, et de restitution de ce qui sera obmis, dont les deux tiers retourneront au profit de sadite Majesté, et l'autre tiers au denonciateur.

Sixiesme Proposition.

Les exemptions qui ont esté anciennement données tant aux officiers de la maison du Roy que des enfans de France et premier prince du sang, ont esté octroyées lors que le principal revenu du Roy consistoit en son domaine, et que les tailles n'estoient qu'une petite subvention que le peuple donnoit au Roy, et bien souvent à temps. D'avantage les officiers desdits princes estoient lors en nombre fort moderé, maintenant il est grandement excessif, et remply de personnes inutiles qui ne prennent ceste qualité que pour jouyr de ladite exemption, et le revenu du Roy ne consiste quasi qu'en ses tailles, son domaine estant tout alienè, et ses finances grandement engagées.

Sa Majesté donc desire que l'Assemblée advise à quoy on pourroit equitablement moderer ladite exemption, et quant et quant limiter le nombre d'officiers qui doivent jouyr d'icelle.

L'Assemblée est d'advis, sous le bon plaisir du Roy, que toutes exemptions de tailles accordées aux officiers des eslections et autres personnes, pour finance payée, soient dés à present revoquez.

Que toutes lettres d'anoblissement impetrées depuis trente ans pour finances payées, ou sous fausses causes, soient aussi dés à present revoquées; et pour eviter qu'il n'en soit abusé, que sa Majesté permette à ses procureurs generaux, leurs substituts, et habitans des lieux qui ont interest ausdites exemptions, de faire informer des faux faicts et pretextes sur lesquelles lesdites lettres d'anoblissement ont esté octroyées, encores qu'elles soient veriffiées aux cours souveraines.

Que sa Majesté n'accorde à l'advenir aucun anoblissement si ce n'est pour recognoistre de grands et signalez services faits à sadite Majesté et à son Estat.

Que sa Majesté revoque tous abonnements de tailles accordez à aucuns particuliers comme francs taupins et autres, et pareillement toutes exemptions de tailles à somme limitée comme de vingt livres, dix livres, cent sols et cinquante sols accordées aux archers des tailles, gardes des varennes, archers des prevosts des mareschaux, provinciaux ou particuliers, vis-baillifs, leurs lieutenants, aux morte-payes et autres; et ce pour oster les abus qui se commettent sous pretexte de telles exemptions. Sauf à sa Majesté à les recompenser d'ailleurs, sous son bon plaisir, soit par augmentation de gages, ou autrement, ainsi qu'elle verra estre raisonnable.

Que sa Majesté n'accorde à l'advenir aux maires, consuls et eschevins des villes aucuns annoblissement, exemption ou abonnement de taille, ny à quelques autres personnes que ce soit, ny créer officiers aux droicts de jouyr de ladite exemption.

Que les officiers commensaux de la maison du Roy, des maisons des Roynes et de Monseigneur, de l'escurie, venerie, fauconnerie, admirauté, artillerie et des autres grandes charges du royaume, ensemble des maisons des princes et princesses qui jouyssent de l'exemption des tailles, soient reduicts pour le regard de ladite exemption au nombre qu'ils estoient du regne du feu roy François premier du nom, dont la verification sera faite sur les estats qui se recouvreront dudit temps; et les officiers desdites maisons et charges qui se trouveront exceder ledit nombre se contenteront des gages qui leur sont ordonnez sans jouyr d'aucune exemption.

Que sa Majesté sera suppliée d'apporter tel reglement pour les charges de sa maison, des cent gentils-hommes, archers des gardes de son corps, membres desdites compagnies et autres, que toutes celles qui portent le tiltre de gentils-hommes dans les estats, ou qui par leur institution doivent estre tenus par gentils-hommes, soient à l'advenir remplies de personnes de cette qualité, et que lesdites personnes qui ne seront de ladite qualité, ne jouyssent d'aucune exemption de tailles, ains seulement de leurs gages.

Que deffenses soient faictes à toutes personnes sous rigoureuses peines de vendre ny achapter aucune desdites charges et autres de la maison du Roy et des Roynes.

Comme aussi qu'aucun ne soit admis aux offices dependans des charges de l'escurie, venerie, fauconnerie, admirauté et artillerie, qui ne soit de la condition requise pour tenir et exercer l'office dont il sera pourveu, et pour y servir actuellement selon les ordonnances, et que ceux qui se trouveront dés maintenant employez és estats desdites charges, sans estre de la condition requise, en soient rayez. Le tout à peine de privation de l'office et restitution au profit du Roy des gages receus, avec le double d'iceux.

Qu'il plaise à sa Majesté enjoindre à ses officiers des eslections de vacquer soigneusement à peine de privation de leurs offices, à l'entretenement et observation des reglements faicts, tant pour l'assiette, imposition et levée des deniers des tailles, que pour empescher les abus qui s'y peuvent commettre : faire defenses aux substituts des procureurs generaux de ses cours des Aydes, establis en chacune eslection, d'approuver, consentir, ny permettre la signature d'aucun roolle des tailles, s'il n'est conforme ausdits reglements, sous pareilles peines; et que les minuttes en demeurent au greffe de l'eslection; enjoindre aux procureurs generaux desdites cours d'y tenir la main, et aux thresoriers generaux de France en faisant leurs chevauchées de faire representer lesdits roolles pour voir s'ils sont conformes ausdits reglements, et en faire mention en leurs procez verbaux, lesquels ils seront tenus de faire et employer[1] *suivant les ordonnances. Ordonner à tous lesdits thresoriers de France et officiers des eslections de resider actuellement au lieu où le bureau de leurs charges est establi, comme ils sont obligez, le tout sur les peines declarées aux ordonnances. Que lesdits officiers, chacun endroit soy, feront mention de leur residence par les procez verbaux de leurs chevauchées, estant chose certaine qu'à faute d'une exacte observation, tous bons reglements non seulement demeurent sans fruict, mais donnent occasion à plusieurs de se licentier et user de vexation sur le peuple, et que lesdits officiers ont esté creez et establis pour tenir la main et s'employer à ladite observation, tant pour la conservation des droicts de sa Majesté, que pour le soulagement de ses subjects.*

Et pour eviter aux plainctes de plusieurs provinces des grandes levées de deniers qui s'y font, sur la creance qu'elles ont d'estre plus chargées que les autres, sa Majesté est tres-humblement suppliée que d'oresnavant dans le brevet de la taille et les commissions qui s'expedieront sur les departements qui se feront en suitte d'iceluy, et s'envoyeront en chacune generalité, toutes les sommes qui se levent dans le royaume par forme de tailles y soient specifiées, et apres la somme ce que la generalité en devra porter pour sa part et portion. Que le mesme soit faict en chacune commission particuliere qui sera envoyée aux eslections pour faire les departements et assiettes des deniers sur les particuliers. Et le semblable observé pour l'imposition de la grande creuë[2] *extraordinaire et autres creuës*[3] *compri-*

---

[1] *Var.* : De faire et envoyer...

[2] *Var.* : Grande corvée...

[3] *Var.* : Et autres corvées...

ses ez commissions qui s'expedieront pour ladite grande creuë[1].

Septiesme Proposition.

Outre que c'est chose honteuse et perilleuse pour la personne du Roy, et pour l'Estat, que les charges de sa maison, jusques à celles qui servent sa personne, soient publiquement en vente, comme semblablement les charges de la guerre, et les gouvernements des places qui doivent estre affectées à la suffisance, experience, valeur et fidelité des hommes, il arrive par là que le Roy n'a plus rien dont il puisse recompenser ceux qui le servent et que lesdites charges sont ez mains de personnes qui n'en ont obligation qu'à leurs bources.

Et d'autant que sa Majesté est conseillée de retrancher les recompenses qu'elle souloit faire en argent, afin d'avoir dequoy recompenser ceux qui la serviront, et esviter les inconvenients qui arrivent de ceste venalité, on luy propose suivant la requisition des Estats :

Premierement de defendre de vendre ny ceder les charges et places, ny en traicter en façon quelconque, à peine à ceux qui le feront d'en estre descheus et declarez indignes à l'advenir de toutes charges.

De ne recevoir aucune resignation, cession, ny demission de charges, ny mesmes de pere à fils, se reservant toutes fois apres la mort des peres de continuer les enfants qui se trouveront capables, ou autrement les rescompenser, selon qu'il jugera le service des peres le meriter.

L'Assemblée considerant ladite proposition faicte au Roy, de defendre de ceder ny vendre les charges de sa maison, de la guerre, ny des gouvernements des places du royaume, et de ne plus recevoir aucune resignation,

---

[1] *Var. :* Corvée...

cession ny demission desdites charges, mesmes de pere à fils, en se reservant toutes fois apres la mort des peres, de continuer les enfants qui s'en trouveront capables, ou autrement les recompenser selon le service de leurs peres, ensemble les raisons de ladite proposition important à la personne de sa Majesté et au bien general de son Estat, ladite Assemblée ne peut adjouster à une si loüable, utile et necessaire proposition, sinon qu'une tres-humble supplication à sadite Majesté d'y donner un tel establissement par edict solemnel, qu'elle soit d'oresnavant tenuë et reputée comme une des loix principales du royaume; et, afin qu'elle soit observée, declarer tous ceux qui y contreviendront, indignes et incapables de toutes charges et offices quelconques, les deniers et autres recompenses qui en auront esté baillez acquis et confisquez à sadite Majesté, et enjoindre à ses procureurs generaux de se porter partie contre les contrevenants et refractaires.

Huictiesme Proposition.

Les Estats ayant consideré que les reserves des charges, offices et benefices sont tres-dangereuses, pour ce qu'elles sont accompagnées du desir de la mort d'autruy, et que d'ailleurs elles ostent au Roy le moyen, vacation advenant, de faire choix de ceux qui peuvent mieux meriter les charges, et par consequent font perdre l'esperance à ceux qui en sont dignes d'y pouvoir parvenir, on supplie le Roy de n'en accorder aucune; ce que sa M. est resoluë de faire.

Mais afin que ceste resolution soit plus ferme et mieux executée, on luy propose de declarer par edict, que tous ceux qui auront obtenu semblables reserves, seront declarez incapables d'obtenir lesdites charges, en sorte que si elles leur estoient puis apres octroyées, elles seront vacantes et impetrables, au moyen[1] des reserves.

L'Assemblée est d'advis, sous le bon plaisir du Roy, qu'il soit fait edict suivant ladite proposition, par lequel sa Majesté revoque, casse et annulle tous brevets cy-devant obtenus, ou qui se pourront obtenir cy-apres pour reserves de benefices, charges et offices, sous quelque cause, pretexte et par quelques personnes que ce soit, avec deffenses de s'en ayder; et où au prejudice dudit edict et defenses, aucuns s'en voudroient prevaloir ou en obtiendroient à l'advenir, que sa Majesté les declarera incapables de tenir les benefices, charges et offices, dont ils auront poursuivy les reserves.

Neufiesme Proposition.

Comme par les reserves quelques-uns se veulent asseurer les charges et benefices d'autruy; par les coadjutoreries et survivances, les autres veulent asseurer leurs charges et benefices à leurs parents et à leurs amis, de sorte qu'elles sont renduës comme hereditaires, et tous ceux qui servent dignement le Roy et l'Estat hors de toute esperance de pouvoir parvenir à la recompense de leurs merites, et les parents au contraire de ceux qui obtiennent les survivances ayant les charges toutes asseurées, n'ont aucun soin de s'en rendre dignes, et y entrent souvent en aage du tout incapables de les exercer et servir le Roy.

C'est pourquoi les Estats ont supplié sadite Majesté de revoquer toutes survivances et coadjutoreries qui avoient esté cy-devant accordées de toutes sortes de charges, benefices et offices.

Sa Majesté etant jà resoluë de n'accorder aucune coad-

---

[1] *Var.* : A moins des reserves.

jutorerie d'abbaye, attendu que les charges des abbez peuvent estre suppléees par les prieurs claustraux, ny de coadjutoreries pour les eveschez, sinon precisément au cas de droict et par les formes requises par icelles, ny semblablement d'accorder aucunes survivances desdites charges ou offices, desire pour celles qui ont desja esté accordées, et dont les provisions ont esté ja obtenuës, sçavoir quel ordre il s'y peut et doit mettre pour le bien de son Estat et conservation de son authorité.

L'Assemblée, en ce qui regarde la revocation de toutes coadjutoreries cy-devant accordées de toutes sortes de benefices, est d'advis, sous le bon plaisir de sa Majesté, que toutes coadjutoreries pour eveschez accordées à personnes qui ont obtenu provision en cour de Rome, et sont sacrées, soient laissées, et demeurent en leur force et vertu; comme aussi les coadjutoreries pour abbayes à ceux qui en vertu de leur provision sont entrez en possession.

De revoquer et annuler tous brevets expediez pour coadjutoreries de benefices, sur lesquels n'a esté obtenu aucunes bulles, en sorte que ceux qui les ont ne s'en puyssent ayder.

Et pour le regard des brevets de coadjutoreries sur lesquels est intervenu provision en cour de Rome pour eveschez, sans que les pourveus aient esté sacrez, et pour les abbayes sans que les abbez ayent pris possession, qu'il plaise à sa Majesté en rescrire à sa Saincteté, et luy faire cognoistre sa bonne et saincte resolution de ne plus accorder à l'advenir de coadjutoreries, desirée unanimement de tous ses subjects : en laquelle ladite Assemblée supplie tres-humblement sadite Majesté de perseverer à tousjours.

Ladite Assemblée en ce qui regarde la revocation de

toutes survivances cy-devant accordées de toutes sortes de charges et offices, est d'advis, sous le bon plaisir de sa Majesté, que tous brevets cy-devant accordez pour survivances de quelques charges et offices que ce soit, soient dés à present revoquez.

Que tous ceux qui ont esté pourveus de charges et offices du consentement des possesseurs par lettres de provision à condition de survivances, qui ont presté serment et entré en jouyssance, jouyssent de l'effect de leursdites lettres.

Et pour ceux qui ont esté pourveus par lettres de provision à ladite condition de survivance, et ont seulement presté serment sans avoir exercé, qu'il plaise à sa Majesté, en cas de demission pure et simple à leur profit dans six mois par les possesseurs des charges et offices, leur permettre d'entrer en possession ayant l'aage porté par les ordonnances.

Et pour les provisions de ceux desquels ne sera faict demission dans ledit temps de six mois, que leurs lettres soient et demeurent revoquées, comme non accordées.

Dixiesme Proposition.

Sa Majesté ayant bien consideré ce qui luy a esté remonstré de la part des Estats touchant les abbayes et autres monasteres de son royaume, qui sont demeurées ruinées et desolées par la mauvaise administration des commendataires, et quasi toutes les regles si sainctement instituées pour estre des seminaires de pieté, entierement perverties [1] en desbauches et oysiveté, desirant en ce qui despend d'elle d'y pourvoir, pour y parvenir il luy a esté proposé :

[1] *Var.* : Perverties et converties...

De ne plus nommer, soit par mort ou par resignation, aucuns pour estre pourveus des abbayes, qu'il ne soit religieux, ou que ce ne soit à la charge dans l'an de faire profession de la regle de laquelle est fondée ladite abbaye, et de faire supplier nostre S. Pere, tant de sa part que du Clergé de son royaume, de n'admettre plus de resignations, et ne donner provision d'icelles en autre forme.

En quoy faisant, outre que sa Majesté moyennera le restablissement des regles, elle rengera à la vie reguliere beaucoup de gens qui consument inutilement, et quelques-uns en desbauches, le bien destiné au service de Dieu.

Advisera donc l'Assemblée ce qui sera plus utile pour ce regard.

L'Assemblée, en examinant ceste proposition, l'a recognuë accompagnée d'une si grande pieté et prudence, qu'elle croit que l'inspiration qu'en a eu le Roy, doit estre rapportée à la seule bonté de Dieu. Et pour ce, au lieu de donner son advis, elle se contentera d'addresser ses tres-humbles supplications à sa Majesté, que puis que Dieu, par ceste grace speciale, faict paroistre qu'il l'a preferé à ses predecesseurs, pour mettre à perfection ce sainct œuvre tant de fois desiré par les feuz Roys, et de tous les ordres du royaume, qu'il luy plaise d'y contribuer tout le soing et ordre qu'il luy sera possible; et pour cet effect ne donner ny octroyer sa nomination aux abbayes soit par mort ou resignation, sinon à des religieux profez, dont la vie, les mœurs et la doctrine respondent à leur nom et qualité, et qu'ils soient choisis dans les congregations les plus reformées de chacun ordre, sans y en admettre d'autres; et pour n'y estre surprins, ensemble pourvoir à la reformation entiere des ordres reguliers de ce royaume ; retenir pres sa personne des prelats et autres personnes de son Conseil, de probité et merite, pour aux occasions luy donner advis, tant sur les nominations des abbayes, que moyens necessaires pour parvenir à ladite reformation.

Unziesme Proposition.

Il y a en ce royaume grande quantité de prieurez ruraux, simples, et sans charge d'ames, dependans des abbayes et autres monasteres lesquels sont tenus en commandes par personnes la plus-part inutiles au service de Dieu, qui par resignation en faveur les rendent hereditaires en leurs maisons, destournent les rentes et revenus, ou les laissent perdre, et laissent tumber en decadence les bastiments.

Comme il sembleroit peut-estre dur de changer la condition de ceux qui les possedent, et leur oster le moyen sur lequel ils ont estably leur vie, aussi ne doivent-ils, ny ne peuvent raisonnablement empescher, qu'apres eux ces biens là ne soient ramenez au droict usage auquel en leur premiere institution ils ont esté destinez.

C'est pourquoy on propose au Roy de supplier sa Saincteté, de ne plus recevoir les resignations desdits prieurez, et ordonner que vacation advenant d'iceux, ils seront reünis aux monasteres dont ils dependent, pour estre le revenu employé en des escholes et seminaires dans les monasteres où soient instruicts non seulement les religieux, mais aussi les jeunes gens qui se dédieront pour servir les parroisses des champs, afin que le service y soit faict avec plus de devotion, et le menu peuple mieux instruict et edifié.

L'Assemblée loüe et estime grandement la saincte intention que sa Majesté faict paroistre par ladite pro-

position; et neantmoins pource qu'elle peut estre suivie de beaucoup de difficultez et inconvenients qui meritent grande consideration, sa Majesté est tres-humblement suppliée, avant que prendre entiere resolution sur ladite proposition, d'en avoir l'advis et conseil des prelats et autres personnes capables qu'il luy plaira choisir, par lesquelles elle pourra estre informée des moyens pour la faire reüssir selon son desir.

Douxiesme Proposition.

C'a toujours esté une regle en tous Estats bien ordonnez, qu'il n'a esté permis à personne quelconque de faire et avoir amas d'armes, cela appartenant au souverain seul, d'autant que les mauvais subjects estant aysez à conduire sous faux pretextes à des souslevements, trouvans des armes amassées, et par ce moyen estans les premiers armez, ils font pericliter l'Estat, ou au moins troubler le repos.

Ce qui est tant plus à craindre en ce royaume, que les cendres des mouvements passez estant encores chaudes, le royaume est plein de gens de guerre qui ne demandent que de l'employ.

C'est pourquoy tous les grands du royaume et les personnages signalez dont est composé ceste Assemblée, desirant establir fermement la paix en l'Estat, comme ils le tesmoignent, et le Roy de sa part en recherchant les moyens, on luy propose:

Premierement, de faire, suivant les ordonnances du royaume, remettre dans les arcenaux tous canons de calibre, en quelques lieux et en quelques mains qu'ils soient, sauf ce qui est necessaire pour les places frontieres, ou autres importantes à la seureté de l'Estat.

Et s'il y a quelques particuliers qui en ayent faict

fondre à leurs despens, les rembourser de la valeur, et defendre à l'advenir à toute personne d'en faire fondre dedans ny dehors le royaume, à peine d'estre chastié comme criminel de leze-majesté.

Semblablement que toutes les armes qui sont en quantité dans les maisons et chasteaux particuliers, excedans ce qui est necessaire pour la garde ordinaire desdites places et maisons, soient portez dans les magazins ou arcenaux, qui seront dressez aux bonnes villes, pour estre conservées à ceux à qui elles appartiennent, pour s'en servir quand ils seront commandez par Sa Majesté, si mieux ils n'ayment en recevoir le prix, au payement duquel il sera pourveu.

Sur quoy l'Assemblée donnera advis à sa Majesté de ce qui pourra estre necessaire pour l'establissement et execution dudit ordre.

L'Assemblée recognoist cette proposition estre de droict royal conforme aux ordonnances, et son execution tres-necessaire et utille au repos public; et est d'advis, sous le bon plaisir du Roy, qu'il seroit necessaire que sa Majesté fist assembler en sa presence messieurs les mareschaux de France, grand maistre de l'artillerie et autres officiers de la couronne, gouverneurs et lieutenans generaux des provinces qui sont de son Conseil et à sa cour et suitte, pour par leur advis pourvoir à l'execution de ladite proposition; se promettant ladite Assemblée, que pour la cognoissance particuliere qu'ils ont de telle affaire, et satisfaire au deu de leurs charges, leurs advis seront si bons et bien considerez, que sa Majesté sera promptement et facilement obeye, et que selon son intention et les villes et les particuliers n'en recevront aucune incommodité ny prejudice. Et aussi sadite Majesté est suppliée par l'Assemblée, trouver bon que toutes les armes tirées de arcenaux du royaume, depuis le decez du feu Roy, y soient remises dans trois mois, et les inventaires anciens à elle representez, et apres recolez que non seulement les pieces de batteries du calibre de France soient remises ausdits arcenaux, mais aussi les estrangeres.

Que tous particuliers soient tenus dans mesme temps d'envoyer aux gouverneurs des provinces, ou lieutenants generaux du Roy, un estat de la quantité d'armes qu'ils ont en leurs maisons.

Qu'il ne soit permis à aucune ville, communauté, ny particuliers, faire passer des armes tant par terre que par eau, sans expresse permission de sadite Majesté, temoignée par passeports signez par son commandement, et seellez de son grand seau, et sans rapporter au gouverneur de la province certification du lieu où elles seront deposées, à ce qu'il en ait cognoissance, et afin qu'il ne soit abusé desdites armes, ensemble des autres qui seront remises ez magasins des villes suivant ladite proposition, que lesdits gouverneurs soient obligez chacun endroit soy d'en tenir registre.

Treziesme Proposition.

Les armements sont assez deffendus sans expres commandement du prince par les ordonnances de ce royaume pour la consequence qu'ils apportent non seulement pour troubler l'Estat au dedans, mais encores pour rompre la paix avec les voisins et engager le Roy et le royaume en des guerres estrangeres.

Mais ce qui met de present le Roy plus en peine, est que plusieurs armements faits sur mer sous divers pretextes, ou d'aller contre les pyrates, ou d'aller aux voyages de long cours, ont donné commodité à ceux qui les ont faicts, d'offenser les subjects des princes voisins, en sorte que sa Majesté en reçoit des plaintes de tous costez, et voit les choses par là reduictes en tels termes, que par le moyen des reprezailles qui sont accordées, non seulement le trafic de son royaume est entierement gasté, mais la paix publique en terme d'estre rompuë.

Pour y pourvoir, on propose à sa Majesté de faire defense d'armer par mer ou par terre sans lettres signées d'un secretaire d'Estat, et sans l'attache, en ce qui concerne la terre, des gouverneurs de provinces, et pour ce qui concerne la mer, des amiraux de France.

L'Assemblée est d'advis que les deffenses portées par les ordonnances d'armer en ce royaume tant par mer que par terre, sans expresse permission du Roy, soient renouvellées et inviolablement gardées et observées avec commandement expres aux gouverneurs et lieutenans generaux des provinces, admiraux de France, vice-admiraux, et tous autres qu'il appartiendra, de tenir la main chacun endroict soy à l'observation desdites ordonnances, et courre sus à ceux qui y contreviendront.

Et que d'oresnavant il n'aille plus personne aux voyages de long cours, sinon en compagnie si forte et si puissante, qu'elle puisse le faire seurement en conservant l'honneur des armes de France; et que les uns servent à controller les actions des autres, pour participer à mesme profit et à mesme perte.

L'Assemblée donnera donc advis à sa Majesté de l'ordre qu'elle croit à propos d'establir pour cest effect.

L'Assemblée considerant combien il importe à la reputation et grandeur du Roy, advantage à son service, et commodité de ses subjects, que la navigation et trafic par mer soient rendus libres et seurs à sesdits subjects; et que l'expérience faict voir que les excep-

tions faictes de la liberté du commerce au delà la ligne donnent lieu aux frequentes depredations, et aux pyrates et forbans de tenir la mer, est d'advis, qu'il plaise à sa Majesté, au plustot que ses affaires le permettront, pourvoir aux moyens necessaires pour entretenir dans ses principaux ports et havres des vaisseaux de guerre garde-costes, en nombre suffisant. De faire traicter par ses ambassadeurs avec les princes estrangers ses alliez, à ce que s'il est possible, la mesme liberté de trafficquer que leurs subjects ont en France, soit accordée aux François, en tous les pays qu'ils tiennent; et attendant ce, ou que par quelque autre reglement qui se pourra faire par sa Majesté et son Conseil, avec l'advis de monsieur l'admiral, et ouys gens experts, elle ait trouvé les moyens propres et convenables pour restablir la navigation et pourvoir à la facilité et seureté des voyages de long cours, l'Assemblée est aussi d'advis, sous le bon plaisir de sa Majesté, que lesdits voyages ne soient empeschez aux particuliers, mais qu'il ne soit donné aucun congé par sadite Majesté, ou par monsieur l'admiral, qu'à personnes experimentez, dont la capacité, preud'hommie, et les facultez seront congneuës, et leur faisant observer les reglements des ordonnances de l'admirauté; et que toutesfois sadite Majesté gratifie le plus qu'elle pourra ceux qui se presenteront pour faire des compagnies pour lesdits voyages de long cours, sans en priver ses autres subjects.

Qu'il ne soit donné par ledit sieur admiral, ou ses lieutenans, aucune main-levée de vaisseaux saisis qu'avec cognoissance de cause; que deffenses soient faictes à tous officiers de l'admirauté de juger des prises de mer, que selon la rigueur desdites ordonnances, et non autrement, à peine d'en respondre en *leur propre et privé nom, et aussi d'entrer en part en aucun vaisseau à peine de la vie.*

Quatorziesme Proposition.

Il a tousjours esté imputé à crime aux particuliers de communiquer avec les ambassadeurs estrangers, sans expresse permission du Roy. L'Assemblée derniere des Estats, ayant reconnu de quelle importance cela estoit, et se ressouvenant des pernicieux offices pour l'Estat que telle communication a apporté par le passé, a supplié le Roy de faire deffenses à toutes sortes de personnes de voir, visiter, ny hanter les ambassadeurs, sans son congé. Mais pource que tous ceux qui ont dessein de deservir sa Majesté et troubler l'Estat par l'entremise des ambassadeurs, ou recevoir de la part de leurs maistres des presens et advantages, ne peuvent estre retenus et reprimez que par severes peines, sa Majesté veut qu'il soit advisé par l'Assemblée, sous quelles peines les deffenses doivent estre faictes et publiées[1].

L'Assemblée est d'advis, sous le bon plaisir du Roy, que pour faire garder et observer inviolablement l'ordonnance qui sera faicte par sadite Majesté sur ladite proposition, qu'il soit procedé contre ceux qui y contreviendront, comme criminels de leze-majesté.

Quinziesme Proposition.

Les desordres qui sont aux Committimus n'est pas une des moindres oppressions que le peuple ressente, pour le

---

[1] Cette note de Mathieu Molé est intercalée dans le texte : « Il se mut difficulté si on y ajouteroit ces mots : même avec les nonces des papes, et après plusieurs contestations, et la volonté du Roi congnue, on se contenta de l'article général et d'y faire une réponse générale ainsi qu'il suit : »

grand nombre de ceux qui en jouyssent, car il y a peu de gentilshommes de moyen qui ne soient gentils-hommes de la chambre, lesquels rapportent certificat d'avoir servy, auquel on est contrainct d'avoir esgard, pour ce qu'il n'y a point d'estat desdits gentils-hommes de la chambre. Et quant aux estats des maisons des enfans de France, et princes qui jouyssent de ceste prerogative, ils sont remplis d'un nombre effrené de toutes sortes d'officiers.

Secondement, pour la distraction du ressort : car prenant le Committimus au grand sceau, ils font assigner leurs parties des extremitez du royaume, de sorte qu'un Committimus est une evocation generale.

Tiercement, qu'on s'en sert pour des sommes si modiques, que des pauvres gens, qui ne doivent rien, et sont assignez aux requestes, ayment mieux beaucoup payer que de plaider si loing.

L'Assemblée doncques advisera s'il y aura moyen de restraindre le nombre de ceux qui en jouyssent.

L'Assemblée est d'advis, sous le bon plaisir du Roy, qu'aucun officier, ny autre personne, puisse jouyr du privilege de Committimus, s'il n'est de la qualité et nombre des officiers denommez au 56ᵉ article de l'ordonnance de Moulins de l'an 1566, reservé messieurs les chevaliers de l'ordre du S. Esprit, instituez depuis ladicte ordonnance, et que les officiers commensaux de la maison du Roy, des maisons de messieurs les enfans de France, des princes et princesses dont les officiers ont faculté [de jouyr dudit privilege, soient reduicts et restraincts au nombre porté par les estats des maisons du roy François premier, et des princes et princesses jouyssans dudit privilege, qui estoient de son regne. Qu'il plaise à sa Majesté ordonner que les estats en soient expediez par chacun an, et celuy de sa maison, en sa presence, et iceux envoyez en ses chambres des Comptes et cours des Aydes[1] sans que autres officiers que les dénommez ausdits estats puissent jouyr dudit privilege. Et pour eviter à toutes surprises, qu'il sera faict et posé un tableau és chancelleries, contenant le nombre et qualité de ceux qui devront jouïr dudit privilege, et que deffenses soient faites à tous secrétaires de sa Majesté, de signer aucunes lettres de Committimus que pour les personnes qui leur apparoistront par ledit tableau estre employez esdits estats, dont mention sera faicte esdites lettres, à peine de respondre des despens, dommages et interest des parties en leur propre et privé nom.

S'il ne seroit pas juste d'ordonner qu'en vertu d'iceux, on ne pourra tirer personne hors de son ressort.

S'il ne seroit pas à propos d'arbitrer une somme notable au dessous de laquelle, comme de quatre ou cinq cents livres, on ne pourra faire renvoyer les causes.

L'Assemblée, considerant que les abus du privilege de Committimus sont provenus du nombre effréné de ceux ausquels les lettres ont esté accordées contre les ordonnances, et que de vouloir innover ausdites ordonnances et à l'usage ancien, ce seroit retrancher la grace que les Roys ont accordée sous bonne consideration à leurs officiers et oster une grande partie de la jurisdiction des officiers establis lez les cours souveraines pour juger en premiere instance des causes des privilegiés, ladite Assemblée est d'advis, sous le bon plaisir du Roy, qu'il ne soit rien innové audit article 56e de l'ordonnance de Moulins, et qu'il soit estroictement gardé et observé, ensemble le retranchement du nombre des officiers qui devront jouyr dudit privilege, selon l'advis contenu au precedent article ; et qu'aucuns

---

[1] *Var.* : Chambre des Comptes et cour des Aides à Paris...

Committimus, mesmes expediez au grand seau, ne puissent donner davantage de privilege pour distraire les subjects de sa Majesté hors le ressort de leur parlement, que ce qui est porté par ledit 56ᵉ article de la susdite ordonnance

Seiziesme Proposition.

Entre autres plainctes faictes par les Estats, une des principales est des grandes alliances et parentez qui se sont coulées dans les Parlements et autres cours souveraines; car bien que l'ordonnance de Blois eust prohibé d'y recevoir les parents et alliez aux degrez cottez par icelle, quelques dispenses qu'ils puissent obtenir, toutesfois les Parlements, sans aucune dispense, en ont receu telle quantité, que l'exercice de la justice en est entierement perverty, et les subjects du Roy en souffrent une grande oppression, et tous les inconvenients que l'on en a craint en sont arrivez.

Premierement les brigues et sollicitations desdits parents et alliez, aux procez tant civils que criminels de ceux qui les touchent.

En consequence de ce, les evocations, qui apportent de grandes vexations et despenses aux parties, et sont cause la plus-part du temps de l'immensité des crimes.

Outre ceux qui sont aux charges, par le moyen des alliances, principalement aux Parlements esloignez, y sont avec toute licence et impunité de mal faire, car ayant d'un costé par le moyen de leurs parents un grand support, ils practiquent de l'autre, et à cause mesmes desdites alliances, des recusations en tel nombre, qu'il ne reste plus de juges, ou pour le moins il ne demeure que ceux qui sont favorables et desquels on ne peut esperer justice.

D'où vient que, combien qu'il soit impossible que parmy un si grand nombre de juges et en la corruption du siecle, il n'y aye beaucoup d'abus et de crimes, toutesfois à peine en vingt ans, void on un exemple d'un chastiement qui soit faict en une compagnie.

Sa Majesté donc touchée de la plaincte de ses peuples, voulant y pourvoir et descharger sa conscience, pour ce faire on luy propose :

Selon la requisition expresse des Estats, de transferer aux prochains Parlements tous ceux qui ont esté receus contre la prohibition de l'ordonnance, et qui ont des parents et alliez au degré prohibé par icelle, pour servir aux autres Parlements où ils seront transferez, jusques à ce que ceux qui les empeschoient soient deceddez, ou ayant quitté leurs offices.

L'Assemblée est d'advis que ladite proposition soit executée.

Dixseptiesme Proposition.

Outre l'empeschement qu'apportent les parentez et alliances à la sinceritè de la justice, il est certain que l'authorité que quelques uns acquierent dans les Parlements est telle, qu'il n'y a nul ou peu de moyen de se pourvoir contre les oppressions qu'ils font aux subjects du Roy, au moyen des fautes qu'ils commettent en leurs charges, d'autant que les plainctes et animadversions se trouvent la plus-part du temps en querelle et combustion dans les compagnies, et que chacun craignant la vengeance de ceux qui sont prevenus et peuvent estre difficilement convaincus, redoutent de se porter avec la severité qui seroit necessaire; joinct que le privilege que pretendent ceux des compagnies, de ne pouvoir estre jugez que toutes les chambres assemblées, apporte tant de difficulté, de longueur et d'interruption qu'on n'en voit quasi jamais le bout.

Sa Majesté doncques desirant que ses Parlements soient parmy son peuple en la reputation qu'ils doivent, et qu'un grand nombre de gens de bien et d'honneur, dont ils sont remplis, ne souffre diminution de leur dignité par les mauvais comportements de quelque peu d'entr'eux et par leur impunité, pour y parvenir on lui propose :

De choisir un president et douze conseillers, sçavoir quatre de Paris, deux de Thoulouse et un de chacun des autres, des plus signalez en probité et suffisance, et en composer une chambre, qui ira par tous les autres Parlements, pour faire une seance en tel temps qu'il sera advisé, recevra toutes les plainctes qui seront faictes des oppressions ou vexations faites aux subjects dudit ressort, jugera les procès pour raison desquels seront faictes les plainctes ; s'il y a quelques accusations contre aucuns des Parlements, pendant leur seance, l'instruira et le jugera nonobstant le pretendu privilege, que les officiers ne puissent estre jugez que par leurs compagnies, et les chambres assemblées.

Et pource qu'esdites compagnies il y en a de notoirement diffamez, qui y sont à la honte et au regret des bons, et à la grande foule des subjects du Roy, lesquels neantmoins il seroit impossible de convaincre, pour la difficulté qu'il y a d'adverer les concussions qui se font secrettement, et au faict desquelles ordinairement ceux qui en sçavent quelque chose sont aussi coulpables.

Ladite chambre durant son sejour s'informera soigneusement des causes desdites diffamations.

Et si elle les trouve considerables, et que le scandale en soit prejudiciable à l'honneur et dignité des Parlements et à l'exercice de la justice, elle en donnera advis à sa

Majesté, ensemble des moyens qu'elle jugera propres pour y pourvoir.

L'Assemblée donnera advis comme ces propositions peuvent estre utilement effectuées.

L'Assemblée supplie tres-humblement le Roy de conserver ses cours de Parlements aux privileges anciens qu'il a pleu aux Roys leur donner, de juger les chambres assemblées ceux de leurs compagnies, quand ils viennent à estre deferez, et pour ce, la tenir pour excusée si elle ne peut conseiller à sa Majesté l'establissement de la chambre mentionnée en ladite proposition. Neantmoins s'il a esté mis és mains de sadite Majesté aucuns memoires de notorieté ou diffamation contre quelques officiers de sesdits Parlements, de les faire bailler à ses procureurs generaux, pour tous affaires cessans et à leur requisition et poursuitte, estre les procez faicts et parfaicts aux denommez ausdicts memoires, et, suivant les ordonnances, estre jugez lesdites chambres assemblées.

Dixhuictiesme Proposition.

Le desordre est encores beaucoup plus grand, et les malversations, tant aux sieges presidiaux qu'aux autres sieges subalternes, prevostés des mareschaux et autres, pour estre la pluspart eloignez de la lumiere des Parlements et puissances souveraines, pour estre en beaucoup d'endroicts les subjects du Roy si pauvres et miserables qu'il leur est plus expedient de tout endurer, que de se plaindre d'aucune chose.

Ne pouvant y avoir autre remede à ce mal, que de veiller sur les actions desdits juges, et où ils se trouveront coupables les chastier, et rendre les moyens de se faire plus aisez que par le passé, on propose au Roy :

D'envoyer un maistre des requestes en chaque gouvernement, lequel ira par tous les sieges et y fera tel sejour qu'il jugera à propos, recognoistra soigneusement tous les abus et malversations, pourvoira à faire garder les ordonnances, reformera les taxes des salaires et vacations; où il trouvera les juges et autres officiers coulpables, leur fera leur procez et l'instruira entierement, nonobstant oppositions ou appellations quelconques; et le procez tout instruict, il le renvoyera au Parlement où le siege ressortist, lequel y sera jugé promptement et toutes choses cessantes.

Et afin que les maistres des requestes ne prennent trop d'habitude esdites provinces et ne donnent puis apres du support à ceux avec lesquels il auront acquis familiarité, ils seront changez de temps en temps selon qu'il sera advisé.

Sur ce l'Assemblée donnera son advis au Roy.

L'Assemblée supplie tres-humblement le Roy trouver bon, au lieu de ladite proposition, qui semble porter dés maintenant, ou pouvoir produire à l'advenir un nouvel establissement de justice executoire en toutes les provinces du royaume, que les ordonnances d'Orleans, Moulins et Blois, en ce qui regarde la fonction des maistres des requestes, et leurs chevauchées par les provinces, soient entierement gardées; et neantmoins où sa Majesté pour aucunes considerations voudroit donner pouvoir aux maistres des requestes qu'elle desire envoyer dans lesdites provinces, non seulement de recevoir les plaintes des cas contenus en ladite proposition, mais aussi en informer, pour estre les informations apportées en apres aux cours de Parlement, chacune selon son ressort, ordonner que lesdits maistres

---

[1] *Var.* : De justice extraordinaire...

des requestes auparavant que de se transporter esdites provinces, presenteront leurs lettres de commission ausdites cours pour y estre registrées. Et d'autant que plusieurs crimes demeurent impunis faute de fonds dans les receptes ordinaires, ou du domaine, pour satisfaire aux frais des poursuittes, instructions et conduictes des prisonniers, sa Majesté est tres-humblement suppliée de faire laisser en chacune desdites receptes ordinaires un fonds suffisant pour satisfaire aux frais de justice.

Dixneufiesme Proposition.

Tous les ordres du royaume ont unanimement requis l'abolition du droict annuel, remarquans que par iceluy les charges demeurent quasi toutes affectées aux familles où elles se trouvoient, et ostoient par ce moyen l'esperance aux autres d'y pouvoir jamais entrer. Et quant à celles qui se vendoient, le prix en croissoit tous les jours si demesurément qu'il n'y avoit plus d'ouverture, sinon à ceux qui estoient extremement riches, et qui profondoient tous leurs biens pour cet effect.

D'avantage que par là on perdoit toute esperance d'arriver à la suppression et reduction des offices requise et ordonnée à toutes les convocations des Estats du royaume, et sans laquelle on ne peut esperer de jamais restablir l'ordre dans iceluy. Et en fin que le Roy estoit privé de la plus noble et importante partie de son authorité royale, qui est de choisir les magistrats, qui sont les plus puissants instruments de sa domination.

Sur ceste requisition sa Majesté promist solennellement aux deputez des Estats d'abolir le droict annuel, ce qui n'a esté differé qu'à cause de son voyage de Guyenne, et que pour attendre que la presente année fust expirée, jusqu'à laquelle duroit le party qui avoit esté faict dudit droit annuel, et des lors un Edict en auroit[1] esté dressé, avant lequel publier, sa Majesté a voulu qu'il fust representé à l'Assemblée.

Vingtiesme Proposition.

Sa Majesté juge bien que la plus utile reformation qui se puisse apporter dans son Estat, est la suppression et reduction des offices et oster la venalité d'iceux, par la multitude desquels ses peuples sont divertis de la marchandise, labourage et autres actions pratiques utiles à l'Estat, pour s'afeneantir en des charges la plus-part inutiles, ou y rechercher de l'exercice en mangeant et devorant le peuple par procès, chicaneries et autres tours de soupplesse qui se practiquent aux finances et autres charges.

Mais il n'y a moyen de parvenir aux suppressions et reductions, et ce faisant oster la venalité, sinon en ostant du tout les parties casuelles, qui est un de ses principaux fonds[2] de ses finances, le plus prompt et le plus asseuré duquel il luy est impossible de se passer aux grandes charges qu'elle a de present sur les bras.

C'est pourquoy elle desire que ladite Assemblée advise s'il seroit maintenant à propos d'entrer ausdites suppressions, et en ce cas considerer sur quoy on pourroit plus commodément remplacer ce qui revient desdites parties casuelles, suivant ce qui a esté proposé et offert par l'Assemblée des Estats.

L'Assemblée remercie tres-humblement le Roy de sa tres-bonne et loüable intention à remettre l'ancienne splendeur et dignité de la justice et des charges du royaume en ostant la venalité des offices et reduisant le

---

[1] *Var.* : L'édit en avoit...

[2] *Var.* : Qui est un des points plus fondés...

nombre, et est d'advis, sous le bon plaisir de sa Majesté, que la suppression des offices et extinction de la venalité soient reduictes suivant les ordonnances de Blois de l'année mil cinq cens soixante et dix-neuf, comprenant en ladite suppression tous offices creez depuis lesdites ordonnances, et que sa Majesté revocque dés à present l'execution de tous edicts d'offices de nouvelle creation, esquels n'a encores esté pourveu; tous autres edicts de creation d'offices non encore verifiez és cours souveraines, ensemble toutes provisions expediées pour offices non creez par edicts dont les officiers ne sont encore receus. Et pour le remplacement du revenu des parties casuelles, ladite Assemblée n'en peut donner aucun advis à sa Majesté et la supplie trouver bon qu'elle remette à elle d'y pourvoir avec son Conseil, selon qu'elle verra pour le mieux, sans neantmoins mettre ny imposer sur le peuple aucune nouvelle charge.

Les advis sur les propositions contenuës au present cahier ont esté arrestez en l'Assemblée tenuë en ceste ville par le commandement du Roy. Faict à Rouen ce vingt-sixiesme jour de decembre mil six cens dix-sept [1].

---

[1] Pontchartrain dit dans ses *Mémoires,* pp. 255-256, que la veille de Noël, les Notables firent savoir au roi qu'ils avaient achevé de résoudre et donner leurs avis sur tout ce qui leur avait été proposé; que le 26 décembre, après avoir entendu la lecture de ce qu'ils avaient fait, le roi les invita à se retrouver à Paris le lendemain des Rois. Toutefois il ne leur donna audience que le 29 janvier en son château de Madrid, pour la remise du cahier. — D'après le *narré* contenu dans les *Mémoires de Mathieu Molé,* les Notables relurent le 26 décembre l'arrêté sur les deux dernières propositions; puis le cahier fut signé et une copie remise au roi. Mathieu Molé termine son récit de cette manière : « Le résultat de toutes ces assemblées fut qu'au mois de juillet 1618 on dressa un édit en deux cent quarante-trois articles d'après les remontrances des trois Etats assem-

1618

Monsieur d'Ornano, lieutenant-general en Normandie [1].

Au mois de may de ceste année, M. d'Ornano, gouverneur du Chasteau Trompette de Bordeaux, fust pourveu de la lieutenance generale du gouvernement de Normandie et du gouvernement particulier du Pont de l'Arche que M. de Luynes avoit eu après la mort du mareschal d'Ancre, et ledit sieur Ornano remit entre les mains du Roy le gouvernement dudit Chasteau Trompette.

1618

[*Députés de la Normandie à*] *l'Assemblée de ceux de la religion prétenduë reformée à Loudun* [2].

Suivant le brevet octroyé par le Roy le 23 may à ceux de la religion pretenduë reformée, pour tenir une Assemblée generale en la ville de Loudun, les deputez de leurs provinces, ou cercles à leur mode, s'y rendirent tous.

blés à Paris en l'année 1614, d'après celles du Parlement ci-dessus rapportées et d'après les avis des Notables assemblés à Rouen en 1617. »

[1] T. V, 2ᵉ partie, p. 259. — Jean-Baptiste d'Ornano, comte de Montlor, fils aîné d'Alphonse d'Ornano, maréchal de France et de Marguerite-Louise de Grasse de Pontevez, né 15 juillet 1581, succéda à son père dans sa charge de colonel général des Suisses 1595, fut lieutenant général du roi en Normandie, gouverneur de Quillebeuf et de Pont-de-l'Arche, gouverneur de Monsieur et maréchal de France 7 avril 1626. Peu après, s'étant opposé aux projets de Richelieu touchant le mariage de Monsieur, il fut enfermé à Vincennes, 4 mai, et y mourut le 2 septembre.

[2] T. VI, 1ʳᵉ partie, pp. 302-303.

Voicy leurs noms suivant la liste qui fut lors imprimée.

. . . .

Normandie.

Noblesse. Les sieurs de Coulombieres[1], de la Haye du Puy baron de Meneville, et le baron de Courtomer[2]. Bannage[3] ministre de Carantan. Tiers-Estat. Alain assesseur à Sainct Lau.

1618

[*Le duc de Longueville nommé gouverneur de Normandie*][4].

(Novembre). Le Roy ayant desir d'oster toutes les jalousies qui depuis quelques années en ça avoient esté

[1] Gabriel de Briqueville, s^r de Colombières, fils de Paul de Briqueville, s^r de Colombières, et de Jeanne de Monchi de Senarpont, qu'il avait épousée en 1574, déjà veuve de Robert, s^r de Pont-Bellanger et de François Thesart, baron de Tournebu.

[2] Jean-Antoine de Saint-Simon, baron, puis, en février 1620, marquis de Courtaumer.

[3] Benjamin Basnage, né à Carentan en 1580, mort en 1652, fils de Nicolas Basnage, ministre à Evreux en 1572, fut pendant 52 ans ministre à Sainte-Mère-Église et à Carentan. Anobli par Louis XIV pour services rendus à l'État. Auteur de plusieurs ouvrages de théologie. Père de Henri Basnage de Franquesnay, célèbre jurisconsulte, commentateur de la coutume de Normandie et grand-père de Jacques Basnage.

[4] T. VI, 1re partie, p. 340. — Henri (II) d'Orléans, duc de Longueville et d'Estouteville, prince souverain de Neufchâtel, fils de Henri (I) d'Orléans, etc., et de Catherine de Gonzague, gouverneur de Picardie, puis de Normandie, né le 27 avril 1595, mort le 11 mai 1663. Il avait épousé Louise de Bourbon, sœur du comte de Soissons, qui fut tué à la Marfée; cette princesse mourut le 9 septembre 1637. Le duc de Longueville forma une nouvelle alliance avec la sœur du grand Condé, Anne-Geneviève de Bourbon. On sait la part importante qu'il prit aux troubles de la France.

entre le gouverneur de la Picardie, et les gouverneurs et capitaines de la citadelle d'Amiens, voulant asseurer la paix et le repos en ceste province, il fit les changements qui suivent. Monsieur de Longueville qui estoit gouverneur de Picardie, et avoit la capitainerie du chasteau de Han[1], en les quittant fut pourveu du gouvernement de la Normandie, et du particulier de la ville de Diepe…

1620

[*Siège et reddition du château de Caen*][2].

Sur ceste retraicte du duc de Mayenne hors de la cour, on asseura le Roy qu'il y avoit party dressé, et que les ducs de Vendosme et de Longueville en estoient : lesquels croyans qu'il ne faisoit seur pour eux de se tenir en cour, celuy-cy prit le chemin de son gouvernement

---

[1] Ham (Somme), chef-lieu de canton de l'arrondissement de Péronne. Le château de Ham a servi jusqu'à notre époque de prison d'État.

[2] T. VI, 2ᵉ partie, pp. 270-320. — Après l'assassinat de Concini, 24 avril 1617, Marie de Médicis quitte Paris, 3 mai, et se retire à Blois, qui fut pour elle un lieu d'exil. Sûre de l'appui des grands et particulièrement du duc d'Epernon, elle s'évade du château de Blois par une fenêtre dans la nuit du 22 au 23 février 1619 et se retire à Loches, puis à Angoulême. Richelieu, disgrâcié depuis la chute de Concini, est rappelé d'Avignon ; il négocie un rapprochement entre le roi et la reine-mère, qui ont une entrevue à Tours le 12 septembre. Marie de Médicis renonce au gouvernement de Normandie et reçoit en échange celui d'Anjou avec les châteaux d'Angers, du Pont-de-Cé et de Chinon ; elle fixe sa résidence à Angers. La mise en liberté du prince de Condé, 20 octobre, par une déclaration royale conçue en des termes offensants pour ceux qui avaient ordonné son arrestation, irrite vivement Marie de Médicis. Les grands s'agitent de nouveau ; le duc de Mayenne quitte la cour, mars 1620, et se retire en Guyenne ; la guerre civile va éclater.

de Normandie, et l'autre d'Anet [1], et de là à Vendosme et puis vers la Royne mere à Angers.

Il se passe deux mois de temps en diverses allées et venuës que fit le sieur de Blainville [2] et autres personnes notables de la part du Roy vers ladite dame Royne mere à Angers, pour traicter du contentement qu'elle desiroit, afin de venir trouver le Roy, et par ce moyen dissiper les nuages que l'on voyoit se former en beaucoup de provinces, sous ce specieux pretexte de la reformation de l'Estat : mais ils ne purent rien gagner pour lors sur les deffiances qu'on luy avoit données.

Au mois de juin plusieurs princes et seigneurs se retirerent de la cour les uns apres les autres, ce qu'ils faisoient de nuit. Entre les princes, le duc de Nemours [3] commença, et fut le lendemain suivy de la duchesse sa femme, lesquels furent droict à Angers. Trois jours apres, M. le comte de Soissons et Madame la comtesse sa mere [4] se retirerent aussi de nuit, se rendirent à Dreux, et de là vers la Royne mere. Deux jours apres, ils furent suivis de M. le chevalier de Vendosme [5] grand prieur de France.

[1] Eure-et-Loire, chef-lieu de canton de l'arrondissement de Dreux. Henri II avait fait construire le château d'Anet par Philibert de Lorme pour Diane de Poitiers.

[2] Jean de Varigniez, s^r de Blainville, premier gentilhomme de la chambre du roi, maître de la garde-robe, enseigne de la compagnie du roi, lieutenant pour sa Majesté au bailliage de Caen, chevalier des ordres du roi en 1619, ambassadeur en Angleterre en 1621, conseiller d'État, mort le 26 février 1628.

[3] Henri de Savoie, duc de Nemours, fils de Jacques de Savoie, duc de Nemours, et d'Anne d'Este, né le 2 novembre 1572, mort le 1er juillet 1632. Il avait épousé en 1618 Anne de Lorraine, fille de Charles de Lorraine, duc d'Aumale ; elle mourut en 1638.

[4] Anne, comtesse de Montafié, veuve le 10 novembre 1612 de Charles de Bourbon, comte de Soissons et de Dreux, morte en 1644.

[5] Alexandre, chevalier de Vendôme, second fils de Henri IV et de

Le Roy avoit donné à ce prince apres la mort du mareschal d'Ancre les meilleures pieces de ses benefices et offices, sçavoir l'abbaye de Marmoustier[1] en Touraine, et le gouvernement du chasteau et de la ville de Caen, la meilleure place de Normandie et de toutes celles qui devoient entrer au party de la Royne mere; aussi il y envoya en diligence le sieur Prudent[2] son lieutenant au chasteau, lequel y arriva le premier jour de juillet, afin de munir ceste place de ce qu'il jugeroit necessaire pour soustenir un siege.

Tous ces princes ainsi sortis, et leurs partisans, disoient que le motif de leur esloignement de la cour, n'avoit esté que pour ne pouvoir souffrir ny veoir qu'à regret le desreiglement de l'Estat, qu'il ne falloit pas imputer le desordre qui y estoit à la personne du Roy, mais à ceux de la faveur, qui eslevez d'une mediocre condition à une puissante et grande fortune, jouissoient seuls de l'oreille et de la bonté de sa Majesté. Que le party de la Royne mere comme le plus juste, seroit le plus fort; qu'il estoit appuyé de la plus grande partie des princes, et des premiers officiers de la couronne; que le dessein qu'ils avoient ne se devoit point appeler rebellion, parce que tous les mescontents estoient bons serviteurs du Roy, mais ennemis capitaux de la faveur; qu'ils vouloient seulement restablir l'Estat, qui estoit sur le penchant de

Gabrielle d'Estrées, né en 1598, légitimé par lettres du mois d'avril 1599, grand prieur de France, général des galères de Malte, etc., mort le 8 février 1629 au donjon de Vincennes.

[1] Indre-et-Loire, à deux kilomètres de Tours; abbaye fondée par saint Martin.

[2] Prudent était fils d'un maçon et avait été précepteur du chevalier de Vendôme, ainsi que nous l'apprennent les *Mémoires* du cardinal de Richelieu, très défavorable d'ailleurs à ce personnage qu'il accuse (l. XI, p. 68) d'insuffisance et (l. XI, p. 80) de lâcheté.

sa ruine; que la Royne neantmoins ne leveroit pas la premiere les armes, mais si l'on oppressoit d'avantage ceux de son party, ou ses alliez, qu'à l'heure sa deffense seroit juste, et auroit bonne grace.

Aussi à la mode accoustumée en tous souslevements, on vit aussi tost plusieurs livrets sur les deformations que l'on disoit estre en l'Estat : il y en avoit de satyriques, et d'autres qui ne l'estoient pas tant, que l'on intitula : *Veritez chrestiennes au Roy tres-chrestien;* c'estoient des paroles un peu plus douces et sucrées, mais d'un mesme subject.

Le Roy receut des advis d'une infinité d'endroicts, que l'on erroit des soldats ouvertement sous le nom de la Royne sa mere; qu'en la Normandie une partie estoit possedée par le duc de Longueville, qui tenoit Diepe au deçà de la Seine, avec dessein de se rendre maistre entierement de Rouen, et y faire entrer grand nombre de gentils-hommes et de gens de guerre sous le pretexte d'accompagner Madame de Longueville sa femme [1] à l'entrée qu'on luy devoit faire à Rouen; qu'au delà de la Seine le grand prieur de France y tenoit le chasteau de Caen, et que le comte de Torigny [2], allié du duc de Lon-

---

[1] Louise de Bourbon, fille de Charles de Bourbon, comte de Soissons et de Dreux, et d'Anne de Montafié, mariée en 1617 au duc de Longueville, morte le 9 septembre 1637. Elle fit son entrée à Rouen le 2 juillet 1620, entourée d'une nombreuse noblesse venue en armes.

[2] Jacques de Matignon, comte de Thorigny, fils de Charles de Matignon et d'Eléonore Orléans-Longueville. Né le 20 mars 1599, il fut enfant d'honneur du roi Louis XIII, puis capitaine de cent hommes d'armes; il fut nommé en 1622 lieutenant général au gouvernement de Normandie en survivance de son père, et gouverneur de Granville et de Cherbourg; il fut plus tard, en 1625, mestre-de-camp de la cavalerie légère dans l'armée d'Italie, et fut tué en duel par le comte de Bouteville le 25 mars 1626.

gueville, estoit lieutenant general en la basse Normandie; que le comte de Soissons ayant Dreux et la Ferté Bernard [1], tiendroit le Perche et une partie du Maine; que le gouverneur [2] d'Alençon estoit du party. Le mareschal du Bois dauphin [3] avoit les advenuës des rivieres de Sartre et de Mayenne, en possedant les villes de Sablé et de Chasteaugontier, et le duc de Vendosme celles de la riviere de Loir. La Royne mere avoit Angers, et les Ponts de Sé [4] passage sur Loire, avec presque toute la noblesse du pays tenant son party, et par delà Loire Chinon sur la riviere de Vienne pour se promener en Touraine, où Loches tenoit pour le duc d'Espernon. M. de la Trimoüille duc de Touars [5], et le duc de Rets [6], estoient les

[1] Sarthe, chef-lieu de canton de l'arrondissement de Mamers.

[2] L'auteur dit plus loin que c'était le sieur de Belin qui commandait le château d'Alençon. D'après Fontenay-Mareuil (*Mémoires*, t. I, p. 474), le gouverneur d'Alençon était Boutemorin « qui despendoit entièrement de la reine-mère, ayant forcé les habitans d'y recevoir M. de Blin, qui levoit les troupes pour elle. » — François de Faudoas d'Averton, comte de Belin, était fils de Jean-François de Faudoas, sr de Serignac, gouverneur de Paris, de Calais et du Mans, lieutenant de roi en Picardie, etc., et de Renée d'Averton, dame de Belin, sa seconde femme.

[3] Urbain de Laval, sr de Boisdauphin, marquis de Sablé, fils de René de Laval et de Jeanne de Lenoncourt, servit d'abord la Ligue et fut blessé à Ivry; il se rallia ensuite à Henri IV, qui le fit maréchal de France en 1596, chevalier de ses ordres en 1597 et gouverneur d'Anjou. Il mourut le 27 mars 1629.

[4] Les Ponts-de-Cé (Maine-et-Loire), chef-lieu de canton de l'arrondissement d'Angers, sur la Loire. C'est là que va bientôt être défaite l'armée de Marie de Médicis.

[5] Henri, sr de la Tremoille, duc de Thouars, prince de Tarente et de Talmond, fils aîné de Claude, sr de la Tremoille, et de Charlotte Brabantine de Nassau, né en 1599, mestre-de-camp général de la cavalerie légère, mort le 21 janvier 1674.

[6] Henri de Gondi, duc de Retz et de Beaupréau, fils de Charles de Gondi, marquis de Belle-Isle et d'Antoinette d'Orléans-Longueville, né en 1590, mort le 12 août 1659.

maistres au Poictou qui avoisine la Loire, et en la Bretagne qui est au delà Loire ; le duc de Roüannois [1] avoit ses terres au milieu du Poictou pour y lever des troupes ; le duc de Rohan [2] gouverneur de S. Jean d'Angely estoit le maistre dans le Poictou devers la mer de Guyenne. Le duc d'Espernon [3] commandoit dans tout l'Angoulmois et la Xaintonge, et sur toute la riviere de Charente, et le duc de Mayenne en son gouvernement de Guyenne et de Bordeaux ; le vicomte d'Aubeterre [4] tenoit Blaye et l'embouscheure de la Gironde. Barbin [5]

[1] Louis Gouffier, duc de Roannès, fils de Gilbert Gouffier, duc de Roannès, et de Jeanne de Cossé, dame de Gonnor, gouverneur de Poitiers, né le 25 novembre 1575, mort le 16 décembre 1642.

[2] Henri, duc de Rohan, prince de Léon, etc., fils aîné de René, vicomte de Rohan et de Catherine de Parthenay, dame de Soubise ; né le 21 août 1579, mort le 13 avril 1638. Il avait épousé Marguerite de Béthune, fille de Sully, et fut pendant la première partie du règne de Louis XIII le véritable chef du parti calviniste.

[3] Jean-Louis de Nogaret de la Valette, duc d'Epernon, fils de Jean de Nogaret de la Valette et de Jeanne de Saint-Lary de Bellegarde, né en mai 1554, mort le 13 janvier 1642. La faveur de Henri III le créa duc et pair, colonel général de l'infanterie, amiral de France ; il fut gouverneur de Metz, d'Angoumois, de Provence et enfin de Guyenne.

[4] François d'Esparbez de Lussan, gouverneur de Blaye, mort en janvier 1628, était devenu vicomte d'Aubeterre par son mariage, le 12 août 1597, avec Hippolyte Bouchard, fille unique de David, vicomte d'Aubeterre, et de Renée de Bourdeille.

[5] Barbin, procureur du roi à Melun, intendant de la maison de la reine-mère, fut nommé en 1616 contrôleur général des finances en remplacement du président Jeannin. Destitué et enfermé à la Bastille après le meurtre du maréchal d'Ancre, il fut condamné à la peine du bannissement à laquelle Louis XIII substitua la prison perpétuelle. Après la paix d'Angoulême, sur les instances de la reine-mère, il obtint (1619) sa liberté à la condition de sortir du royaume. Brienne s'exprime ainsi sur son compte dans ses *Mémoires* (liv. V, p. 188) : « Ce Barbin, bien que d'une nature très-basse, avoit l'esprit fort relevé. »

faisoit lever des Liegeois pour venir passer à Mets tenu par M. de la Valette[1], fils du duc d'Espernon, et le duc de Nemours avoit envoyé Pasquier son secretaire pour faire levée de gens de guerre au Genevois.

Voilà l'estat du party de la Royne mere, qui tenoit une filiere de provinces, depuis Diepe en Normandie jusques au delà de la Garonne, c'est à dire pres de deux cents lieues de long; party, où l'on voyoit les deux plus grands du Poictou de la Religion pretenduë reformée et plusieurs bons capitaines, avec de fortes places sur toutes les rivieres; party qui sans se peiner de prendre et d'assieger des villes, devoit avec une grande armée aller droict à Paris pour reformer les abus qu'on disoit estre en l'Estat, croyant la chose si facille, qu'on la tenoit comme pour faicte. Ce qui n'estoit pas le sentiment de plusieurs, qui jugeoient ceste entreprise, comme celle de la guerre du bien public sous le regne de Louys XI, pour ce qu'ils estoient trop de princes, et trop de generaux d'armées pour s'accorder et demeurer longuement ensemble sans jalousies, ny faire exploict qui valust, et qu'au lieu d'une reformation ils ne pouvoient apporter qu'une deformation à la France, mesme quand ils auroient la fortune selon leurs desseins, à cause qu'ils ne s'estoient joincts que pour avoir raison s'ils pouvoient de leurs interests particuliers.

Le Roy qui void que quelque chose qu'il advienne, il n'y a que son Estat et son peuple sur qui tombent les

---

[1] Bernard de Nogaret, marquis, puis duc de la Valette, duc d'Epernon après la mort de son père, second fils du duc d'Epernon et de Marguerite de Foix, comtesse de Candale, né en 1592, colonel général de l'infanterie en 1610 par la démission de son père, gouverneur de Guyenne en 1642, échange en 1651 avec Condé ce gouvernement pour celui de la Bourgogne, est rétabli en Guyenne en 1659 et meurt le 25 juillet 1661.

incommoditez de la guerre, se resolut d'un costé d'envoyer une deputation honorable à la Royne sa mere, sçavoir, MM. du Perron [1] archevesque de Sens, le duc de Montbazon, M. le grand escuyer de Bellegarde [2], et M. le president Jeanin, pour traicter avec elle des moyens d'accoiser ces mouvements en leur commencement; et de l'autre costé armer puissamment, pour reduire par la force ceux qui ne se voudroient ranger à la raison. Aussi afin d'empescher qu'aucun ne remuast en Bretagne, il y envoya le mareschal de Brissac.

Le 2 juillet lesdits sieurs grand escuyer de Bellegarde, et mareschal de Brissac furent receus en Parlement ducs et pairs. Et par lettres du Roy le nom de la ville de Seure en Bourgogne fut changé en celuy de Bellegarde. Ils partirent tous le lendemain, sçavoir lesdits deputez pour aller à Angers, et le duc de Brissac pour aller en Bretagne [3].

. . . .

On a escrit que le samedy 4 dudit mois, le Roy apres avoir prié Dieu ardamment de luy inspirer ce qu'il y avoit à faire, pour sa gloire et le salut de son Estat, fit tenir le Conseil, où il se trouva, et où il fut representé les divers advis que toutes les provinces donnoient à sa M.

[1] Jean Davy du Perron avait succédé dans l'archevêché de Sens à son frère le célèbre cardinal du Perron, mort le 5 septembre 1618. Lui-même mourut le 4 octobre 1621.

[2] Roger de Saint-Lary, sr de Termes et de Bellegarde, fils de Jean de Saint-Lary et d'Anne de Villemur. Nommé grand-écuyer par Henri III, il fut créé duc de Bellegarde en 1620 par Louis XIII; il céda, en 1639, sa charge de grand-écuyer à Henri d'Effiat, marquis de Cinq-Mars, et mourut à l'âge de 83 ans le 13 juillet 1646.

[3] Ici se trouve une lettre du nonce Guy Bentivole (Bentivoglio), archevêque de Rhodes, datée de Paris 3 juillet 1620, et adressée à la reine-mère dans l'intérêt de la paix publique. Il a paru inutile de la reproduire.

d'une prochaine rebellion. Qu'on y considera premierement les factions qui estoient dans Paris, et l'emprisonnement des esprits de quelques uns qui estoient dans les compagnies souveraines.

Puis on parla de celles de la Normandie, et particulierement de la ville de Roüen, où le sieur de Ris premier president avec presque tous les officiers des cours souveraines, les gens du Roy, estoient entierement portez au service du Roy, et toutesfois qu'il y avoit plusieurs personnes qui y tenoient des offices et magistratures affectionnez à M. de Longueville, gouverneur de Normandie qui estoit du party de la Royne mere, et aussi qu'on avoit seur advis de plusieurs pratiques faites parmy ceux de la Religion pre. ref. dont il y en avoit quantité en ceste ville, et principalement des estrangers ; tellement que le feu s'y commençoit à allumer, et ne falloit pas tarder pour l'aller esteindre, et donner ordre aussi au chasteau de Caën, où Prudent avoit esté depesché par M. le Grand Prieur de France, pour le munir et se preparer à se rendre maistre de la ville.

Aucuns disoient qu'il ne falloit pas laisser perdre ceste province, qui estoit la basse cour du Louvre. Mais d'autres considerant l'estat des affaires disoient, qu'il falloit adviser à la conservation de Paris, premierement qu'à celle de Roüen et de Caën ; que la presence du Roy dans Paris dissiperoit toutes les factions, s'il y en avoit ; partant que sa demeure y estoit tres-necessaire, et n'y avoit rien de si perilleux que de faire sortir sa Majesté de ceste grande ville. Et que si la Normandie estoit opprimée par les factieux, on la pourroit recouvrer en un autre temps.

Que ce seroit favoriser le dessein de tous les brouillons, que de quitter Paris ; et que tous les partis qui s'estoient faits en France avoient toujours essayé de venir demander la paix, ou faire la guerre à l'entour de Paris; et que les armes qui se levoient au Liege, et celles qui pourroient venir du costé de Mets, suffiroient pour la venir oppresser.

Qu'on y avoit encores representé, que si le Roy n'entroit à Roüen, ou qu'il voulust passer plus outre pour asseurer la ville de Caen, et qu'il n'entrast dedans, qu'infailliblement l'effroy de toutes les autres villes s'en ensuivroit, et la reputation de sa Majesté en seroit descriée dedans et dehors le royaume.

Qu'on y parla du peril où le Roy seroit, s'il trouvoit les armes de Normandie en teste, celles d'Angers à costé, celles de Champagne à dos s'acheminant vers Paris, et celles de Guyenne et d'Angoulmois sur les bords de Loire. Tellement que sa M. ayant avec attention entendu toutes ces difficultez avoit dit genereusement : *Que parmy tant de hazards qui se presentoient, il falloit entrer aux plus grands et aux plus prochains, qui estoit la Normandie, et que son advis estoit de s'y en aller tout droict, et n'attendre pas à Paris de voir son royaume en proie, et ses fidelles serviteurs opprimez, et qu'il avoit un grand espoir en l'innocence de ses armes, et que sa conscience ne luy sçauroit reprocher d'aucun manque de pieté à l'endroit de la Royne sa mere, de justice à son peuple, et de bien faicts à tous les grands de son royaume.*

M. le Prince et M. le duc de Luynes [1] furent les pre-

[1] Charles d'Albert, sr puis duc de Luynes, fils d'Honoré d'Albert, sr de Luynes, de Brantes et de Cadenet, et d'Anne de Rodulf, né 1598, page de la chambre de Henri IV, puis gentilhomme de la chambre de Louis XIII, gouverneur d'Amboise 1615, grand fauconnier de France 1616, remplace 1617 dans la faveur de Louis XIII Concini, dont il reçoit les biens confisqués, devient lieutenant général au gouvernement de Normandie, puis de l'Ile-de-France, connétable de France 22 avril 1621, garde des sceaux le 3 août, et meurt après la levée du siège de Montauban, le 15 décembre 1621.

miers à dire, que l'opinion de sa M. estoit la plus honorable et la plus seure, parce que s'il plaisoit à Dieu de faire triompher les premieres armes de sa M. en ce voyage, il asseuroit par ce moyen les provinces et grandes villes qui ne s'estoient point desbauschées, et plantoit la terreur dans celles qui s'estoient revoltées. Le reste de son Conseil fut de la mesme opinion.

On a escrit que M. le Prince adjousta : « Sire, il faut aller à eux auparavant qu'ils se soient recognus : c'est le point de la victoire, et le plus expedient et facile. Je l'ai recognu par pratique, car si au mouvement de Mezieres, l'on fust venu droict à nous auparavant que nous nous fussions recognus, comme l'avoit conseillé feu M. de Villeroy, il n'y avoit point de doute qu'on nous eust bien separez. »

En ce Conseil la guerre estant resoluë, on envoya de tous costez des commissions : au mareschal de Themines[1] pour s'opposer au duc de Mayenne; au comte de la Rochefoucaut[2], gouverneur de Poictiers, pour faire teste au duc de Rohan; le marquis de Courtenvaut[3], fut envoyé en Touraine, et M. de Bassompierre[4] depesché

---

[1] Pons, sʳ de Lausières, marquis de Themines, fils de Jean, sʳ de Lausières, etc., et de Jeanne de Puymisson, sénéchal et gouverneur du Quercy, chevalier des ordres du roi en 1597, maréchal de France en 1616 après l'arrestation de Condé opérée par lui, gouverneur de Bretagne en 1625, mort le 1ᵉʳ novembre 1627 à l'âge de 74 ans.

[2] François (V) comte, puis en avril 1622 duc de la Rochefoucaud, prince de Marsillac, etc., fils de François (IV), comte de la Rochefoucaud et de Claude d'Estissac, né le 5 septembre 1588, gouverneur et lieutenant de roi en Poitou, mort le 8 février 1650.

[3] Jean de Souvré, marquis de Courtenvaux, fils de Gilles de Souvré, maréchal de France, et de Françoise de Bailleul, premier gentilhomme de la chambre du roi, gouverneur de Touraine, chevalier des ordres du roi en 1619, mort en 1656 à l'âge de 72 ans.

[4] François de Bassompierre, né le 12 avril 1579, colonel général des Suisses en 1614, chevalier des ordres du roi en 1619, ambas-

pour aller querir les troupes qui estoient sur les frontieres de Champagne, et les conduire en diligence aux environs de Chartres. Tous les gouverneurs des provinces eurent charge de se rendre en leurs gouvernements pour y prendre garde : tellement que le duc de Guise[1] se prepara pour s'en aller en Provence, et le duc de Nevers en Champagne avec commissions de lever des troupes pour s'opposer à l'entrée des Liegeois, qu'on levoit pour la Royne mere.

En sortant du Conseil, le sieur de Roullet[2], grand prevost de la Normandie, se presenta à sa Majesté et luy dist, qu'il ne devoit point y aller, et qu'il ne trouveroit que de la revolte et du desplaisir. Le Roy luy dist : « Vous n'estes pas de mon Conseil, j'en ay pris un plus genereux. Sçachez que, quand les chemins seroient tous pavez d'armes, je passeray sur le ventre à tous mes ennemis, puis qu'ils n'ont nul subject de se declarer contre moy, qui n'ay offensé personne. Vous aurez le plaisir de le voir. Je sçay que vous avez trop bien servi le feu Roy mon pere pour ne vous en resjouïr. »

sadeur en Espagne en 1621, maréchal de France en 1622, ambassadeur en Suisse en 1625 et 1630, en Angleterre en 1626, enfermé à la Bastille du 25 février 1631 au 18 janvier 1643, mort le 12 octobre 1646. Ses *Mémoires*, très intéressants pour toute cette époque, ont été réédités pour la *Société de l'Histoire de France*, par M. le marquis de Chanterac, 1870-1877, 4 vol. in-8°. On a encore de Bassompierre le récit de ses ambassades.

1 Charles de Lorraine, duc de Guise, fils de Henri de Lorraine, duc de Guise, tué à Blois en 1588, et de Catherine de Clèves, né le 20 août 1571, chevalier des ordres du roi en 1619, amiral des mers de Levant, gouverneur de Provence, mort le 30 septembre 1640.

2 Pierre le Blanc, sr du Raullet, maître d'hôtel du roi, lieutenant de la compagnie de ses gardes du corps, gouverneur en 1594 et 1595 des villes de Pont-de-l'Arche et Louviers, prévôt général de Normandie en 1601. — V. M. Charles de Beaurepaire, *Cahiers des États de Normandie sous le règne de Henri IV*, t. II, p. 364.

Avant que partir de Paris, sa M. envoya querir toutes les cours souveraines et les magistrats, et leur recommanda la conservation de sa bonne ville de Paris, où il laissoit la Royne son espouse pour gouvernante, et aupres d'elle monsieur le Chancelier, avec une partie du Conseil, pour l'expedition de toutes affaires, et des parties; et ne menoit avec luy que monsieur le Garde des Seaux, et quelques uns des conseillers d'Estat et des maistres des requestes, esperant estre dans trois semaines de retour.

Le 7 juillet le Roy accompagné de Monsieur son frere, de M. le Prince, et de plusieurs seigneurs partit de Paris, et fut coucher à Pontoise avec resolution d'estre le 10 dans Roüen.

Les deputez de Caën, qui estoient le conseiller Bennauville [1], le capitaine Surville [2], et le procureur syndic [3], estant arrivez ce mesme soir à Pontoise, rendirent leurs lettres à M. de Seaux [4] secretaire d'Estat. Elles contenoient que le Roy se pouvoit asseurer de la fidelité des

[1] Jacques le Bourgeois, sʳ de Bennauville, conseiller au siège présidial; son fils Jean-Louis le Bourgeois lui succéda dans sa charge.

[2] ..... de Surville, un des capitaines de la ville. En 1624, Etienne de Surville, écuyer, sʳ du lieu, était député aux États de Normandie pour le corps de la ville de Caen. C'était peut-être le même personnage. V. M. Ch. de Beaurepaire, *Cahiers des États de Normandie sous les règnes de Louis XIII et de Louis XIV*, t. II.

[3] Guillaume Bauches, procureur-syndic de la ville de Caen, qui fut député pour cette ville aux États de Normandie de 1602 et de 1604.

[4] Antoine Potier, sʳ de Sceaux, troisième fils de Louis Potier, baron de Gesvres, secrétaire d'État, et de Charlotte Baillet, secrétaire d'État en survivance de son père en 1606, et greffier des ordres du roi, prit une part active à la paix de Loudun, fut envoyé comme ambassadeur en Espagne et mourut pendant le siège de Montauban, le 13 septembre 1621.

habitans de Caën ; que suivant le commandement de sa M. ils estoient maintenant maistres de la ville, et qu'ils luy en rendroient bon compte ; qu'ils avoient envoyé les susdits deputez par devers sa M. pour l'advertir de l'ordre qu'on avoit establi, et pour luy representer que sa presence estoit necessaire pour guarantir la ville de l'oppression dont elle estoit menacée ; qu'en l'attente de ce bonheur ils estoient resolus de se conserver par leurs propres forces.

M. de Seaux desirant informer particulierement le Roy, quel ordre on avoit establi dans Caën, et comment les habitants s'estoient rendus maistres de la ville, apprit desdits deputez, que le 1er juillet le sieur Prudent estoit arrivé à Caën, où il avoit commencé à faire entrer nombre de munitions dans le chasteau, et que ceux du Presidial et de la maison de ville luy deferoient tout l'honneur qui se pouvoit, pour n'apporter aucun aigreur aux affaires, et pour ce le faisoient souvent visiter au chasteau d'où il ne sortoit point.

Que le 4 dudit mois le sieur de Bellefonds (qui avoit esté leur gouverneur auparavant le mareschal d'Ancre), estant arrivé à Caën, sur les dix heures du matin, avoit rendu les lettres qu'il avoit pleu à sa M. luy bailler pour le Presidial et pour le corps de la ville, où elles avoient esté luës en assemblée generale l'apres dinée du mesme jour, et recognu par icelles, que sur ce que M. le Grand Prieur s'estoit retiré mécontent de la cour, sa M. desiroit que les habitans eussent à prendre garde de luy conserver la ville de Caën en son obeissance, et n'y laisser entrer personne le plus fort.

Que pour ce que la lettre de sa M. portoit aussi, qu'elle avoit envoyé ledit sieur de Bellefonds expres pour assister les habitans de Caen, et adjouster foy à sa creance, on luy avoit demandé quelle elle estoit, et ayant respondu, qu'il n'en avoit point d'autre, sinon que si les habitans de la ville se vouloient deffendre contre le chasteau, qu'il les serviroit.

Qu'on luy avoit sur ce reparty, que graces à Dieu les affaires n'estoient point en termes que l'on deust aller si vite, qu'on estoit en bonne intelligence avec ceux du chasteau, qu'on la vouloit mesnager; que ceste prudence serviroit plus aux affaires du Roy, que son dessein qui estoit hardy, et le succez fort douteux. Que ceste response luy avoit esté faite sur le champ, parce qu'il avoit dit dés le matin, que si on luy vouloit bailler 200 hommes, qu'il bloqueroit le chasteau par derriere, et empescheroit qu'il n'entrast aucun secours par la porte des champs. Qu'il n'estoit à propos maintenant d'irriter ceux du chasteau, et s'exposer à la mercy du canon desja pointé contre la ville, la dissimulation estant plus utile pour l'avancement des affaires du Roy, et pour la ville, de la conservation de laquelle dependoit tout le salut de la province.

Que les lettres de sa M. apportées par ledit sieur de Bellefonds ayant par deliberation esté communiquées au sieur Prudent par personnes deputées du Presidial, qui montez au chasteau l'avoient convié de descendre en la maison de ville, pour estre present à la deliberation qui s'y feroit, il avoit remercié lesdits deputez de ce compliment, et les avoit prié d'asseurer le corps de ville, qu'il ne desiroit rien que de les servir, qu'ils ne devoient rien craindre de la part du chasteau; que M. le Grand Prieur ne s'estoit point retiré de la cour pour deservir le Roy, mais pour se guarantir de l'oppression de ses ennemis, qui avoient conspiré de le faire arrester; qu'en prenant congé de M. le Grand Prieur, il luy avoit commandé tres-particulierement, d'avoir en soing la conservation de sa place et de la ville; que si les habitans vouloient vivre en bonne intelligence avec le chasteau, ils verroient à couvert et à l'abry le malheur des autres villes ; au reste qu'il n'avoit point si peu d'experience en sa profession, qu'il ne sçeust assez combien il importoit à un gouverneur d'abandonner sa place en un temps suspect et difficile, laquelle il estoit resolu de conserver au Roy sous le service de son maistre, jusqu'à l'extremité ; qu'il souffriroit toutes les incommoditez qui se peuvent imaginer en un siege opiniastre ; bref qu'il se feroit ensevelir dans ses propres ruines.

Que sur le recit de ceste propre response, il avoit esté arresté en l'assemblée de ville, premierement, qu'on entretiendroit habilement la bonne intelligence qu'on avoit avec ceux du chasteau, et afin qu'ils ne prissent aucune deffiance de ceux de la ville, qu'on communiqueroit au sieur Prudent le resultat de l'assemblée, et 2. qu'estant necessaire d'establir un Conseil de ville de tous les corps, pour pourvoir à toutes affaires, qu'il seroit à l'heure mesme procedé à la nomination de ceux qui tiendroient ce Conseil, ce qui fut fait, et furent nommez les sieurs de la Fresnaye[1] president et lieutenant general, Blondel lieutenant particulier[2], Malherbe du Bouillon procureur du Roy[3], Hallo advocat du Roy, de Repichon[4], le Fau-

---

[1] Guillaume, s^r de la Fresnaye, était fils du poète Jean de la Fresnaye, lieutenant-général du bailli de Caen et président au présidial dudit lieu en 1570, par la résignation de Charles de Bourgueville, s^r de Bras, dont il avait épousé la fille. Le fils aîné de Jean, Nicolas Vauquelin des Yveteaux, poète comme son père, hérita de sa charge et la vendit au bout de quelque temps à son frère Guillaume.

[2] Jacques Blondel, écuyer, conseiller du roi, lieutenant particulier, civil et criminel du bailli de Caen.

[3] Malherbe du Bouillon, procureur du roi au présidial de Caen, était cousin du poète Malherbe. V. la correspondance de ce dernier.

[4] Michel de Répichon fut président des trésoriers de France à Caen ; sa fille Gilone épousa Louis d'Argouges, baron de Gouville. Huet dit dans ses *Origines* (p. 344) que MM. de Répichon établirent

connier[1], l'Escarde, le Canu, la Chaussaye, maire et eschevins de la ville, de Bernieres[2], le Fauconnier[3], d'Escajeul[4], thresoriers de France, de S. Christofle, le Porche, et Manneville conseillers du Roy au siege presidial,

à Caen les pères de l'Oratoire en donnant leur maison, rue Guillebert, par contrat du 10 juin 1622.

1 Jean le Faulconnier, s^r du Mesnil-Patry, qui fut député par le corps commun de la ville de Caen aux États de Normandie de 1620.

2 Jean de Bernières, s^r de Louvigny, trésorier de France à Caen, né en 1602, mort le 3 mai 1659, a été loué en ces termes par Antoine Hallé dans son *Cadomus* :

> Integer en Cadomi quæstor, nunc incola cœli
> Bernerius, summa insignis pietate, librisque
> Cuncta virum eximie laudant quos ora piorum,
> Externæque procul, non tantum Gallia, gentes
> Suspiciunt, populique alio sub sole reposti.

Jean de Bernières composa, comme le dit Hallé, des ouvrages de piété. Huet dit dans ses *Origines*, p. 553, que « le Chrétien intérieur est extrait de ses écrits qu'il avait composés dès le collége. » Il coopéra à la fondation de l'hôpital des *Pauvres renfermez* (*ibid.*, p. 314), et, sur la fin de sa vie, se retira dans l'*Hermitage*, petite maison bâtie à l'entrée du couvent des religieuses ursulines établies à Caen par sa sœur Jourdaine de Bernières (*ibid.*, p. 345-346). — *Les Cahiers des États de Normandie sous le règne de Henri IV*, publiés par M. Ch. de Beaurepaire, mentionnent un Pierre de Bernières, qu'ils qualifient, en 1590, de receveur général des finances à Caen, et, en 1595, de ci-devant receveur.

3 Dès l'année 1602, un trésorier de France à Caen, du nom de le Fauconnier, est cité dans une note du président Groulart (*Cahiers des États de Normandie sous le règne de Henri IV*, t. II, p. 201).

4 Jacques Morin, s^r d'Escajeul, fils de Robert Morin, s^r d'Escajeul, conseiller du roi au bailliage de Caen, qui, au dire de Huet (*Origines*, p. 508), avait entrepris de traduire Stace en vers français, fut trésorier de France à Caen, puis premier président de la cour des Aides établie en cette ville; lorsque cette cour fut réunie à celle de Rouen en 1641, le s^r d'Escajeul y remplit la fonction de président dans laquelle lui succéda, en 1644, son fils Gabriel, auparavant conseiller au Parlement de Metz.

Rochefort et le Clerc conseillers du Roy audit siege, deux des capitaines de la ville, de la Cour viconte, de la Varende lieutenant general du viconte, le Boucher grenetier, et Langrune Hevé esleu, avec la Varenne, et de Calis Poulain [1] de la religion pretenduë reformée; afin que tous ceux qui avoient interest à la conservation de la ville, tant pour le general que pour le particulier, entrassent en part du soin que le malheur du temps et la precipitation des affaires pouvoit requerir.

Que ce Conseil ainsi establi, il y fut arreté que deux de leur compagnie iroient treuver le sieur Prudent pour l'advertir de ce procedé, et le prier au nom de tous les habitans, de remettre l'ordre et les clefs en la disposition de la ville, puis que le Roy desiroit qu'ils en demeurassent les maistres; ce qu'il leur accorda fort volontiers, à condition qu'on ne les bailleroit point au sieur de Bléville [2] lieutenant du Roy, qu'il sçavoit s'acheminer en ville : ce qu'on luy auroit promis, afin que selon la volonté du Roy la ville demeurast en la disposition des habitans.

Qu'en suitte ce Conseil de ville avoit resolu, que l'ordre et les clefs passeroient à tour par les mains de ceux dudit Conseil, afin qu'aucun ne s'arrogeast plus d'authorité par dessus les autres et pour tesmoigner la grande confiance que chacun avoit de la preud'hommie de son compagnon.

Que c'estoit l'estat auquel ils avoient laissé la ville de Caen le 5 juillet, et sur lequel on les avoit deputez pour

---

[1] Le contrat de mariage de Jacques Moisant, s^r de Brieux (V. *Bulletin de la Société de l'Histoire de Normandie*, t. II, pp. 424-425), nous apprend que sa mère Marthe Soyer était alors, 1634, remariée à noble homme Pierre Poulain, s^r de Calix.

[2] Le même que l'auteur de cette relation appelle plus haut le s^r de Blainville.

en informer sa Majesté, et recevoir ses commandements.

Monsieur de Seaux ayant fait recit à sa Majesté de tout ce que dessus, il leur donna leurs lettres d'expedition, portant asseurance du contentement que le Roy avoit receu par l'obeïssance de la ville de Caën, qu'elle y seroit en peu de jours, qu'ils continuassent en leur fidelité, et que le mareschal de Praslin [1] seroit bien tost à eux avec deux mille harquebuziers, et cinq cens Suisses. En mesme temps aussy sa Majesté y despescha le marquis de Mauny [2], qui se rendit à Caën, le lendemain huictiesme juillet, et en suitte le sieur Arnault [3]. Nous verrons cy apres leur proposition audit Conseil de la ville de Caen et ce qui leur fut dit.

Le mardy huictiesme le Roy partit de Pontoise et alla coucher à Magny [4]. Ses mareschaux des logis estans arrivez ce mesme jour à Rouen dés le matin, commencerent à

---

[1] Charles de Choiseul, marquis de Praslin, fils de Ferry de Choiseul, sr de Praslin et du Plessis, et d'Anne de Béthune, bailli et gouverneur de Troyes, chevalier des ordres du roi en 1595, maréchal de France le 24 octobre 1619, gouverneur de Saintonge, Angoumois et Aunis en août 1622, mort le 1er février 1626.

[2] Louis de la Marck, marquis de Mauny, second fils de Charles-Robert de la Mark, comte de Maulévrier et de Braine, chevalier des ordres du roi, et d'Antoinette de la Tour, fut conseiller d'État, premier écuyer de la reine Anne d'Autriche, chevalier des ordres du roi en 1619 et gouverneur de la ville et du château de Caen. Attaché d'abord au parti de la reine-mère, il la quitta, mécontent de n'avoir pas obtenu le gouvernement d'Angers. Il mourut en 1626.

[3] Pierre Arnauld, surnommé du Fort, huitième fils d'Antoine Arnauld et d'Anne Forget, mestre-de-camp général des carabins de France, mestre-de-camp du régiment de Champagne, gouverneur de Fort-Louis. Il mourut le 14 septembre 1624. La charge de mestre-de-camp général des carabins de France passa à son neveu Isaac Arnauld, sr de Corbeville.

[4] Magny-en-Vexin (Seine-et-Oise), chef-lieu de canton de l'arrondissement de Mantes.

faire leurs charges : ce qu'ayant esté rapporté au duc de Longueville, il envoya querir l'un d'iceux, lequel estant venu ainsi qu'il disnoit, il luy demanda où il avoit laissé le Roy : A Pontoise Monseigneur, respond le mareschal, mais il est maintenant bien advancé, car il vient en diligence, et couche à Magny. Où faictes vous estat de le loger, dit ledit sieur duc. Ceans, Monseigneur, replique le mareschal. C'est raison, dit le duc, que je luy quitte la place.

Ledit sieur duc de Longueville avoit esté en ceste mesme matinée au Parlement, où il avoit fait les protestations de sa fidelité au service du Roy, avec quelques plaintes pour son particulier interest contre ceux qui estoient aupres de sa Majesté, envers laquelle on l'avoit mis en disgrace sans occasion ; et dit, que pour eviter l'arrest de sa personne qu'on avoit projecté depuis long temps, il avoit deliberé de se retirer en la ville de Diepe : ce qu'il fit, et monta à cheval sur les cinq heures du soir, prenant le chemin de Caux ; et en mesme temps quelques officiers[1] et personnes de qualité se retirerent aussi de Roüen ; dequoy le Roy eut advis le lendemain en partant de Magny.

Une heure apres la sortie de M. de Longueville, le colonel d'Ornano, à qui le Roy en partant de Pontoise, avoit ordonné de s'advancer pour se rendre à Roüen, y

---

[1] Nicolas le Roux, baron du Bourgtheroude, président au Parlement depuis 1602, et son fils Claude le Roux, s^r de Saint-Aubin, lieutenant général du bailli de Rouen, qui fut président au Parlement à la place de son père le 29 juin 1621, et mourut en décembre 1632. Ils étaient tous deux partisans dévoués du duc de Longueville. Les *Véritables relations* etc., et le *Voyage du Roy en Normandie* citent leurs noms ; il est à remarquer que le *Mercure françois*, qui suit les *Véritables relations* en précisant et en donnant de nouveaux détails, ne les a nulle part nommés.

arriva le mesme jour, lequel aussi tost visita les principaux du Parlement et du corps de ville, et les asseura que le Roy couchoit à Magny, et s'acheminoit en diligence pour mettre ordre aux souslevemens que l'on avoit designez de faire en Normandie. Il parla aussi ce mesme soir au gouverneur du vieil Palais[1], et luy dit que sa M. le tenoit pour son serviteur, et le gouverneur luy donna sa foy de servir le Roy; mais depuis conseillé de n'attendre pas la venuë du Roy de peur de servir d'exemple, il se retira abandonnant ceste place, où il avoit mis dedans cent cinquante soldats outre la garnison ordinaire. En mesme temps M. le prince de Condé, que sa Majesté avoit aussi fait advancer, arriva à Roüen, qui commanda audit colonel de s'asseurer dudit vieil Palais.

Cela fut le 9 dudit mois, dequoy le Roy receut advis arrivant à Escouy[2]; tellement qu'estant asseuré que Roüen estoit du tout sous son obeïssance, toute la riviere de Seine libre, et le duc de Longueville au pays de Caux, qui ne pourroit donner aucun secours à Caën que par mer, il commanda au mareschal de Praslin, et à M. de Crequy[3] (qui arriva ce soir en poste de Paris à Escouy)

[1] Jean de Bauquemare, s^r de Vittot, fils de Jacques de Bauquemare, s^r du Mesnil et de Vittot, président aux requestes et gouverneur du vieil Palais, et de Marie le Goupil, fut lui-même gouverneur du vieil Palais et gentilhomme ordinaire de la chambre. Il avait épousé Barbe le Roux, fille du président de Bourgtheroude et sœur de Saint-Aubin, lieutenant au bailliage; il embrassa comme eux le parti du duc de Longueville.

[2] Ecouis (Eure), arrondissement des Andelys, canton de Fleury-sur-Andelle.

[3] Charles, s^r de Créqui et de Canaples, prince de Poix, comte de Saulx, fils d'Antoine de Blanchefort, héritier de son oncle le cardinal de Créqui, à la condition d'en prendre le nom et les armes, et de Chrétienne d'Aguerre, mestre-de-camp du régiment des gardes du roi, lieutenant général au gouvernement de Dauphiné, chevalier

de s'acheminer en toute diligence à Caën, et outre les six compagnies de ses gardes qu'il avoit desja fait advancer pour s'y acheminer, sçavoir celle de Droüé [1], la Salle [2], Castelnau [3], Meuf [4], Mansan [5], et Toirax [6], sous la conduite dudit Droüé, il luy commanda d'en prendre et mener encor quatre, sçavoir la sienne de maistre de camp et celles de Tilladet [7], Vallance, et Castel-Jaloux [8], avec une compagnie des Suisses, luy donnant la charge de mareschal de camp : toutes lesquelles troupes firent telle diligence, que le lendemain elles s'embarquerent à Roüen

des ordres du roi en 1619, maréchal de France en 1622, duc de Lesdiguières en 1622 par la mort du connétable de Lesdiguières, dont il épousa successivement les deux filles, mort le 17 mars 1668.

[1] Isaac du Raynier, sr de Droué et de Boisselot, nommé plus tard gouverneur de Royan. Sa fille Marie épousa en 1632 Charles d'Angennes, fils de Louis d'Angennes, sr de la Loupe, et de Françoise d'Auberville.

[2] Louis de Caillebot, sr de la Salle, fils de Robert de Caillebot.

[3] Mathurin de Castelnau, sr de Boisjoli et du Rouvre en Touraine, fils de Pierre de Castelnau, sr de la Mauvissière, et de Marguerite de Sigonneau, capitaine au régiment des gardes, mestre-de-camp, mort au siège de Montpellier en 1622.

[4] Jean de Rouville, sr de Meux, Rivecourt, fils de Jacques de Rouville, sr de Meux, et de Denise Bochart, mort le 27 juin 1637.

[5] N. d'Antist, sr de Mansan.

[6] Jean de Saint-Bonnet, sr de Toiras, fils d'Aymar de Saint-Bonnet de Caylar, et de Françoise du Claret de Saint-Félix de Paliers, né le 1er mars 1585, capitaine au régiment des gardes, maréchal de camp, se distingua à la défense de l'Ile-de-Ré en 1627, maréchal de France en 1630, mort le 14 juin 1636.

[7] Bernard de Cassagnet, sr de Tilladet, fils d'Antoine de Cassagnet, sr de Tilladet, et de Jeanne de Brésoles, né en 1555, capitaine au régiment des gardes en 1589, gouverneur de Bourg-sur-Mer, mort de la peste à Béziers en 1622.

[8] La seigneurie de Castel-Jaloux appartenait alors à la famille de Castelbajac.

pour aller à la Bouille[1], et de là par terre au Ponteaudemer, où nous les laisserons aller à Caën pour retourner au Roy, qui estant party d'Escouy le vendredy dixiesme dudit mois, entra dans Roüen sur les dix heures du matin, avec une clameur universelle du peuple, qui ne se pouvoit lasser de benir son arrivée, et de crier : Vive le Roy.

Le Parlement fut saluër aussi tost le Roy avant qu'il se mit à table. Le discours du premier president fut succint, et toucha le cœur du Roy lors qu'il luy rendit graces de les avoir sauvez de la rebellion dont ils avoient esté si proches, confessant qu'il n'y avoit eu que sa seule presence qui avoit empesché la desolation de la province et de la ville. La chambre des Comptes et la cour des Aydes prindrent semblable subject, recognoissant qu'il estoit le seul ange tutelaire de la Normandie, le conjurant d'asseurer le repos de leur ville et de la province avant que d'en sortir.

Le samedy sa Majesté alla au Parlement[2], où monsieur le Garde des Seaux representa tout ce qui s'estoit passé depuis les mouvements d'Angoulesme, les gratifications que la Royne sa mere avoit receuës, et les soings de la faire visiter, les offres qui luy avoient nouvellement esté faicts, et sa tendresse pour jamais à l'endroit de

---

[1] Sur la rive gauche de la Seine, à cinq lieues environ en aval de Rouen. Ce petit port eut quelque importance au XVIe siècle, et jusqu'à l'établissement des chemins de fer c'était cette voie que prenaient les voyageurs qui se rendaient de Rouen en Basse-Normandie ou de Basse-Normandie à Rouen. Voir, entre autres travaux relatifs à cette localité, celui de M. E. Gosselin, *La Bouille et le bateau de Bouille* dans la *Revue de la Normandie*, t. IX, 1869, pp. 414-427 et 478-490.

[2] Voir M. E. Gosselin, *Lit de justice tenu par Louis XIII en son Parlement de Rouen, le 11 juillet 1620* (document inédit), dans la *Revue de Normandie*, t. VIII, 1868, pp. 347-357.

ladite dame Royne. Puis il parla des depesches que le Roy avoit faictes à monsieur de Longueville pour le venir trouver, et l'accompagner à son entrée et visite de la province, et le refus qu'il avoit fait d'y venir.

Apres on presenta les lettres de suspension du pouvoir dudit duc de Longueville au gouvernement de Normandie, jusqu'à ce qu'il se fust justifié en la presence de sa Majesté. Puis furent presentées les lettres d'interdiction pour les charges de quelques officiers.

Apres le premier president rendit graces tres-humbles au Roy, de ce qu'il avoit daigné communiquer ses affaires à son Parlement, qui n'avoit en partage que l'obeïssance, et ne s'animoit que de ses commandements, protestant une fidelité inviolable à son service, le suppliant qu'apres les avoir garantis par son arrivée du peril où ils alloient infailliblement entrer, il ne sortist point de la province, sans en avoir affermy la tranquillité.

Le sieur de Bretigneres procureur general, representa les benedictions que l'arrivée du Roy apportoit à la Normandie, qui s'en alloit sans commerce, sans liberté, sans respect des loix ny des autels, si le Roy ne fust sorty de son throne royal, pour entrer dans les travaux d'un penible voyage, ce qui le couronneroit par les vœux de tous les gens de bien d'une gloire immortelle. Et requist que la suspension et interdictions presentées fussent verifiées et enregistrées au Parlement.

On n'avoit jamais veu le palais de Roüen ny les ruës si remplies de noblesse, de peuple, et de cris, ny le Roy mieux faire qu'il fit et dit au Parlement et à la Noblesse qui le vint trouver.

Pendant les trois jours que sa Majesté fut dans Roüen, il donna ordre à la seureté de ceste ville capitale de la province; et à la requeste du Parlement et des eschevins, nouveaux capitaines de la ville furent esleus et pris du

Parlement, de la chambre des Comptes, et de la cour des Aydes, lesquels presterent serment de fidelité entre les mains de sa Majesté.

Les divers pretextes qu'on avoit pris, et qui avoient fait embarquer plusieurs personnes, furent entierement cessez par la presence du Roy : ce qui luy a esté une tres-grande loüange, veu qu'on a escrit, qu'en toute la Normandie dans huict jours on n'eust osé parler du nom du Roy que pour diminuer son authorité ou sa reputation, tant estoient puissans les artifices qu'on y avoit employez. Que le dessein estoit de s'asseurer le 9 de ce mois de Roüen par une grande faiction que l'on avoit practiquée, par la quantité de noblesse qui s'y trouvoit à la suite dudit duc de Longueville, et par douze cens soldats qui s'y devoient rendre, et lesquels devoient faciliter l'execution. Que c'estoit une merveille, qu'au seul bruit de l'arrivée du Roy, de trois ou quatre cents gentilshommes qui estoient en ladite ville, il n'en estoit resté que 25 avec ledit duc, les autres ayant protesté qu'ils vouloient servir le Roy. Que la fidelité du Parlement et generalement des autres officiers, devoit estre honorée pour jamais dans la France, parce qu'il n'y avoit nulle sorte de tentation, qui ne leur eust esté faicte, et qu'on n'eust essayé pour desbaucher leur obeissance.

Voyons ce qui se passoit à Caen depuis que le Roy y eut envoyé le marquis de Mauny, et le sieur Arnault, et ce suivant le discours qui en a esté imprimé.

Le Conseil du corps de ville de Caen, de l'establissement duquel nous avons parlé cy-dessus, ayant resolu que les clefs et le gouvernement de la ville demeureroient en sa puissance, jusqu'à ce que le Roy y fust allé en personne, fut contraint d'user de prudentes feintes pour s'y maintenir, tant envers ceux que le Roy leur envoya, qu'envers le comte de Thorigny, et M. le Grand Prieur.

Leur intention estoit toute royale, mais ils apprehendoient une garnison, et qu'un gouverneur pour le Roy entreprenant contre le chasteau, on en vint tellement aux prises, que leur ville fust ruinée d'un costé du canon du chasteau, et de l'autre par les troupes royales, qu'on leur voudroit donner pour hostes. Crainte considerable en une grande ville.

Ce Conseil de ville donc fut contraint d'entretenir par prudence une correspondance avec le sieur Prudent; l'un et l'autre avoient diverses intentions : celuy-cy attendoit M. le Grand Prieur avec forces pour contraindre ceux de Caën à prendre le party de la Royne mere, et le Conseil de la ville escouloit le temps jusqu'à ce que le Roy fust venu à leur secours, et que par sa presence il remist le chasteau en son obeïssance. Le sieur de Bléville lieutenant pour le Roy estant arrivé à Caën sur le soir du 4 juillet, aussi tost ledit Conseil de ville en deputa deux d'entr'eux pour luy prier d'avoir aggreable l'ordre qu'ils avoient establi pour estre maistres de la garde de leur ville, selon l'intention des lettres de sa M. bien que cela prejudiciast à l'authorité de sa charge : à quoy il luy fut force de s'accorder.

Nous avons dit aussi que le sieur de Bellefonds estoit allé de la part de sa Majesté à Caën, et ce qui luy avoit esté respondu ledit 4 jour de ce mois en l'hostel de ville, sur ce qu'il leur avoit dit, qu'il avoit commandement du Roy de les secourir contre le chasteau ; mais son sejour dans Caën ayant donné de l'ombrage, ledit sieur Prudent envoya dire au Conseil de ville, qu'il ne pouvoit souffrir Bellefonds dans la ville de Caën; que si l'on vouloit entretenir leur commune intelligence, qu'il falloit qu'on le fist retirer; qu'on sçavoit bien qu'il estoit capital ennemy de monsieur le Grand Prieur, qu'il avoit vendu sa place; que s'ils se vouloient conserver, il ne falloit point user de cette connivence; que si la ville se bandoit contre le chasteau, qu'il y descendroit avec deux mille hommes, l'espée et le flambeau à la main; qu'il exhortoit ceux du Conseil d'y prendre garde, d'en deliberer, et luy en rendre response.

Le Conseil assemblé sur ceste occurrence trouva d'abord qu'il estoit rude qu'on priast le sieur de Bellefonds de se retirer, attendu qu'il estoit envoyé de la part du Roy, veu mesme les offres de service qu'il avoit faicts à la ville; neantmoins il fust arresté qu'il en seroit convié. Ceste parole luy fut donc portée, mais il ne la peut gouster. Ceux qu'on avoit envoyez par devers luy, rapporterent audit Conseil, qu'il avoit resolu plustost de mourir que de se retirer, jusqu'à ce qu'il eust un commandement particulier du Roy, ou pour le moins quelque ordonnance du corps de ville, pour se justifier envers sa Majesté. En ces allées et venues les esprits s'eschaufferent de telle façon, que l'on vid presques une sedition dans Caën : tellement que pour accoiser aucunement ce trouble, ledit Conseil fit poser un corps de garde sur le pont S. Pierre, et un autre dans la halle à bled.

Victot[1], bailly de Caën, estant pour lors à l'hostel de ville, et s'offrant d'aller trouver le sieur de Bellefonds, pour luy persuader de s'esloigner pour quelques jours, il fut prié de luy dire, que s'il ne se portoit de gré à suivre ce conseil, qu'on alloit poser un corps de garde devant son logis, pour s'asseurer de sa personne et esclairer ses actions. A la fin il creut à cet advis, et pria les sieurs de Bléville et de Victot de le conduire hors de la ville, et

---

[1] Pierre Boutin, sr de Victot et de Corbon, exerçait la charge de bailli de Caen depuis 1609.

de ne le laisser point embarassé sous la fureur et mutinerie d'un peuple. Apres qu'il fut party, toute la tempeste qu'on avoit veu s'eslever, fut calmée en un instant. Et le soir mesme ledit sieur de Bléville et le bailly Victot, voyant ceste neutralité en la ville, se retirerent en leurs maisons des champs.

Le mesme jour sur le soir, arriva à Caën le comte de Torigny, lieutenant de Roy, et allié de M. de Longueville, que l'on disoit tenir son party. Aussi tost qu'il fut arrivé, le corps de ville delibera de l'aller saluer. Et comme il fut question de luy parler de la possession des clefs, quelques uns du Conseil de ville hesitans de s'arroger ceste puissance au prejudice de l'authorité dudit comte de Thorigny, et craignans respectueusement de l'offenser par ce mespris, veu la grande authorité que son pere M. de Matignon avoit dans tout le pays, tout le Conseil de la ville alla le supplier d'avoir pour aggreable l'establissement de leur ordre, de n'interpreter point à mespris ce qu'ils avoient fait pour leur conservation; que leurs deputez avoient charge de sçavoir à qui le Roy vouloit particulierement qu'ils obeissent; qu'ils estoient liez par les lettres et le commandement expres de sa M.; qu'en autre saison ils ne mettroient jamais sa puissance en compromis. Ledit comte de Thorigny recogneut aussi tost, qu'il falloit qu'il leur accordast ce qu'ils possedoient : aussi il s'en retourna le lendemain lundy 6 dudit mois à S. Lo, voyant que tous les officiers, tant de la justice que des finances, et les principaux bourgeois ceignoient l'espée, et tesmoignoient par leur resoluë contenance, qu'ils avoient le courage assez bon pour se conserver en leur ancienne fidelité, et maintenir leur liberté.

Ce mesme jour on commença de redoubler les gardes tant de jour que de nuict, dans la ville et aux fauxbourgs, et à faire murer la porte de S. Julian, et tous les gais[1]. On fit faire aussi une exacte garde au faux-bourg du Vaugueur, et jetter la nuict force sentinelles perduës, pour descouvrir si ceux du chasteau faisoient entrer quelques soldats par la porte des champs, afin qu'à mesure qu'ils se fortifieroient, que la ville se tint d'autant plus sur ses gardes. Ce commandement donna tel effroy à ceux de ce fauxbourg, qu'ils aporterent dés ce jour tout leur meuble dans la ville; neantmoins pour se preparer à leur defense, parce qu'ils estoient plus voisins des coups, ils firent des baricades du costé du chasteau pour arrester ceux de la garnison, s'ils se mettoient en effect de sortir, et du costé de l'Abbaye aux Dames[2] pour empescher que quelques ennemis ne vinssent fondre sur eux. De sorte que tous les habitans disputoient à qui paroistroit le plus vigilant et le plus actif, tant à la garde de jour et de nuict, qu'aux rondes et aux patroüilles.

Comme ceux de la ville se tenoient sur leurs gardes, ceux du chasteau travailloient ouvertement à assembler des munitions pour soustenir le siege, à apporter des sidres, moudre des blez, monter leurs canons, et à les pointer vers la ville.

Le mercredy 8 dudit mois, le marquis de Mauny estant arrivé à Caën avec lettre de sa M. du 7, par laquelle le Roy mandoit qu'il l'envoyoit pour assister les habitans, et les fortifier par sa presence, en attendant qu'il s'y rendist luy-mesme, sa venuë alarma aussi tost ledit sieur Prudent.

---

[1] Voir la topographie du château de Caen et de ses alentours dans M. Léon Puiseux, *Siège du château de Caen par Louis XIII, épisode de la guerre civile de 1620.* Caen, 1856, pp. 53-56.

[2] Fondée en 1066, d'après M. l'abbé de La Rue, par Mathilde, femme de Guillaume-le-Conquérant, qui y fut enterrée en 1083. L'abbaye a été détruite; l'église seule reste.

Le jeudy ensuivant arrive aussi le sieur Arnaut ; tous deux allerent à la maison de ville, où le dernier parla un peu obscurement contre le gré de ceux dudit Conseil, qui le prierent de s'ouvrir davantage, ne pouvant qu'estimer de sa creance, sinon qu'ils voyoient bien qu'il vouloit sonder habilement si l'on recevroit des garnisons. Puis on luy dit, que la ville n'estoit nullement resoluë de souffrir l'insolence des gens de guerre ; que le Roy ne devoit point entrer en deffiance de leur fidelité, leurs actions passées faisant prejugé de l'advenir, et qu'au lieu d'affermir le peuple en l'obeïssance du Roy, que ce mot de garnison le porteroit à l'extrémité ; que s'estans jusques là entretenus en bonne intelligence avec ceux du chasteau, qu'ils la vouloient mesnager, en attendant l'approchement de sa M. ; que ceux de la ville ne se porteroient point les premiers aux actes d'hostilité ; mais si le sieur Prudent faussant ses serments et ses promesses, les vouloit forcer, qu'ils adviseroient ce qui seroit necessaire pour leur deffense.

Le sieur Prudent adverty de tout ce pourparlé desira qu'on priast lesdits sieurs de Mauny et Arnault de se retirer ; surquoy le Conseil luy fit dire, qu'estans envoyez de la part du Roy, cela ne se pouvoit sans crime, mais qu'il s'asseurast qu'ils n'auroient nul commandement dans la ville, ny mesme aucune entrée au Conseil.

Neantmoins afin de tesmoigner ausdits sieurs de Mauny et Arnault, que la ville estoit tres-obeïssante à sa M., il fut resolu par le Conseil, que les gardes seroient redoublées, et qu'on poseroit des corps de garde dans la sale du Presidial assez proche du chasteau, et au carrefour de l'Espinette, et dans les grandes escholes, outre ceux des lieux ordinaires, qu'on tendroit des chaines aux rues pour arrester la descente de ceux de la garnison : ce qui se fit avec telle vigilance, que lesdits sieurs de Mauny et

Arnault advouërent qu'ils n'avoient jamais veu plus belle infanterie, ny garde si exacte en aucune ville de France.

Le vendredy neufiesme du mois, ceux dudit Conseil prierent le sieur de Victot bailly de Caën d'aller treuver le Roy pour y reïterer les asseurances de la fidelité de ceux de la ville, et la resolution en laquelle ils persistoient de se maintenir en son service.

Et d'autant que les resolutions que l'on prenoit audit Conseil estoient fort secrettes et peu divulguées, ceux qui n'y entroient point ne cessoient pas d'avoir un grand zele et de bons sentiments pour le service du Roy, de sorte que quelques officiers et autres bourgeois travaillans encor entre eux pour donner advis à sa M. de l'estat veritable de la ville, confererent ce dessein avec le sieur de Beauxamis Cauvigny[1], gentil-homme servant de chez le Roy, qui prist la poste pour aller advertir sa Majesté que sa presence estoit absolument necessaire pour garantir la ville du peril où elle estoit, à cause de l'approchement de M. le Grand Prieur. Il fit telle diligence qu'il devança ledit bailly, et asseura le Roy le jour de son entrée à Roüen que la ville de Caën estoit en bonne resolution de se maintenir à son service, mais que sa presence animeroit encor davantage les courages de ses habitans. Sa Majesté receut avec un indicible contentement cet advis, et luy dit, qu'ayant donné l'asseurance requise en la ville de Roüen, ce qu'elle feroit en deux jours, elle ne pardonneroit à aucun travail afin de se rendre à Caën.

L'apresdinée du samedy 10 dudit mois, il arriva à

---

[1] Un Jacques de Cauvigny, sr de Bernières et de Beauxamys, élu à Caen, a été anobli par lettres du mois de décembre 1585, vérifiées à la chambre des Comptes de Rouen le 21 mars 1586. Il s'agit sans doute, dans le *Mercure,* de ce personnage ou de son fils.

Caën un gentil-homme de la part de M. le Grand Prieur, qui alla advertir le corps de ville que ledit sieur Grand Prieur avoit disné à Falaize, qu'il venoit pour conserver la place, et maintenir la liberté des habitans qu'on vouloit opprimer par des garnisons, et qu'il prioit Messieurs de la ville qu'il y passat pour aller au chasteau.

Pour response on luy dit, qu'on regrettoit fort que M. le Grand Prieur fut mal avec le Roy; que sa Majesté venoit asseurement à Caën; qu'il feroit utilement pour luy et pour eux de se recognoistre, sans perdre une ville qui l'avoit tousjours grandement chery et estimé; que pour le passage qu'il desiroit, qu'ils ne pouvoient luy accorder par la ville, et qu'il en pouvoit prendre d'autres.

Sur l'apprehension que ceux de Caën avoient que le Roy voulust faire loger ses gens de guerre dans la ville, on les asseura que les troupes seroient seulement logées dans les fauxbourgs, et le dimanche 12 du mois Chaulieu[1] thresorier de France, et de Maizet l'un des capitaines de la ville, arrivez de Roüen, dirent à ceux du

---

[1] Jacques Bourget, sr de Chaulieu, trésorier de France à Caen, fils de Jacques Bourget, sr de Chaulieu, conseiller au Parlement de Normandie, et de... de la Rivière. « Il avoit fait pourvoir son fils d'un office de thresorier de France à Caën et encor que cette clause fut inserée dans les lettres, *encor qu'il soit de la religion pretenduë reformée*, si est-ce que MM. de la chambre des Comptes ne le voulurent recevoir, attendu que les thresoriers de France sont de leur corps et que l'edict de Nantes qui regle les affaires des compagnies souveraines que peuvent tenir ceux de ladite religion n'a point parlé des offices des thresoriers de France. De sorte que ledict sr de Chaulieu fils abjura son heresie et ainsi a esté receu audict office et a depuis continué de vivre en la religion catholique au grand regret de son pere qui estoit fort attaché à son party. » *Registre des presidents, conseillers, etc., receus en l'Eschiquier et Parlement de Rouen, de 1499 à 1662*, t. II, vii⁰ partie, n⁰ XLVI, ms. du fonds Martainville (Bibl. municipale de Rouen) n⁰ $\frac{Y}{25}$.

Conseil de ville, que Monsieur le Prince leur avoit commandé dés Rouen d'accompagner les troupes, et que le mareschal de Praslin les avoit envoyez devant pour faire remonter le bac à Colombelles[1], qu'il arriveroit dans la ville à deux heures, et qu'il leur avoit chargé de retourner promptement luy rendre response.

Sur les trois heures apres midy dudit jour, M. de Crequi accompagné de quelques dix gentils-hommes entra à Caën, il fut conduit à l'hostel de ville par l'un des capitaines qui estoit en garde à la porte Milet. Il asseura le Conseil de ville que le Roy brusloit d'impatience de les delivrer de l'oppression du chasteau, que pour eux ils ne venoient point pour mal traicter les habitans, mais plustost pour en recevoir la loy, qu'ils exposeroient fort volontiers leur sang pour leur salut; qu'on leur donnast les lieux les plus perilleux à garder; que c'estoit leur profession de hazarder leur vie pour le service du Roy, et qu'ils avoient acquis leurs charges et leurs honneurs par tels actes genereux.

Le lieutenant general luy repartit, qu'il s'estimoit fort heureux de pouvoir s'acquitter de la promesse qu'ils avoient faite de garder la ville au Roy; que pour le present ceux qui en avoient pris la charge leur remettroient ce soing, et que doresnavant ils dormiroient sur leur vigilance; neantmoins que la ville fourniroit fort volontiers tout ce qui seroit necessaire à leur dessein; que les habitans s'obligeroient pour soulager leurs troupes de garder telles portes de la ville qu'il leur plairoit.

Deux heures apres les troupes du Roy passerent au bac de Colombelles, et le mareschal de Praslin arriva à Caën, lequel estant allé descendre à l'hostel de ville, con-

---

[1] Sur l'Orne, un peu en aval de Caen, entre les villages de Colombelles (rive droite) et de Saint-Clair (rive gauche).

firma les promesses que Monsieur de Crequi avoit faictes, et bailla un memoire de ce qui estoit necessaire pour travailler aux tranchées.

Dés qu'ils furent arrivez, ils envoyerent le sieur de Rissé avec un trompette sommer le sieur Prudent au nom de M. le mareschal de Praslin commandant pour lors à l'armée du Roy, de rendre la place. Il l'exhorta à se porter plustost à l'obeïssance qu'à la rebellion. Le sieur Prudent respondit, que la place luy avoit esté commise par M. le Grand Prieur, qu'il attendroit ses commandemens avant que de se resoudre à la quitter. Alors le sieur de Rissé luy demanda où pouvoit estre M. le Grand Prieur, qu'il avoit charge mesme de luy faire ceste semonce. Il repartit qu'il l'allast chercher.

Dés ceste heure le sieur Prudent creut qu'il alloit estre assiegé, et n'ayant aucuns prestres, il envoya demander deux religieux du convent des Cordeliers. Le pere gardien alla sçavoir à M. de Praslin s'il auroit pour aggreable qu'il y en envoyast quelques uns. Il luy defendit de les assister de ce secours, qu'il estoit juste, puis qu'ils estoient rebelles contre le Roy, et partant criminels de leze-majesté, qu'ils mourussent tous comme bestes.

Dés le soir les sieurs de Praslin, de Crequi, de Mauny, Bellefonds, et Arnault monterent à la tour de S. Pierre pour remarquer le dedans de la place, et apres allerent recognoistre le dehors du chasteau, et planter des picquets pour faire les tranchées. Les Suisses y travaillerent dés la nuict.

Sur l'incertitude où estoit le mareschal de Praslin, si le Roy trouveroit bon que l'on attaquast le chasteau avant qu'avoir receu son commandement, il se contenta avec l'advis du sieur de Crequi d'empescher qu'il n'y entrast aucun secours, et pour cest effect commanda au sieur de Crequi d'y donner ordre, ce qu'il fit; car ceux de la ville luy ayans promis qu'il n'y entreroit personne de leur costé, il creut n'avoir besoin qu'à prendre garde à la campagne, ce qui estoit bien veritablement le principal, et le plus important; et en mesme temps posa quantité de corps de garde de son infanterie tout à l'entour du chasteau, à la campagne, et dans les fauxbours; pour plus d'asseurance, il mit soixante et dix hommes choisis sur la contrescarpe proche le tapecul de la porte des champs, qui estoit le seul lieu par où le secours pouvoit entrer du costé de la campagne : les soixante et dix hommes estoient commandez par Belmont lieutenant de Mansan, qui avoit un sergent avec luy, et soustenu par Mallissi[1] lieutenant de la compagnie du maistre de camp, avec cent hommes qu'il avoit dans un jardin à cent pas de ceste porte du chasteau, et le reste des compagnies en armes toute la nuict jusques au matin sur les huict heures.

Le lundy 13 du mois, lesdits sieurs de Praslin et Crequi qui estoient logez au fauxbourg du Vaulgueur, firent fermer la porte au Berger, parce que ceux du chasteau tiroient sur les passans, et y tuerent un soldat du regiment des gardes. On fit un pont de bateaux sur la riviere, pour aller de la ville au quartier où estoient les troupes. Ils allerent le matin se promener aux trenchees, pour voir comme elles s'advançoient; leur presence anima tellement les habitans, qu'ils y couroient comme à procession, reputans à lascheté de n'en pouvoir discourir comme les hommes de ceste profession.

En ce jour Droüé eut aussi commandement du sieur de Crequy de poser la mesme garde de nuict à l'entour du chasteau hors la ville : ce qu'il fit, et commanda à

---

[1] Mallissi devint plus tard capitaine des gardes, et fut nommé en 1633 gouverneur de Pignerol.

Droüé son fils et son lieutenant d'aller avec son sergent au lieu où estoit Belmont la nuict precedente, et se mit Droüé le pere avec son enseigne dans le jardin, pour soustenir son fils, et s'il fust venu quelque secours, comme il en estoit le jour venu nouvelles : qui fut cause que sept ou huict gentils-hommes volontairement voulurent aller coucher et veiller avec eux, à sçavoir, le marquis de Villeroy[1], des Marais[2], Belfort, Rissé, Equebonne[3] et Belmont qui voulant aller visiter Droué le fils, fut blessé au retour dans les deux jambes. Le lendemain le mareschal de Praslin receut permission du Roy et commandement d'attaquer le chasteau, sur les advis qu'il luy avoit donné de l'estat où ils estoient tant dans la ville, que dans le chasteau.

Ayant donc eu la permission de sa M., il dit à M. de Crequy qu'il pouvoit faire ouvrir les tranchées par les

[1] Nicolas de Neufville, marquis de Villeroy et d'Alincourt, fils de Charles de Neufville et de Jacqueline de Harlay-Sancy, né 14 octobre 1598, gouverneur de Lyon, gouverneur de la personne de Louis XIV, maréchal de France 1646, duc et pair 1663, mort 28 novembre 1685.

[2] L'auteur de la relation intitulée *Le Voyage du Roy en Normandie*, etc., dit que la nouvelle de la reddition du château de Caen fut portée à la reine par le Marets, premier porte-manteau du roi. D'autre part, au titre des *Articles accordez par la clemence du Roy à Monsieur Prudent*, etc., on lit... *le tout recueilli par le sieur Des-marest député pour les fortifications de l'armée du Roy, présent en ladicte affaire*. Ajoutons que M. L. Puiseux, *op. cit.* p. 72, a fait remarquer la contradiction qui existe entre ces mots : *present en ladicte affaire*, et cette déclaration de l'auteur : « J'ay recueilli ce qu'on en lira de la bouche de mes amys qui y estoient, et des manuscrits curieux qui me sont tombés entre les mains. »

[3] Rostain-Antoine d'Eurre du Puy-Saint-Martin, sr d'Aiguebonne, fils aîné d'Antoine d'Eurre du Puy-Saint-Martin, et de Baptistine Simiane, mort le 9 mai 1656.

deux lieux et endroicts où ils avoient advisé ensemble pour aller droict à la Roquette; ce qui fust aussi tost executé par la Salle et Castelnau qui estoient prests d'entrer en garde, et ouvrirent chacun une trenchée; à sçavoir la Salle ouvrit la trenchée du fauxbourg S. Julien, que l'on nomma la trenchée de la Salle, et [Castelnau] celle du fauxbourg de Vaugueur, que l'on nomma la trenchée de Castelnau, d'où Arnauld allant plusieurs fois, et de jour, recognoistre le fossé de la Roquette, à la fin il y fut blessé d'une mousquetade au bras sortant à l'espaule. Voilà ce qui se passa dans Caën jusques au 13 dudit mois; voyons le Roy partir de Roüen pour se rendre à ce siege.

Le 12, le Roy partit de Roüen, où il apprit par la bouche de M. le prince de Joinville [1], que le cardinal de Guise [2] son frere avoit manqué à ce qu'il avoit promis à sa Majesté, et s'en alloit comme le bruit couroit, joindre les Liegeois qui devoient venir pour le party contraire à celuy du Roy, dequoy ledit sieur prince de Joinville tesmoigna un extresme regret.

Le susdit jour sa M. vint coucher à la Boüille, et le 13 il arriva à Ponteaudemer, où il receut nouvelles que le mareschal de Praslin avoit esté receu dans Caën avec une publique resjouissance, et que M. de Crequi estoit logé

1 Claude de Lorraine fils puîné de Henri de Lorraine, duc de Guise (le Balafré), et de Catherine de Clèves, comtesse d'Eu, d'abord prince de Joinville, puis duc de Chevreuse, mort 24 janvier 1657.

2 Louis de Lorraine, cardinal de Guise, frère du précédent, né le 22 janvier 1575, archevêque-duc de Reims, abbé de Saint-Denys, de Cluny, de Saint-Remi de Reims, de Corbin, d'Orcamp et de Saint-Hilaire de Poitiers, cardinal en 1615, mort le 21 juin 1621. Il fut archevêque et cardinal sans avoir reçu les ordres; aussi ne fut-ce pas lui, mais le cardinal de Joyeuse, archevêque de Rouen, qui sacra Louis XIII.

fort proche du fossé et de la porte du chasteau. Il receut aussi advis que M. le Grand Prieur n'estoit point entré au chasteau de Caën, et qu'il estoit hors d'esperance de s'y jetter sans un grand combat. Sa Majesté dit, que cela estoit estrange de s'en estre approché de si pres, sans y avoir mis des gens, ou s'y estre enfermé luy mesme, et qu'il falloit que ce fust ou faute de soldats, ou de bon conseil. Le duc de Luynes luy dit qu'il croioit que le chasteau estant si fort d'assiette et si bien munitionné, il n'estoit venu que pour tenter la ville. S. M. repliqua que cela pouvoit estre, mais, quoy que ce fust, son retour feroit perdre le courage à tout leur party en Normandie. M. le Prince luy dit, que c'estoit la seule presence de sa M. qui le dissiperoit icy, et partout où elle iroit, s'il plaisoit à Dieu. Ce mesme jour sa Majesté fit despescher la commission à M. le duc d'Elbœuf[1] pour commander en Normandie, avec sept mille hommes de pied et mille chevaux.

Le lendemain elle disna à Honfleur, et nonobstant le peril qu'on luy proposa de passer le long de la mer, qui en quelques endroits est tres-perilleuse à cause des marées, et des lieux inaccessibles, qui se trouvent sur les chemins, il en mesprisa les hazards, et s'en alla coucher à Dives, à cinq lieuës de Caën, qui est sur le bord de la mer.

Le soir qu'il fut arrivé à Dives, le comte de Sardiny[2] venant d'Angers se presenta inopinement à sa M. pour

---

[1] Charles (II) de Lorraine, duc d'Elbeuf, comte d'Harcourt, de Lillebonne, de Rieux, etc., fils de Charles (I) de Lorraine, duc d'Elbeuf, et de Marguerite Chabot, comtesse de Charny, né en 1596, gouverneur de Picardie, chevalier des ordres du roi 1619, mort le 5 novembre 1657.

[2] Nicolas Sardini, d'une famille originaire de Lucques, était dévoué à Marie de Médicis.

luy donner une lettre ; mais elle luy dit, qu'elle sçavoit ce que contenoit la lettre, et qu'elle avoit esté concertée à Paris, et n'en prendroit point de ses mains ; qu'il y avoit pres de la Royne sa mere des personnes de qualité ausquelles la susdite dame Royne pouvoit faire entendre ce qu'elle desiroit pour son contentement. Et à l'heure mesme depescha Boyer [1], qui est de ses ordinaires, pour s'en aller à Angers donner advis à ses deputez du subject qu'il avoit eu de ne prendre la lettre de la Royne sa mere par les mains de Sardiny, et leur commanda de l'asseurer qu'il ne manqueroit jamais d'affection en son endroit, nonobstant les pretextes qu'elle laissoit prendre aux broüillons de troubler son royaume.

En ce mesme lieu aussi, Malherbe Boüillon procureur du Roy au Presidial de Caën, et trois eschevins deputez du Conseil de ville vers sa M. pour sçavoir l'ordre de la ceremonie qu'elle desiroit qu'on observast à son entrée, furent presentez par M. de Seaux secretaire d'estat, où Malherbe fit les excuses de la ville, si sa Majesté n'estoit receuë avec la pompe et l'appareil qui estoit deu à la reverence d'un si grand prince ; asseura que les habitans de Caën brusloient impatiemment en l'attente de sa bien heureuse presence ; que l'esclat de ses armes, comme rayons d'un puissant soleil, dissiperoit les nuages qui s'estoient formez en la Normandie ; que leur fidelité donneroit le commencement à ses conquestes ; qu'ils souhaittoient que son voyage fust autant heureux, comme sa Majesté l'avoit genereusement entrepris. Le Roy les vit de bon œil, et les receut humainement, et leur dit beaucoup en ce peu de paroles : *Je ne veux point de ceremonie, continuez à me bien servir, je vous serai bon Roy.*

[1] Antoine de Boyer, sr de Bandol, fils d'Etienne de Boyer et de Jeanne de Begran, gentilhomme ordinaire de la chambre du roi, mestre-de-camp d'un régiment d'infanterie.

Ce mesme jour, l'on continua à travailler aux trenchées, depuis la Pigaciere jusques à Sainct Julien. Et le sieur de Crequy, sur un advis qu'il eut, qu'il y avoit un jardin pres le boullevart, dont l'on pouvoit grandement incommoder la garnison qui estoit dans le chasteau, pour empescher leur entrée et sortie, et aussi qu'il y avoit un endroict où il n'y avoit point de roc par lequel il seroit aisé de percer le fossé, et descendre dans iceluy, se resolut d'aller luy mesme voir le jardin, et y mena avec luy Droüé le pere, et la Fosse ayde du sergent major, et commanda à Droüé de faire recognoistre le fossé par un sergent ou par quelque soldat advisé. Mais Droué voulut luy mesme recognoistre ledit fossé, ce qu'il fit fort bien et judicieusement, et sur son rapport le sieur de Crequy luy commanda d'entreprendre et ouvrir cette tranchée, avec sa compagnie, encores qu'elle ne fust de garde, ce qu'il fist avec une telle diligence que dans 24 heures il ouvrit et perça ledit fossé.

Le mercredy 15 du mois, le Roy alla disner à Escoville à deux lieuës proches de Caën. Et l'apresdinée les gardes de sa Majesté estans entrées par dessus le pont de bateaux qu'on avoit fait, se rangerent en haye depuis la porte des quais jusques au logis du Roy, qui estoit marqué à Sainct Jean chez le sieur de la Chapelle Blaye thresorier de France, lieu où le chasteau ne commandoit nullement.

Le Roy avant que d'entrer dans la ville voulut aller voir les tranchées. Il fut accompagné de monsieur le Prince (qui luy dit, qu'il ne falloit plus que le canon pour attaquer le chasteau, et que l'on n'eust sçeu estre plus proche ny plus favorablement logé), de messieurs de Luynes, de Praslin, de Crequy, de Bellefonds et quelques autres. Ceux du chasteau tirerent dix ou douze coups de mousquet, dont ils ne blesserent personne.

Sur les 4 heures apres midy, le Roy fit son entrée en la ville, accompagné de Monsieur son frere, et de M. le Prince, du duc de Luynes, des mareschaux de la Chastre [1] et de Praslin, et beaucoup d'autres seigneurs et officiers de la couronne. Le corps de la justice et de la ville le receurent à l'entrée de la porte.

Une heure apres il envoya Les Cluseaux [2] avec un trompette, sommer le sieur Prudent de rendre la place au Roy, qui estoit pour lors en la ville. A cette semonce il fait mine de vouloir soustenir genereusement le siege, et feint d'ignorer que le Roy fust dans Caën. Les Cluseaux sort du chasteau, et passant par le corps de garde, dit qu'il y avoit dix mille escus à gaigner à celuy qui apporteroit au Roy la teste de Prudent. Ceste liberté de parole fascha fort le sieur Prudent, mais il sçavoit bien que la personne des heraults est sacrée, que c'eust esté violer le droit des gens de luy nuire ou mesfaire. Aussi l'ouit-il sans repartie.

Le jeudy on tint conseil de guerre : sa Majesté commanda qu'on luy fit un plan au naturel du chasteau et de deux lieuës aux environs, pour voir les passages par lesquels l'on pourroit secourir le chasteau, asseoir la garde de cavallerie, considerer le nombre qu'il y falloit employer, et donner ordre de n'avoir nulles fausses alarmes, afin que ses trouppes n'en fussent travaillées;

---

[1] Louis de la Châtre, baron de la Maison-Fort, fils de Claude de la Châtre, maréchal de France, et de Jeanne Chabot, capitaine de cent hommes d'armes des ordonnances du roi, gouverneur de Bourg, maréchal de France en 1616, mort en octobre 1630.

[2] Au lieu de les Cluseaux, les *Véritables relations*, etc., nomment Galteau premier valet de chambre du roi, que le *Voyage du Roy en Normandie*, etc., appelle Cailleteau; c'est ce dernier nom que l'on trouve dans les *Articles accordez par la clémence du Roy à M. Prudent, lieutenant du chasteau de Caen*, etc.

fit partir plusieurs personnes pour aller prendre langue en divers endroicts, sans qu'ils se cogneussent les uns les autres, afin d'averer mieux la verité de leur rapport.

On continua ce mesme jour à travailler aux tranchées, et le vendredy 17 on commença à faire des barricades devant la porte du chasteau devers la ville; pour incommoder ceux qui les vouloient bloquer, les assiegez tirerent quelques coups de fauconneaux. En tout ce siege, du party du Roy, il n'y eut que trois ou quatre soldats tuez; et de blessez de personnes de marque que lesdits sieurs de Belmont, et Arnault maistre de camp des Carabins. Sa Majesté regretta fort leur accident, les envoya visiter par MM. de Luynes et de Modene [1] et leur fit delivrer à chacun 500 escus, avec un brevet de 200 livres de pension.

Il voulut aussi cognoistre un caporal de la compagnie de Droüé, qui avoit recogneu par commandement de M. de Crequi le fossé, et luy fit donner de l'argent pour marque de son courage, et en donna aussi au sergent de M. de Meuz.

L'apresdinée il y eut quelque emotion au chasteau : elle commença par des soldats qui estoient posez en garde sur le bouleverd de devers la ville, qui s'offencerent de ce qu'on les visitoit trop souvent. Ce murmure fut bien tost espandu dans le corps de garde; à l'heure tous les soldats de la garnison protesterent qu'ils ne vouloient point s'opiniastrer à soustenir le siege contre le Roy.

Sur les sept heures de ce mesme jour, ceux du chasteau

---

[1] François-Raymond de Mourmoiron, baron de Modène, fils aîné de Laurent-Raymond de Mourmoiron, et de Françoise Gautier de Girenton, fille de Jeanne de Rodulf. Le baron de Modène était ainsi parent du duc de Luynes dont la mère était Anne de Rodulf. Compromis dans les intrigues d'Ornano en 1626, il fut enfermé à la Bastille.

firent faire une chamade, et le sieur Parisot lieutenant de Prudent demanda à parler à M. de Crequi; on courut le dire au Roy qui luy commanda d'y aller. Parisot le supplia de luy dire de grace, si le Roy estoit en personne dans la ville. Et en ayant esté asseuré, il luy respondit, qu'ils estoient prests d'ouvrir les portes à sa Majesté sans nulle capitulation. Le Roy ayant sceu leur intention, y renvoye le sieur de Crequi, qui leur accorde au nom de sa Majesté une abolition de leur rebellion, y fait entrer deux compagnies des gardes françoises et une des suisses. Un peu devant ce traicté, le sieur Prudent s'estoit retiré au donjon avec les soldats de la garnison. Quelque demie heure apres, Parisot descendit du chasteau pour aller saluer sa Majesté, et luy demander pardon. Il fut presenté au Roy par le sieur de Sainct Clerc Turgot[1] maistre des requestes. Il l'obtint, et en outre trois mille escus pour recompense de ses meubles.

Le samedy dix huictiesme, la garnison sortit sans nul ordre et separement. L'apresdinée le Roy alla voir le chasteau assisté de Monsieur son frere, de M. le Prince, de MM. de Luynes, de Praslin, de Crequi, et beaucoup d'autres seigneurs. Le sieur Prudent s'y presente, et demande pardon. Sa Majesté pleine de clemence, qui n'oublie rien que les injures, le luy accorda.

Apres que tous eurent veu et consideré la place, l'ayant trouvée de beaucoup plus forte qu'ils ne s'imaginoient, commencerent à se rire de la foiblesse du sieur Prudent, et de la lascheté de ceux qui s'estoient enfermez avec luy lesquels s'estoient rendus à discretion, sans nulle capitu-

---

[1] Jacques Turgot, sr de Saint-Clair, conseiller aux requêtes au Parlement de Rouen, maître des requêtes ordinaire de l'hôtel du roi, plus tard conseiller d'Etat, et intendant de justice et de police en Normandie. Son frère Nicolas Turgot, sr de Lanteuil, conseiller en 1624, devint président au Parlement de Rouen de 1633 à 1659.

lation ny marque d'honneur ; que quand ils se fussent couchez sur le ventre, ils eussent arresté et amusé encore un mois l'armée du Roy ; que les assiegez en ce siege pouvoient acquerir beaucoup de reputation, et faire morfondre une puissante armée. Voilà le jugement qu'ils firent du chasteau, et disoient par gosserie : *Pour bien garder des places à l'advenir, il faut choisir les fols, car les Prudents n'y vallent rien.* Sur le soir le sieur Prudent sortit du chasteau et de la ville pour aller faire des excuses à M. le Grand Prieur. Il fut accompagné en ceste retraicte de son fils, du Landé [1], du baron de Guespray [2], des chevaliers d'Angerville [3], Prou [4], et de trois autres gentils-hommes qui s'estoient enfermez dans la place avec luy. Il est aisé à juger comme ils furent bien receus.

Le lendemain de ceste redition, M. le marquis de Beu-

---

[1] Dans le *Discours sur les affaires générales de la chrétienté au mois d'avril 1633,* communiqué au cardinal de Richelieu par Mathieu Molé (*Mémoires* de ce dernier, t. IV, p. 172), il est fait mention d'un sieur du Landé, ambassadeur de S. M. au pays des Grisons, maréchal de camp et commandant des troupes entretenues dans ce pays.

[2] Philippe de Myée, baron de Guespray, sr de Saint-Thaurin-les-Ifs, enseigne de la compagnie de deux cents hommes d'armes de la reine-mère.

[3] Charles de Bailleul, chevalier, sr d'Angerville et de Villemesnil, né en 1573, fils de Robert de Bailleul et de Catherine de Ballue. Il avait épousé en 1607 Marie Martel, fille de Charles Martel, écuyer, sr de Montpinçon.

[4] Nous n'avons rien trouvé sur ce personnage. La *Correspondance et papiers d'Etat du cardinal de Richelieu,* publiés par M. Avenel, contiennent, t. VII, p. 1022, une lettre adressée, le 8 septembre 1636, à M. le Prince, pour le remercier de l'asile donné au fils du sr Prou. « Je vous suplie, attendu son innocence, vouloir l'envoyer ici seurement, afin de le tirer de la peine où le malheur d'autruy l'a mis. »

vron[1] vint trouver le Roy. MM. de Matignon[2], de la Luzerne[3], de Montgommery[4], et plusieurs autres, deux jours apres. Toutes les autres villes de la basse Normandie apporterent les clefs.

Voilà le veritable succez de la redition de cette place, qui eust amusé six semaines le Roy et son armée, nonobstant 18 canons qui devoient estre en batterie dans le 25 du present; desquels le sieur de Villars gouverneur du Havre, nonobstant l'alliance qu'il a avec M. le Grand Prieur de France, en avoit envoyé au Roy quatre, avec offres de tout le reste qu'il avoit, et de sa personne, pour s'ensevelir dans la ruine dudit chasteau.

On a escrit que la judicieuse conduitte de ceux dudit Conseil de ville avoit bien apporté de l'advancement aux heureux succez de sa Majesté, car de la fidelité ou desobeïssance de ceste ville dependoit comme le destin de la France.

Sa Majesté fit mettre en deliberation en son Conseil, si on devoit desmolir ce chasteau du costé de la ville pour

---

[1] Jacques d'Harcourt, marquis de Beuvron, fils de Pierre d'Harcourt, marquis de Beuvron, et de Gilonne de Matignon, né le 6 février 1585, gouverneur de Falaise, mort au siége de Montpellier en 1622.

[2] Charles, sire de Matignon et de Lesparre, comte de Thorigny, etc., fils de Jacques de Matignon et de Françoise de Daillon du Lude, capitaine de cent hommes d'armes en 1579, conseiller du roi, chevalier des ordres du roi en 1599, gouverneur de Granville, Cherbourg et Saint-Lô, lieutenant général en Basse-Normandie, mort le 8 juin 1648.

[3] Pierre de la Luzerne, chevalier, s^r de Brevant, fils d'Antoine de la Luzerne et de Marie le Marquetel, gouverneur du Mont-Saint-Michel en 1579, mort en 1626.

[4] Gabriel de Lorges, comte de Montgommery, fils du comte de Montgommery, décapité le 26 juin 1574, et d'Elisabeth de la Touche, gouverneur de Pontorson, mort en 1653.

laisser ceste marque de liberté à l'ancienne fidelité des habitans, et donner courage aux autres villes de son royaume de suivre l'exemple de ladite ville en semblable occasion. Mais cela ne fut pas jugé necessaire, estant si proche de la mer et du passage d'Angleterre en France, consideré aussi le peril où demeuroit exposée ladite ville, si elle estoit destituée de resource en une soudaine descente des estrangers, veu l'assiette de ce chasteau, qui est des meilleurs qui se puisse trouver en toute la coste de Normandie, tellement qu'il fust arresté qu'il seroit conservé en son estat, et le gouvernement en fut donné au marquis de Mauny.

La gratification qu'eut la ville de Caën pour la fidelité de ses habitans envers le Roy, fut l'octroy du restablissement du pied fourché, et quelques autres privileges, avec quelques annoblissements pour des particuliers qui avoient utilement servy, laissant pour jamais en la susdite ville une marque honorable de leur fidelité, et une glorieuse reputation au Roy de les avoir sauvez du peril où ils estoient.

Le mesme jour de la redition de Caën, sa Majesté depescha le sieur Boulenger pour en donner l'advis[1] aux deputez qu'il avoit envoyez vers la Royne sa mere à Angers, où ceste nouvelle estant portée, les princes qui s'estoient retirez à Angers jugerent qu'ils auroient le Roy bien tost sur les bras, et qu'il estoit à cheval pour les ramener à l'obeyssance ; on y vit des affects de la fascherie d'un prince pour la perte du chasteau de Caën, en l'arrest que l'on fit dans Angers de la personne du

---

[1] Dès le 16 juillet, le roi avait adressé au Parlement une lettre contresignée de Loménie, contenant le récit des événements et l'exposé de la situation. Elle a été publiée dans les *Mémoires de Mathieu Molé*, t. I, pp. 237-244, sous ce titre : *Narré du voyage du roi en Normandie et des entreprises du parti de la reine-mère.*

comte de Rochefort[1] fils unique du duc de Montbason. On disoit plusieurs choses sur ce subject. M. de Montbason mesmes se retira au Verger, puis vers le Roy, et de là à Paris, où il demeura durant tout ce mouvement comme estant gouverneur de l'Isle de France. On fit arrester aussi à Paris le fils du duc de Nemours, et deux enfans du duc de Vendosme par forme de reprise; mais peu de jours apres (comme aussi ledit comte de Rochefort) ils furent delivrez de leurs detentions.

Or le Roy estoit en doute du chasteau d'Alençon où commandoit le sieur du Belin pour la Royne mere; ce qui fut le subject pourquoy le dix neufviesme juillet sa Majesté fit advancer de ce costé là M. de Crequy avec dix compagnies des gardes, lequel y estant arrivé il n'y trouva qu'un exempt des gardes de ladite dame qui luy rendit le chasteau où il mit garnison.

Ce mesme jour le marquis de Marigny[2], et ceux de la ville du Mans estant advertis que quelques trouppes s'acheminoient d'Angers à la Fleche, lesquelles avoient entreprinse sur le Mans, envoyerent vers ledit sieur de Crequy le prier de leur donner secours, et qu'il importoit grandement au service du Roy; ce qu'il fit aussi tost, et s'achemina d'Alençon au Mans, où il y a dix lieues, avec les dix compagnies qu'il avoit, ce qu'il fit avec telle diligence, que l'on peut dire de verité que sa vigilance con-

---

[1] Louis de Rohan, comte de Rochefort, fils d'Hercule, duc de Montbazon, prince de Guéméné, etc., et de Madeleine de Lenoncourt, né le 5 août 1598, mort le 13 février 1667. Comte de Rochefort du vivant de son père, il fut à sa mort, 1654, duc de Montbazon, pair et grand-veneur de France.

[2] Alexandre de Rohan, marquis de Marigny, fils de Louis (VI) de Rohan, prince de Guéméné, comte de Montbazon, etc., et d'Eléonore de Rohan, comtesse de Rochefort, dame du Verger, chevalier des ordres du roi en 1619. Il était frère d'Hercule de Rohan, duc de Montbazon.

serva non seulement ceste place, mais la province du Mayne au service du Roy, où ceux du party de la Royne mere faisoient estat de venir assembler le corps de leur armée, et recueillit une quantité de troupes et de noblesse, qui ne peurent ny n'oserent les joindre, les uns par crainte de peril, les autres par crainte de recevoir perte et incommoditez en leurs biens qui estoient au pays du Mayne et és environs. Il y en eut mesme qui renvoyèrent à Angers l'argent qu'ils avoient receu, et les commissions qu'on leur avoit données.

Le Roy desirant aller de Caën droict à Angers, et nettoyer tout ce qu'il trouveroit estre tenu en chemin par les princes et seigneurs mescontens, avoit envoyé ledit sieur de Crequy devant par le duché d'Alençon, et comté du Mayne, qui estoient à la main droicte au sortir de Caën. Pour sa M. qui partit dudit Caën le 21 juillet, elle prit celuy de la main gauche pour aller passer à Lisieux nettoyer le pays de Perche, et joindre les troupes que monsieur de Bassompierre avoit acconduites de Champagne, lesquelles ayant passé la Sene en costoyant le Gastinois et la Beausse avoient eu leur rendez vous sur les bords de la riviere d'Eure entre Chartres et Nogen. Nous disons nettoyer le pays du Perche, où Dreux et plusieurs chasteaux estoient possedez par M. le comte de Soissons, et le chasteau de Verneuil pour le duc de Vendosme, et plusieurs chasteaux aux environs; ces places sont fortes, qui durant la Ligue sous le regne de Henri 4 ont donné bien de la peine au party royal.

Sa Majesté donc estant à Lisieux le 23 dudit mois receut lettres du duc de Montmorency[1] gouverneur du

---

[1] Henri (II) duc de Montmorency et de Damville, fils de Henri (I) de Montmorency, connétable de France, et de Louise de Budos, né le 30 avril 1595, amiral de France, gouverneur de Languedoc, maréchal de France le 11 décembre 1630, se révolte contre Riche-

Languedoc, et du Parlement de Thoulouse, portant l'asseurance de leurs fidelitez sans nulle exception.

Le 24 il passa à Orbec[1], et le 25 à Laigle[2], où il receut deux nouvelles : la premiere que la Royne sa mere estoit partie d'Angers avec plusieurs princes et seigneurs, douze cens chevaus, six mille hommes de pied et six canons, et avoit pris le chasteau de la Fleche, faict advancer ses troupes à la Suze[3] pour entreprendre sur le Mans, et sommer le sieur de la Varenne[4] pour luy ouvrir les portes de Saincte Suzanne[5]; duquel elle avoit eu pour response qu'il ne recognoissoit autre commandement que du Roy.

La seconde luy fut apportée par le marquis de Tresnel[6], qui l'asseura de la redition du chasteau de Vernueil en l'obeyssance de sa Majesté, par le capitaine que le duc

---

lieu, est vaincu et pris au combat de Castelnaudary le 1ᵉʳ septembre et décapité à Toulouse le 30 octobre 1632.

1 Calvados, ch. l. de c. de l'arrondissement de Lisieux.
2 Orne, ch. l. de c. de l'arrondissement de Mortagne.
3 Sarthe, ch. l. de c. de l'arrondissement du Mans.
4 René Fouquet, marquis de la Varenne, avait succédé, dans le gouvernement de la Flèche, à son père Guillaume de la Varenne, favori et, selon quelques-uns, cuisinier de Henri IV. Il était frère puîné de Guillaume de la Varenne, conseiller au Parlement de Paris, maître des requêtes du roi, qui devint évêque d'Angers après que Miron eut quitté ce siége à la suite de démêlés avec son chapitre. Cet évêque mourut le 10 janvier 1621.
5 Mayenne, ch. l. de c. de l'arrondissement de Laval.
6 François Jouvenel des Ursins, marquis de Trainel, fils de Christophe Jouvenel des Ursins et de Madeleine de Luxembourg, chevalier des ordres du roi en 1599, maréchal de camp des armées du roi, ambassadeur à Rome et en Angleterre, mort le 9 octobre 1650, âgé de 81 ans. De ses deux sœurs, l'une, Isabelle, avait épousé Louis de la Marck, marquis de Mauny, l'autre, Catherine, était mariée à Claude de Harville, sʳ de Palaiseau.

de Vendosme y avoit estably, et qu'en ceste redition elle avoit esté fidellement servie par les habitans.

Les deputez du Parlement de Bretagne estant arrivez en ladite ville de Laigle offrirent à sa M., au nom de toute la province, toutes sortes de services.

Le vingt-septiesme dudit mois, le Roy coucha à Mortaigne, receut nouvelles que le chasteau de Dreux estoit rendu à la sommation de Monsieur de Bassompierre, apres avoir quelque temps contesté, et qu'il s'acheminoit avec ses troupes de quatre mille hommes pour joindre l'armée de sa Majesté.

Le vingt-huictiesme sa Majesté arriva à Belesme[1], où il receut advis de la redition du chasteau de la Ferté-Bernard, place assez bonne, et qui jadis endura un siege de quatre semaines durant les troubles de la Ligue[2].

1621

[Les protestants tentent de soulever la Normandie.][3]

Durant cinq jours que le Roy fut à Saumur, sçavoir, les 12, 13, 14, 15, et 16 du mois de may, il y receut

[1] Orne, ch. l. de c. de l'arrondissement de Mortagne.

[2] Conclusion de cette guerre : le roi publie à Mortagne, 28 juillet, une déclaration par laquelle il somme les princes, ducs, pairs et officiers de la couronne qui s'étaient retirés vers la reine-mère, de poser les armes et de venir le trouver, sous peine de lèze-majesté. Il se rend ensuite à Bonnestable, où il apprend que le grand-prieur a échoué dans une attaque à Pontlevé, près le Mans, contre les carabins. Il gagne ensuite le Mans et la Flèche, d'où la reine-mère s'était retirée vers Angers et les Ponts-de-Cé ; il la poursuit et bat ses troupes en ce dernier lieu. Le lundi 10 août, la paix est signée entre Louis XIII et Marie de Médicis.

[3] T. VII, p. 306, 308, 311, 329. — Après sa réconciliation avec sa mère, Louis XIII s'était rendu dans le Béarn pour contraindre le Conseil souverain de Pau à enregistrer l'édit de 1617, par lequel les évêques

non seulement la confirmation des advis qu'il avoit eus à Tours de la resolution prise par l'Assemblée de la Rochelle, de jetter six mille hommes de guerre dans Saumur, mais qu'elle avoit passé plus outre, et avoit faict un departement des provinces du royaume de France, en sept synodes ou circles, y joignant le Bearn pour le huictiesme. Qu'elle avoit esleu un chef general de l'armée generale qu'elle devoit dresser, et des generaux en chaque synode ou circle, avec les reglemens et l'ordre que chacun d'eux devoit observer et garder : ladite Assemblée se reservant l'authorité souveraine de disposer et deposer lesdits generaux, et de toutes affaires.

. . . .

Qu'ils avoient mandé à tous ceux de leur religion en Normandie, Bretagne, et Champagne, de prendre les armes, et se saisir chacun dans leurs provinces, de quelques places fortes pour s'y maintenir ; bref, qu'ils avoient

et le clergé béarnais étaient remis en possession de leurs privilèges, de leurs églises et de leurs biens, que Jeanne d'Albret leur avait enlevés. Le Béarn et la Basse-Navarre furent déclarés réunis à la couronne de France, et les deux cours souveraines de Pau et de Saint-Palais, fondues ensemble, devinrent le Parlement de Pau en 1620.

Irrités de ce coup de vigueur, les protestants convoquèrent une assemblée générale à la Rochelle, malgré la déclaration royale du 22 octobre, qui leur défendait de se réunir ; des mesures violentes y furent prises, et les hostilités commencèrent dans le Béarn, le pays de Foix, le Languedoc et le Querci. Le roi, après avoir donné l'épée de connétable à Luynes le 3 avril 1621, déclara les membres de l'assemblée de la Rochelle et leurs partisans coupables de lèse-majesté, et partit le 29 avril pour soumettre les rebelles. L'assemblée de la Rochelle publia alors un manifeste et tenta d'organiser la guerre en changeant en gouvernements militaires les cercles qui avaient été établis en 1611 pour les affaires religieuses et politiques. Le roi entra le 10 mai à Saumur, dont il enleva le commandement au vieux Du Plessis-Mornay.

arresté de faire la guerre en toutes les provinces de la France.

Ces advis veritables furent le subject que le Roy manda de Saumur à M. le comte de Sainct Paul de s'asseurer de Gergeau[1], à M. le prince de Condé de donner ordre à Sanserre, à M. de Longueville de faire desarmer ceux de ladite religion aux villes de Roüen, Caën, Dieppe et le Havre, et de faire traicter avec M. de Montgommery pour Pontorson[2], à M. le duc de Vendosme de s'asseurer de Vitré et de Chastillon en Vandelais[3] et à M. de Nevers de desarmer ceux de ladite religion en Champagne. Nous verrons cy-apres comme ces princes chacun en leurs gouvernements executerent les commandements de sa Majesté.

. . . .

Reiglement dressé par l'Assemblée de la Rochelle, dixiesme May 1621.

I. Toutes les provinces seront distribuées selon l'ordre des synodes, sçavoir est :

A M. le duc de Bouillon premier mareschal de France, la Normandie, l'Isle de France, Berry, la province d'Anjou, le pays du Maine, Perche et Touraine; excepté l'Isle Bouchard[4].

. . . .

Au chef general qui devoit estre le duc de Bouillon (lequel on n'a point veu vouloir accepter leur commis-

---

[1] Jargeau, Loiret, ch. l. de c. de l'arrondissement d'Orléans, sur la rive gauche de la Loire.

[2] Manche, ch. l. de c. de l'arrondissement d'Avranches, sur le Couesnon.

[3] Ille-et-Vilaine, ch. l. de c. de l'arrondissement de Vitré.

[4] Indre-et-Loire, ch. l. de c. de l'arrondissement de Chinon, dans une île de la Vienne.

sion en ceste année 1621) ils donnoient l'Isle de France, la Normandie, le Berry, Anjou, le Maine, Perche et Touraine, c'est à dire presque tous les pays qui sont depuis le Berry et la Touraine jusques à la mer Occeane, et entre la Bretagne et la Bourgongne, jusques aux frontieres de Flandres et de Loraine[1].

. . . .

1621

[Le capitaine normand Antoine de Montchretien à Jargeau et à Sancerre][2]

Les assiegez se voyans investis tant du costé de la ville qu'au bout du pont, et que les troupes s'acheminoient en ce siege de divers endroicts, resolurent par l'advis de leur ministre David Home[3], Ecossois de nation,

---

[1] Le roi quitte Saumur le 17 mai; il passe successivement à Thouars, Parthenay, Coulonges, Fontenay et arrive à Niort le 24. Chemin faisant, il reçoit la soumission de tous les gouverneurs des places de sûreté qui se trouvaient dans le Poitou et la Touraine. Dans l'Orléanais, le duc de Sully avait fortifié Jargeau dont il était le gouverneur. En partant pour re rendre dans le Quercy, il avait laissé le commandement de la place à son lieutenant Boubiers, qui répond par un refus à la sommation du comte de Saint-Paul de la remettre entre les mains du roi. Saint-Paul investit alors la ville, elle est secourue par le capitaine normand Montchrestien, sieur de Vateville.

[2] T. VII, pp. 366, 374-385. — V. sur cette curieuse physionomie de poëte, économiste et soldat, M. J. Duval, *Mémoire sur Antoine de Montchrétien, sr de Vateville*, in-8°, 1869, et M. A. Joly, *Antoine de Montchrétien, poète et économiste normand*, in-8°, 1865.

[3] David Home ou Hume, connu surtout par ses écrits contre les jésuites, descendait d'une famille considérable d'Ecosse; il fut ministre à Duras en 1604, à Jargeau en 1618. On ignore la date de sa naissance et celle de sa mort. Auteur de dix ouvrages aujourd'hui très rares.

d'envoyer demander du secours aux eglises de leur religion, qui sont à Sancere, Gien, Chastillon sur Loire[1] et lieux circonvoisins, et pour ce despescherent le frere dudit ministre, qui fit telle diligence que lesdites eglises esleurent Vateville-Montchrestien chef du secours qu'elles arresterent de jetter dans Gergeau, au jour que Boubiers leur avoit limité.

Mais comme les assiegez veirent qu'ils n'avoient point de nouvelles asseurées, depuis le depart du frere de leur ministre, si on leur envoyeroit du secours, ou non, et mesme qu'ils estoient en doute, s'il pourroit entrer, d'ailleurs que les capitaines Damours[2] et du Mesnil, n'avoient point contribué à demander ce secours, et que le tout avoit esté faict sans leur en communiquer, Boubiers, les deux capitaines, le ministre, et le consistoire envoyerent vers le comte de S. Paul luy presenter des articles pour traicter de la redition de la ville, lesquels leur furent accordez, à la charge de sortir dez le lendemain samedy vingt-troisiesme de may. Ces articles estoient pour l'exercice libre de leur religion et pour le

---

[1] Loiret, ch. l. de c. de l'arrondissement de Gien.

[2] Nous trouvons, fin du XVIe siècle et commencement du XVIIe, plusieurs Damours ou d'Amours appartenant à la religion réformée. — Louis d'Amours, qualifié par d'Aubigné de ministre et de gentilhomme, était attaché en 1587 à la maison du roi de Navarre ; il fut pendant quelque temps ministre de Catherine de Bourbon, sœur de Henri IV, et mourut vers 1609. — Il avait un frère, conseiller au Parlement de Paris, qui avait embrassé le parti de la Ligue ; il le lui fit abandonner. — Enfin, dans le Nobiliaire de Normandie dressé par Chamillard en 1666, nous trouvons cette mention : Louis Damours, escuyer, sieur de Lizon, fils de Guillaume, fils de Jacques, fils de Guillaume, âgé de 45 ans, de la religion prétendue réformée, demeurant en la paroisse de Fontenay, sergenterie de Vez, élection de Bayeux. — Le capitaine Damours était probablement parent d'un de ces personnages.

payement de ce qui estoit deu de l'entretenement de la garnison.

La cavallerie qui estoit du costé de la ville ne laissa pas d'estre toute la nuict en garde pour empescher que personne n'entrast dans la ville, mais apres que à deux heures de soleil elle fut levée pour repaistre, Vateville avec 200 hommes qui estoient descendus sur la riviere, ayant mis pied à terre, se jetta dans la ville, et aydé des habitans de ladite religion s'en rendit le maistre.

Le comte de S. Paul ayant sommé Boubiers d'effectuer la composition que luy, le ministre et tous les chefs et habitans avoient signée, Boubiers se trouva bien empesché, car d'un costé Vateville luy monstroit ses lettres, et luy disoit qu'il n'avoit manqué à se rendre à jour et heure demandée, et d'autre costé il avoit signé le traicté et donné parole de sortir.

Cependant Vateville s'estant rendu le maistre de Gergeau, ce desordre dura tout le samedy jusques au dimanche trois heures apres midy, que les assiegez ayant tenu conseil et consideré qu'ils n'avoient eu le temps de munir la ville de tout ce qui estoit necessaire pour soustenir un siege, d'ailleurs qu'ils n'avoient pas des gens suffisamment pour deffendre leurs fortifications de dehors, engagez à la composition signée, et le canon sorty d'Orleans, arresterent de tenir la composition, et sortir et remettre la place entre les mains dudit comte de S. Paul. Ce qui fut faict le dimanche vingt-troisiesme jour de may.

Ainsi la garnison de Gergeau avec Vateville et le secours estans sortis, le comte de S. Paul accompagné du mareschal de Vitry[1] et de plusieurs autres seigneurs entra

---

[1] Nicolas de l'Hospital, marquis puis duc de Vitry, fils de Louis de l'Hospital, marquis de Vitry, et de Françoise de Brichanteau, né en 1581, était capitaine du roi quand il arrêta et tua Concini

dans Gergeau, où il fut receu à l'entrée de la ville par le college des chanoines, suivy de la justice, des eschevins et habitans catholiques qui luy rendirent actions de graces de la liberté qu'il leur avoit donnée d'une si longue detention de leur ville par ceux de ladite religion, et le conduisirent en la grande eglise pour y rendre à Dieu actions de graces[1]. . . . .
. . . .

Or comme ledit sieur Prince estoit sur le point de partir, il eut nouvelle comme il estoit entré garnison dans Sancerre, et que quelques uns en fort petit nombre s'estoient saisis du chasteau qui tenoit contre la ville attendant du secours. Cela arriva de la sorte. Gergeau ayant esté mis en l'obeyssance du Roy, Mont-chrestien Vateville (duquel il a esté parlé cy-dessus) en estoit sorty apres la redition menant environ 400 hommes bien armez, tant de ceux qui estoient sortis avec luy de Gergeau, que d'autres qui se joignirent à lui par les chemins, avec lesquels il s'approcha de Sancerre et y entra la nuict à la faveur, ou pour le moins, dissimulation des principaux de la religion pretenduë de Sancerre, le cadet

en 1617; il reçut en récompense le bâton de maréchal de France. Nommé chevalier des ordres du roi en 1619 et lieutenant général en Brie, il se distingue dans la guerre de 1620 et 1621 contre les protestants, et plus tard à la Rochelle en 1628. Il est nommé gouverneur de Provence, tombe en disgrâce, est enfermé à la Bastille en 1637, en sort après la mort de Richelieu, est nommé duc et pair, et meurt le 28 septembre 1644.

[1] Le comte de S. Paul laisse une garnison dans Jargeau, dissipe un rassemblement de protestants au bord de la forêt de Marchenoir, s'assure de Château-Renard, grâce à la connivence des habitants (24 mai). Pendant ce temps le prince de Condé fait désarmer les protestants dans les villes d'Issoudun, Argenton, Châteauroux, la Châtre, Aubigny, Châtillon, et s'apprête à attaquer Sancerre. Montchrétien se jette dans la place pour la secourir.

Briquemault[1] estant en Bourgongne qui levoit aussi des gens pour y jetter. Or comme Vatteville y fust entré, il chercha incontinent les moyens de se rendre plus fort que les habitans, et se faire maistre absolu de la place par la faveur de ceux de ladite religion pret., ce qu'il fit. Il ne se trouvoit plus empesché que du sieur comte de Marans[2] qui estoit lors dans Sancerre, lequel il traicta si audacieusement et avec menaces si insolentes, qu'il le contraignit de se resoudre d'en sortir.

Or M. le Prince avoit de longue main pratiqué le capitaine Bronchard, vieil soldat fort entendu et de grand credit dans Sancerre, mesme il l'avoit fait un des domestiques de sa maison, la principale charge que ledit Bronchard avoit eu de M. le Prince, estoit, que s'il arrivoit brouillerie dans la ville, et que le fils du comte de Sancerre[3] n'y fust point le maistre, ou que par surprise il y survint garnison, il ne manquast point de se saisir du chasteau avec les catholiques qui estoient de son intelligence, et le plus qu'il pourroit de ceux qu'il sçauroit estre fidelles au Roy, et de luy en donner advis incontinent et qu'il seroit à l'heure mesme à son secours : tellement que ce Bronchard ne faillit point; au mesme instant que ledit sieur comte fut contraint de sortir de la ville, luy se jetta dans ledit chasteau avec quelques domestiques dudit

[1] Marc de Briquemault, seigneur de Ruère, fils de Jean de Briquemault et de Françoise de Langhac, fit ses premières armes en Hollande sous Châtillon en 1615, suivit l'assemblée de la Rochelle en 1621, se rendit dans le Gâtinais pour y tenter un soulèvement en 1655, servit dans l'armée des Pays-Bas, fut fait prisonnier en 1657. Depuis lors, on n'a aucune mention de lui.

[2] René de Bueil, comte de Marans, fils de Jean de Bueil, comte de Sancerre et de Marans, et d'Anne de Daillon.

[3] Jean de Bueil, comte de Sancerre et de Marans, fils de Louis de Bueil et de Jacqueline de la Trémoille, chevalier des ordres du roi en 1619, grand échanson de France, mort en 1638.

sieur comte, et quelques habitans au nombre de quarante, où il se deffendit courageusement contre ceux de la ville, quoy qu'il n'eust pas sceu long temps resister pour n'avoir aucunes munitions, peu d'hommes, et que la place n'estoit pas en estat de deffence du costé de la ville; mais il sçavoit le temps de l'arrivée de M. le Prince, qui en eut incontinent advis par ledit Bronchard et par quelques uns de la ville.

Cest accident fist craindre à M. le Prince qu'il n'y entrast du secours d'hommes et de munitions dedans la ville, que le chasteau ne peut estre forcé par ceux de la ville auparavant que ses troupes y fussent arrivées, ce qui le fist presser son partement, jugeant que le principal secours de ceste affaire ne consistoit qu'en sa diligence accoustumée; et ayant donné ordre à ce que son infanterie se trouvast au pied de Sancerre au jour assigné, il partit du Veurdre[1] à deux heures du matin dés le 28 dudit mois avec soixante chevaux, et commanda à environ trois cens qui restoient de le suivre jour et nuict droit à Pouilly[2] à deux lieues de Sancerre, où il arriva ledit jour 28, à dix heures du soir, et lesdits trois cents chevaux le joignirent à deux heures du matin le lendemain audit Pouilly, d'où il partit à l'heure mesme avec ce peu de cavallerie attendant toutes ses troupes tant de Berry que Bourbonnois, avec l'artillerie qui devoit arriver le mesme jour, et vint à Menetriou à un quart de lieuë de Sancerre, où ledit sieur comte de Marans le vint trouver avec environ vingt chevaux, et les deux gentils-hommes que ledit sieur Prince avoit envoyé porter les susdites lettres du Roy et les siennes, qui eurent pour response, que ceux de la ville estoient bons serviteurs du Roy, et

[1] Allier, arrondissement de Moulins, c. de Lurcy-le-Sauvage.
[2] Pouilly-sur-Loire, Nièvre, ch. l. de c. de l'arrondissement de Cosne.

de M. le Prince, prests à toute obeyssance ; mais qu'ils n'estoient pas en leur liberté, ny maistres de leur ville pour en disposer ainsi qu'ils desiroient, ny assez puissants pour obeyr, par ce que Vatteville estoit le plus fort ; qu'ils prioient M. le Prince d'avoir pitié d'eux, de les delivrer de la servitude où ils estoient, et qu'ils contribuëroient tout ce qu'il leur seroit possible pour le servir.

Apres ceste response, voyant qu'il n'avoit point encores dequoy prendre par force ceste ville, ny dequoy l'investir, il se resolut en attendant, de l'attaquer par industrie et artifice : moyens, lesquels bien souvent conduicts par prudence et courage, principalement au faict de guerre, servent plus utilement et produisent de plus puissants effects que la force des armes ; l'exemple en est icy particulier et miraculeux.

M. le Prince s'advisa donc de deux moyens : l'un, de gaigner toute la ville et garnison par belles raisons et persuasions, et avec cela mettre tellement en jalousie et meffiance ceux de la ville et de la garnison les uns avec les autres, et les catholiques avec ceux de la religion pretenduë reformée, que se craignans tous ils se deffissent eux-mesmes, et se rendissent à sa volonté. L'autre, que cependant qu'ils seroient ainsi empeschez, il feroit entrer du secours dans le chasteau qui forceroit ceux de la ville à se rendre.

Il envoya donc querir les eschevins et principaux officiers de la ville pour le venir trouver, et entre eux quelques uns des plus mutins, et quelques uns de ceux avec lesquels il avoit de l'intelligence, et leur dit à tous en general, qu'il avoit du desplaisir qu'une infinité de gens de bien et de bons serviteurs du Roy, souffrissent pour quelques meschants qui avoient vendu leur ville à la garnison ; qu'il sçavoit bien qui ils estoient, et que s'ils continuoient en leur desobeyssance, il les chastieroit rigoureusement, et qu'il ne pardonneroit à personne; qu'ils estoient bien aveuglez de vouloir seuls et sans esperance d'aucun secours, resister à une puissante armée, de laquelle ils seroient le soir mesme investis, et bien miserables de s'estre assujectis à un voleur de Vatteville, qui se feroit en fin leur maistre, et les gourmanderoit sans cesse. Qu'il sçavoit bien qu'ils pouvoient encores y apporter remede, pendant que la puissance de Vatteville n'y estoit point encore ouvertement establie; que s'ils estoient serviteurs du Roy, comme ils disoient, et vouloient reparer la faute qu'ils avoient faite, eviter la perte indubitable de leur vie et biens, et vivre en la liberté ordinaire de leurs consciences, avec ses bonnes graces, il falloit qu'ils remissent la place entre ses mains, et qu'ils se saisissent de Vatteville; qu'il n'y avoit que ce seul moyen de se sauver; qu'en ce faisant il leur juroit de n'apporter aucun changement en leur ville, biens et liberté de conscience; fit mesmes de secrettes promesses à deux des plus seditieux de Sancerre, et leur accorda qu'il se serviroit d'eux, et les feroit officiers de sa maison. Ils s'excuserent sur l'impossibilité de ceste proposition, et promirent neantmoins qu'ils s'efforceroient de persuader à Vatteville de traicter avec ledit sieur Prince, et qu'ils apporteroient tous les moyens à eux possibles pour faire en sorte que le Roy fust obey.

Cependant il parla particulierement à l'un de ceux qu'il avoit de long temps practiqué dans la ville, et le chargea de faire sçavoir sous main à Vatteville, que ceux de Sancerre, qui l'estoient venu trouver, voyans qu'ils estoient perdus et ruinez, s'estoient resolus pour se sauver, de joüer d'un mauvais tour à Vatteville, qu'il y prist garde, qu'ils avoient commencé à faire leur composition particuliere, qu'ils en vouloient avoir seuls le fruict et la gloire, et que s'il estoit bien advisé il iroit au devant, et songeroit aussi à traicter pour luy.

Apres cela il les renvoya tous, avec promesse que dans deux heures ils viendroient le retrouver. Pendant lesquelles Vatteville ayant eu crainte de ce qu'on luy avoit faict sçavoir, et voyant que quelques uns des principaux se parloient secrettement, commença à se meffier d'eux et de faire conseil et bande à part avec sa garnison, dequoy ceux de la ville ayans aussi eu crainte, et que ledit Vatteville ne fist quelque folie, commencerènt de mesme à se joindre et assembler en armes, de façon qu'ils estoient tous en mutinerie, meffiance, et crainte les uns des autres.

Pendant ces brouilleries, desquelles M. le Prince estoit adverty, il prit le temps de passer à Sainct Satur[1], qui est auprès de Sancerre de l'autre costé de la ville, et à la faveur de son passage, et des divisions par lesquelles il amusoit ceux de la ville, de faire monter cent hommes jusques au haut de la montagne où est le chasteau, d'où ils entrerent dans ledit chasteau sans perte, par une petite porte qui regarde le dehors du costé de la riviere, où ils ne furent pas plustost entrez qu'ils commencerent à crier et à tirer sur ceux de la ville; ce qui les estonna fort, et qui fit resoudre en fin Vatteville de croire celuy qui avoit charge secrete de M. le Prince de faire en sorte qu'il l'allast trouver, ce qu'il n'entreprit pourtant que moyennant que le sieur de Moissac entreroit dans la ville pour ostage à ceux de la garnison jusques au retour dudit Vatteville.

Ainsi Vatteville estant arrivé à Sainct Satur, M. le Prince luy dit, qu'il estoit homme de bien, et qu'il n'eust jamais pensé à entreprendre aucune chose dans son gou-

[1] Saint-Satur est à 3 kilomètres nord-est de Sancerre.

vernement et dans Sancerre, s'il n'y eust esté appellé, et comme contraint par les habitans, qui vouloient neantmoins s'en descharger sur luy; qu'il s'estonnoit qu'estant homme de guerre, comme il estoit, il ne voyoit point la folie qu'il faisoit de luy vouloir resister avec si peu de gens sans aucune esperance de secours, en une ville plaine de divisions, où les catholiques estoient mutinez contre ceux de la religion, et tous ensemble contre luy; qu'il ne pouvoit jamais y estre absolu; que s'il attendoit le canon qui devoit estre en batterie le lendemain au point du jour, il n'y avoit plus esperance de traicter; que le chasteau estoit entierement à sa disposition pour le Roy, et y feroit la nuict mesme entrer tant de monde que bon luy sembleroit, et de là forceroit aisement la ville, que ceux de la ville traictoient en leur particulier avec luy, et que s'il estoit sage il en feroit autant; que c'estoit dommage qu'un homme comme luy se perdist ainsi mal à propos; en fin il le sceut tellement combattre par belles raisons, et par l'esperance qu'il luy donna que s'il luy vouloit jurer d'estre fidelle au Roy, il se serviroit de luy en charge honorable aux levées qu'il faisoit pour aller en Languedoc, avec la persuasion de six sacs de mil francs chacun à luy delivrez comptant, qu'il le vainquit et fit resoudre à sortir luy et sa garnison avec armes et bagages, et moyennant un mois pour se retirer en seureté où bon luy sembleroit; il dit à M. le Prince, que ceux de la ville estoient meschans et perfides de l'avoir ainsi trahy apres l'avoir appelé à eux, et luy nomma mesme les autheurs.

Tandis que Vatteville estoit aupres de M. le Prince, ceux de la ville en prirent l'alarme, et creurent qu'il estoit allé pour faire sa composition, ce que M. le Prince n'avoit point oublié de leur faire sçavoir, et de crainte que ledit Vateville ne les abandonnast et mist la ville entre les mains de M. le Prince, aussi que le secours entré dans ledit chasteau les pressoit, ils vindrent trouver aussi M. le Prince, et apres de grandes contestations receurent ceste capitulation :

Qu'ils ne seroient contraints ny molestez en l'exercice de leur religion; qu'ils seroient libres en leur vie biens, et honneur; que pource qu'ils demandoient à n'estre point desarmez, et de n'avoir aucune garnison, en seroit faict selon la volonté du Roy; que trois jours seroient donnez à ceux qui estoient refugiez en ladite ville, et que tant en l'estenduë des gouvernements de M. le Prince, qu'autres lieux, ils ne seroient aucunement molestez ny cy apres recherchez par qui que ce soit de leur retraicte en ladite ville; que tous ceux qui se sont mis avec armes en ladite ville, soit avec Vatteville ou autres, se pourront retirer, soit en troupe, ou en particulier, avec leurs armes, bagages et chevaux, et que six gentils-hommes leur seront donnez pour les conduire en lieu de seureté, et pourront pendant ce temps vivre modestement par les champs sans estre recherchez par les prevosts des mareschaux et juges des lieux, et que la mesme liberté sera donnée aux habitans de la ville qui les voudroient suivre; que ceux de l'ancienne garnison se pourront aussi retirer, et particulierement un nommé du Noier qui a commandé aux soldats de ladite garnison sous l'authorité des eschevins, et pour se retirer auront temps d'un mois, sans qu'il leur soit donné aucun empeschement; que M. le Prince approuvera tout ce qui a esté administré par les habitans de ladite ville, et par ceux qui les ont conseillé tout ce qui s'est passé jusqu'à present de quelque chose que ce soit, sans qu'il en soit faict mention à l'advenir.

On a escrit que M. le Prince se porta facilement à leur accorder ceste capitulation, estimant tres-grande la gloire d'avoir conquis ceste ville sans perte, en si peu de temps, et craignant que le retardement n'apportast de changement dans les esprits de ceux de dedans, et que se portans à la resistance l'entreprinse se rendist plus difficile et plus longue.

Cette capitulation fut accordée sur les huict heures du soir, toute la journée ayant esté employée à les diviser et amuser en allées et venues, et à l'heure mesme Vatteville en sortit avec sa garnison, et M. le Prince y entra et establit garde suffisante pour la place, et retourna coucher audit S. Satur.

On a remarqué de Vatteville, qu'en sortant et jettant les yeux sur Sancerre il pleura de despit, et dit : *Quelle fortune je perds par la meschanceté des traistres de là dedans qui m'ont vendu*, et adjousta, *que M. le Prince avoit pris Sancerre avec un fantosme, et qu'il s'estonnoit comme il estoit venu en l'esprit d'un homme de songer à prendre avec des paroles la plus forte place de France pour ce qui est de la situation*.

Le lendemain matin jour de la Pentecoste, M. le Prince entra dans la ville, en laquelle il n'y eut aucune violence ny desordre, ny contravention à la capitulation ; on luy amena un espion qui fut pris la nuict mesme, qui confessa avoir esté envoyé par Madame de Sully [1] pour asseurer ceux de la ville que dans trois jours ils auroient secours ; il desarma tous les habitans de Sancerre ne leur laissant que leurs espées, toutes lesquelles armes furent portées dans le chasteau pour estre rendues ausdits habitans apres que la ville auroit esté demantelée.

. . . .

---

[1] Rachel de Cochefilet, fille de Jacques, s^r de Vaucelas, épousa en 1592 Maximilien de Béthune, marquis de Rosny, plus tard duc de Sully, et mourut le 30 décembre 1659.

Sancerre estoit tellement estimé par ceux de la religion pret. ref. de toute la France, tant pour la bonté de la place que pour le passage qu'elle commande sur la riviere de Loire, et qu'elle est au milieu de toute la France, qu'ils la reservoient pour estre le lieu où ils vouloient faire le principal establissement de toutes leurs guerres, pour avoir libre et sans aucun empeschement tout le pays depuis Sancerre jusques à Paris d'un costé, et jusques à Poictiers et Limoges de l'autre. Cela a depuis esté asseuré à M. le Prince par personnes de qualité de ceux de ladite religion, mesme qui avoient part dans leurs conseils, et que tous ceux de ladite religion, des provinces de Berry, Poictou, Bourbonnois, Orleans, Touraine, Normandie, Beausse, Champagne et Bourgogne, avoient leur rendez vous pour se trouver en armes audit Sancerre sur la fin de septembre : tellement que la prise de ceste ville a esté la liberté et repos de toutes lesd. provinces.

1621

[Desarmement des protestants en Normandie][1].

Au mesme mois de may ceux de la Religion pret. ref. furent desarmez aux villes de deçà et sur la riviere de Loire où il y en avoit nombre considerable qui eust peu entreprendre : cela se fit sur le mandement, que les gouverneurs en receurent de sa M.

. . . .

En Normandie M. de Longueville fit desarmer ceux de Diepe, et de Roüen, M. de Villars ceux du Havre, et le marquis de Mosny ceux de Caën ; en aucunes de ces

[1] T. VII, pp. 385-390. — Le désarmement des protestants fut également effectué dans plusieurs places de la Bretagne, entre autres « à Chastillon en Vandelais, où Longchamp, gentilhomme de Normandie, estoit gouverneur. »

villes on le fit plus exactement qu'aux autres. A Caën cela passa assez doucement : il y a beaucoup de gens de ceste religion en ceste ville là, ou les troubles de la Ligue leur ont donné l'entrée aux capitaineries et autres charges. Le 23 may le marquis de Mosny ayant envoyé querir le lieutenant general, les gens du Roy, et les eschevins, leur communiqua le mandement qu'il en avoit receu de sa Majesté, et leur dit qu'il desiroit estre aydé de leurs conseils, sur la voye qu'il faudroit tenir pour faire ce desarmement, afin que cela n'apportast aucune alteration au service du Roy, et au repos de la ville. Il fut arresté que l'on manderoit la Frenée[1] ministre, le sieur de Maizet l'un des capitaines de la ville, et quelques uns des principaux de ceste religion. Venus le marquis de Mosny leur fit entendre la volonté du Roy, le dessein qu'il avoit d'executer les commandements, qu'il n'avoit point voulu les surprendre, se promettant d'eux une entiere obeyssance, en ce qui regarde les volontez du Roy, et que ce desarmement avoit esté desja faict à Diepe, à Roüen, et au Havre.

Ils demanderent temps d'en conferer au corps de leur eglise, qu'ils se doutoient bien qu'ils auroient de la peine à persuader le peuple d'obeyr à ce commandement, parce qu'au milieu des plus grands troubles pour mesme cause l'on estoit point entré jusques à ceste deffiance, neantmoins qu'ils alloient travailler à les disposer à ceste obeyssance. Il leur fut donné deux heures de temps pour ceste conference. Au retour ils consentirent de remettre leurs armes entre les mains chacun de leurs capitaines. Le lendemain lesdits de la religion porterent ou envoyerent telles armes qu'ils voulurent chacun chez son capitaine

---

[1] Jean le Bouvier, s^r de la Fresnaye, a desservi l'église de Caen de 1602 à 1627; décédé quartier Froiderue, le 29 octobre 1627.

qui les faisoit etiqueter et marquer par le sergent de sa compagnie, et le mercredy 26 dudit mois, elles furent toutes portées au chasteau, et furent mises dans l'un des magasins du donjon, dont l'on dressa un inventaire, qui fut signé du marquis de Mosny, et laissé au greffe de la ville. Des l'heure ils furent dispensez d'aller en garde, et chargé aux catholiques de la faire avec toute sorte de soin et de vigilance...

Ceux de l'Assemblée de la Rochelle avoient sollicité le sieur de Montgommery gouverneur de Pontorson, qui est de ladite religion pret. ref. pour estre de leur intelligence avec dessein, s'il n'y vouloit entendre, de faire surprendre ceste place frontiere de la Normandie vers la Bretagne, et sur le bord de la mer, laquelle le feu roy Henry le grand n'avoit jamais voulu estre mise au nombre des villes de seureté. Le Roy ayant eu advis comme ledit sieur de Montgommery n'y avoit voulu entendre sous quelque promesse que ce fust, luy fist dire, qu'il desiroit qu'il print un contentement de son gouvernement afin que sa M. peust garantir d'une surprise ceste place tant importante à ces deux grandes provinces. Ledit sieur de Montgommery ayant pris conseil de ses amys, apres avoir receu contentement, remit Pontorson entre les mains d'un gentil-homme catholique auquel sa Majesté en avoit donné le gouvernement; et ainsi ces deux grandes provinces de Bretagne et Normandie, furent hors de crainte que ceux de ladite religion pret. ref. y peussent faire aucun soullevement [1].

[1] L'Assemblée de la Rochelle publia au mois de mai 1620 la *Déclaration des Eglises reformées de France et Souveraineté du Bearn, De l'injuste persecution qui leur est faicte par les ennemis de l'Estat et de leur Religion, Et de leur legitime et necessaire deffense.* V. *Mercure françois*, t. VII, p. 394-447.

Dans cette déclaration, les reformés se plaignent d'avoir été trou-

1621

Récit de la 3. entreprise de Vatteville Mont-Chrestien [1].

Puis que nous sommes retournez en France, voyons les entreprises de Vatteville en Normandie, et sa mort.

Nous avons cy dessus rapporté les deux infortunées entreprises de Vatteville, la 1. à Gergeau, f. 368. et la 2. au fol. 383, où pour six sacs de mil francs chacun, que luy donna M. le Prince, il sortit de Sancerre, et des regrets qu'il fit en sa sortie. Or ne pouvant recognoistre par ces deux disgraces, la grace que Dieu luy avoit faite de ne s'estre perdu, il changea de province, et non de volonté; il retourne en Normandie, sa patrie, et s'imagine (contre le proverbe commun, que nul n'est prophete en

blés dans l'exercice de leur religion en plusieurs lieux, entre autres au bourg de Condé, en Normandie. Ils se plaignent encore de ce « que l'education des enfans estoit ostée aux peres de la religion, pour les instruire en la religion contraire, comme au sieur le Maistre M. des Comptes à Paris, et par arrest de la cour du Parlement de Roüen, en la cause d'un nommé Couvrechef. » V. *Mercure françois*, t. VII, p. 412-413.

[1] T. VII, pp. 801-817. — V. sur cette fin tragique d'Antoine de Montchrestien : *La deffaicte des trouppes du sieur de Montchrestien, levées en Normandie, contre le service du Roy, sa mort, et tout ce qui s'est passé en la poursuitte et exécution des rebelles, par les gens de M. de Matignon*, à Paris, chez Abraham Saugrain, M.DC.XXI. — *La mémorable exécution des rebelles à sa Majesté, faictes par arrest du Parlement de Roüen, suivant le commandement du Roy. Ensemble la deffaicte des bandoliers courans la Normandie, par le sieur de Touraille-Turgot, chevalier, et l'un des vingt-quatre gentilshommes ordinaires, près la personne de sadicte Majesté.* A Troyes, par Pierre Chevillot, M.DC.XXI. — De ces deux écrits réimprimés par la *Société des Bibliophiles normands*, le premier, d'ailleurs très court, a été composé par son auteur immédiatement après l'évènement et sur des renseignements vagues; le second est plus précis.

son pays) de s'y faire lieutenant de province pour l'Assemblée de la Rochelle, de se faire tout d'or au maniement des deniers royaux, du revenu des biens ecclesiastiques, et des rançons et butins. Il n'estoit pas des plus aisez dès biens de ce monde, comme il sera dit cy apres, ny tant huguenot et zelé en sa religion, mais grandement ardent à se vouloir faire riche.

Sa troisiesme et derniere entreprise donc fut d'aller à la Rochelle, et y fut au mois de juillet, là où il demeura quinze jours entiers pour communiquer avec ceux de l'Assemblée, et comme il estoit beau parleur, il promet de faire merveilles. On luy fit delivrer cent ou six vingts commissions, avec argent et lettres de change, tant pour lever des regiments de gens de pied, que de compagnies de chevaux legers, és provinces du Maine, de Normandie, et autres circonvoisines : lesquelles commissions estoient datées du neufiesme jour d'aoust 1621, signées Loubie[1] president, Hesperien adjoint, Geneté secretaire, et Rispaut[2] secretaire, avec leur seau de cire rouge, et leur *Pro Christo et Rege*.

Vatteville estant de retour de la Rochelle sur la fin du

---

[1] Loubie, d'une famille protestante du Béarn, sur laquelle on ne possède qu'un petit nombre de renseignements, assista pour le Béarn à l'assemblée de la Rochelle, qui l'élut président le 25 juillet 1621 ; il mourut en 1628. — Pierre Hesperien, ministre de Sainte-Foy, fils d'un ministre du Béarn, député à l'assemblée politique de Jargeau en 1608, au synode de Vitré en 1617, à l'assemblée de Loudun en 1619, et en 1621 à celle de la Rochelle, où à deux reprises il fut nommé vice-président, mort en 1644. — Isaac de Genesté, sr de la Tour, avocat au Parlement de Bordeaux, député de la Basse-Guyenne aux assemblées politiques de Loudun et de la Rochelle, où à plusieurs reprises il remplit les fonctions de secrétaire.

[2] Le 25 juillet 1621, furent élus la Tour et Riffault secretaires de l'assemblée de la Rochelle, en même temps que Loubie, président, et Hespérien, adjoint. C'est donc Riffault qu'il faut lire.

mois d'aoust, avant que de delivrer lesdites commissions, visite plusieurs gentils-hommes du pays du Maine et de Normandie tant de ladite religion pretenduë reformée, qu'autres de leur cabale. Il ne communique son dessein qu'à ceux qu'il cognoist affectionnez au party; et en fin s'estant asseuré de plusieurs capitaines, il leur depart partie des commissions et argent, pour lever promptement et se tenir prests de mettre aux champs au premier commandement qu'ils en auront de la part de ladite Assemblée de la Rochelle, qu'il estimoit leur estre donné sur le commencement du mois d'octobre au plus tard.

Cependant Vatteville assisté de dix à douze des capitaines de ses troupes, qu'il avoit choisis, comme des plus vaillants et experimentez, continuë tousjours à visiter souvent ceux du party en la Basse Normandie, et vers les villes de Caën, Fallaize, Argentan, Allençon, Donfront, Vire et autres villes et bourgs, leur donne le rendez vous au lundi 11 octobre pres les forests d'Andaine[1] et d'Alençon, où il y en avoit desja quelque nombre d'assemblez, qui commencerent à piller et ravager aux bourgs et villages voisins desdites forests, et avoient desja faict entreprise sur plusieurs maisons fortes, et tasché de surprendre la nuict le chasteau de Carrouge[2], assez fort; mais ayans esté decouverts par une sentinelle, et ne se jugeant pas estre assez pour l'assieger et prendre de force, ils se retirerent dans la forest, differans l'execution de leur dessein jusques au 12 ou 13 octobre, qu'ils esperoient estre de cinq à six mil hommes aux champs.

Le duc de Longueville gouverneur de la province, et M. de Matignon lieutenant general pour le Roy en Normandie, bien advertis des desseins de Vatteville, et

[1] Au sud du département de l'Orne et à l'est de Domfront.
[2] Orne, ch. l. de c. de l'arrondissement d'Alençon, à l'est de la forêt d'Andaine.

afin de s'y opposer et les ruiner, se rendirent avec quelques troupes aux villes d'Alençon et de Donfront au commencement du mois d'octobre. Vatteville pour cela continue tousjours ses brigues et factions; il void ceux de son party ausquels il avoit delivré des commissions, les asseure chacun en particulier qu'il se trouvera pour le moins le nombre de cinq à six mille hommes au rendez-vous le lundy 11 octobre pres les forests d'Andaine et d'Alençon, et qu'estans en ce nombre ils seront assez forts et en estat de se bien deffendre de ceux qui les menaçoient, et que le party se fortifieroit dans peu de temps en telle sorte, qu'ils parviendroient facilement au but de leurs intentions.

Apres que Vatteville eut ainsi faict ses courses et calvacades les quatre, cinq et sixiesme octobre en plusieurs lieux, sans tarder plus d'une heure ou deux en chacune maison de noblesse, en fin il arriva le jeudy 7 octobre environ sur les neuf à dix heures du soir au bourg des Tourailles[1], distant de cinq lieuës de la ville de Falaize, et autant de celle de Domfront, accompagné seulement de six capitaines de ses troupes, et de son vallet de chambre, armez de carabines et pistolets, montez des coureurs, et logent tous ensemble en une hostellerie dans ledit bourg des Tourailles; font promptement preparer le soupper, et accommoder leurs chevaux, et tesmoignent par leurs discours et comportements qu'ils ne vouloient pas tarder beaucoup en ce lieu.

L'hoste ayant opinion que c'estoit Vatteville Montchrestien, dont on parloit tant, comme chef des assemblées des gens de guerre qui se faisoient dans les forests, jugea qu'il en devoit donner advis au sieur des Tourailles

---

[1] Orne, c. de la Carneille, arrondissement de Domfort.

Turgot[1], gentil-homme, qu'il sçavoit estre fort affectionné au service du Roy.

Il courut donc au chasteau des Tourailles, distant d'un quart de lieuë du bourg, et advertit son seigneur des hostes qui estoient venus loger chez luy, et luy dit qu'il croyoit que c'estoit Vatteville et de ses capitaines. Ledit sieur des Tourailles se resoult au mesme temps de servir le Roy en ceste occasion, ou d'y perdre la vie.

Il envoye incontinent chez deux gentils-hommes ses voisins, les prie de le venir trouver, pour l'assister en une occasion où il y alloit du service du Roy et du salut du pays; mais cependant que luy, deux gentils-hommes qui estoient chez luy, et ses serviteurs domestiques, apprestoient leurs armes pour partir, il arrive par malheur qu'un soldat, sans y penser, lasche un coup de carabine dans la cour dudit chasteau des Tourailles, qui donna subject audit sieur, craignant que le bruit du coup servist d'advertissement à Montchrestien pour desloger, de s'advancer promptement avec ce qu'il avoit de gens, pour aller investir l'hostellerie.

Ayant trouvé encor par bon heur, à la sortie de sa porte, deux gentils-hommes et trois ou quatre soldats qui venoient l'assister, tous ensemble au nombre de vingt allerent environner l'hostellerie, où ils apperceurent de la chandelle dans la chambre en laquelle estoit Vatteville et ses compagnons prests à s'en aller.

Or d'autant que personne ne les avoit pas assez certainement recogneus, ledit sieur des Tourailles envoya premierement l'huissier de son bourg leur faire commande-

[1] Claude Turgot, chevalier, s' des Tourailles, gentilhomme ordinaire du roi, fut député pour les nobles du bailliage de Caen aux Etats de Normandie de janvier 1623. Il était neveu de Turgot, s' de Saint-Clair, maître des requêtes, dont il a été question plus haut.

ment de par le Roy de dire chacun leurs noms, et de mettre les armes bas.

Vatteville respondit, qu'il s'appeloit Champeaux; mais ayant entendu du bruit à l'entour de la maison et dans la sale, où estoit le sieur des Tourailles et ceux qui l'assistoient, il sort de la chambre avec les sept qui estoient avec luy bien armez, et d'abord tuent au bas de la montée deux gentils-hommes et un soldat de la suite dudit sieur des Tourailles, et en blesserent quelques uns[1]. Au mesme temps ledit sieur des Tourailles et ses gens chargent Vatteville, lequel reçoit deux coups de pertuizane sur la teste, et dans le petit ventre, et un coup de pistolet dans l'espaule, duquel il tomba mort dans la salle; son valet de chambre estant blessé est arresté; et les sept autres fort blessez, s'eschapperent à la faveur de la nuict et obscurité, traversant à pied la riviere des Tourailles proche de l'hostellerie. Le lendemain matin ils furent rencontrez par des paysans, fort incommodez de leurs blessures, dont aucuns sont morts, et les autres se sont retirez en des maisons fortes du païs où ils avoient leur retraicte.

Apres ce combat ledit des Tourailles faict prendre les chevaux et equipage de Vatteville et ses compagnons, faict porter les corps morts dans son chasteau, et y mener le vallet prisonnier, donne les armes, chevaux et tout l'equipage aux soldats et gentils-hommes qui l'avoient assisté en ceste entreprise, fait examiner ledit vallet par le juge du lieu, lequel recognoist que c'est Vatteville son

---

[1] « Montchrestien et ses compagnons se défendirent si bien qu'ils tuèrent les trois premiers qui se présentèrent à la porte de sa chambre, entre lesquels estoit un gentilhomme nommé l'Escarde, de cette ville (Caen), fils unique de sa maison, et riche de cinq ou six mille livres de rente, qui fut apporté ici, où il fut inhumé hier au matin. » Lettre de Malherbe, datée de Caen, ce jeudi 14e d'octobre.

maistre qui estoit tué, et descouvre beaucoup de choses importantes au service du Roy.

Si tost que le jour fut venu, ledit sieur des Tourailles envoya un gentilhomme à M. de Matignon en la ville de Donfront, qui en est à cinq lieues, luy escrit et donne advis de ce qui s'estoit passé, en escrit aussi à M. de Longueville, et au Parlement de Rouen, ausquels il envoye la copie de l'examen du vallet prisonnier ; puis depescha un gentil-homme qu'il envoya en poste trouver le Roy au camp devant Montauban, pour luy en donner aussi advis.

Le mesme jour qui estoit le huictiesme dudit mois d'octobre, M. de Matignon envoya en diligence plusieurs gentils-hommes et ses gardes audit sieur des Tourailles, et luy escrit ceste lettre :

Monsieur, j'envoye M. d'Orbeville[1] vers vous sur le subject dont vous m'avez rescrit, et suis parfaictement aise de l'action que vous avez faicte. Mais j'eusse bien desiré s'il eust esté possible que Vatteville eust esté pris en vie. Il le fera amener en ce lieu, je vous prie le luy mettre entre les mains, et son vallet. Je serois bien ayse de vous voir icy, et vous tesmoigner le contentement que j'ai receu du service que vous avez rendu au Roy en ceste occasion, et vous asseure que je suis, et seray tousjours, vostre tres affectionné à vous servir, DE MATIGNON.

Suivant ceste lettre ledit sieur des Tourailles envoye le cadaver de Montchrestien et son valet blessé à M. de Matignon, qui fist diligemment travailler à leur procez par les juges ordinaires de Domfront ; lesquels par le second examen du valet de Montchrestien, descouvrent que partie des commissions que son maistre avoit appor-

---

[1] Le sr d'Orbeville appartenait à la famille Sainte-Marie-d'Aigneaux.

tées de l'Assemblée de la Rochelle qui restoit encore à distribuer, estoit chez un nommé des Ventes[1], cousin de Vatteville, demeurant à deux lieuës de Domfront; lequel des Ventes fut incontinent pris prisonnier par les gens de M. de Matignon, lesquels trouverent encore 48 commissions dans une caisse, que le fermier dudit des Ventes avoit cachée dans une carriere.

Lesdites commissions apportées à M. de Matignon à Domfront, il depesche à l'instant un gentil-homme à sa M. pour luy envoyer aucunes desdites commissions et luy escrit ce qui s'estoit passé en ceste affaire.

Le 12 dudit mois d'octobre, les juges et officiers de Domfront rendirent ce jugement contre ledit Vatteville Montchrestien :

Nous disons que ledit Anthoine Montchrestien, autrement Mauchrestien, est deuëment attaint et convaincu du crime de leze-majesté au premier chef, pour les factions, menées, assemblées et conferences par luy faites avec l'Assemblée de la Rochelle, leurs adherants et confederez, amas et soullevemens de gens de guerre pour porter les armes contre le service de sa Majesté, et contravention de ses edicts en vertu des commissions desdits rebelles de la Rochelle. Pour punition et reparation dequoy, nous avons ordonné que le corps dudit Mauchrestien sera cejourd'huy trois heures de relevée trainé sur une claye en la place de la Briere pres ceste ville, lieu accoustumé à faire les executions criminelles, et là sur un eschaffaut ses membres brisez sur un gril en la forme et maniere accoustumée, puis sondit corps bruslé et reduit en cendre jettée au vent par l'executeur des sentences

---

[1] Malherbe (lettre du 2 novembre) dit à propos des complices de Montchrétien que « le principal de tous étoit un nommé les Ventes, que l'on dit avoir eu quelque part en ses conseils ; les autres étoient gens de peu, et presque tous parents de Montchrestien. »

criminelles. Tous les biens dudit deffunct Mauchrestien acquis et confisquez au Roy.

Ce jugement fut executé le mesme jour. Cependant le Parlement de Roüen sur l'advis qu'il avoit receu dudit sieur des Tourailles avoit donné ce suivant arrest:

Sur la remonstrance verbale faite par le procureur general du Roy, qu'il a esté adverty que contre et au prejudice de la declaration du Roy, defence portée par icelle, et arrests de la cour, aucunes personnes se sont eslevées en armes en ceste province par les moyens d'un surnommé Montchrestien, et autres dont a esté informé par maistre Claude du Rozel[1] conseiller du Roy en la cour, mesme par le bailly de la haute justice de la Carneille[2], contre ledit Montchrestien, lequel sur le commandement à luy faict par un sergent de mettre les armes bas, et obeyr au Roy, avoit esté tué et son serviteur arresté prisonnier, requerant qu'il soit ordonné que par les juges commissaires il sera procedé à l'instruction et perfection du procez, tant contre le cadaver dudit Montchrestien, que son serviteur, et autres qui se trouveront chargez, et à ceste fin enjoindre à Jacques le Vavasseur[3] visbailly de Caen, faire apporter ledit cadaver, et amener ledit serviteur, et aux juges des lieux apporter ou envoyer incontinent et sans delay, au greffe criminel de la cour, les informations, et ce qui a esté par eux faict. Mesmes à

---

[1] Claude du Rozel, conseiller-clerc au Parlement de Normandie en 1596, doyen du chapitre de Rouen en 1618, mort en 1630.

[2] Le *Mercure françois* a imprimé *la Cameille*. — Orne, ch. l. de c. de l'arrondissement de Domfront.

[3] Jacques le Vavasseur, s^r de Cristot, lieutenant de robe courte du grand-prévôt de Normandie, figure dans un rôle de la revue qui fut passée « en la place de Bihorel-lès-Rouen, le 18 novembre 1606, de la compagnie du s^r du Raullet. » (*Cahiers des Etats de Normandie sous le règne de Henri IV*, t. II, p. 372.)

l'huissier ayant faict commandement audit Montchrestien de mettre les armes bas, de bailler procez verbal de ce qui a esté par luy faict ; lequel et ses records seront sur ce examinez.

Ladite chambre ayant esgard à la requisition dudit procureur general, a ordonné et ordonne, que par ledit maistre Claude du Rozel il sera diligemment procedé à la continuation de l'information par luy encommencée, repetition et examen dudit huissier et ses recors, et par luy decreté contre ceux qui se trouveront chargez, et que le cadaver dudit Montcrhestien sera apporté, et son serviteur amené sous bonne et seure garde en la conciergerie du palais, par ledit le Vavasseur; et a enjoint au bailly de la Carneille envoyer au greffe criminel de ladite cour ce qui a esté par luy faict, et les papiers et escritures trouvez en la possession dudit Montcrhestien et ses complices ; et audict huissier ou sergent, bailler son procez verbal pour ce faict, et le tout apporté par devers ladite chambre, estre par les conseillers de la cour qui se trouveront deputez, procedé à l'instruction et perfection du procez, tant contre ledit cadaver dudit Montchrestien, que son serviteur, et autres qui se trouveront chargez, ainsi que de raison. Fait en ladite chambre ordonnée au temps de vaccations, le 11e jour d'octobre 1621.

M. de Rys premier president au Parlement de Rouen addressant cet arrest audit sieur des Tourailles pour le faire executer, luy escrit ceste lettre :

Monsieur, vous avez operé selon la fidelité et affection que portez au service du Roy, dont vostre lettre du septiesme, et le gentil-homme porteur m'en a amplement faict entendre l'histoire du tout ; j'ay escrit à ceux mesmes ausquels vos lettres s'addressoient pour accompagner ledit gentil-homme. Je vous envoye l'arrest de la cour, que vous ferez executer s'il vous plaist par le sieur de

Cristot ou autre lieutenant du prevost general, et envoyerez avec les prisonniers les commissions et papiers dont eux et les morts se sont trouvez saisis, avec l'information qui a esté faicte. Vous avez rendu un bon service, et ne doute point que sa Majesté ne l'ait tres-agreable. Si je puis vous rendre service, usez de moy, et faites estat que je suis, monsieur, vostre tres-humble et affectionné serviteur. FAUCON. A Rouen ce 13 octobre 1621.

Ledit sieur des Tourailles receut l'arrest le 14 dudit mois, et dez le jour precedent l'on avoit executé le jugement donné contre ledit cadaver de Montchrestien reduit en cendre, tellement que l'arrest de la cour fut seulement executé pour le regard de son vallet et des sept complices que M. de Matignon avoit faict prendre, lesquels furent conduicts suivant ledit arrest audit Parlement de Rouen par le vis-bailly de Caen et quarante archers.

A l'heure mesme que les rebelles qui s'estoient assemblez dans les forests eurent eu advis de la mort dudit Vatteville, et que M. de Matignon assembloit gens pour les courre et prendre, ils quittent les forests et se separent, qui ça qui là : tellement que ceste conspiration de six mille hommes qui se devoit assembler le 11 octobre pour commencer à mettre le feu de la guerre civile dans la Normandie, s'est perduë en la mort seule de Vatteville. Ce qu'ayant esté heureusement executé, M. le duc de Longueville s'en retourna à Rouen, et M. de Matignon à S. Lo.

Ce service que ledit sieur des Tourailles a fait au Roy et à sa patrie par la mort de Vatteville, a esté beaucoup loué, et les deux gentils-hommes qui l'accompagnoient sçavoir les sieurs de Mesnil Auvray, et de S. Marie, avec un bon soldat nommé Geston, lesquels ont esté tous trois tuez par Vatteville et ses gens, furent grandement regrettez pour estre personnes de valeur. Comme ceste nouvelle fut agreable au Roy, ceste lettre qu'il rescrivit au sieur des Tourailles le justifie :

Monsieur des Tourailles, ayant esté adverty par mon cousin le duc de Longueville de ce qui s'est passé en la mort d'un nommé Vatteville, et du service que vous m'avez rendu en ceste occasion, je vous ay voulu escrire ceste lettre pour vous mander que je vous sçay gré de l'affection que vous y avez fait paroistre pour le bien de mon service, et comme je m'asseure que mettrez peine de descouvrir ce qui est de la suitte de cest affaire pour m'en advertir, et que vous continuerez apporter ce qui dependra de vous pour vous y opposer, aussi devez vous croire que je vous feray volontiers ressentir les effets de ma bonne volonté envers vous quand l'occasion s'en presentera : priant Dieu qu'il vous ayt, Monsieur des Tourailles en sa saincte garde. Escrit au camp devant Montauban le vingtdeuxiesme jour d'octobre 1621. Signé Louys, et plus bas, De Lomenie.

Voici ce que l'on a imprimé de la vie de ce Vatteville, qui a paru avoir eu du courage sans effet és provinces de Sologne et Berry, pour s'estre voulu opposer aux armes du premier prince du sang, et de M. le comte de S. Paul, et pensé mettre en un grand trouble toute la Normandie; car par la deposition de son vallet, il avoit des intelligences pour prendre en un mesme temps Donfront et Pontorson; l'execution de celle-cy se devoit faire par Desportes Coulant, et Domfront, par le Mesnil. Cerisi luy estoit asseuré, avec les chasteaux de plusieurs seigneurs de Normandie. En un mois il avoit visité toutes les noblesses qu'il avoit sceu avoir envie de remuër, et conferé avec eux de l'entreprinse, laquelle tous les plus qualifiez du party avoient approuvée, et luy en deferoient en ce commencement par un grand artifice la conduite, afin de mieux faire leurs affaires puis apres si l'entreprinse reüssissoit. Aussi ils le recognoissoient homme d'esprit, persuasif, remuant, et de diligence, mais ils doutoient tousjours qu'il ne fust capable d'en venir à bout.

Anthoine Mauchrestien (et non pas Mont-Chrestien), estoit fils de l'apoticaire Mauchrestien de Falaise, lequel y estoit venu demeurer jeune, sans que l'on ayt jamais sçeu de quel pays il estoit, ny qui estoit son pere ny sa mere, comme il se justifie par l'acte de tutelle dudit Antoine Mauchrestien ; car apres le decez de son pere, le procureur du Roy à Fallaize fit assigner les voisins pour eslire un tuteur audit Anthoine fils ; et faute de toute autre alliance, le sieur de Sainct André Bernier, comme proche voisin, fut condamné en justice d'en prendre la tutelle, en laquelle, pour le peu de biens qu'il y avoit, il ne fit aucune formalité ny inventaire.

Anthoine estant grandelet et d'un esprit vif, il fut pris pour suivre au college et servir les sieurs de Tournebu, et des Essars freres ; il estudie, il s'adonne à la poësie françoise, et fait bien des vers ; devenu aagé de 20 ans, il apprend avec ses maistres à tirer des armes, à monter à cheval, et en hantant les nobles il faict le noble, le vaillant, le hardy, et l'homme de querelle pour se porter sur le pré, et se faict appeler Vatteville, mais de terre ny fief de Vatteville, *non dicitur tit. de feudis.*

Ayant fait querelle contre le baron de Gouville, en un rencontre que ce baron accompagné d'un sien beaufrere et d'un soldat eut avec luy, il met la main à l'espée, se deffend, mais ces trois contre un le laisserent pour mort. De ce rencontre ayant fait plainte, l'affaire cousta audit baron et à son beaufrere plus de douze mil livres, dont il s'empluma, et commença à faire l'homme de moyens.

Estant devenu chicaneur, il attaqua son tuteur, luy

demanda compte, et le plaida tellement qu'il fut constrainct d'accorder avec luy et luy donner mille livres.

Il fut depuis fort blasmé d'avoir esté le soliciteur du procez qu'une damoiselle de bonne maison avoit contre son mary qui estoit gentil-homme riche, mais imbecille de corps et d'esprit; et avoit pensé essuyer ce blasme en l'espousant clandestinement apres le decez de son mary; mais ce mariage luy fut debatu apres la mort de ceste femme.

Il a esté un des bons poëtes tragiques de son temps; il fit imprimer plusieurs tragedies[1] qu'il avoit composées, lesquelles furent bien receuës : entr'autres il desdia l'Ecossoise au Roy de la Grande Bretagne, ce qui luy sauva la vie; car s'estant trouvé en un rencontre accusé d'avoir tué le fils du sieur de Grichy moynnes pres Bayeux, en feignant de luy demander la vie, il s'en alla en Angleterre, crainte d'estre pendu, jusques à ce que sa M. de la grande Bretagne obtint du feu roy Henry 4 sa grace.

Revenu en France, apres avoir escumé plusieurs sortes de professions, (car il estoit d'une humeur tres-inconstante et legere,) il fit imprimer son discours œconomique. A ses heures de loisir il a aussi traduict les Pseaumes de David en rithme; et ceux qui les ont veus, tiennent qu'il les a heureusement traduicts, et qu'il disoit ne vouloir les faire imprimer qu'avec approbation de la Sorbonne. Il a aussi travaillé sur l'histoire de Normandie, et faict plusieurs autres œuvres qui le rendoient loüable.

S'estant retiré vers la forest d'Orleans, et puis à Chastillon sur Loire, il travailla à faire de l'acier et à en faire faire des lancettes, couteaux, canivets, et autres instruments qu'il venoit vendre à Paris; et pource se logea en

[1] V. pour la bibliographie des œuvres de Montchrétien : M. E. Frère, *Manuel du bibliographe normand*, t. II, p. 320, et M. A. Joly, *Antoine de Montchrétien*, etc., p. 131.

la ruë de la Harpe chez un taillandier, et demeura quelques années en cest estat grandement soupçonné de faire de la faulse monnoye. "

Il se mit depuis à caballer parmy les eglises des huguenots des provinces d'Orleans, Berry et Gastinois, et eut entrée à leur cabale à la recommandation d'un ministre normand.

Il y a deux ans qu'il voulut faire un embarquement suivant ses inconstances ordinaires, et en eut un procez à Rouen contre le sieur de Pont Pierre [1] pour un navire.

Mais sur ces entrefaictes les mouvements qui tiennent encore le Roy en la campagne commencerent; et luy se disposa à faire les meschancetez qu'il a pensé ourdir tant és duchez d'Orleans et Berry, qu'en celuy de Normandie, où il a faict une fin miserable et tragique, les cendres de son corps ayant esté jettées au vent [2].

1621

[Le roi promet la démolition des fortifications de Quillebeuf [3].]

Les deputez de Roüen estans venuz en cour pour requerir de sa M. le razement du fort de Quillebeuf, il

---

[1] M. E. Gosselin (*Documents... pour servir à l'histoire de la marine normande*, etc..., Rouen, 1876) mentionne, p. 167, un voyage entrepris aux Amazones, en 1584, par le capitaine Pontpierre, avec Jacques de Vaulx, cosmographe et pilote.

[2] V. en regard de ce jugement défavorable à Montchrétien, les conclusions si mesurées et si sensées de M. A. Joly, ouvrage précité.

[3] T. VII, p. 942. — L'insuccès du siège de Montauban (août-novembre 1621), entrepris par le duc de Luynes, fournit matière à livrets où l'on attaquait le favori du roi. Entre autres griefs, on lui reprochait d'avoir fait travailler tous les jours six cents hommes à Quillebeuf, pendant qu'au siège de Montauban les soldats mouraient de faim et que beaucoup d'entre eux avaient été contraints d'aban-

les prevint d'une bonté toute royale : « Je sçay bien ce que vous me voulez dire, vous me voulez demander le razement de Quillebeuf. Je vous dis que j'ay resolu de faire abbattre non pas seulement les fortifications de Quillebeuf, mais de toutes les petites places qui se trouveront en mon royaume n'estre frontieres. » Tellement qu'au lieu de supplication, lesditz deputez commencerent leur harangue par des remerciemens de sa bonté, et la finirent par des vœus et prieres de prosperité.

1623

Articles accordez entre le tres-chrestien Roy de France et de Navarre, et le serenissime Roy de la grand'-Bretagne, pour le commerce des François et Anglois traficquants és pays de leur obeyssance. Confirmez à Fontainebleau le 14 avril 1623 [1].

HENRY par la grace de Dieu Roy de France et de Navarre, à tous ceux qui ces presentes lettres verront, salut : Comme nous avons cy-devant commis et deputé nos amez et feaux conseillers en nostre Conseil d'Estat, les sieurs de Maisse[2] et de Boissize, pour traicter, conferer, et resoudre avec le sieur Thomas Parry chevalier, nagueres

---

donner l'armée faute de paye. (V. *Mercure françois*, t. VII, p. 888). Après la mort du duc de Luynes, arrivée le 14 décembre 1621, le roi ordonna de raser les fortifications de Quillebeuf.

[1] Ce traité, inséré dans le t. IX du *Mercure*, avec pagination spéciale, se trouve aussi dans Frédéric Léonard, t. V, p. 3, pour le traité, et p. 25 pour la confirmation, et dans le *Corps universel diplomatique du droit des gens*, de J. du Mont, t. V, 2ᵉ partie, pp. 61-63 pour le traité et pp. 430-431 pour la confirmation.

[2] André Huraut, sr de Maisse et de Belesbat, fils de Nicolas Huraut, sr de Boistaillé, et d'Anne Maillard, ambassadeur à Venise sous Henri III et Henri IV, mort en 1607.

ambassadeur prés de nous de la part de nostre tres-cher et tres-amé bon frere, cousin et ancien allié le Roy de la grand'Bretagne, du moyen de continuer et augmenter de plus en plus la bonne amitié et intelligence qui est entre nous, et procurer le bien et commodité de nos royaumes, mesmement en ce qui concerne le trafic et commerce entre nos communs subjects ; et soit ainsi que suivant les pouvoirs et commissions qui ont esté respectivement données par nous et nostre dit bon frere et cousin, lesquelles seront inserées en la fin des presentes, nosdits commissaires de part et d'autre ayent conclu et arresté entr'eux soubs nos bons plaisirs le traicté et articles, desquels la teneur ensuit.

Au nom de Dieu tout-puissant, soit notoire à un chacun, comme ainsi soit que Henri IIII par la grace de Dieu Roy de France et de Navarre, tres-chrestien, et Jacques par la mesme grace de Dieu Roy de la grand'-Bretagne et d'Irlande, desirans de continuer et augmenter de plus en plus la bonne amitié et intelligence qui est entre leurs Majestez, et procurer le bien et commodité de leurs royaumes, mesmement en ce qui concerne le trafic et commerce d'entre leurs subjects, afin qu'ils puissent en toute seureté et liberté traficquer les uns avec les autres, et pour remedier à toutes les difficultez qui se rencontrent maintenant, et peuvent naistre à l'advenir au trafic et commerce qui se fait entre leurs royaumes, eussent commis et deputé, c'est à sçavoir le Roy tres-chrestien, nous André Huraut sieur de Maisse et de Bellebat, et Jean de Thumery sieur de Boissize, conseillers de sa Majesté tres-chrestienne en ses Conseils d'Estat et privé, ses commissaires et procureurs, avec commission et pouvoir suffisant pour cet effet, signé de sa propre main, et seellé de son grand sceau : et ledit sieur Roy de la grand'-Bretagne eust aussi commis et deputé, nous Thomas

Parry, chevalier, ambassadeur de sa Majesté de la grand'-Bretagne prés de sa Majesté tres-chrestienne, son procureur et commissaire, suffisamment authorisé et garny de charge et pouvoir, ainsi qu'il apparoistra par la teneur de nosdits pouvoirs et commissions à nous respectivement données par lesdits Roy tres-chrestien, et de la grand'Bretagne, qui seront inserées de mot à mot à la fin des presentes, nous avons convenu et traicté au nom des susdits Roys les capitulations, pactions et articles qui ensuivent soubs les bons plaisirs et vouloirs de leurs Majestez.

1. Premierement, a esté convenu et accordé, qu'en nul des articles contenus au present traicté, il ne sera aucunement reputé que l'on se soit departy des precedents traictés, mais qu'ils demeureront en leur premiere force et vertu, sinon en ce qui est derogé par ce present traicté.

2. Aussi a esté convenu et accordé, pour confirmer et accroistre de plus en plus la bonne amitié et intelligence qui est entre sa Majesté tres-chrestienne et sa Majesté de la grand'Bretagne, qu'il sera mandé par toutes les provinces, villes, ports, et havres des royaumes, de bien et favorablement traicter les subjects de l'un et l'autre prince, et les laisser trafiquer en toute seureté et liberté les uns avec les autres, sans les molester, ny permettre qu'ils soient indeuëment travaillez ny molestez, pour quelque cause et occasion que ce soit, contre les loix et constitutions des lieux où ils se trouveront : et sera enjoint aux officiers de part et d'autre, de tenir la main à l'execution de ce que dessus, à peine de respondre en leur propre et privez noms des depens, dommages, et interests des parties où ils se trouveront avoir faict le contraire.

3. Aussi a esté convenu et accordé, que toutes daces et impositions qui se levent maintenant sur les subjets, marchandises, et denrées de l'un et l'autre royaume, au

profit desdites deux Majestez, et par leurs fermiers et commis, continueront d'estre levez, comme ils se font à present, et ce par maniere de provision, en attendant que l'on les puisse oster, ou moderer : ce qui se fera au plustost que le bien des affaires de l'un et l'autre prince le pourront porter. Et afin qu'un chacun de part et d'autre soit certain des daces et impositions qu'ils devroient payer, en sera dressé pancharte en l'un et en l'autre royaume, qui sera mise et attachée és lieux publics, tant de la ville de Roüen, et autres villes de France, que de la ville de Londres et autres, pour y avoir recours quand besoin sera.

4. Pour le regard des levées et impositions qui se levent au profit de certaines villes particulieres de l'un et l'autre royaume, a été advisé, que les maires et eschevins des villes de Roüen, Caen, Bordeaux, et autres, rapporteront au premier jour au Conseil de sa Majesté les lettres en vertu desquelles ils font et continuent lesdites levées, pour icelles veuës, estre cassées et abolies, si les lettres en vertu desquelles elles ont esté faictes se trouvent mal ordonnées, leur faisant cependant inhibitions et deffences, à peine de la vie et du quadruple, de lever plus que ce qui est porté par lesdites lettres, ny exceder les conditions portées par icelles; et le semblable sera faict par les maires et eschevins de Londres, et autres dudit royaume de la grand'Bretagne.

5. A esté aussi accordé, que les marchands françois traficquants en Angleterre ne seront contrains bailler autre caution de leur vente et emploite de leur marchandise, entr'autres, que leur caution juratoire, ny d'obtenir aucunes prolongations, ny descharges, ny faire aucuns frais et despens pour ce regard.

6. Plus, a esté accordé et convenu, que les navires françois pourront aller librement jusques au quay de la

ville de Londres, et autres ports et havres de la grand'-Bret. et y estans, pourront charger et fretter avec les mesmes libertez et franchises dont les navires anglois jouïssent en France, sans qu'il leur soit donné de part ny d'autre aucun empeschement avant ny apres le frettement, ny contrains de descharger leurs vaisseaux en autres, et en toutes autres choses la liberté et esgalité du commerce sera gardée, et observée le plus que faire se pourra.

7. Et parce qu'il est impossible de pourvoir aux plaintes particulieres, et mesmes sur la qualité des marchandises et denrées qui se transportent de l'un et en l'autre royaume, et des fautes et abus qui s'y commettent, a esté accordé, que pour mieux et promptement y pourvoir, en la ville de Roüen seront nommez par sa Majesté tres-chrestienne deux notables marchands françois, gens de bien, et experimentez, lesquels avec deux marchands anglois de pareille qualité, qui seront aussi nommez par l'ambassadeur de la grand'Bretagne, resident pres sa Majesté tres-chrestienne, recevront les plaintes desdits marchands anglois, et vuideront tous differents qui pourront intervenir sur le faict dudit trafic et commerce en ladite ville de Roüen, et havres de ladite province; comme aussi sa Majesté de la gr. Bret. nommera en la ville de Londres deux notables marchands anglois, lesquels pareillement avec deux marchands françois qui seront nommez par l'ambassadeur de France, resident pres sa Majesté de la G. B. feront le semblable, et pourvoiront promptement à toutes les plaintes qui pourroient survenir pour le fait dudit trafic et commerce; et où ils ne se pourront accorder, les dessusdits quatre marchands conviendront d'un cinquieme françois, si c'est à Roüen, et d'un anglois, si c'est à Londres. En sorte que le jugement passé par la pluralité de voix sera suivy et executé;

et pour cet effet, leur seront de part et d'autre baillées des commissions et pouvoirs necessaires; et au cas qu'il survienne quelque notable difficulté, qui meritast d'estre entenduë par l'un et l'autre prince, lesdits marchands ainsi deputez de part et d'autre, en donneront respectivement advis au Conseil de l'un et l'autre prince, pour y estre pourveu sans aucune dilation.

8. Le semblable establissement sera faict et observé és villes de Bordeaux et Caën, comme aussi és villes dudit royaume de la grand'Bretagne et royaume d'Irlande, pour par ceux qui seront nommez et deputez estre pourveu aux plaintes et difficultez qui peuvent survenir sur le reglement dudit commerce et trafic en la mesme forme que dessus.

9. Et pour mieux pourvoir au soulagement desdits marchands de part et d'autre, a esté advisé, que lesdits marchands tant françois que anglois, lesquels seront appelez doresnavant conservateurs du commerce, seront nommez et deputez d'an en an, et feront serment devant le prieur et consuls, tant de la ville de Roüen et autres villes du royaume de France où ils seront establis, qu'en la ville de Londres, et autres où besoin sera, de bien et fidellement s'acquitter de ladite charge, et seront tenus pendant ledit temps d'y travailler selon les occasions gratuitement, sans exiger aucunes choses des uns et des autres subjets, si ce n'est pour les actes par escrit que les parties voudront lever, dont par eux en sera fait taxe raisonnable.

10. Que tous les salaires excessifs et autres profits et menus droicts, que prennent les officiers des lieux sur lesdits marchands de l'un et l'autre royaume, les gardes et contre-gardes, les chargeurs, deschargeurs, amballeurs, porteurs, et generalement tous autres seront reiglez et moderez par lesdits conservateurs, et en sera fait par eux

une taxe raisonnable, qui sera envoyée au Conseil de l'un et l'autre prince, pour y estre veuë et arrestée, et puis publiée et attachée par les carrefours et places publiques des lieux, afin qu'un chacun de part et d'autre soit certain et asseuré de ce qu'il en devra payer.

11. Les conservateurs s'informeront aussi particulierement des franchises et privileges que pretendent aucunes villes et bourgeois d'icelles de l'un et l'autre royaume, de la commodité et incommodité d'iceux, et en donneront advis à l'un et à l'autre prince, pour y estre reglez et moderez selon les anciennes usances des lieux, ainsi qu'il sera advisé au Conseil desdits princes.

12. Sera la charge desdits conservateurs de prendre garde aux poids et mesures en chacune ville de l'un et l'autre royaume, afin qu'il n'y ait fraude, ny abus, de part ny d'autre; et pour le regard des marchandises, reigleront celles qu'ils jugeront estre sujettes à visitation ou non.

13. Et d'autant que la principale plaincte faicte par l'ambassadeur de la grand'Bretagne, et par les marchands anglois est contre un arrest donné au Conseil de sa Majesté tres-chrestienne, le 21ᵉ jour d'avril 1600, portant reglement sur le fait de la drapperie qui se transporte par les marchands anglois au royaume de France, et principalement és provinces de Normandie, Bretagne et Guyenne, sa Majesté tres-chrestienne voulant de plus en plus contenter le Roy de la grand'Bretagne son bon frere, sur l'instance qui luy a esté faicte par plusieurs fois de la part de son ambassadeur, desirant aussi faciliter le commerce de ladite drapperie, sans toutesfois apporter incommodité au public, sadite Majeste tres-chrestienne a revocqué et revocque ledit arrest, et a deschargé et descharge pour l'advenir lesdits marchands anglois de la confiscation portée, tant par iceluy, que par tous autres arrests et or-

donnances faicts pour raison de ladite drapperie, et leur a permis et permet de remporter en Angleterre les draps vicieux et mal façonnez. Et d'autant que lesdits marchands anglois sur la dispute qui pourroit intervenir sur la qualité de ladite drapperie, pourroient estre travaillez, et leurs draps retenus et saisis avec perte de temps et dommage, il a esté accordé et convenu, que lesdits conservateurs du commerce deputez comme dessus, au cas que la plainte en vienne jusques à eux, jugeront lesquels desdits draps seront bons et marchands, selon leur prix et valeur, pour estre vendus et debitez, ou ceux qui devront estre renvoyez en Angleterre comme estant vicieux, et s'en rapportera sa Majesté à leur conscience et loyauté, ayant pour agreable ce que par eux en sera ordonné; n'entendant toutesfois que pour lesdits draps vicieux qui seront ainsi rapportez en Angleterre, il soit payé aucune chose pour le droict de sortie.

14. Aussi a esté accordé et convenu, que la liberté du commerce sera entretenuë comme elle est à present de part et d'autre, tant des marchandises manufacturées que non manufacturées, selon le présent traicté, et les precedents, et ne pourront de part et d'autre estre faictes aucunes deffenses d'en trafiquer, et si aucunes ont esté faictes, seront revocquées; excepté toutes fois les marchandises qui sont de contrebande, et dont le transport a esté de tout temps, et est encore prohibé et deffendu par les lois de l'un et de l'autre royaume, dont sera baillé estat de part et d'autre.

15. Item, a esté accordé, qu'au cas qu'il se trouve aucun vaisseau venant d'Angleterre en France, ou de France en Angleterre chargé de plus grande quantité de marchandise que celle pour laquelle il aura payé et acquitté les droits deus à l'un et à l'autre prince, ladite quantité non acquittée sera seulement saisie et confisquée, et non

le surplus desdites marchandises, s'il ne se trouve parmy des marchandises de contrebande prohibées et deffenduës en l'un et l'autre royaume, auquel cas les ordonnances de l'un et l'autre prince seront observées.

16. Aussi a eté accordé, que les habitans des isles de Zerzay et Guernezay pourront librement et seurement passer et traficquer dans le royaume de France, et jouyront de pareils privileges dont les François jouyssent esdites isles, en payant toutefois par les uns et les autres les droits appartenans à l'un et à l'autre prince.

17. Sera rendu aux subjects de sa Majesté de la grand' Bretagne en leurs causes et procés prompte et briefve justice, et mandé és officiers des ports et havres de Normandie, Bretagne et de la Guyenne, de les traicter favorablement; et où il y auroit quelque affaire d'importance, sa Majesté tres-chrestienne enjoint son Conseil d'en prendre la cognoissance, ou leur pourvoir de juges non suspects. Comme aussi le semblable sera faict par le Roy de la grand'Bretagne aux subjets de sa Majesté tres-chretienne se trouvans en Angleterre et y demandans justice.

18. Les subjets de sa Majesté tres-chrestienne entrans aux ports de mer dudit pays d'Angleterre, ne payeront cy-apres le droit de cocquet plus que les naturalisez Anglois.

19. Les subjets de sa Majesté tres-chrestienne et ceux de sa Majesté de la grand'Bretagne qui seront par tourmente, fortune de mer, ou contrainte de guerre, contraints jetter l'ancre dans aucuns ports et havres de l'un et l'autre royaume, ne seront tenus de payer aucun droict, ny pour l'entrée, ny pour la sortie de leurs marchandises, à la charge toutes fois que le maistre du navire ou marchand facteur, seront tenus le mesme jour ou le lendemain de leur arrivée faire recognoistre aux officiers de la justice de l'un et l'autre royaume, appelé le commis du fermier, la verité et l'occasion de leur entrée audit havre, et mesmes

exhiber leur charte partie, si besoin est, à la charge aussi de sortir au premier temps convenable; et si pendant le sejour ils sont contraints de vendre leur marchandise, ou partie d'icelle par necessité, ou autrement, ils seront tenus d'en payer les droits pour la quantité qu'ils en auront vendu, et pour le surplus, pourront le transporter comme dessus.

20. Et voulant sa Majesté tres-chrestienne faire cognoistre de plus en plus l'estime qu'elle fait de l'amitié du Roy de la grand'Br. son bon frere, et le desir qu'elle a de bien et favorablement traicter ses subjets traficquants et demeurans en France, et aussi en faveur du commerce et trafic, encor que le droict d'aubeine soit un des plus anciens privileges de son royaume, neantmoins sadite Majesté tres-chrestienne a permis et permet aux marchands anglois, leurs facteurs et tous autres subjets du roy de la grand'Bretagne, de disposer à leur volonté, soit contre vifs, ou pour cause de mort, de toutes leurs marchandises, argent, monnoye, debtes, et tous biens meubles qu'ils auroient és pays de l'obeyssance de sa Majesté tres-chrestienne, et qu'apres leur mort, soit qu'ils ayent testé ou non, leurs heritiers leur puissent succeder, selon les lois d'Angleterre, tellement que par droict d'aubeine leurs biens ne puissent estre confisquez à l'advenir.

21. Semblablement a esté accordé aussi, que les François disposeroient à leur volonté de leurs biens qu'ils auront en Angleterre, Escosse et Irlande, et autres pays de l'obeyssance du Roy de la grand'Bretagne, soit par mort ou autrement, et qu'apres leur mort, soit qu'ils ayent testé ou non, leurs heritiers instituez ou legitimes leur succcederont selon les lois de France, pourveu toutes fois que les testamens et prochaines successions, tant des subjets du Roy de France, que du Roy de la grand'Bretagne soient legitimement prouvées, ou en France, ou en Angle-

terre, sçavoir au pays des deux princes où ils seront decedez.

22. Et en attendant que justice se face des pirateries et depredations pretenduës avoir esté faictes de part et d'autre par les subjets de l'un et l'autre royaume, à quoy faire sera pourveu le plus promptement que faire se pourra, a esté conclu, que toutes les lettres de marque et de represaille, qui ont esté cy-devant expediées par l'un et l'autre prince, seront surcises, sans qu'elles se puissent executer de part ny d'autre, jusques à tant qu'autrement en ait esté advisé par le Conseil de l'un et l'autre prince, et que pour l'advenir ne seront expediées aucunes lettres de marque et de represaille, que premierement l'ambassadeur resident prez de l'un et l'autre des princes ne soit adverty, et qu'elles n'ayent esté veuës et deliberées au Conseil de l'un et l'autre prince, seellées de leurs grands seaux, et que toutes les solennitez en tels cas requises n'y ayent esté gardées et observées.

23. Pour la fin, a esté conclu et accordé, que le present traicté sera ferme et stable, et entretenu tant et si longuement, que l'alliance et mutuelle amitié et intelligence durera entre lesdits Roys, et leurs successeurs, et que ce traicté aura le sens et intelligence que la force et proprieté des paroles represente, et ne recevra aucune interpretation qui puisse changer ou empescher en façon quelconque la force, forme, et effect des paroles claires et simples, exprimées par ce traicté; mais que toute subtile recherche et invention rejettée, qui a accoutumé de subvertir la sincere et concorde intention des contractans; que ce qui a esté accordé et geré par ce traicté sera aussi entierement et sincerement gardé, entretenu, et observé.

24. Lesquels articles cy-dessus contenus, et chacun d'iceux ont esté traictez, passez, et accordez entre nous susdits deputez, en vertu de nos pouvoirs et commissions

le tout soubs le bon plaisir et vouloir de leurs dites Majestez. Et nous deputez du Roy tres-chrestien, avons promis et promettons que sa M. tres-chrestienne ratifiera, approuvera, et authorisera tous et chacuns les articles contenus au present traicté par lettres patentes, signées de sa main, et seellées de son grand seau, qui seront verifiées ou besoin sera. Lettres de ratification en forme suffisante et valable, ledit Roy tres-chrestien fera bailler et delivrer dans trois mois du jour et datte des presentés à l'ambassadeur de sa Majesté de la grand'Bretagne resident prés sa Majesté tres-chrestienne qui sera garny de suffisant pouvoir pour les recevoir.

Et semblablement, nous susdit ambassadeur et depulé du Roy de la grand'Bretagne, avons promis et promettons que tout ce que par ces articles ledit Roy tres-chrestien est tenu de faire et accomplir, ledit Roy de la grand'Bretagne fera et accomplira le mesme, et ratifiera et approuvera le present traicté dans le mesme tems, et en la mesme forme et maniere que dessus, si leursdites Majestez l'ont pour agreable.

En foy et tesmoignage de chacune lesquelles choses, nous commissaires deputez, avons soubs-signé de nos mains le present traicté, et iceluy muny et confirmé par l'apposition de nos seaux. Faict à Paris le 24e jour de février, 1606. Signé HURAULT, DE THUMERY, et PARRY, avec un cachet des armes de chacun desdits sieurs.

Sçavoir faisons, que nous desirans ambrasser de bonne foy tous les moyens d'entretenir et accroistre la bonne et sincere amitié et correspondance qui est entre nous et nostredit frere, et n'obmettre aucune chose qui puisse servir à faciliter ledit commerce, avons le contenu audit traicté cy-dessus escrit en tous ses poincts et articles aggreé, ratifié et approuvé, aggreons, ratifions, et approuvons par ces presentes, promettant en foy et parole de Roy de l'entretenir et observer inviolablement, sans jamais aller, venir, directement ou indirectement, au contraire. En témoignage dequoy, nous avons à ces presentes signées de notre main, faict mettre et apposer notre seel. Donné à Fontainebleau le 26ᵉ jour de may, l'an de grace 1606. Et de nostre regne le 17ᵉ.

Signé HENRY. Par le Roy estant en son Conseil, DE NEUFVILLE.

Confirmation du Roy Louys XIII

Louys par la grace de Dieu Roy de France et de Navarre, à nos amés et feaux conseillers les gens tenans nos cours de Parlements de Bordeaux, Roüen et Rennes, salut : Le feu Roy Henry-le-Grand, nostre tres-honoré seigneur et pere, pour continuer et augmenter de plus en plus la bonne amitié et intelligence qui estoit entre luy et notre tres-cher et tres-amé bon frere, cousin et ancien allié, le Roy de la grand'Bretagne, et procurer le bien et commodité de nos royaumes, mesmement en ce qui concerne le traffic et commerce de nos communs subjets, auroit traicté avec nostredit frere le vingt-sixiesme de may, mil six cents six. Ce que desirans pareillement entretenir, et accroistre la bonne et sincere amitié et correspondance qui est entre nous et nostredit frere, et n'obmettre aucune chose qui puisse servir à faciliter ledit commerce, nous avons ledit traicté cy attaché soubs nostre contre-seel, entant que le besoin est ou seroit, ratifié, aggreé, et approuvé, ratifions, aggreons, et approuvons par ces presentes, par lesquelles vous mandons, et à chacun de vous enjoignons, qu'ayez à iceluy émologuer, registrer, et faire executer et entretenir par tous nos subjects de poinct en poinct selon la forme et teneur, sans qu'il en soit innové aucune chose, car tel est nostre plaisir. Donné à Fontainebleau le 14ᵉ jour d'avril, l'an de grace, 1623. Et de nostre regne le treiziesme. Signé, Louis. Par le Roy, Brulart[1].

1623

[La peste à Rouen][2]

Durant cet esté, la peste fut fort à Roüen, en plusieurs villes de la Picardie et à Paris, ce qui fut cause que le Roy et la cour passerent l'esté et l'automne à S. Germain et aux belles maisons de l'Isle de France.

1623

Histoire veritable d'un estrange accident advenu à Alençon en l'execution à mort de deux faux monnoieurs, l'un catholique et l'autre de religion protestante [3].

Voicy le recit d'un accident arrivé à Alençon, veritable, et qui peut passer pour espece de miracle.

Le neufiesme jour d'octobre de la presente année 1623, deux hommes ayans esté condamnez en la ville d'Alençon à estre pendus et estranglez par sentence du prevost, pour avoir esté atteints et convaincus d'avoir fait de la fausse monnoye, l'un d'iceux estant catholique, qui se nommoit Thomas Chappelaine dit les Fontaines, maçon, de la par-

---

[1] Les hostilités qui eurent lieu entre la France et l'Angleterre lors de la guerre contre les protestants, en 1627 et 1628, eurent pour résultat de suspendre les effets de ce traité de commerce. Le traité de Suze, conclu le 24 avril 1629, entre les deux pays, pour le rétablissement du commerce, ramena l'état de choses antérieur à la guerre. Ce traité mentionne la restitution de deux vaisseaux anglais placés dans le port de Dieppe.

[2] T. IX, p. 673.
[3] T. X, 1e partie, pp. 19-21

roisse des Sept-Freres, apres avoir bien et deuëment confessé ses pechez, et receu l'absolution d'iceux, fut executé le premier, et mourut à l'ordinaire, laissant en mourant à un chacun des signes tres-evidens de son salut, pour la grande repentance qu'il fist paroistre en ceste action, advoüant avec un sensible regret son crime, et en demandant du profond de son cœur pardon à Dieu, au Roy, et à la justice. L'autre criminel qui estoit de la religion pretenduë reformée, nommé Michel Thomas dit Houssaye, de la parroisse Sainct Pierre du Regard, vicomté de Vire, ayant esté conduit au supplice par un ministre, et encouragé de supporter courageusement la mort dont son forfait l'avoit bien rendu digne, enquis juridiquement de la verité du faict, ne voulut jamais rien advoüer, tenant tousjours ferme dans le desadveu de son crime, tellement que sans rien confesser il fut jetté de dessus l'echelle par l'executeur; mais au mesme instant (chose de tout admirable et inouye) sans que les cordes fussent tant soit peu rompuës ou froissées, on veit sa teste se separer de son corps, et comme couppée avec un rasoir, tomber d'un costé, et le corps de l'autre, la langue mesme demeurant attachée au corps; dequoy tous les assistans demeurerent fort estonnez. Aussi celuy qui a faict imprimer le recit de cet accident dit, que tous ceux qui sçauront quelque chose de la composition et œconomie du corps humain, verront facilement que cet accident n'estoit point naturel mais qu'il venoit de plus haut, c'est à sçavoir, de Dieu, lequel tres-juste, et encore plus misericordieux envers ses creatures, avoit voulu permettre ce signe et prodige, pour esmouvoir les desvoyez à la poursuitte et juste inquisition de leur salut, et leur apprendre qu'il ne falloit pas attendre au dernier poinct de sa vie à se recognoistre, où le plus souvent il ne faict pas la grace aux pecheurs de se convertir; mais tandis que nous sommes libres et jouyssants de ses faveurs, que l'on se doit amoureusement retourner vers luy, afin de recevoir les doux fruicts de sa misericorde.

Aussi ceux qui veirent ce corps qui fut mis au gibet d'Alençon, auquel la langue tenoit séparée de la teste, en feirent diverses conjectures, pour les paroles qu'il avoit dites contre la croyance de l'eglise catholique, tant sur l'invocation de la Vierge, à ceux qui l'admonestoient de la reclamer à l'heure de la mort, que sur ce qu'il mourut sans avoir voulu confesser par sa langue le peché dont il n'estoit que trop convaincu.

1623

Arrest du Conseil privé du Roy, portant defenses aux eschevins et habitans de Pontoise de donner l'administration de leur college aux peres jesuites [1].

Les eschevins et habitans de Pontoise ayant dés l'an 1604 obtenu lettres patentes du Roy, pour fonder et doter en leur ville une maison de probation ou noviciat de jesuites, et depuis, sçavoir en l'an 1614, le feu cardinal de Joyeuse, qui avoit par engagement le domaine de Pontoise, ayant aussi obtenu permission du Roy d'y fonder et doter une maison de jesuites, l'execution ne s'en estant peu faire pour quelques considerations, en fin l'an 1621, lesdits eschevins et habitans eurent nouvelles lettres patentes, pour donner le gouvernement et l'administration du college de Pontoise aux peres jesuites, avec clauses que la cognoissance des oppositions ou appellations qui s'en feroient, estoit reservée au Conseil. Cela fit resveiller le recteur de l'université de Paris, qui obtint commission du Conseil pour estre reçeu opposant à l'es-

[1] T. X, 1re partie, pp. 403-406.

tablissement de ce college qui seroit trop proche de ceste grande université, sur laquelle opposition intervint l'arrest suivant au commencement de ceste année :

Entre les eschevins, bourgeois et habitans de la ville de Pontoise, demandeurs en execution des lettres patentes de sa Majesté des 21 mars et 18 septembre 1621, et en requeste verbale du 27 juillet dernier, d'une part, et les recteur, doyens, procureurs et supposts de l'université de Paris, deffendeurs et opposans d'autre ; et entre lesdits recteur, doyens, procureurs et supposts, demandeurs en requeste verbale dudit jour 27 juillet dernier, d'une part, et lesdits eschevins et habitans de Pontoise, deffendeurs d'autre, et les prevost des marchands et eschevins de la ville de Paris intervenans ; veu par le Roy en son Conseil lesdites lettres patentes du mois de mars 1621, par lesquelles sa Majesté auroit permis ausdits habitans de Pontoise de donner et laisser le gouvernement et administration de leur college aux peres jesuites, avec tous les biens et revenus qui en dependent, à la charge d'instruire et enseigner la jeunesse tant en la pieté que bonnes lettres et sciences, le tout neantmoins sous les charges et conditions expresses portées par l'edict du mois de septembre 1614 et aux charges et conditions mentionnées par lesdites lettres ; celles dudit 18 septembre audit an 1621 obtenuës par lesdits habitans pour l'execution desdites premieres lettres, nonobstant oppositions ou appellations quelconques, dont la cognoissance auroit esté reservée au Conseil ; appoinctement à communiquer, escrire et produire dudit jour 27 juillet, contenant la requeste verbale desdits habitans de Pontoise, à ce que retenant et jugeant la cause au Conseil, lesdits recteur et supposts fussent deboutez de l'opposition par eux formée à l'execution desdites lettres, et celle desdits recteurs et supposts, à ce que conformément à leurs privileges, les parties fussent renvoyées au Parlement de Paris, pour proceder sur ladite opposition ; escritures et productions desdits eschevins et habitans de Pontoise, et desdits recteur et supposts de l'université ; requeste d'intervention dudit prevost des marchands et eschevins du quatriesme decembre dernier, qu'ils avoient employé pour toutes escritures et productions ; autres lettres patentes addressantes audit parlement, portant permission ausdits habitans de Pontoise, de fonder et doter une maison de probation ou noviciat des jesuites en ladite ville, du mois de fevrier 1604 ; autres lettres patentes du mois de septembre 1614 obtenuës par le feu sieur de Joyeuse, portant permission de fonder et doter une maison de jesuites en ladite ville de Pontoise ; commission obtenuë par lesdits recteurs et supposts audit Parlement du 4 may dernier, pour estre receus opposans à l'establissement du nouveau college, que lesdits habitans pretendoient faire en ladite ville de Pontoise, avec l'esploit de signification et assignation audit Parlement du 8 dudit mois ; extraict des privileges de ladite université, avec les lettres patentes et arrests de confirmation d'iceux ; ensemble autres arrests de renvoy de leurs differends audit Parlement, en consequence desdits privileges ; sentences, actes et procedures faites par devant le baillif de Senlis ou son lieutenant à Pontoise, sur le reglement et administration dudit college, et tout ce que par lesdites parties a esté mis et produit par devers le sieur de Ryantz conseiller du Roy en ses Conseils, et maistre des requestes ordinaires de son hostel commissaire deputé, ouy son rapport, tout consideré, le Roy estant en son Conseil a evoqué à soy et à sa personne le proces et differend des parties, et y faisant droict, a debouté lesdits habitans de Pontoise de l'enterinement desdites lettres des 21 mars et 18 septembre 1621, lesquelles en tant que besoin seroit, sa Majesté a revoquées et revoque, avec deffenses de s'en ayder, et sans despens. Fait au Conseil privé du Roy tenu à Paris, sa Majesté y estant, le 13e jour de fevrier. DE LOMENIE.

Ainsi l'establissement d'un college de peres jesuites à Pontoise fut jugé n'estre pas necessaire, et qu'il importeroit grandement à l'université de Paris, puisque les jesuites mesmes y avoient trois maisons, un college en l'université, la maison professe de S. Louys dans la ville, et leur noviciat aux fauxbourgs S. Germain [1].

[1] En décembre 1622, les jésuites avaient obtenu pour leur collège de Tournon le privilège que possédaient les universités de pouvoir donner les degrés de maîtrise, le doctorat et la nomination des gradués. Les universités de Valence, Toulouse et Cahors formèrent opposition, et la première fit appel à toutes les universités de France. L'université de Caen intervint, ainsi que l'atteste la mention suivante (t. X. p. 455) : « Autre requeste d'intervention des recteur, doyens et supposts de l'université de Caen, receus parties intervenantes le 22 dudit mois de juin dernier (1624).» Un arrêt du Conseil privé (t. XI, p. 110) du 27 mars 1626 déclara les recteur, doyens et supposts de l'université de Caen reçus parties intervenantes ; l'affaire fut renvoyée au Parlement de Toulouse qui donna gain de cause aux universités et défendit aux jésuites de donner des grades. — Le tome X du *Mercure françois* contient encore, p. 703, des *Lettres patentes de commission du Roy portant l'establissement de juges ordonnez pour tenir la chambre de justice et leur pouvoir, avec les noms d'iceux*, datées de S. Germain-en-Laye, 24 octobre 1624. Parmi les commissaires figure « Bouchart conseiller en nostre cour de Parlement de Rouen. » — Lanfranc Bouchart, vicomte de Blosseville, fils d'Alexandre Bouchart et de Rachel Dumoucel, fut reçu conseiller au Parlement de Normandie le 17 janvier 1629, et épousa en 1633 Louise de Bretignières, fille de François de Bretignières, procureur général au même Parlement.

1624

Mort du sieur de Breauté [1]

En l'an 1600, le sieur de Breauté [2] gentilhomme françois, estant avec la compagnie de cavalerie en garnison dans Gertruydemberge [3], eut une querelle avec le lieutenant [4] de Grobendonc [5], gouverneur de Bosleduc [6], pour terminer laquelle ils en vinrent en un combat de vingt contre vingt, auquel, bien que Breauté eut d'abord tué ledit lieutenant de Grobendonc son ennemi, toutes fois les siens ayans pris la fuite, il fut prins prisonnier avec un sien cousin par les soldats de Grobendonc, et menez à Bosleduc, où Grobendonc ayant entendu la nouvelle de la mort de son lieutenant les fit tuer de sang froid. Dequoy le sieur de Breauté son fils [7] se voulant ressentir en ce

---

[1] T. X, pp. 793-694.

[2] Pierre, sire de Bréauté, châtelain de Néville, etc., fils d'Adrien (II) sire de Bréauté, etc., et de Suzanne de Monchi, né 1580, mestre-de-camp et capitaine général du régiment de Normandie, tué 5 février 1600. — V. M. R. d'Estaintot, l'*Anniversaire de Messire Adrian de Bréauté*, etc., introduction, pp. XLIII-XLVI (Publication de la Société des Bibliophiles normands), et M. L. de Duranville, *Pierre de Bréauté* dans le *Précis de l'Académie de Rouen*, 1880-1881, pp. 228-250.

[3] Dans le Brabant septentrional (Hollande), sur le Biesboch.

[4] Bréauté avait adressé son cartel non pas au lieutenant de Grosbendonck, Liber'biken, mais à Grosbendonck lui-même, qui se fit remplacer par son lieutenant.

[5] Le comte de Grosbendonck descendait d'Erasme Schetz, qui fonda à Anvers, au commencement du XVIe siècle, une importante maison de commerce et acquit en 1545 la terre de Grosbendonck, que Charles-Quint érigea en comté.

[6] Bois-le-Duc, chef-lieu du Brabant septentrional.

[7] Adrien-Pierre, sire de Bréauté, etc., fils de Pierre et de Charlotte de Harlay, premier écuyer de Marie de Médicis, né 8 janv. 1599, tué à Bréda 5 oct. 1624.

siege de Breda ¹ contre le fils de Grobendonc qui estoit en l'armée de Spinola, ils dresserent leur partie pour venir en une escarmouche de pareil nombre, en laquelle le sort des armes tomba sur Breauté, qui y fut tué; ce qui a fait escrire à quelques-uns, que c'estoit un malheur à ceux de ceste maison de finir leurs vies par mains espagnoles ou espagnolisées.

1625

[*Députés du Clergé de Normandie à l'Assemblée générale du clergé de France*] ²

Sur la fin du mois (mai) l'Assemblée generale du Clergé, pour leurs comptes des decimes, se tint aux Augustins à Paris, en laquelle il y avoit plus de deputez qu'en aucune autre qui se soit cy-devant tenuë pour ce sujet; voicy leurs noms, suivant l'ordre des provinces ecclesiastiques.

....

De la province de Rouen

François de Harlay, archevesque de Roüen, primat de Normandie.

François Pericard, evesque d'Avranches.

Jacques d'Angennes, evesque de Bayeux.

Louys de Brutel ³, sieur d'Auberbescq, haut-doyen et

---

¹ Place forte du Brabant septentrional.

² T. XI, 11ᵉ partie, pp. 631-632.

³ Louis de Bretel, sʳ d'Auberbosc, fils de Louis de Bretel, sʳ de Lanquetot et de Gremonville, conseiller au grand Conseil et président au Parlement de Normandie, et de Françoise le Roux, fille de Claude le Roux, sʳ du Bourgtheroulde. Louis de Bretel fut conseiller-clerc au Parlement de Normandie en 1609, abbé de Sainte-Marie d'Aulnay et de Saint-Victor, haut doyen du chapitre de Rouen en 1624, archevêque d'Aix en 1630, et mourut 26 mars 1644.

chanoine de Roüen, abbé de Nostre-Dame d'Aulnay, et de Sainct-Victor.

François Aubert[1], conseiller clerc au Parlement de Normandie.

Robert de Boulanc[2], prieur du Parc, et premier aumosnier ordinaire de la royne mere du Roy.

De Breteville, chancelier et official de l'archevesché et diocese de Roüen, et agent nouveau.

1625

[*Demandes relatives à la Normandie extraites du*] *Cahier general de ceux de la Religion pretenduë reformée, presenté à Fontainebleau au mois de juillet 1625*[3].

SIRE, les deputez generaux de vos tres-humbles subjets faisant profession de la religion vous demandent en toute humilité pour tous vos subjets, le moyen de pouvoir en servant votre Majesté, servir Dieu librement et seurement suivant vos edicts de pacification, et pour cet effect ordonner.

Premierement, que l'exercice de ladite religion sera restably ez villes et lieux de..... Quillebeuf, Pontorson[4] ..... et generalement où il estoit en l'année 1620, et

---

[1] François Auber, sr de la Haye, conseiller en 1617, mort en 1681.

[2] Parmi les députés aux Etats de Normandie d'oct. 1603, on trouve « Me Robert Boullenc, presbtre, prieur du Parc et chanoine de l'eglise cathderale N. D. d'Evreux, deputé pour l'eglise du bailliage dudit Evreux ». Aux Etats de nov. 1608, dont il est nommé président, il est désigné comme archidiacre de l'église cathédrale d'Evreux. V. M. Ch. de Beaurepaire, *Cahiers des Etats de Normandie sous le règne de Henri IV*, etc., t. II, pp. 230, 231, 318, 319, 320.

[3] T. XI, IIe partie, pp. 862-863 et 864.

[4] Après la démolition des fortifications de la ville et du château de de Pontorson, Louis XIII avait confirmé les priviléges des habitants par des lettres patentes datées de Saint-Germain-en-Laye, oct. 1623; mais il avait interdit de rétablir le prêche dans cette ville.

autres lieux où il devoit estre par l'edict de Nantes, avec pouvoir de rebastir leurs temples.

L'intention de sa Majesté a tousjours esté que l'exercice de la religion pretenduë reformée fust establi aux lieux où il estoit establi suivant l'edict de Nantes avant l'année mil six cents vingt, lors que la guerre a esté commencée en ladite année, ayant sa Majesté cy-devant deputé des commissaires tant catholiques, que de ladite religion pret. reformée par les provinces de son royaume pour pourveoir audit restablissement. Veut sa Majesté que les ordonnances par elle données sur ce suject soient mises en execution. Et où il seroit intervenu partage entre eux qu'il seroit vuidé en son Conseil suivant la teneur desdits edicts. Quand aux lieux où lesdits commissaires n'ont point esté, sera addressé commission à des officiers des lieux qui seront choisis par sa Majesté, catholiques et de la religion pretenduë reformée, pour y pourvoir le plus promptement et favorablement qu'il se pourra, entendant sadite Majesté qu'apres le jugement qui aura esté donné par lesdits commissaires, l'execution s'en face par provision attendant le jugement de l'appel s'il y en eschet.

....

III. Suivant le 5ᵉ article dudit edict de Nantes et premier des articles secrets, que les ministres de ladite religion puissent vivre et demeurer en toutes les villes et lieux de vostre royaume, et que ceux qui en ont esté chassez seront restablis nommément à Honfleur, au Havre de Grace, et Argenton.

Sa Majesté veut que le 5ᵉ des articles de l'edict de Nantes, et le premier des secrets, soit exactement gardé et observé en faveur des suppliants et des ministres de leur religion. Et s'il est arrivé quelques contraventions en aucuns endroits particuliers, lors que sa Majesté sera informée des causes en son Conseil, elle y fera pourvoir suivant les edicts.

1626

Querelle du colonel d'Ornano avec le marquis de la Londe, pour le gouvernement de Chasteau-Gaillard[1].

A la fin de l'année 1625, le mardy des festes de Noël, Mre François de Bigars, sieur et marquis de la Londe[2] en Normandie, fit appeler en duël par le sieur d'Angerville qui le secondoit, le colonel Mre Jean Baptiste d'Ornano, à raison du tort qu'il lui faisoit de lui retenir injustement le gouvernement de Chasteau-Gaillard, dont il avoit traicté, composé et baillé recompense. Sur le bruit de cet appel, et que le colonel avoit pris son second frere[3] pour le seconder, Monsieur frere du Roy parut tout aussi tost avec la plupart des princes et seigneurs de la cour (attendu que ledit sieur d'Ornano estoit son gouverneur, *voire l'aymoit affectionnément, et avec passion*) et alla en personne trouver le Roy pour lui demander justice contre le

---

[1] T. XII, 1re partie, pp. 428-430.

[2] François de Bigars, marquis de la Londe, fils d'Antoine de Bigars, s^r de la Londe, qui avait été nommé bailli de Rouen, le 10 novembre 1590, après la mort du comte de Carrouges, et qui fut ensuite « lieutenant au gouvernement des bailliages de Rouen, Evreux et Gisors en l'absence de monseigneur l'admiral. » (V. M. le vic. R. d'Estaintot, *La Ligue en Normandie*, p. 276.) François de Bigars épousa Renée de Médavy, qui mourut après lui, le 23 mars 1645. Leur fille Catherine fut mariée à Nicolas le Cordier, s^r du Tronc, président en la chambre des Comptes de Rouen, qui reçut ainsi le marquisat de la Londe.

[3] Le colonel d'Ornano eut trois frères : Henri-François-Alphonse, s^r de Mazargues, premier écuyer du duc d'Orléans; Pierre, abbé de Sainte-Croix de Bordeaux, puis mestre-de-camp du régiment du duc d'Orléans; Joseph-Charles, abbé de Montmajour-les-Arles, puis maître de la garde-robe du duc d'Orléans.

marquis de la Londe qui avoit fait appeller son gouverneur; ce qu'il continua cinq jours durant. Monsieur fut aussi au mesme temps voir la Royne sa mere, à laquelle il dit: *Madame, je vous supplie avoir esgard à la treshumble priere que je vous fais pour le colonel d'Ornano, et ne vous porter et favoriser en aucune façon le marquis de la Londe; son feu pere a esté du tout contraire au deffunct Roy mon pere du temps de la Ligue et fit revolter la ville de Roüen, et la plus grande partie de la Normandie.* A quoy la Royne mere sagement et prudemment respondit: *Mon fils, s'il falloit hayr tous ceux qui ont esté de ce party, il faudroit hayr toute la France, laquelle sembloit se porter à des passions et affections qui ne sont nullement à propos de renouveler veu qu'à present elle est bien unie et du tout au service du Roy.* Apres cela le Roy print la parole, et dit, qu'il vouloit que ceste querelle se terminast avec toute sorte de douceur, et amitié. Surquoy MM. les mareschaux de France lors en cour, à l'ouverture que leur en fit le mareschal d'Aubeterre[1] par le commandement du Roy, l'accord et la reünion se fit entre les deux contendans, et ce à la grande salle du Louvre.

Apres cela Monsieur frere du Roy ne laissa pas de continuer ses prieres et supplications au Roy pour donner audit sieur colonel d'Ornano un office de mareschal de France[2], afin qu'il fust exempt de se battre en duel; à

---

[1] François d'Esparbez de Lussan, baron de la Serre, fils de Jean-Paul d'Esparbez, sr de Lussan, et de Catherine-Bernarde de Montaigu, dame de la Serre, devint vicomte d'Aubeterre par son mariage 12 août 1597, avec Hippolyte Bouchard, fille unique de David Bouchart, vicomte d'Aubeterre, mort en 1593, et de Renée de Bourdeille. Il fut créé maréchal de France en 1620 et mourut en janvier 1628.

[2] D'Ornano avait été créé maréchal le 7 avril 1626; dans la nuit du 4 au 5 mai, il fut arrêté et enfermé à Vincennes, où il mourut la

quoy sa Majesté se laissa aller, et dés le lendemain il crea mareschal de France ledit sieur d'Ornano. Ce fut donc au marquis de la Londe d'obtemperer et obeyr au susdit accord (lequel sans ceste dignité de mareschal n'eut sçeu estre de durée) comme il fit fort sagement, à la volonté du Roy son souverain ; ce qui ne se peut interpreter qu'à sa gloire et à son honneur.

1626

Mort du marquis de Maulny [gouverneur de Caen]; ses estats et gouvernements à qui donnés [1].

Le marquis de Maulny, capitaine des gardes, premier escuyer de la royne regnante, gouverneur de la ville et chasteau de Caën, estant decedé, le Roy donna son gouvernement de Caën au comte de Tresmes [2], l'un des capitaines des gardes, son estat de premier escuyer au sieur

---

même année. Voici ce que renferme le *Mercure*, t. XII, p. 177, au sujet de la remise des places qu'il tenait entre les mains du roi : « Ledit sieur mareschal d'Ornano estoit gouverneur sur le Rosne des villes de Pont-Saint-Esprit, Tarascon et Saint-André ; et sur la Seine, du Pont-de-l'Arche et de Honfleur. Le Roy desirant estre asseuré de ces places, luy fit rescrire à ses lieutenans qu'ils eussent à les rendre entre les mains de ceux que sa Majesté y envoyeroit : il leur rescrivit de le faire ; et mesmes aux capitaines des chasteaux qui appartenoient à sa femme, comme comtesse de Montlor, leur mandant de les rendre aussi à ceux que le Roy y envoyeroit pour y commander. »

[1] T. XII, 1re partie, pp. 435-436.
[2] René Potier, comte de Tresmes, baron de Gesvres, fils de Louis Potier, s^r de Gesvres, secrétaire d'Etat et de Charlotte Baillet, capitaine aux gardes du roi, lieutenant général au gouvernement de Champagne, chevalier des ordres du roi 1619, créé duc de Tresmes, 1648, mort 1er février 1670.

du Hallier[1], aussi capitaine des gardes : ainsi les estats et gouvernements qu'il possedoit seul furent donnez à deux desdits capitaines des gardes.

1627

Le sieur du Hallier, capitaine des gardes arreste Montpeinson et l'envoie à la Bastille par Fouquerolles[2].

Je vous diray aussi que le… du mois de may, Monsieur de Hallier capitaine des gardes et de service, a arresté le sieur de Montpeinson[3] gentil-homme normand, et l'a fait mener à la Bastille par le sieur de Fouquerolles,

---

[1] François de l'Hospital, sr du Hallier, comte de Rosnay, etc., fils de Louis de l'Hospital, sr de Vitry, et de Françoise de Brichanteau, né en 1583. D'abord abbé de Sainte-Geneviève de Paris, choisi même par Henri IV pour être évêque de Meaux, il renonça à la vie ecclésiastique, entra aux gendarmes de la garde, assista, lors de l'arrestation et du meurtre du maréchal d'Ancre, son frère aîné Vitry qui lui céda sa charge de capitaine des gardes, fut nommé maréchal des France et gouverneur de Brie et Champagne, puis de Paris en 1643; c'est alors qu'il quitta le nom de du Hallier sous lequel il était connu, pour celui de maréchal de l'Hospital. Il mourut le 20 avril 1660. Il s'était distingué pendant la guerre de Trente ans et particulièrement à Rocroy, où il était lieutenant général du duc d'Anguien.

[2] T. XIII, 2º partie, p. 373. — Ceci est donné par l'auteur du *Mercure* comme extrait d'une lettre familière d'un gentilhomme français à un sien ami.

[3] Les mémoires du cardinal de Richelieu parlent à deux reprises de Montpinson. A propos du projet formé par Travail d'assassiner le duc de Luynes, qu'il accusait d'avoir mal reconnu ses services, on lit (l. VIII, p. 434) : « Comme il vit son esprit assuré et hors du soupçon de l'offense qu'il avoit reçue, il fait provision d'un cheval qu'il recouvre par l'entremise de Bréauté et de Montpinçon. » Plus loin, les Mémoires constatent (l. XVII, p. 66) que « Montpinçon avoit donné avis à l'abbé de Foix qu'il y avoit deux hommes qui cherchoient l'occasion d'attenter contre la personne du cardinal. »

enseigne d'une compagnie des gardes du corps. C'est tout ce que j'en ai pu apprendre.

1627

Ordre et diligence [en Normandie] du cardinal de Richelieu pour le secours de la citadelle S. Martin de Ré[1].

Suivant donc les commandements du Roy, ledit sieur Cardinal fit diligence d'envoyer dans tous les lieux necessaires, pour tirer et assembler tout ce qui seroit de besoin au secours de la citadelle.

Premierement il envoya au Havre de Grace et à Diepe commissions et argent, pour faire armer les vaisseaux qui s'y trouveroient, conformément à l'estat qui en fut resolu au Conseil. . . . .
. . . .

Sur la fin du mois de juillet et durant le mois d'aoust on ne voyoit que courriers par la campagne, et diverses personnes envoyées par ledit sieur cardinal, sur les costes de la mer, et autres lieux, d'où on pouvoit avoir des secours pour l'isle de Ré.

L'evesque de Mande[2] fut envoyé au Havre de Grace avec argent pour faire partir les vaisseaux, et fournir tout ce qu'il conviendroit pour les vivres. Peu de temps apres fut depesché un courier pour faire partir sur le champ les vaisseaux, et se rendre à Brest ou à Morbihan[3], et autre

[1] T. XIV, 1re partie, pp. 3, 7-8, 34-35, 37-38, 42.

[1] Daniel de la Mothe-Houdancourt, fils de Philippe de la Mothe-Houdancourt et de Louise-Charles du Plessis-Piquet, évêque de Mende, grand aumônier de Henriette-Marie de France, mort 5 mars 1628.

[3] Petit port de mer sur le golfe de même nom, près de la ville de Vannes.

courier aussi-tost pour chercher le canon en toutes les places non frontieres, pour armer les vaisseaux qui estoient demeurez à Diepe non armez.

. . . .

Le douziesme septembre l'abbé de Marsillac [1] fit partir un vaisseau de 70 tonneaux, nommé le Poste, conduit par Beaulieu [2] de Normandie, avec une barque et une chate chargez de toutes sortes de vivres, munitions de guerre, medicaments, souliers, bas et chemises; le vaisseau alla jusques à la portée du mousquet prés la citadelle, et toutefois il alla relascher en la riviere de Maran [3]; la barque et la chate furent prises par les Anglois, les capitaines blessez et prisonniers, et presque tous les matelots tuez.

. . . .

[1] Sylvestre de Cruzy, abbé de Marsillac, était attaché en qualité de maître de chambre au cardinal de Richelieu qui l'avait en grande estime. « Il travaille, dit-il (*Mémoires*, l. XVIII, p. 352), avec une affection incroyable à ce qui lui est commandé. » Richelieu le récompensa de son zèle en le nommant évêque de Mende après la mort de Daniel de la Mothe-Houdancourt.

[2] Augustin de Beaulieu, né à Rouen, alla en 1512, avec le chevalier de Briqueville, fonder une colonie sur la rivière de Gambie; il échoua dans cette entreprise, ayant perdu presque tous ses hommes. En 1616, Beaulieu commande un navire pour la compagnie de commerce des Indes orientales; en 1619, il est général de la flotte de cette compagnie. Richelieu l'emploie en 1627-1628, comme on le voit dans le *Mercure*, au siège de la Rochelle. Envoyé plus tard sur la *Sainte-Geneviève* aux îles de Lérins, avec l'armée du comte d'Harcourt, il meurt à Toulon en septembre 1637, à l'âge de quarante-huit ans. (V. *Mémoires du voyage aux Indes orientales du général Beaulieu, dressés par lui-même*, p. 128, dans *Relations de divers voyages curieux*, etc., par Thouvenot, Paris, 1683, in-fº.)

[3] La Sèvre-Niortaise qui, après avoir passé à Marans (Charente-Inférieure), finit dans l'anse de l'Aiguillon.

Auparavant le départ de sa Majesté [1] (ayans repris ses forces et sa premiere santé) elle se resolut de donner l'ordre necessaire pour la conservation de la Picardie et des costes de Normandie. Pour la Picardie le duc d'Elbeuf gouverneur d'icelle s'y achemina par commandement du Roy et se rendit à Bologne pour empescher quelque descente que les Anglois y voudroient faire. Pareil devoir fait-on à Diepe et au Havre de Grace, où l'on envoya quelques regimens pour la seureté de la province; et le duc de Longueville se rendit aussi à Diepe, pour oster l'envie aux Anglois de venir fureter nos ports et nos vaisseaux.

Et pour la Bretagne le mareschal de Themines [2] gouverneur de cette province, fit (suivant l'ordre à lui envoyé) .... un voyage sur la coste; laquelle par luy remarquée, il entreprit de secourir le fort Sainct Martin, et à cet effet outre les troupes qu'il avoit, luy fut envoyée commission pour lever deux mille hommes en deux regimens en Bretagne, et autres deux mille hommes en Normandie par le comte de Torigny [3].

Mais pource qu'il estoit necessaire d'avoir une armée navale pour l'opposer à celle des Anglois, et qu'il avoit esté resolu de faire equiper tout se qui se pourroit trouver

[1] Louis XIII partit de Paris pour la Rochelle le 25 septembre; il sortait d'une assez grave maladie dont il avait senti les premières atteintes le 28 juin pendant qu'il présidait un lit de justice au Parlement pour l'enregistrement de quelques édits.

[2] Pons de Lausières, marquis de Themines, fils de Jean de Themines et de Jeanne de Puymisson, sénéchal et gouverneur du Quercy; chevalier des ordres du roi 1597, maréchal de France 1616, gouverneur de Bretagne 1625, mort 1er nov. 1627, à l'âge de 74 ans.

[3] François de Matignon, comte de Thorigny, fils puîné de Charles de Matignon et d'Eléonore d'Orléans-Longueville, gouverneur de Cherbourg, Granville et Saint-Lô, lieutenant général de la province de Normandie, mestre-de-camp d'un régiment d'infanterie, chevalier des ordres du roi 1661, mort 19 janv. 1675.

de vaisseaux de guerre et autres lieux és ports de Bretagne et Normandie, le Roy fit arrester à ce sujet tous les navires disposez pour aller en voyage, et choisit le duc de Guise pour son lieutenant general en ses armées navales; à cet effet lui fut expedié les pouvoirs et instruction suivants.

....

Le sieur de Guise partira presentement pour s'en aller en diligence à Morbihan.

Il y fera venir les vaisseaux de sa Majesté qui sont à Blavet[1], s'ils n'y sont desja arrivez.

Il assemblera aussi les vaisseaux de S. Malo, Olonne et Bordeaux, en attendant ceux de Normandie et de Holande qui ont ordre de partir le vingt-septiesme aoust 1627.

Et s'il trouve que lesdits vaisseaux ne soient tous fournis d'autant de canons qu'il en sera besoin, il suppleera à ce manquement par quantité d'hommes et de feux d'artifice, afin que lesdits vaisseaux puissent plus hardiment venir à l'abordage avec ceux des ennemis; et si le nombre d'hommes porté par les estats de sa Majesté, qui doit estre sur ses vaisseaux, n'est suffisant, il prendra des hommes du regiment de Stisac, du marquis de Themines et Coäsquin, et des deux regiments de Gacé, et de Croisil, qu'on fait passer de Normandie en Bretagne[2].

[1] Maintenant Port-Louis (Morbihan), à l'embouchure du Blavet.
[2] Pendant le siège de la Rochelle, une certaine agitation se manifesta parmi les protestants de Normandie et des provinces voisines; elle fut assez sérieuse pour déterminer le roi à revenir à Paris. Le *Mercure*, 1628, t. XIV, 2ᵉ partie, p. 152, la mentionne en ces termes: « En ce temps le Roy estant au siege de la Rochelle eut advis que quelques huguenots des provinces de Normandie, Picardie, Champagne et autres de deçà la rivière de Loire faisoient des assemblées pour troubler et faire émouvoir le peuple desdites provinces; pour à quoy remedier il partit de son camp le 10 de fevrier, et arriva à Paris le 24 ensuivant, laissant pendant son absence le soin du siege

1628

Mort du sieur de Rie premier president au Parlement de Normandie. — Son epitaphe [1].

Le 10 de ce mois (fevrier) mourut à Roüen le sieur de Rie premier president au Parlement de Normandie. Ce grand personnage fut fort regretté pour la justice qu'il faisoit regner en sa splendeur sans corruption, et pour les loüables et recommandables services qu'il a rendus au Roy et à toute cette province dans les troubles qui y sont arrivez, estant toujours demeuré ferme comme une colomne inflexible en ce qui regardoit la manutention du repos public. Voicy le tumbeau qui fut dressé à sa memoire :

« Miraberis, mundi vicem si cogites, viator, nostrum
« Falconium lugebis, si perlegas. Mirum, inquies, imo
« vanum est, humana sectari, ut vana, morti quandoque
« non insistere, miserum. Infantes morimur, cum senes
« nascimur; et magnates ad prædam evolant ut vultures,
« perituris inhiant ut æternis, proh. pudor ! momento
« mare vertitur cum fluctibus, Reges evanescunt; quidni
« et Regum sequaces in hoc saltem regibus adsequentur ut

et de son armée au cardinal de Richelieu. » C'est sans doute en raison de cet état de la Normandie qu'il fut interdit au ministre protestant, le sieur de Veilleux, de se rendre à Rouen, ce qui donna lieu à une vive polémique qu'on peut voir dans le *Mercure*, 1627, t. XIV, 1re partie, pp. 261-268.

[1] T. XIV, 2e partie, pp. 150-152. — Le *Mercure* revient en 1630, t. XVI, p. 809, sur la mort de Faucon de Ris : « Aucuns curieux ont remarqué que depuis six ans en çà quantité de charges de premier president ès Parlements de France ont esté renouvellées : à sçavoir celle de Paris, qui a vaqué par le decebs des sieurs de Verdun et de Haqueville, a esté remplie par le sieur de Champigny; celle de Roüen vacante par le decebs du sieur de Ris, remplie par le sieur de Frinville Faucon, maistre des requestes, et president au grand Conseil; celle de Dijon vacante par le sieur de la Berchere le Goux, remplie par son fils... »

« pereant? sed quid mortem revocare, quam nemo revo-
« cat? Viventem intuere, non mortuum : nam heroum
« gloria immortalis est cum hominibus, æviterna cum
« Angelis, æterna in Deo. Si quæras qualis vixerit, quem
« tegit hoc saxum? neminem appella præter Regem, ut
« scias quem tota Gallia noverit integerrimum, Neustria
« fidelissimum, Rothomagus suum Alexandrum. Præ-
« clare tecum agitur, o Heros invictissime, quod cœlum
« non vi rapueris, sed meritis, ut luctus nostros non
« videres, quos videre non poteras, ut justitiam coleres.
« Hoc nomini tuo debueras, ut te populus parentem
« suum nominaret; hoc tibi debuerat populus, ut prius
« fato cederet, ne cineribus tuis invideret. Sed quæ invi-
« dia erga te, tanto bono non invidere? si tecum periisset
« invidia, quod bonum! Nobis superstitibus jucunda
« virtutis tuæ restaret æmulatio. Sed boni per te memi-
« nisse juvabit. Languentes animos quoties de tumulo
« in urbis nostræ visceribus suscitasti! male sanos et
« obduratos quoties ad petram allisisti! satis hæc memo-
« riam tui prædicant; sed justitiam coronabunt viduæ,
« pupilli, divites, pauperes et alii penè innumeri, quos
« silentium mortis obvolvat, futura sæcula evolvent, hæc
« passim : risit humanos fastus, nunc ei celestis arridet
« gloria. Benè est, vixit, sed bene, et quem dederat cur-
« sum fortuna, peregit. Tu vero, frater, fratri tuo charis-
« simus superstes, et ex cineribus fratris, ut phœnix renas-
« cens gaude, et tuos benignè contuendo, fratrem intuere;
« vivit enim in eis, et hi in eo, dum viveret, vixere. Ipsius
« mementote, quotquot hìc benevoli adstatis, precor sup-
« plices exorare, et bene valere.

« Obiit 10 Februarii 1628. Vovet et dicat P. Inger
« advocatus rothomagensis. »

1628

[*Députés du Clergé de Normandie à l'Assemblée du Clergé de France en 1628*] [1]

En ceste année, et pendant le siege de la Rochelle, s'assembla le Clergé de France par permission du Roy, premierement en la ville de Poictiers, puis en la ville de Fontenay le Comte. Voicy les noms des prelats et autres ecclesiastiques qui assisterent à ladite Assemblée, ainsi qu'ils sont inserez au contract faict et passé entre le Roy et ledit Clergé, le 17 de juin 1628.

Les reverendissimes peres en Dieu, Messire François de Harlay archevesque de Roüen, primat de Normandie, et M. Barthelemy Halé [2] sieur d'Orgeville, chanoine archidiacre et promoteur general en l'archevesché dudit Roüen, deputez des ecclesiastiques de ladite province de Roüen.

. . . .

M. Alphonse de Breteville, prieur de Crasville, official de Roüen, chanoine et chancelier en l'eglise dudit lieu, secretaire de l'Assemblée, et M. Jean Michel de S. Sime, abbé de S. Sevin, archidiacre en l'eglise de Tholose, promoteur en ladite Assemblée, agens generaux du Clergé de France.

. . . .

Lesdits seigneurs et deputez par leurs remonstrances representerent à sa Majesté, comme elle avoit receu des beneficiers de ce royaume en l'an 1622 la somme de trois millions six cens mil livres pour assieger la ville de la

---

[1] T. XIV, 2ᵉ partie, pp. 172-173, 174-175, 176, 194.

[2] Barthelemy Hallé, sʳ d'Orgeville, de Pitres, de Berselou, etc., fils de Jacques Hallé, sʳ de Cantelou et de Geneviève Damiens, chanoine de N.-D. de Rouen, archidiacre d'Eu 1618, promoteur en l'officialité de Rouen, conseiller et secrétaire du roi, mort en 1636.

Rochelle. Que pour le mesme subjet elle avoit encore receu la somme de quinze cens mil livres en 1626. Que les ecclesiastiques estoient si fort surchargez de decimes, de passages de gens de guerre, et d'autres vexations, qu'ils estoient reduits à un tres-miserable estat. Toutes fois pour tesmoigner le desir qu'ils avoient de l'augmentation de la religion, et de la ruine de l'heresie, et pour aussi faire paroistre l'inclination qu'ils avoient au service de sa Majesté, et finalement pour en consideration de la prise de la ville de la Rochelle, à laquelle lesdits sieurs du Clergé esperent l'augmentation de la religion, et sans laquelle ils n'eussent jamais rien donné, ils ont accordé et donné à sa Majesté (pour estre employée à la continuation dudit siege et non ailleurs) la somme de trois millions de livres [1].

Or, pour faire et trouver ladite somme, sa Majesté leur permit d'establir des offices de receveurs et controlleurs particuliers triennaux des decimes en chacun des dioceses de ce royaume, conformément à l'edict suivant, apres lequel les deputez de ladite Assemblée se retirerent en leurs provinces.

Louys, par la grace de Dieu Roy de France et de Navare, à tous presens et à venir, salut. Nous avions toujours desiré et attendu..... ayant besoin d'estre secouru encores d'une grande et notable somme de deniers pour la continuation de ce siege, si important au bien de cet estat, le Clergé de nostre royaume, qui a un notable interest à la conservation d'iceluy, comme en estant le premier ordre, nous a accordé pour cet effet la somme de trois millions de livres ; et pour satisfaire au payement de partie d'icelle de mettre sur ledit Clergé par forme de nouvelle imposi-

---

[1] Charles de l'Aubespine, sr de Chateauneuf, conseiller d'Etat, avait demandé au nom du roi un don de quatre millions pour la continuation du siège. (V. *Mercure françois*, t. XIV, p. 176.)

tion annuelle la somme de sept vingt mille livres de revenu, pour estre employée au payement des gages et taxations d'un receveur et d'un controlleur triennal, qui seront establis en chacun diocese de nostre royaume suivant le departement cy-apres declaré.

Sçavoir faisons, qu'apres avoir mis cet affaire en deliberation en nostre Conseil, où estoient aucuns princes, officiers de nostre couronne, et autres grands et notables personnages de nostredit Conseil, de l'avis d'iceluy, et de nostre certaine science, pleine puissance et authorité royale, nous avons par cetuy nostre edict perpetuel et irrevocable, creé, erigé et estably, creons, erigeons et establissons en chef et titre d'offices formez et hereditaires, un receveur et un controolleur particulier triennal des decimes en chacun diocese de nostre royaume, avec la qualité de nos conseillers que nous leur avons attribuée et attribuons, pour estre doresnavant par nous et nos successeurs Roys pourveu en heredité de personnes capables ausdits offices, sur les quittances de nostre cher et bienaimé maistre Philippe d'Aguesseau, receveur general dudit Clergé, lesquelles seront paraphées et visées par les agents d'iceluy, et les avons dés à present validées et authorisées, validons et authorisons, pour sur icelles estre les provisions desdits offices expediées, et entrer par les pourveus en exercice de leurs charges qui se fera triennalement le premier jour de janvier prochain; et neantmoins jouyront des gages et taxations ordinaires equipolens à gages, que nous leur attribuons par le present edict, et qui seront cy-aprez declarez, à commencer au premier jour de juillet aussi prochain; ensemble des mesmes honneurs, authoritez, prerogatives, preeminences, privileges, franchises et libertez que les alternatifs de la creation de l'année 1621. A sçavoir, aux receveurs et controolleurs particuliers triennaux des decimes du diocese

..... de Roüen, trois mille cent quatre vingt cinq livres sept deniers chacun. A ceux du diocese d'Evreux, mil quatorze livres deux sols pite chacun. A ceux du diocese de Lisieux, neuf cens quatre vingt unze livres neuf sols un dernier obole chacun. A ceux du diocese de Seez, neuf cens deux livres trois sols un denier obole chacun. A ceux du diocese de Bayeux, mil quatre vingts dix-sept livres huict sols sept deniers chacun. A ceux du diocese de Constance, mil vingt-deux livres neuf sols huit deniers pite chacun. A ceux du diocese d'Avranche, six cens quatre vingt dix-neuf livres deux sols unze deniers pite chacun.

....

Donné au camp devant la Rochelle au mois de juin, l'an de grace 1628, et de nostre regne le 19e. Signé, Louys. A costé, visa. Et plus bas, Par le Roy. Potier ; et seellé du grand seau en cire verte sur lacs de soye rouge et verte. Et plus bas est escrit :

Registrées, ouy et ce requerant le procureur general du Roy, pour estre executées selon leur forme et teneur suivant l'arrest de ce jour. A Paris, en Parlement, ce quatriesme septembre 1628. Signé, Du Tillet.

1628

Conspiration des rebelles huguenots sur la ville de Vire en Normandie [1].

Au mesme temps d'autres conspirations faites par quelques huguenots en basse Normandie furent aussi decouvertes.

Voici l'extrait d'une lettre escrite par un gentilhomme à un sien amy [2] :

[1] T. XIV, 2e partie, pp. 211-214.

[2] Le récit qu'on lira plus loin rectifie cette lettre d'un gentilhomme qui n'habitait pas la Basse-Normandie, comme on le voit à la façon dont il en parle. — M. Richard Séguin, dans son *Histoire*

Monsieur, on m'a asseuré qu'en la basse Normandie y avoit esté trouvé quelque intelligence avec les Anglois, et qu'un chasteau ou grosse tour dans la mer, appartenant au sieur de Brequeville, devoit estre rendu aux Anglais avec la ville et havre de Vire ; que de cette intelligence estoient quantité de la religion pret. ref. de tout le pays circonvoisin, et presque tous les officiers dudit Vire, entr'autres, dit-on, le procureur du Roy, le lieutenant-criminel, avec quelques gentilshommes tous huguenots. Que cette entreprise a esté declarée à M. de Matignon, gouverneur de la basse Normandie par un huguenot de ce pays-là, qui estoit celuy qui recevoit les paquets, commissions envoyées de part et d'autre pour cette affaire et négotiation; que ledit sieur de Matignon (à qui cette affaire fut decelée) s'est fait mener en mer au devant du courrier qui devoit arriver selon l'ordre donné entre les conspirateurs, lesquels attendoient deux grands vaisseaux anglois, qui devoient venir aborder audit havre de Vire, en intention (estant assistez) d'exciter un trouble en Normandie pour divertir le Roy du siege de la Rochelle, et faire une armée de 15,000 hommes, qui eussent fait des courses jusqu'aux portes de Paris, esperans que tout le party factieux des huguenots de Caën, Falaise, du Maine et autres lieux, se joindroient ensemble; mais que

militaire des Bocains, Vire, 1826, a consacré à ce mouvement les lignes suivantes, t. I, p. 402 : « La guerre que les huguenots continuaient d'exciter en France pensa se faire sentir au Bocage en 1628. Les calvinistes, qui s'y trouvaient en grand nombre, firent sourdement diverses menées, pour faire diversion en faveur des rebelles, leurs confrères, que le roi assiégeait dans la Rochelle. Le seigneur de Piennes, qui possédait le château de Regnéville, était à la tête de cette conjuration, qui tendait à faciliter la descente des Anglais dans ce pays; mais Matignon, qui veillait au salut de la religion et de l'Etat, fit échouer ce complot mal ourdi. » Le château de Vire fut démoli, en 1630.

Dieu en a disposé autrement, et qu'on en a pris jusqu'à 40, desquels quatorze ont esté menez au Roy par le sieur de la Roche-Baritaut [1], qui commandoit la compagnie de chevaux-legers de feu sieur Dure, entretenuë audit Vire; qu'entre ceux là étoit le sieur de la Forest gendre du comte de Montgommery, lequel s'est sauvé et evadé en Angleterre. On ne tient pas que ledit comte de Montgommery fut de cette conspiration. Le temps nous apprendra la verité de tout cet affaire. Cependant je demeurerai à l'infini vostre, etc.

En ce temps, il y eut quelques esmotions populaires sur ce sujet en la ville de Caën, ausquelles les magistrats remedierent par la punition exemplaire d'aucuns pertubateurs du repos public.

Voicy aussi ce qui fut escrit d'un nommé Grossetier-Beraut [2] lequel estoit sorty au mois de juin de la Rochelle, pour aller presser un secours, et fut pris retournant d'Angleterre en Normandie.

Le sieur de Matignon, lieutenant pour le Roy en la basse Normandie, estant adverti par le sieur de la Roche-Baritaut que Grossetier avoit passé en Angleterre, à la faveur et aide du sieur de Brequeville [3], proprietaire d'un port de mer prés de Vire, se transporta au chasteau [4] dudit

---

[1] Il s'agit probablement ici de Philippe de Châteaubriant, comte des Roches-Baritaud, fils de Gabriel de Châteaubriant et de Charlotte de Sallo ; il fut mestre-de-camp de cavalerie.

[2] « Ce Grossetier avoit esté page de la chambre du Roy. » (*Note du Mercure*).

[3] « Le sieur de Piennes-Briqueville fut accusé d'y avoir trempé (dans cette conspiration), et d'avoir promis aux Anglois un château qu'il avoit auprés de Coutances. Dans cette conjoncture, son fils qui étoit dans l'armée du Roy devant la Rochelle, fut tué d'un coup de canon de la flote angloise, ce qui aparemment écarta l'orage qui menaçoit sa maison. » Masseville, *Histoire sommaire de Normandie*, Rouen, Maurry, 1704, t. VI, p. 117.

[4] Regnéville, Manche, arrondissement de Coutances.

Brequeville et se saisit de sa personne et de ses domestiques. L'ayant interrogé, il dit que Grossetier étoit venu de la Rochelle par terre trouver son oncle le sieur de Monloüet, qui luy avoit donné lettre pour le sieur de Trasi, suivant laquelle ledit Trasi lui avoit escrit et prié de laisser passer en Angleterre Grossetier, qui se retiroit à cause d'un duel, et qu'en cette consideration il lui avoit donné vaisseau et matelots pour faire le traject. Apres laquelle confession le sieur de Matignon envoia Brequeville au Roy, fit arrester et garder Trasi, et donna ordre de faire prendre Grossetier à son retour, auquel on veilla de telle sorte, qu'il fut pris et arresté à la Haye-le-Puy[1], où ayant esté foüillé, aucuns ont dit qu'on luy avoit trouvé des lettres du Roy d'Angleterre, et de l'amiral Bukingham, aux Rochelois; autres disent, trois commissions pour faire levée de huit cens chevaux et les envoyer à l'armée de cinq mil Anglois qui devoient arriver à un port égaré en Normandie, le vingt-deuxième juillet. Il fut conduit au Roy, et arriva au camp le 20 aoust. Les Rochelois ayans eu avis de la prise, et que l'on lui vouloit faire son procez, escrivirent à M. le cardinal de Richelieu, que le sieur de Fesquières[2], leur prisonnier, recevroit le semblable traitement qui seroit fait à Grossetier; ce qui n'a point esté, car à la prise de la Rochelle le sieur de Fesquieres sortit de prison, où il avoit esté mis en servant son Roy, et Grossetier ayant esté declaré criminel de leze-majesté, par arrest du grand Conseil, le

---

[1] La Haye-du-Puits, Manche, ch.-l. de c. de l'arr. de Coutances.
[2] Manassès de Pas, marquis de Feuquières, fils de François de Pas et de Madeleine de la Fayette, né 1er juin 1590, fut un des hommes de guerre les plus habiles et les plus vaillants de son temps, lieutenant général des provinces de Metz et de Toul 1631, puis 1636 de la province, ville et citadelle de Verdun; il mourut prisonnier à Thionville 14 mars 1640.

vingt-quatriesme jour de novembre 1628, fut condamné à avoir la teste tranchée, son corps brulé, ses cendres jettées au vent, et sa teste posée sur la tour de la lanterne de la ville de la Rochelle. Il fut executé à Poictiers, et mourut obstiné en la R. P. R., quelque remontrance que lui peût faire un pere jesuite, qui estoit monté sur l'échaffaut avec un crucifix, pour l'assister à la mort.

1630

Arrest du Parlement de Roüen contre une Table chronologique, imprimée soubs le nom d'un nommé Tanquerel[1].

Voyons ensuite un docte plaidoyé et arrest remarquable, fait au Parlement de Normandie contre une Table chronologique, imprimée sous le nom d'un nommé Tanquerel[2].

Sur la requeste presentée par le procureur général du Roy, narrative : Qu'encor que par les ordonnances, arrests et reglements de la cour, il soit defendu à toutes personnes d'imprimer ny faire imprimer et exposer en vente aucuns livres, escrits, ou memoires de conse-

[1] T. XVI, 2e partie, pp. 551-593. — Cet arrêt est, dans le *Mercure* de 1630, la seule chose qui intéresse la Normandie. Toutefois, à l'occasion d'un différend qui s'éleva à propos de l'élection d'un agent général du clergé de France, entre Me Bernard de Sariac, abbé de Paimpont, et Louis Odespung, sr de la Meschinière, chanoine de Rennes, on rappelle que cette fonction fut remplie en 1586 par Jean Dadré, chanoine et pénitencier de Rouen ; en 1608, par Marin de Pigny, archidiacre en l'église de Rouen ; en 1626, par le sieur de Breteville, chancelier en l'église de Rouen. L'archevêque de Rouen fut au nombre des juges et arbitres dans le différend de 1630, qui se termina le 25 nov. par accommodement en faveur de M. de Sariac.

[2] V. sur cette affaire, dans laquelle Tanquerel n'était que le prête-nom des jésuites, M. A. Floquet, *Histoire du Parlement de Normandie*, t. IV, pp. 423-429. — Jean-Jacques Tanquerel, né à

quence, sans privilege du Roy, verifié en la cour, ou permission d'icelle, si est-il que certaines Tables chronologiques imprimées en latin, sont tombées en ses mains, sous le nom d'un nommé Tanquerel, lesquelles se vendent chez un nommé Courant, libraire en cette ville de Roüen, sans avoir obtenu aucune permission : dans l'une desquelles, outre quelques autres defectuositez qui s'y trouvent, il a remarqué comme soubs la colonne des heretiques l'on a employé feu maistre Pierre de Cugneres [1], grand et celebre advocat du Roy à Paris, sous le regne de Philippe VI de Valois, en l'an mil trois cens vingt-neuf, bien que jamais il n'aye esté heretique ; comme aussi il ne se voit point que jamais l'Eglise ny aucun concile l'aye declaré tel. Et d'autant que ce seroit

Rouen, enseigna la langue latine et composa une grammaire latine, qui ne fut publiée qu'après sa mort en 1633. M. E. Frère (*Manuel du Bibliographe normand*, t. II, p. 551), dit que peu de temps après sa condamnation, en 1631, « Tanquerel se présenta à la communauté des imprimeurs-libraires de Rouen pour être reçu apprenti, mais âgé, alors, de 70 ans et presque aveugle, et accusé, en outre, *d'être d'intelligence avec les régens des classes du collège de cette ville*, il ne fut point admis. » — L'arrêt du Parlement et le discours de le Guerchois, dirigé moins contre Tanquerel que contre les jésuites auxquels il servait de prête-nom, a été publié à Rouen, par Henri le Mesgissier, en 1631.

[1] Il avait soutenu que la juridiction ecclésiastique était une usurpation sur l'autorité des rois. « Cugnières, par là, s'était rendu odieux au clergé, qui, de siècle en siècle, s'acharna contre sa mémoire. Cette ignoble et grotesque image de *Cugnet* ou *Du Coignet*, placée dans un coin obscur de Notre-Dame de Paris, et là sans cesse en butte aux outrages des bonnes femmes et des enfants qui y éteignaient des cierges, c'était, on voulait du moins que ce fût le *portraict* anticipé de Cugnières, expiant là, dans cet enfer anticipé, ses hardiesses contre Rome et ses généreux efforts pour les libertés de la France. » M. A. Floquet, *Histoire du Parlement de Normandie*, pp. 428-429.

une injure et calomnie insuportable contre la memoire d'un bon et fidele officier du Roy en son siecle, si l'on souffroit plus longuement le cours de ladite Table chronologique dans le public, au prejudice de la verité, sous pretexte que quelques personnes desguisées contraires au droict commun, et mal-affectionnez à la France, ont trouvé estrange que ledit sieur de Cugneres avoit soustenu les droicts du Roy contre les abus et entreprises de la jurisdiction ecclesiastique, avec trop de zele et d'affection; requerant ledit procureur general que mandement luy soit octroyé pour faire assigner au premier jour en la cour ou chambre lesdits Tanquerel et Courant, afin de respondre à ses conclusions, et cependant que deffenses leur soient faites, et à tous autres, d'imprimer, faire imprimer, ny exposer en vente ladite Table chronologique, jusques à ce que par ladite cour ou chambre autrement en ait esté ordonné, sur les peines au cas appartenans : veu par la chambre ordonnée par le Roy au temps des vaccations ladite requeste, et ouy le conseiller commissaire : ladite chambre a octroyé et octroye mandement audit procureur general pour faire assigner à bref jour en la cour ou chambre lesdits Tanquerel et Courant, afin de respondre à ses conclusions ; et cependant leur a fait et fait inhibitions et defenses, et à tous autres, d'imprimer, faire imprimer, ny exposer en vente ladite Table chronologique, jusques à ce que par ladite cour ou chambre autrement en ait esté ordonné, sur les peines au cas appartenants. Fait à Roüen en ladite chambre des vacations, le vingt-septiesme jour de septembre, mil six cens trente. Signé le HARDELEY.

Entre le procureur general du Roy, demandeur suivant l'arrest et commission de la chambre ordonnée par le Roy au temps des vacations, du 27 septembre dernier, d'une part, et maistre Jean Jacques Tanquerel, demeurant en ceste ville de Roüen pres le college des jesuites, et Nicolas Courant imprimeur et libraire, demeurant en la ruë de la Poterne, adjournez et defendeurs, comparans en personne, et par maistres Jacques le Corsonnois et Jean Chrestian leurs procureurs, d'autre, Le Guerchois[1] pour ledit procureur general dit : Que la cause appellée merite l'audience et le jugement de la cour, avec pleine cognoissance, afin qu'on ne die pas que luy qui parle, aye entrepris d'authorité d'Estat de heurter et renverser l'innocente et bonne doctrine d'un homme qui paroist simple et de façon modeste, qu'il a esté obligé par le devoir de sa charge d'obtenir un mandement de la chambre des vacations, en vertu duquel il a fait assigner en la cour les sus-nommez Tanquerel et Courant, afin de donner raison pourquoy ils ont fait imprimer, imprimé et exposé en vente certaine Table chronologique, sans privilege du Roy verifié en ladite cour, au prejudice des ordonnances et des arrests, qui defendent et repriment la licence que diverses personnes se donnent de faire imprimer, vendre et publier des discours, libelles, lettres et escrits de consequence, pour la bonne ou mauvaise instruction des peuples, à peine de confiscation de corps et de biens, avec injonction à toutes personnes, en cas que lesdits livres et escrits tombent en leurs mains, de les supprimer ou les porter aux magistrats, pour estre fait recherche des imprimeurs et distributeurs d'iceux, et aux juges du ressort et substituts tenir la main à l'execution. Qu'il demanderoit volontiers à ce Tanquerel, par quels mouvemens il a esté instruit et excité de mettre une Table au jour, dans

---

[1] Pierre le Guerchois, fils d'Hector le Guerchois, s^r de la Garenne, avocat général au Parlement de Normandie en 1612, succéda à son père en 1623, et fut lui-même remplacé en 1653 par son fils Pierre le Guerchois, qui devint procureur général en 1681 et mourut le 11 février 1692.

laquelle on remarque un grand nombre de defectuositez, tant contre le style et ordre des chronologies, que contre la verité des choses.

Pour l'ordre chronologique, il ne peut soustenir qu'il l'aye suivy, puis qu'il n'a pas rapporté les choses par l'ordre des temps et des siecles, comme il a deu faire, s'il a sceu que signifie le terme grec χρονολογία, mot composé *quasi* λόγος χρόνων, c'est à dire discours des temps, comme de fait l'œil de l'histoire est la chronologie, necessaire pour rendre les hommes capables de parler avec un esprit de discretion et d'erudition methodiquement, judicieusement et veritablement, suivant l'ordre des temps. Autrement la posterité (qui ne peut recevoir d'instruction que par la cognoissance des choses passées aux siecles passez) tomberoit en des erreurs et precipices inevitables sur la lecture et representation des Tables chronologiques sinistrement composées : ce qui seroit de perilleuse consequence pour esteindre la verité, *cujus inextinguibile lumen esse debet, sicut et sapientiæ,* comme disoit Salomon. Verité, que le Sauveur du monde a fait si hautement sonner, qu'il a dit en termes puissans et penetrans: *Ego sum via, veritas et vita,* qu'il estoit la voye, la verité et la vie. Il est donc vray que l'ordre chronologique est et doit estre seulement pour rapporter les choses comme elles ont esté et sont par l'ordre des temps et des siecles, selon la verité. Entre plusieurs chronologies notables, on void celle d'Eusèbe[1], ancien autheur; l'on en void une de l'an 1577, imprimée à Doüay, sur l'attestation et approbation des docteurs de l'université du mesme lieu;

---

[1] Eusèbe, dont on place la naissance vers 267 et la mort vers 338, avait composé entre autres ouvrages une chronique s'étendant de la création du monde à Constantin. Il ne nous reste que quelques fragments du texte grec, mais on en possède une version latine et une version arménienne.

la chronologie de Genebrard [1], celle de Joannes Fontius, imprimée en l'an 1570, de Sigisbert et autres qui rapportent les choses par la verité des temps et des siecles, et font mention par l'ordre du temps des empereurs en premier lieu, et en second des pontifes, des conciles auparavant les peres et docteurs de l'Eglise, et ainsi des autres. La raison pour laquelle on employe les empereurs avant les pontifes, c'est qu'il est constant par l'ordre de l'histoire, que *regnum fuit ante sacerdotium verum*, ce qu'il faut entendre de l'ordre du temps et non de l'ordre de dignité. Il est remarquable au pseaume *In exitu*, que le Psalmiste fait marcher la maison d'Israël (par laquelle la dignité royale est representée) avant la maison d'Aaron, par laquelle la dignité pontificale et sacerdotale est signifiée : *Domus Israël speravit in Domino : adjutor eorum et protector eorum est. Domus Aaron speravit in Domino : adjutor et protector eorum est. Benedixit domui Israël, benedixit domui Aaron*. Melchisedech en la loy de nature, et les levites en la loy escrite, n'estoient pas vrais prestres, mais representoient la verité qui devoit estre en la loy evangelique, ainsi qu'il est enseigné par un *Joannes de Parisiis* [2], de l'ordre des prescheurs, et docteur en theologie, en son traicté *De potestate regia et papali*, chapitre quatriesme, où il faut noter le mot *regia* auparavant le mot *papali*. Or il est

---

[1] Gilbert Genebrard, auteur de la *Chronologie sacrée*, naquit à Riom vers 1537; il fut moine de l'abbaye de Cluny et professeur d'hébreu au Collège des trois langues. L'ardeur passionnée qu'il mit à défendre la Ligue, lui valut, en 1592, l'archevêché d'Aix qu'il perdit plus tard pour avoir contesté au roi, dans son *Traité des élections*, le droit de nomination aux bénéfices.

[2] Le dominicain Jean de Paris, mort en 1304, écrivit son traité *De potestate regia et papali* en faveur de Philippe-le-Bel contre Boniface VIII.

vray que Tanquerel en sa chronologie s'est departy de l'ordre ancien, et a suivy le jesuite Gaultier et les autres moynes, lesquels observent en leurs chronologies l'ordre de dignité et non du temps, à dessein d'affermir par la revolution des siecles la maxime qu'ils tiennent, que *summus Pontifex habet utrumque gladium*, et que la puissance royale n'a aucune authorité sur l'ecclesiastique, soit au spirituel, soit au temporel, comme l'enseigne Bellarmin[1] en son traicté *De exemptione clericorum*; voire mesme que le pape peut *exuere reges et imperatores regnis et imperiis, eaque regna et imperia ab aliis ad alios transferre*. Ce qu'il dit avoir esté enseigné par plusieurs de sa compagnie, en son livre *De translatione imperii*, livre premier, chapitre douziesme. Et toutesfois il est vray, que ceux qui par le zele inconsideré veulent eslever le pape, sappent et ruinent insensiblement les fondemens de sa saincteté, en luy donnant une puissance temporelle qu'ils ne luy peuvent donner, et qui ne luy appartient pas, au prejudice de l'ordre establi de Dieu, suivant lequel nous devons recognoistre le pape comme pape, qui est un nom de douceur, c'est à dire, pere et chef visible de l'Eglise, vicaire de Jesus-Christ, et successeur de S. Pierre, et non pas comme un monarque de la terre, attendu que sa puissance est spirituelle, reglée, retenuë et bornée par les canons des anciens conciles receus en ce royaume.

Mais encores pourquoy Tanquerel ne fait-il point voir en sa Table la colomne des patriarches? est-ce point peut-estre, pour faire dire par la posterité en supprimant les patriarches de Constantinople, Alexandrie, Antioche, et

---

[1] Le jésuite Claude Bellarmin fut un des plus habiles controversistes de son temps. Il naquit en 1542, fut nommé cardinal en 1598, archevêque de Capoue en 1601; il résigna cette dignité pour devenir conservateur de la bibliothèque du Vatican, et mourut en 1621.

de Hierusalem, que les François ont eu jadis tort d'avoir eu des patriarches en France, comme il est certain par l'histoire que nous avons eu plusieurs patriarches en ce royaume, le patriarche d'Arles, le patriarche de Bourges, le patriarche de Lyon, et autres, soubs lesquels ont esté tenus de bons conciles? Il y a bien de l'apparence et de la raison de croire, que cette notable omission est à dessein de faire oublier et aneantir l'authorité de nostre Eglise gallicane, pour establir et eslever sur ses ruines la souveraineté absolue du pape avec le temps.

Ledit Tanquerel employe à l'ordre de sa Chronologie les peres et docteurs, auparavant les conciles; ce qui fait pour dire que les docteurs sont croyables, et que les Decretales particulieres de quelques papes sont à suivre et observer au prejudice des conciles : contre la maxime de France, qui tient que le concile est par dessus le pape, et que le docteur ne peut estre appelé docteur de l'Eglise, qu'il ne soit declaré tel par un concile. Aussi l'on peut remarquer que les curez, qui sont les premiers dans l'ordre et discipline de l'Eglise, en la lecture ordinaire de leurs prosnes, font toujours mention des conciles avant les docteurs.

Mais pour faire toucher au doigt les defectuositez plus notables qui sont en cete Table chronologique, lesquelles pour la consequence luy qui parle en qualité d'advocat general du Roy, ne peut et ne doit tolerer sans prevarication en sa conscience et en sa charge, dit qu'il entend representer sommairement et par ordre ce qu'il a remarqué en chaque colomne n'estre pas conforme à la verité, à l'honneur et à la raison, sans toucher par le menu d'autres moindres fautes, de peur d'ennuyer la cour.

Et premierement en la colomne *Summi pontifices*, ledit Tanquerel employe Jesus-Christ fils de Dieu en la cathegorie des pontifes, au dessus de laquelle il doit estre en degré incomparablement et infiniment transcendant. Il employe sainct Pierre comme son successeur, et les autres papes en suite, au lieu de les appeler ses vicaires, ce qu'il devoit mettre en teste ou à costé avec ces mots, *vicarii Christi*, sans les employer tous de rang et de suite sans distinction, comme il a fait. Enquoy il est vray qu'il a manqué, estant cette observation marquée et condamnée par la Sorbonne, qui dit en la censure faite contre trois predications l'an mil six cens unze, que telle proposition, *Papam esse vicarium Christi in terris, catholica est: Papam esse successorem legitimum Christi, hæretica.* De fait il n'y a point de creature qui puisse, sans blaspheme horrible et espouvantable, entrer en comparaison avec ce grand et souverain maistre, qui est appelé par les peres grecs θεανθρωπος, qui signifie Dieu homme, par l'union hypostatique de la nature divine avec l'humaine en la substance du Verbe, dont la grandeur est si majestueuse et adorable, si mysterieuse et admirable, qu'il n'appartient qu'à sainct Jean, l'aigle des evangelistes, d'en discourir hautement et theologiquement dans son Evangile et dans son Apocalypse, lequel pour avoir reposé sur la poitrine de son maistre, a tiré et puisé les plus profonds secrets de la divinité, de sorte qu'il esbloüit l'esprit humain par la sublimité de ses conceptions. Pourquoy donc mettre en la cathegorie des pontifes celuy, *qui solus Dominus, qui solus altissimus Jesus Christus;* en la pensée et prononciation duquel nom toutes les creatures celestes, terrestres et infernales, tremblent, courbent et flechissent le genoüil avec une humilité tres-profonde? Jesus-Christ est à la verité un souverain pontife, mais un pontife singulier et par essence, qui n'a point de semblable, ainsi que sainct Paul l'appelle en son Epistre aux Hebreux: *Habentes pontificem magnum qui penetravit cœlos, Jesum Christum filium Dei, teneamus spei nostræ confessionem.* Et en un autre endroit : *Christus assistens pontifex futurorum bonorum peramplius et perfectius tabernaculum non manu factum, id est, non hujus creationis, neque per sanguinem hircorum aut vitulorum, sed per proprium sanguinem introivit semel in sancta æterna redemptione inventa.* Partant il falloit faire distinction du Createur d'avec ses creatures, et n'est pas raisonnable de l'avoir employé de la sorte.

En la colomne des Peres et Docteurs, *Patres et Doctores,* sur la fin il employe *Molina, Suarez, Vasquez*[1], *Bellarmin,* et le reste, qui sont jesuites, et qui n'ont esté approuvez ny receus par aucun concile pour peres de l'Eglise; et ce pour authoriser et establir leur doctrine, qui est contraire aux principaux points de celle de nostre Eglise gallicane, et aux loix et maximes receuës en l'Estat de ce royaume, estant notoire l'arrest du Parlement de Paris, donné sur les remonstrances et conclusions des gens du Roy le vingt-sixiesme jour de juin 1614, par lequel il a esté ordonné qu'un certain livre de Suarez imprimé à Cologne seroit bruslé en la cour du palais par l'executeur, comme estant ledit livre remply de damnables et pernicieuses propositions, et de maximes contraires aux puissances souveraines des roys et princes ordonnez et establis de Dieu.

En la colomne *Hæretici,* ledit Tanquerel employé calomnieusement, et contre verité, des personnes comme heretiques, qui ne furent jamais heretiques : ce qui tend

---

[1] Louis Molina (1535-1601) a exposé dans un livre célèbre, *De liberi arbitrii cum gratiæ donis concordia,* sa doctrine sur la grâce à laquelle on a donné le nom de molinisme et qui a suscité tant de controverses au xvii siècle. — François Suarez (1548-1617) s'est occupé aussi de la question de la grâce et s'est fait une réputation comme casuiste, ainsi que Gabriel Vasquez (1551-1604). — Ces trois jésuites appartiennent à l'Espagne.

à flestrir d'une marque d'ignominie eternelle la memoire des gens d'honneur, lesquels ont franchement et courageusement vescu en leurs siecles. Guillaume de Sainct-Amour[1] est par luy noté de ceste injure, lequel vivoit en l'an mil deux cens cinquante, faisant profession de la theologie ; il voudroit dire qu'il estoit ennemy des religieux mendians, en ce qu'il soustenoit premierement que les moines vivans d'aumosnes estoient tous indifferemment obligez de gaigner leur vie par travail manuel; secondement, que si bien la pauvreté habituelle estoit licite, l'actuelle ne l'estoit point : c'est à dire, qu'il est bien permis d'estre prest en son cœur de laisser toutes choses pour Jesus-Christ quand on y est contraint, et que c'est la volonté de Dieu, mais non pas qu'il faille volontairement et de fait jetter son bien par les fenestres, ou dans la mer, attendu que nous devons tascher de conserver le bien de Dieu, comme procedant du pere des lumieres et en bien user. Et bien que telle opinion soit creuë estre moins spirituelle que de raison, parce que la mendicité, dont les bons religieux font profession, n'est une mendicité telle qu'est celle d'une multitude de mendians valides et vagabonds, qui comme faineans et gens inutiles à la republique vont caimandans par les maisons : au contraire ces pauvres religieux par leurs jeusnes,

[1] La lutte que les ordres mendiants eurent à soutenir contre les attaques de Guillaume de Saint-Amour, docteur en théologie et chanoine de Beauvais, passionna les esprits sous le règne de saint Louis. Guillaume vit son livre intitulé : *Du péril des derniers temps*, condamné par le pape ; lui-même exilé de France se retira dans son pays natal à Saint-Amour (comté de Bourgogne) ; plus tard il put revenir à Paris, où il fut reçu avec enthousiasme. Il mourut en 1272 ; on le fait naître vers 1200. Parmi ses plus chauds partisans, nous citerons le poète Rutebeuf, qui lui a consacré deux de ses pièces. V. *Œuvres complètes de Rutebeuf*, bibl. elz., t. I, pp. 84-102.

abstinences, macerations de chair et autres mortifications, travaillans grandement pour le service de Dieu et pour annoncer sa parole, se remettent à la devotion des gens de bien, de leur faire aumosnes, selon qu'ils pensent le meriter, toutesfois il n'est pas raisonnable que ledit de S. Amour, pour avoir tenu telles propositions, soit mis au nombre des heretiques, puis que l'on ne voit pas qu'il aye esté declaré tel par aucun concile. Sainct Paul, cet admirable docteur des gens, nous enseigne-il pas qu'il faut travailler, en ce passage où il dit, qu'il n'a jamais porté son esprit à souhaiter l'or et l'argent d'autruy, et qu'il a gaigné sa vie et son vestement par le travail de ses mains? S. François aussi recommande à ses freres de travailler. Et si nous recherchons ce qui s'observe en l'Eglise orientale, nous apprendrons que les religieux de l'ordre de sainct Basile dans la Grece, appellez calohiers du mot grec, καλοί ιερεῖς, c'est à dire *boni sacerdotes*, vivans dans les montagnes et lieux escartez, ont accoustumé de travailler de leurs mains, et envoyer aux villes et bourgades prochaines leurs ouvrages pour estre vendus, et des deniers provenans s'aider à vivre. Il n'est pas permis d'appeler un homme heretique pour quelques opinions particulieres et erreurs d'esprit, qui ne sont pas contraires au symbole de la foy, aux conciles receus et approuvez, et aux traditions apostoliques tenuës par l'Eglise. Par exemple, S. Cyprian [1], ancien pere de l'Eglise et martyr, qui succeda à Donat en l'evesché de Carthage, soustenoit en son temps qu'un enfant baptisé hors l'Eglise catholique, apostolique et romaine, devoit estre rebaptisé, et encores qu'on l'eust adverty que le pape reprouvoit ceste opinion, il dit hautement qu'il la soustiendroit

---

[1] S. Cyprien, un des pères de l'église latine, fut évêque de Carthage de 248 à 258.

jusqu'à ce que l'Eglise eust determiné le contraire; et toutesfois c'est un grand sainct, lequel a voulu rendre ses defenses et submissions à l'Eglise et aux conciles plustost qu'au pape; ce qui est une des marques d'antiquité et d'authorité pour le soustien de nostre maxime, que le concile est par dessus le pape, maxime confirmée et authorisée par le concile de Constance, receu et approuvé indistinctement en ce royaume. De plus, il employe comme heretiques Marsile de Padouë[1] et Jean Jandun, et ce pour avoir en leur qualité de jurisconsultes maintenu l'authorité de l'empereur contre le pape Jean XXII qui vouloit que Louis IV empereur luy fist hommage de l'empire, pour ce qui estoit de la temporalité, soustenant entr'autres raisons, que l'empire estoit avant la papauté, et partant n'estoit sujet de luy faire ledit hommage. Ils furent excommuniez par le pape Jean XXII, mais le pape Benoist XII declara l'excommunication nulle, au rapport de Dupreau[2], qui dit en son histoire chronologique, au second tome, sous le siege du pape Jean XXII, que le mesme fut soustenu par Michel Cesenus et Guillaume Okam[3] cordeliers, ce qu'il

---

[1] Marsile de Padoue, jurisconsulte contemporain de l'empereur Louis de Bavière, écrivit vers 1324 contre le pape Jean XXII, un traité intitulé *le Défenseur de la paix contre la juridiction usurpée du pontife romain*.

[2] Gabriel du Préau, mort en 1588, curé de Saint-Sauveur de Péronne, a laissé entre autres ouvrages, une *Histoire de l'Etat et succès de l'Eglise*, 2 vol. in-fol., 1583, auquel il joignit un abrégé de l'histoire de France. C'est ce qu'on appelle ici son *Histoire chronologique*.

[3] Michel de Césène et Guillaume d'Occam, le premier, général de l'ordre des cordeliers, le second, moine du même ordre, philosophe scholastique célèbre par le talent qu'il consacra à relever la doctrine des nominalistes, prirent tous deux parti pour Louis de Bavière contre le pape Jeann XXII, dans la première moitié du xive siècle.

tire de la Mer des Histoires et de Nauclere, dont il faut conclure que ledit Tanquerel a tort d'employer soubs la colomne des peres et docteurs de l'Eglise Guillaume Okam, comme il a fait, et l'a deu mettre sous la colomne des heretiques avec lesdits de Padouë et Jandun; ou bien il devoit employer iceux de Padouë et Jandun avec ledit Okam sous la colomne des peres et docteurs, puis qu'ils ont soustenu la mesme doctrine. Ce que Tanquerel ne s'est pas contenté d'avoir employé comme heretiques les personnages ci-dessus, il a passé carriere, ayant entrepris sans respect, et contre verité, de marquer d'heresie la memoire de feu Monsieur maistre Pierre de Cugneres, grand et celebre advocat general du Roy en la cour de Parlement de Paris sous le regne de Philippe VI de Valois en l'an 1329, bien que jamais il n'aye esté heretique; comme aussi il ne se voit point que l'Eglise ny aucun concile l'aye declaré tel. Et d'autant que ce seroit une injure et calomnie insuportable contre la memoire d'un si bon, si genereux et si fidelle officier en son siecle, luy qui parle en qualité d'advocat general de sa Majesté, a bien interet de faire recognoistre audit Tanquerel qu'il a passé les bornes, et commis une offense trop signalée, d'autant qu'une marque d'heresie surpsase infiniment toutes les ignominies du siecle que l'on pourroit reprocher. Est-il possible que l'on ose appeler heretique un grand homme d'Estat, pour avoir soustenu les droicts de son Roy contre les abus et entreprises de la jurisdiction ecclesiastique? L'histoire fait bien voir au contraire, que c'estoit un homme de bien, qui faisoit ce que Dieu et sa conscience l'obligeoient de faire en sa charge pour le service de son prince : laquelle verité se peut recueillir sommairement par les articles, dont il a fait plainte et remonstrance, sur laquelle le roy Philippe VI de Valois, en vertu de ses lettres patentes, fit donner assignation à tous les prelats de la France en son Parlement. A l'assignation qui escheut au 8 du mois de decembre, sa Majesté seante en son lit de justice assistée de plusieurs princes et grands seigneurs, et de sa cour du Parlement, ledit feu maistre Pierre de Cugneres prit son theme sur ce celebre passage de la saincte Escriture fort à propos, *Reddite Cæsari quæ sunt Cæsaris, et Deo quæ sunt Dei*. Apres s'estre estendu sur cette proposition, et remonstré que la jurisdiction de la cour d'Eglise n'avoit rien de commun avec la temporelle, il proposa assez simplement et sans fard plusieurs poincts ausquels il requeroit estre apporté quelque ordre et reformation à l'encontre des ecclesiastiques. Et premierement dit, que souvent ils faisoient emprisonner un homme lay comme malfaiteur, et apres luy avoir fait son procez d'office à la requeste du promoteur, ils ne le vouloient eslargir, que premierement il n'eust payé tous les frais de justice, et toutes les façons d'enquestes et procedures. En second lieu, que sans cognoissance de cause ils faisoient à toutes heures des clercs tonsurez, bastards, adulterins, enfans d'esclaves, pour dilater les bornes de leurs jurisdictions. Troisiesmement, qu'ils envoioyent çà et là leurs notaires sur les justices, tant royales que des barons et autres seigneurs, lesquels passans des contracts soubmettoient tousjours les contractans à la jurisdiction de cour d'Eglise. En quatriesme lieu, que le premier meurtrier ou larron qualifié, qui se disoit estre clerc, et soubs ce titre demandoit son renvoy par devant l'official, il falloit qu'il fust renvoyé sur peine d'excommunication, encore qu'il n'eust esté pris en habit clerical, et qu'il ne fist apparoir de ses lettres de tonsure. En cinquiesme lieu, que soudain qu'un homme estoit entré en prison ecclesiastique par la porte de fer, il en sortoit par celle d'argent. En sixiesme lieu, qu'un homme estant excommunié, les officiers prenoient plaisir de citer tous ceux qui avoient depuis communiqué avec luy, et aussi mettoient quelquefois toute une contrée en desarroy par leurs indeuës citations. En septiesme lieu, qu'ils faisoient acroire aux plus gens de bien qu'ils estoient usuriers, et en cette qualité s'en faisoient les poursuites par devant eux. En huictiesme lieu, que si un homme riche estoit decedé, bien qu'il eût fait testament et receu les sacremens de l'Eglise, toutesfois on lui faisoit desnier terre saincte apres son deceds, soubs quelques fausses imputations d'usure ou autrement, et pour se redimer de ceste vexation cruelle et barbare, les amis et heritiers du defunct estoient contraints froncer le poignet des officiaux, archidiacres, et autres juges d'Eglise. C'est en somme ce que le sieur de Cugneres representa devant le Roy, avec autres allegations de plusieurs deportemens pleins de mauvais et dangereux exemples; et conclud comme il avoit commencé, qu'il falloit rendre à Cesar ce qui appartient à Cesar, et à Dieu ce qui luy est deu, comme au souverain Createur. A cette remonstrance respondit premierement l'esleu[1] archevesque de Sens, et

[1] Le *Mercure* a imprimé *Lesleu*, mais il n'y a point eu à Sens d'archevêque de ce nom; il s'agit de Pierre Roger qui venait d'être *élu* archevêque de cette ville. — Pierre Roger, fils de Guillaume, seigneur des Roziers en Limousin et de Marie de Chambon, religieux de l'abbaye de la Chaise-Dieu, fut successivement prieur de Sainte-Barbe près de Nîmes, abbé de Fécamp vers 1326, de la Chaise-Dieu, évêque d'Arras 1328 et archevêque de Sens après Guillaume de Melun en 1329. Le *Gallia christiana* rapporte que, en mémoire de son plaidoyer en faveur de la juridiction ecclésiastique, on lui éleva dans la cathédrale de Sens une statue avec cette inscription :

« Regnantis veri cupiens ego cultor haberi
« Juro rem cleri libertatemque tueri. »

Pierre Roger quitta l'archevêché de Sens pour celui de Rouen en décembre 1330. Cardinal le 10 décembre 1337, il fut élu pape le 7 mai 1342 et mourut à Avignon le 6 décembre 1352.

puis messire Pierre Bertrand[1] evesque d'Autun, lequel commença son discours par ce verset, *Deum timete, Regem honorificate*, et fit une recapitulation en deux chefs de tout ce qui avoit esté dit par ledit sieur de Cugneres; et apres avoir soustenu et voulu persuader par force d'eloquence la possession pretenduë en la jurisdiction ecclesiastique, dit pour conclusion, que pour les abus alleguez avoir esté commis par leurs officiers, tant s'en falloit qu'ils les voulussent excuser, qu'au contraire ils vouloient et entendoient en estre les premiers reformateurs, comme des choses qui n'estoient jamais venuës en leur cognoissance. Et quoy que ledit evesque pour lors fasché et piqué d'avoir entendu la verité si naïvement et si courageusement representée par un advocat du Roy, se fust eschappé un peu des regles et limites de la modestie et humilité requise en un prelat, s'estant emporté à dire quelques paroles injurieuses contre sa personne, neantmoins l'on ne voit point qu'il aye esté passionné jusques à ce poinct, que de l'avoir appellé heretique. Ce qui devoit reprimer la licence que ledit Tanquerel s'est donnée avec trop de temerité et de calomnie, de l'avoir employé de la sorte. La cause ayant esté en cette façon plaidée de part et d'autre, et les parties appoinctées à mettre leurs pieces par devers le Roy, le Clergé dressa une petite requeste contenant sommairement ses moyens, accompagnée d'une protestation, que ce qu'ils avoient dit, estoit

---

[2] Pierre Bertrand, dit *l'ancien*, né à Annonay, professa d'abord le droit civil et canonique dans les universités d'Avignon, de Montpellier, d'Orléans et de Paris, devint chanoine puis doyen de l'église du Puy, conseiller-clerc au Parlement de Paris, chancelier de Jeanne de Bourgogne, évêque de Nevers, puis d'Autun 1326, cardinal 1331. Il fonda à Paris le collège d'Autun ou du cardinal Bertrand et mourut en 1348. — On a conservé le plaidoyer qu'il prononça en réponse à celui de Pierre de Cugnières, ainsi qu'un traité *De origine et usu jurisdictionum*.

pour informer seulement la conscience du Roy, et sans qu'ils entendissent se soubmettre de cette affaire à sa jurisdiction, et pour le faire court sur cet appointement il ne fut prononcé aucun arrest. Le Roy par la consideration du temps taschoit d'eviter la decision de cette contention ; et les prelats au contraire pressoient de sorte, que s'estant presentez quelque jours apres à sa Majesté dans le Bois de Vincennes, ils eurent response que son intention estoit de les conserver aux privileges qu'ils monstreroient leur appartenir, tant de droict, que de coustume bonne et raisonnable. Et comme ils cogneurent qu'en cette resolution il n'y avoit rien pour eux, ils firent importuner derechef et supplier le Roy de se vouloir plus au long ouvrir, lequel pour les contenter aucunement leur fit dire par l'archevesque de Bourges[1], qu'ils ne se devoient estonner, d'autant qu'il ne seroit rien attenté durant son regne contre eux, comme celuy qui deliberoit estre leur protecteur, et qu'il vouloit et entendoit conserver et maintenir l'authorité, droicts, coustumes, privileges et libertez de l'Eglise gallicane, et non pas servir de planche à ses successeurs pour affliger l'Eglise. Les ecclesiastiques pensans prendre advantage de cette derniere response, supplierent le Roy, que les registres de cette cause fussent biffez, comme indignes d'estre consignez à la memoire de la posterité ; à quoy il presta l'oreille sourde, mais d'un autre costé enjoignit sous main à sa cour de Parlement, de faire ce que la justice luy commanderoit, et sur tout recommanda aux prelats de reformer ce qu'ils verroient estre à faire dans leurs dioceses, et l'en certifier dans certains temps. Ainsi se separerent les uns et les autres, sans

---

[1] Guillaume de Brosse, fils de Roger de Brosse, sr de Sainte-Sévère et de Boussac, et de Marguerite de Déols, évêque du Puy, de Meaux, archevêque de Bourges en 1321, succéda à Pierre Roger dans l'archevêché de Sens en 1330.

que les raisons des ecclesiastiques ayent peu rien emporter sur les raisons dudit feu sieur de Cugneres, duquel la memoire doit demeurer glorieusement vivante dans le Parlement de ce royaume de France, puis que sa doctrine est la premiere source de laquelle par traict successif de longues années, nous avons tiré, puisé, et en fin receu l'usage des appellations comme d'abus, introduites sagement et prudemment sous le regne du roy Louys XII, fondateur de ce Parlement, surnommé Pere du peuple, pour conserver l'ordre establi de Dieu, et remettre les choses au droict commun, lorsque les juges d'Eglise contreviennent aux saincts conciles et decrets receus et approuvez aux ordonnances de nos Roys, et aux arrests des cours souveraines, et generalement quand il y a entreprise de la jurisdiction ecclesiastique sur la royale. Partant il est juste d'enjoindre audit Tanquerel, apres avoir reconnu sa faute, d'effacer de sa colomne heretique le nom dudit feu sieur de Cugneres, advocat general du Roy au premier Parlement, qui doit estre employé dans l'histoire des hommes illustres, puis qu'il est vray qu'il ne s'est jamais séparé du sein de l'Eglise, et qu'il a vescu en son siecle comme catholique, apostolique, romain, mais comme bon François et tres-fidelle sujet de la couronne de France, qui par sa sagesse et prudence manioit les affaires d'un grand Roy, et estoit grandement estimé par tous les plus grands de l'Estat.

Ce que luy qui parle a recueilly succinctement de l'histoire de France, afin que la posterité ne demeure abusée et trompée par les impressions fausses et sinistres que l'on voudroit laisser au prejudice de la verité et de l'honneur deu à la memoire dudit feu roy Philippe VI de Valois, duquel ledit feu sieur de Cugneres, comme son advocat, avoit sousteneu les droits.

En la colomne des Conciles, *Concilia et Persecutiones*,

Tanquerel ne fait pas mention des quatre conciles œcumeniques avec la dignité requise. Il devoit les faire escrire en grosses lettres, veu qu'ils sont tenus comme les quatre Evangiles, qui sont le concile de Nice, le concile d'Ephese, le concile de Chalcedoine, et le concile de Constantinople, et devoit les appeller significativement *concilia,* plustost que *synodos,* puis qu'il a bien appellé les autres moindres conciles du mot *concilia,* entre autres *concilium Florentinum, concilium Tridentinum,* qui est le concile de Trente, non receu ny approuvé en France. La raison est, que encores que *synodus,* qui est le mot grec σύνοδος, signifie concile et assemblée, neantmoins le mot latin *concilium* a plus d'emphase et de signification; et mesme Bellarmin, qui est de la Societé, a fait ceste remarque notable, que le mot de synode ne se lit point dans l'ancien ny dans le nouveau Testament. Le mot *synodus seu* σύνοδος, signifie les conventions et assemblées moins generales, comme nous disons le synode general, le synode national, le synode provincial et le synode episcopal; comme aussi nous voyons que le Roy par ses declarations et edicts de pacification permet à ceux de la religion pretenduë reformée, qui n'est qu'une religion tolerée et non pas approuvée en France, d'appeller leurs assemblées en leurs presches assemblées synodales, sans qu'il leur soit aucunement permis de les appeller conciles, lesquels sont seulement en l'Eglise. Mais puis qu'il a bien employé le concile de Florence, puis qu'il a bien employé le concile de Trente, non receu ny approuvé en ce royaume, pourquoy n'a-il pas aussi bien employé le concile de Basle, veu qu'il est observé en France avec celuy de Constance? Pourquoy a-il obmis le concile tenu à Orleans par le commandement de Clovis premier Roy chrestien? Pourquoy a-il obmis les deux conciles tenus à Paris? Pourquoy n'employe-il pas le concile de l'Eglise gallicane tenu à Tours par tous les evesques, et la pluspart des docteurs de France? Pourquoy ne fait-il pas mention du celebre concile tenu en France contre les Grecs, touchant la saincte Trinité, et les images, par l'authorité du roy Pepin, lequel auparavant avoit rapporté en France en son second voyage d'Italie les ceremonies du chant de l'Eglise romaine, et institué son Parlement? Bref, il ne parle point de plusieurs autres bons et celebres conciles, ce qui peut estre excusable à cause de la trop grande peine et longueur qu'il y auroit si tous estoient employez, mais du moins il devoit employer les plus notables qui marquent l'ancienne gloire et generosité de nostre France, en quoy il auroit peine de s'excuser que telles omissions ne fussent aucunement volontaires et faictes à dessein.

En la mesme colomne des Conciles et Persecutions, Tanquerel employe sur la fin ces mots, *persecutio a calvinistis in catholicos*, qui sont des termes fascheux et insupportables, par lesquels il est aisé de sentir qu'on s'adresse à la memoire du feu roy Henry III, d'autant que les tumultes, seditions, ports d'armes et assemblées illicites peuvent estre commises soubs le regne d'un bon Roy, qui veut et commande aussitost qu'on les punisse exemplairement, comme crimes de leze-majesté au second chef; mais c'est autre chose quand on dit persecution, parce que la persecution regarde le chef et le prince qui regne, de l'authorité duquel on presume qu'elle est faite et commise; et pour preuve, cela se justifie par la mesme colomne, en laquelle il a employé toutes les autres persecutions soubs divers empereurs romains, en ces mots : *persecutio sub Nerone, persecutio sub Trajano, persecutio sub Domitiano, persecutio sub Marco Aurelio, persecutio sub Severo, sub Maximiano, sub Valeriano, sub Aureliano, sub Diocletiano,* et autres. L'on voit qu'il a pensé au fait de Blois[1] par ces mots *(calvinistis in catholicos)* et qu'il a pris instruction d'un meschant et detestable livre intitulé, *De justa Henrici tertii abdicatione e Francorum regno*[2], dans lequel ledit feu seigneur Roy est tres-faussement, injurieusement, meschamment et criminellement appellé tyran, et ceux qui furent cause de leur malheur sont appellez martyrs. O quel blaspheme contre la memoire d'une personne sacrée comme estoit le Roy Henry III, lequel son histoire fait voir avoir esté si bon et si religieux prince, qu'il est monstrueux de penser qu'on aye peu entreprendre et exercer une Ligue meschante et criminelle, pretextée du nom de saincte Union, contre une si religieuse Majesté! Les cheveux dressent d'horreur, quand on se represente dans le funeste tableau ces larves de pieté et catholicité simulée, qui soubs l'habit de gens d'Eglise et de religion monachale portans la dague et l'espée haute et armez d'armes à feu, marchoient en processions dans le theatre de la France. Ils estoient de l'engeance de ceux dont nostre Seigneur a dit qu'il se falloit garder comme de faux prophetes qui venoient en apparence et en vestemens d'aigneaux, mais au dedans estoient vrays loups ravissans. Pasles prophetes de tombeaux, qui soubs pretexte de predications trompettoient les seditions et les meurtres, revoltans les subjets de l'obeïssance que Dieu commande de rendre à ses oincts, qui sont les roys et les monarques de la terre; ce sont les chefs, capitaines et conducteurs de ceste meschante Ligue,

[1] L'assassinat de Henri de Guise par ordre du roi Henri III aux États généraux de Blois, le 23 décembre 1588.

[2] L'auteur de cet ouvrage, Jean Boucher, né vers 1550, mort en 1644, curé de Saint-Benoît, à Paris, se signala entre tous par la violence avec laquelle il servit la Ligue. Il alla jusqu'à prêcher et justifier le régicide dans ses écrits et dans ses sermons.

que l'on doit appeller persecuteurs, et generalement ceux qui ont assisté et adheré de propos deliberé au party contraire et ennemy de la royauté. C'est ce criminel de leze-majesté au premier chef, ce traistre moyne Clement, inclement, barbare et inhumain; duquel on s'est servy comme d'un vipere, serpent sorty d'enfer pour donner le coup de la mort à son prince ; ceux-là sont vrayement persecuteurs et parricides, puis qu'ils ont attenté à la personne sacrée d'un Roy tres-chrestien, fils aisné de l'Eglise, image vivante de la divinité; puis qu'ils ont affligé, persecuté, assassiné et tué celuy qui lors estoit le principe de la vie du royaume; puis qu'ils ont esteint la lumiere de l'Estat, et ont ruiné une santé royale, à laquelle toutes les santez des bons François estoient attachées. L'histoire est si sanglante et si funeste, que l'esprit a horreur d'en rafraischir la memoire. Il est vray que le feu roy Henry III n'a pas esté heureux dans le monde, mais il est vray qu'il estoit tres-bon, tres-chrestien, tres-catholique, tres-sage, tres-vertueux et tres-eloquent prince, duquel nous observons tout plein de bonnes et sainctes ordonnances, comme celles des Estats de Blois [1], touchant l'Eglise, touchant les hospitaux, touchant les universitez, et l'edict de Melun et des Estats de Blois [1], touchant la justice, touchant la noblesse, touchant le domaine et autres, qui sont autant de tableaux de sa religion, justice, et royale conduite dans les affaires du royaume.

Mais il faut passer à ce qui reste, et remarquer en la colomne *Sacri ritus*, comme Tanquerel dit que *missæ in privatis domibus celebratæ sunt*. Ce qui ne doit passer pour authorité, pource que par les canons telles messes sont defenduës, et notamment par le canon *missas*

[1] L'ordonnance de Blois publiée en 1579, donnait satisfaction aux vœux exprimés par les Etats généraux tenus à Blois en 1576 ; elle embrassait toutes les parties de l'administration.

privatas, qui est du grand S. Augustin, *de consecratione, distinctione*. En quoy luy qui parle de voix publique, croit estre obligé de representer à la cour qu'il a receu advis comme l'on veut authoriser les messes particulieres dans les maisons des particuliers, que l'on commence d'introduire par certains prestres hibernois et autres nouveaux moines. Ce qui ne doit estre toleré, mais empesché pour plusieurs raisons importantes à l'honneur de Dieu et à la religion chrestienne et catholique. Premierement, il n'est pas raisonnable de permettre que les pretendus prestres estrangers et incognus establissent une congregation entr'eux avec chappelle et cloche sonnante, veu que par la maxime generale toutes congregations sous superieurs et chefs doivent avoir leurs regles et statuts, qui ne peuvent et ne doivent estre authorisées ny receuës sans bulles de sa Saincteté, lettres patentes du Roy verifiées en ses Parlemens, apres communication faite aux gens du Roy, pour voir et examiner prudemment dans les statuts particuliers s'il y a rien qui concerne la religion ou l'Estat; et de plus, il faut permission et approbation de l'evesque diocesain, pour eviter de retomber aux malheurs dont l'experience des temps et siecles passez nous doit rendre sages. Secondement, toutes personnes incognuës qui viennent nouvellement en une ville, doivent oster toute sorte de doute, et monstrer de quel esprit, de quel pays et origine ils sont, et quelle utilité ils peuvent apporter au public; autrement se doivent retirer sans mescontentement du refus. Que s'ils pretendent vivre de l'autel comme prestres, il faut qu'ils fassent apparoir d'attestation de leur charactere et ordre, et en ce faisant qu'ils s'attachent aux parroisses sous l'authorité et permission des curez pour leur ayder à faire l'office; la raison est, que le concile de Chalcedoine ne permet aucune ordination de prestres absolus, sans les instituer à certain lieu et arrester à certaines fonctions en une Eglise, consequemment de faire des prestres portatifs capables d'aller çà et là au mandement de qui voudra les employer, comme sergeans qui sont en station, et par leur intervention troubler, molester, voire entreprendre sur les ordinaires, c'est chose qui n'a esté, et ne se doit permettre. Le concile defend à ceux qui veulent vaguer et aller par tout sans s'arrester, de faire la fonction de prestre en aucun lieu; ces gens qui se disent prestres d'Hibernie sont *nullius Diocœsis*, aussi peu cogneus que ceux qui se diroient prestres de Damas ou de Porphire; ils n'ont ni lieu, ni place, ny fonds, ny revenu qui apparoisse, ny qu'ils puissent designer. De se venir jetter icy comme oyseaux estrangers, sans estre appellez, ny sçavoir la fin de leurs intentions, cela doit sembler nouveau et desnué de tout bon fondement. Ils disent qu'ils sont d'Hybernie, c'est la question; qu'ils ont esté chassez, ou se sont retirez de leur pays pour avoir embrassé la foy et fait profession de nostre religion; si cela nous estoit constant, il n'y auroit rien à dire, pourveu qu'ils vescussent comme les autres prestres qui sont en nos parroisses; mais s'ils ont esté chassez comme suspects et infidelles à leur Roy, pourquoy en serons-nous chargez avec la mesme crainte? Que si peut-estre ils sont Espagnols déguisez qui prennent ce pretexte, ou bien Hybernois en effect, qui s'estans departis du respect, obeïssance et fidelité deuë à leur prince naturel, sous pretexte de religion, par un precipice dangereux d'une extremité en une autre, se sont emportez à jurer serment de fidelité au roy d'Espagne, et ainsi devenus pensionnaires de son Estat et ses emissaires, comme grand nombre d'autres personnes, soy disans religieux, vivans dans l'obedience aveugle, dont les generaux d'ordre sont la pluspart Espagnols et estrangers, n'avons nous pas grand sujet de craindre que leurs congregations ne degenerent en conspirations? puisque le temps et le malheur de la France, apres la mort du feu Roy, a donné une telle licence et hardiesse à aucuns ecclesiastiques, qu'apres les harangues, propositions et determinations sur les Roys et leurs royaumes, il ne reste plus rien à entreprendre. Ce qui doit porter la cour à maintenir nos anciens religieux qui vivent suivant nos anciennes regles, et empescher la licence des nouveaux, qui destournent par un exterieur de pieté les aumosnes qui leur sont deuës, et aux pauvres originaires de la ville.

En la mesme colomne, *Sacri ritus*, il employe *Regi christianissimo data facultas communicandi sub utraque specie*, pour inferer de là, que le Roy a eu ce privilege par concession du temps et du pape : en quoy il se trompe, attendu que cela a esté de tout temps immemorial observé *(pro veteri more omnium Franciæ Regum)* afin de monstrer au Roy tres-chrestien le privilege de son sacre, et afin qu'il sçache que sa dignité est sacerdotale et royale, veu qu'il est oinct du saint chresme tout ainsi que l'evesque, *in capite*, à la difference des autres roys et empereurs, pour marque de sa dignité, puissance et authorité en l'Eglise, l'onction du chresme estant en l'evesque le signe et la marque *jurisdictionis episcopalis*, ainsi que disent les theologiens. Comme de verité le Roy de France est un grand Roy, de telle sorte qu'il est remarquable dans Suidas[1] que par le nom de Roy, sans dire de quel royaume, il faut entendre le Roy de France, qui ne recognoist aucun seigneur temporel en son royaume que Dieu, qui pour la fidelité de luy et de son peuple en la religion chrestienne,

---

[1] On croit que cet auteur, à qui nous devons un lexique précieux par les renseignements historiques et géographiques et par les extraits d'auteurs anciens qu'il renferme, vécut au xe siècle.

et heureux exploicts d'armes et victoires obtenuës pour la defense de l'Eglise catholique, apostolique et romaine, a merité le tiltre du fils aisné de l'Eglise, lequel a receu le gage perpetuel d'une singuliere faveur celeste de guarir la maladie incurable nommée vulgairement les escrouelles, par le simple attouchement du malade, avec le signe de la croix et benediction au nom de la tres-saincte et indivisible Trinité, qui pour un tesmoignage puissant de ses merites ne peut estre excommunié par les papes, par leurs expresses concessions et rescripts, comme d'Alexandre IV, Nicolas III, Martin III, Gregoire V, IX, X et XI, Clement IV, Urbain V, Boniface XII.

En la colomne des Roys de France, *Reges Galliæ*, Tanquerel a employé le grand roy Henry IV, sans luy donner le titre de Roy de Navarre, et ce qui faict juger qu'il n'a pas fait ceste omission par imprudence, mais bien par dessein, c'est qu'il a bien employé au dessus le roy Henry III avec le titre de Roy de Pologne, par consequent il devoit à plus forte raison donner le titre de Roy de Navarre au feu roy Henry IV surnommé le Grand d'heureuse memoire, puisque c'estoit son premier titre, lequel il n'a pas perdu estant devenu Roy de France : titre qui par succession appartient à Louis XIII, son fils, nostre bon et juste Roy, à present sainctement et glorieusement regnant. Et de faict les ordonnances, edicts et declarations du Roy, lettres de chancelleries, les arrests du Conseil privé de sa Majesté, arrests des Parlemens et autres cours souveraines, sont intitulez du titre de Roy de France et de Navarre; ce qui est si visible et si ordinaire, que Tanquerel ne pouvoit pas l'ignorer. Mais la raison pourquoy il n'a pas voulu employer ce titre de Roy de Navarre est bien aisée à concevoir, c'est à cause qu'il a eu crainte de faire desplaisir aux pretentions du Roy d'Espagne, lequel usurpe une grande partie dudit royaume de Navarre : ce qui monstre que luy, et ceux qui l'ont instruict, n'ont pas l'ame françoise comme ils doivent avoir.

En la derniere colomne, *Res gestæ in Occidente,* il a emploié que *Pipino regnum annuit Zacharias papa, pulso Childerico ultimo ex Clodoveanis, etc.,* comme s'il vouloit dire, que Pepin ancien Roy de France, pere de Charlemagne, a esté surrogé par le pape Zacharie, au lieu et place de Childeric Roy de France deposé par le mesme pape, pour de là inferer, et subtilement insinuer aux esprits moins entendus, que nos Roys tiennent leurs empires des papes. Ce qui est entierement contraire à la verité, car il est certain que Zacharie ne fit simplement que donner advis aux Estats du royaume, qui voyans Childeric, homme inhabile et le dernier de sa maison, sans aucune posterité, voulurent pourvoir à la paix et tranquilité du royaume, avec crainte toutefois de blesser leur conscience, pour le repos de laquelle ils penserent qu'il estoit bon d'avoir le conseil du pape Zacharie, ce qui est bien different de ce que ledit Tanquerel a enoncé, veu que c'est bien autre chose d'establir un Roy (ce que Zacharie pape n'a pas fait ny peu faire) ou de donner advis simplement sur l'establissement d'iceluy, ce qu'il a fait ; estant un principe tres-asseuré, que le pape ne peut disposer de la succession du royaume de France, d'autant que ceste couronne royale est franche, et releve de Dieu seul, sans recognoistre aucune creature en terre plus grande que soy. Ce qui passe sans aucun contredit, si ce n'est peut estre que quelque espagnolisé ligueur, à voix casse et basse, voudroit faussement et injustement soustenir le contraire, afin de planter l'authorité du pape en cet empire, pour destruire la loy royale et fondamentale de nostre Estat. De fait le pape Innocent escrit qu'aux royaumes successifs, tel que le royaume de France, advenant vacation ou le deceds du Roy, ce n'est point au pape de s'en mesler, ny alterer la succession de l'Estat qui se derive aux masles par le seul fil du sang, s'il ne veut mettre sa faulx en la moisson d'autruy, ce que les François n'ont jamais enduré. La charge du pape peut estre seulement d'admonester et exhorter, comme pere et premier pasteur visible, ceux qui ne prennent pas le soing de ce qui les peut toucher, afin qu'ils prennent garde au bien, repos et tranquilité de leur pays, sans passer outre, ny mesler les clefs du ciel avec la puissance terrestre et temporelle, lesquelles sont separées et n'ont rien de commun ensemble, pour joindre et unir l'une et l'autre puissance en la personne d'un pape, auquel nostre Seigneur a prescrit les bornes en termes si clairs et si exprés, qu'il n'est pas loisible à creature qui soit au monde d'establir des fondemens contraires, sans enfreindre les commandemens et ordonnances de Dieu tout puissant createur du ciel et de la terre.

En la mesme colomne plus bas il employe, *Bellum anglicum in Gallos ob legem salicam, Anglus lilia Franciæ sibi vindicat*, pour rafraischir la memoire de la guerre des Anglois nos anciens ennemis, pour dire qu'ils s'attribuent les marques du royaume de France, qui seroient de fausses attributions, veu qu'il se lit que les roys d'Angleterre ont tenu à honneur de se borner aux armoiries de Guillaume le bastard, un des anciens ducs de nostre genereuse province de Normandie, qui fut appellé le Conquerant, à cause de la conqueste par luy faicte du royaume d'Angleterre; en signe dequoy il bailla aux Anglois par luy subjuguez les loix des Normans en langage normand. L'on peut donc juger que les Anglois auroient l'imagination autant blessée et desreglée de s'attribuer les lys de nostre France, que s'ils bastissoient des chasteaux en Espagne par idée, puisque la Normandie, qui n'est qu'une province de ce populeux royaume, comme reünie à la couronne, a tenu teste aux Anglois fort longtemps, et toutesfois et quantes que les Anglois se sont efforcez d'usurper des provinces et des places en France. Il est vray que là où ils ont peu prendre terre, leurs possessions comme violentes et injustes n'ont peu estre durables, et qu'ils ont esté tousjours honteusement battus et chassez, et leurs entreprises rompuës. Il faut dire que les fleurs de lys ayans esté apportées du ciel à ce royaume de benediction, ne peuvent estre emportées par quelque violente et tyrannique main que l'on se puisse imaginer dans les puissances de la terre. Nos peres nous ont enseigné que Clovis, pour rendre son royaume plus miraculeux, a receu du ciel lesdites fleurs de lys, dont la racine nous est demeurée perpetuelle qui les pousse incessamment de nostre terre, pour tesmoigner la candeur, pureté et bonne odeur du royaume, et neantmoins c'est avec un extreme regret qu'il faille que nous voyons quelques François si meschans et si desnaturez, que comme certaines plantes venuës et transplantées de terre estrangere ils ne peuvent s'accoustumer à la douceur du climat. Ils ont la veuë de l'esprit et du corps si esgarée, qu'ils ne peuvent voir la candeur de nos fleurs de lys; ils ont les sentimens si depravez, qu'ils n'en peuvent souffrir l'odeur; et neantmoins telles gens se disent serviteurs du Roy, qui n'aiment pas son Estat, qui se desplaisent d'entendre les bons et fidelles serviteurs de la couronne qui disent librement ce qu'ils pensent, suivant la verité et maximes anciennes receuës et approuvées, sans autre interest que de l'honneur de Dieu et repos de leurs consciences. A quoy ils sont obligez, conformement au precepte de sainct Pierre estably par nostre Seigneur pour son vicaire et chef visible de son Eglise, qui dit que toute creature doit rendre subjection, honneur et obeïssance au Roy, comme l'image vivante de la Divinité, et à ses magistrats comme ceux qui representent l'authorité du Roy en l'ordre de sa justice, et ce non pour crainte qu'on doive avoir de ressentir quelque effet de cholere ou indignation portant diminution de quelque fortune passagere, mais parce que l'on y est absolument obligé selon Dieu et en conscience. Que sert de tesmoigner un bon visage? Que sert de prononcer tant de paroles dorées et flateuses, et dans le cœur n'estre pas bon François? Ce sont toutes apparences, mais en fin l'on recognoist les bons ou mauvais arbres par la douceur ou aspreté de leurs fruicts; en quoy luy qui parle ne peut dissimuler ce dont autrefois a esté faite instance à la cour, qu'il ne peut souffrir que l'on aye retrenché et changé sans raison et sans cause plusieurs antiennes, prieres, proses, et autres notables parties de l'ancien missel ou liturgie, selon la tradition de tout temps en l'Eglise de Roüen, et notamment que celuy ou ceux (à la preud'hommie et integrité desquels on s'estoit confié pour restablir et reformer les choses defectueuses) aient osté ce mysterieux Evangile, qui estoit prononcé et chanté au jour et feste de sainct Loys Roy de France, en ces mots, *Considerate lilia agri quomodo crescunt, quoniam non laborant neque nent*, ce qui n'a peu estre fait sinon par esprits inconsiderez et encor infectez de ce vieil levain espagnolisé de la Ligue passé en substance et en nature, en un mot contraires et mal affectionnez à la grandeur majestueuse du Roy et de son royaume, dont ils voudroient obscurcir et abolir l'antiquité et l'excellence, et s'il estoit en leur pouvoir faire croire heretiques tous ceux qui tiennent pour l'antiquité de la religion et pour la verité, contre leurs mauvaises et pernicieuses maximes. Car il est vray que le sens de cet Evangile, *Considerate lilia agri*, est moral et propre pour marquer sensiblement et particulierement l'Estat de la France en la feste de son roy sainct Louys, veu qu'on sçait bien que les lys ne travaillent et ne filent pas ; mais c'est à dire qu'en France les Roys naissent et viennent par succession, et par le droict du sang plus prochain du dernier Roy decedé, sans qu'il soit besoin s'exposer aux peines et hazards de la guerre, pour parvenir à la royauté ; et comme les lys, qui sont les armoiries et marques de la France, ne filent pas, aussi est il vray que les Roys de France ne filent pas. Ce qui signifie que pour estre Roy il faut estre masle, attendu que par la loi salique il est certain que le royaume de France tombe en lance et non pas en quenouille ; laquelle loy salique est une loy du royaume née avec l'Estat, et tissuë par nos premiers François, sur le seul fil du sang masle et premier en ordre de naissance. Partant si l'on a eu dessein de tirer du missel ancien ce sainct Evangile, qui parle des lys si à propos pour le jour et feste de nostre glorieux roy S. Louys, afin de laisser l'attribution de nos lys et de nostre loy salique aux Anglois et autres nations qui n'y peuvent ny doivent rien pretendre, ce dessein est meschant et injurieux jusques à ce poinct, qu'il rend l'inventeur criminel de leze-majesté.

C'est en somme, ce que luy qui parle pour le procureur general du Roy, a peu remarquer en ceste Table chronologique de plus grande consequence et moins supportable, qu'il a esté obligé par conscience, par raison, et par le devoir de sa charge, de representer à la cour pour sa descharge envers Dieu, envers le Roy et envers ladite cour, laquelle il craindroit d'ennuyer s'il entreprenoit de representer autres defectuositez de moindre importance. Pour ces raisons et autres meilleures que la cour peut suppleer, il soustient que Tanquerel ne se doit mesler d'imprimer ou faire imprimer aucuns livres ny memoires de consequence, veu les mauvaises maximes dont il peut avoir l'ame teinte et instruite, tant par la communication dangereuse qu'il peut avoir avec certains esprits deguisez contraires au droict commun, et mal-affectionnez à la France, que par la tradition de ses predecesseurs, qui tenoient une mauvaise et pareille doctrine, dont il a grand sujet de douter, parce qu'il luy souvient d'avoir veu un arrest notable de la cour de Parlement de Paris, donné le deuxiesme jour de decembre mil cinq cens soixante et un, contre un bachelier de theologie nommé Jean Tanquerel, pour avoir soustenu aux escholes du college de Harcourt en son acte de grande ordinaire, *quod papa Christi vicarius monarcha spiritualem et sæcularem habens potestatem principes suis præceptis rebelles regno et dignitatibus privare potest*, duquel arrest la teneur en suit.

Cejourd'huy apres que le procureur general du Roy, presens maistre Nicole Mallard doyen, Jean Aleaume, Jean Pelletier, Jean Albain, Jacques Cahain et Noël Palier, docteurs en la faculté de theologie, pour ce mandez, a requis à la cour qu'ils eussent, suivant les injonctions à eux plusieurs fois faites, et par ordonnance d'icelle cour, de representer maistre Jean Tanquerel bachelier en theologie, pour respondre sur la position par luy disputée, concernant la majesté du Roy et princes de son sang, lesdits de la faculté ouys en leurs diligences et excuses, ensemble ledit procureur general en ses conclusions, eux retirez, et la matiere mise en deliberation, les grand chambre et du Conseil assemblées, la cour a ordonné et ordonne, que suivant la declaration baillée par maistre Jean Tanquerel, signée de sa main, et pour son absence et au lieu de luy, le bedeau de la faculté declarera en pleine Sorbonne, en presence du doyen et de tous les docteurs de la faculté, mesme dudit Cahain et bacheliers de ceste licence prochaine, qui seront pour cest effect congregez et assemblez, sur peine d'estre privez des privileges à eux octroyez par le Roy et ses predecesseurs, assistans l'un des presidens, deux conseillers du Roy en icelle cour, et le procureur general dudit seigneur Roy, qu'il desplaist audit Tanquerel d'avoir tenu telle position qui sera leuë, qu'indiscretement et inconsiderement ladite position a esté tenuë et disputée, et qu'il est certain du contraire; suppliera tres-humblement au Roy luy pardonner l'offence qu'il a faicte, pour avoir tenu ladite position et icelle mise en dispute, et ce fait leur seront par ladite cour faictes defenses à l'advenir de telles positions, et d'abondant que deux d'entr'eux seront deputez pour aller devers le Roy, afin de le supplier tres-humblement qu'il leur vueille pardonner, et les tenir en sa bonne grace, en laquelle ils desirent demeurer comme ses tres-humbles et tres-obeyssans subjects et serviteurs. Fait en Parlement le deuxiesme jour de decembre 1561, et plus bas est escrit : Ce jour, pour executer l'arrest susdit, ont esté commis et deputez maistres Christofle de Thou[1], president, Charles des Dormans[2] et Barthelemy Faye, conseillers du Roy en icelle cour.

[1] Christophe de Thou, s^r de Bonnœil, etc., fils d'Augustin de Thou et de Claude de Marle, né en 1508, avocat du roi à la table de marbre, contrôleur en la chancellerie, prévôt des marchands de la ville de Paris, président en 1554 et premier président en 1562 au Parlement de Paris, mort le 1er novembre 1582. Il fut père de l'historien Jacques-Auguste de Thou.

[2] Charles de Dormans, s^r de Bièvre-le-Chastel et de Nozay, fils de Guillaume de Dormans, conseiller du roi et premier président du Parlement de Bourgogne, et de Marie Piédefer, fut d'abord conseiller au Parlement de Rouen en 1530 après son frère Jean, puis au Parlement de Paris; il mourut en 1570. Il descendait de Jean de Dormans, procureur au Parlement de Paris et chambellan de Philippe de Valois; Jean de Dormans, cardinal et évêque de Beauvais, Guillaume de Dormans, tous deux fils de Jean, et Miles, fils de Guillaume, furent successivement chanceliers de France. »

Doncques pour se recueillir il conclud, veu tout ce que dessus, que la planche et characteres de ladite Table chronologique faicte imprimer par ledit Tanquerel, soient rompus et brisez, et tous exemplaires d'icelle ja faicts, lacerez, comme estant ladite Table chronologique contraire à la verité et aux loix et maximes receuës en l'Estat, et requiert que defenses soient faites ausdits Tanquerel et Courant imprimeur, et à tous autres, de commettre pareilles fautes à l'advenir sur peine de punition exemplaire, ny d'imprimer ou faire imprimer aucuns livres, memoires, ou autres choses sans privilege du Roy verifié en la cour, laquelle pour la faute et entreprise commise par lesdits Tanquerel et Courant les condamnera, sçavoir ledit Tanquerel en cent livres d'amende, et ledit Courant en cinquante livres.

Chrestian, advocat pour ledit Courant, a supplié la cour de l'excuser, attendu qu'il auroit esté surpris par ledit Tanquerel, demandant son serment, s'il n'est pas veritable qu'il auroit fait entendre audit Courant, que ladite Table avoit desja esté imprimée par privilege, et publiquement venduë dans la ville de Paris, et autres villes de ce royaume; et en cas que la cour ne jugeast ceste excuse legitime, ny la promesse faite par ledit Tanquerel que ledit Courant ne seroit inquieté, la supplioit d'avoir esgard que ledit Courant n'a jamais esté repris, ny souffert condamnation d'amende pour aucune faute commise en son art d'imprimerie.

A quoy par ledit Tanquerel a esté dit par sa bouche, qu'il recognoist la faute qu'il a faite de s'estre presenté à la persuasion de son advocat, ayant à respondre aux objections d'un si docte et eminent personnage, et luy n'estant qu'un simple grammairien qui ne s'y est preparé, mais puis qu'il luy est necessaire de se defendre et donner raison de ceste action, dit que luy estant tombé entre ses mains quelques Tables chronologiques, il y avoit remarqué des fautes et erreurs qu'il avoit corrigées, et ce qu'il y avoit employé il l'avoit trouvé dedans les anciennes Tables. Et pour ce qui luy est objecté d'avoir employé en la colomne *de hœreticis* maistre Pierre de Cugneres, il recognoist d'y avoir esté surpris par la lecture d'autres livres, mais que ceste Table n'est pas encore une chronologie parfaicte pour estre mise en lumiere. Il est vray aussi qu'en la colomne des Roys de France, sous le nom de Henry IV, ces mots, Roy de Navarre, y ont esté obmis par inadvertance, que s'il y avoit quelque chose à corriger, se rapporte à la cour d'en ordonner, n'estant pas l'autheur de ceste Table, laquelle a esté premierement imprimée et publiée à Paris. Et quand un œuvre a esté une fois imprimé, il a estimé qu'il n'estoit plus besoin de privilege, et apres que ledit Tanquerel purgé par serment a juré et affermé que le pere Bertrix, recteur des Jesuites, luy avoit mis entre les mains ladite Table, en laquelle il n'avoit fait que corriger les fautes de l'impression, et ce qu'il avoit employé ledit maistre Pierre de Cugneres entre les heretiques, ç'a esté innocemment :

La cour faisant droict sur les conclusions dudit procureur general, a ordonné et ordonne que les Tables chronologiques dont est question, seront rompuës, et les exemplaires lacerez. A faict et faict inhibitions et defences de les faire imprimer ny vendre sur peine de punition corporelle, comme estans escrites en plusieurs endroits contre la verité de l'histoire, et contre les loix et bonnes maximes de cet Estat. Et pour la faute et entreprise commise par lesdits Tanquerel et Courant libraire, en l'impression desdites Tables sans authorité et permission, a condamné et condamne ledit Tanquerel en cent livres, et ledit Courant en cinquante livres, le tout d'amende envers le Roy. Et a faict et faict iteratives defenses à tous libraires, imprimeurs et autres, d'imprimer, faire imprimer et vendre aucuns livres et autres œuvres et discours sans lettres de permission du Roy, sur les peines qui y escheent; et sur la requeste faicte par ledit Tanquerel apres l'arrest prononcé, apres qu'il a dit et declaré qu'il recognoist sa faute et erreur, a moderé et modere lesdites amendes de cent livres et de cinquante livres à la moitié. Fait comme dessus. Signé, DESCHAMPS.

1631

[*Extrait de la*] *Lettre écrite au Roy par Monsieur et par lui envoyée à MM. du Parlement pour la présenter à sa Majesté*[1].

..... N'a-il (le cardinal de Richelieu) pas encore recompensé le Havre de cinq ou six cens mil livres prises de vos deniers, en ce compris le marquisat de Graville, encore qu'il feigne en avoir payé une partie de son argent; outre Honfleur qui fait une autre partie de la recompense, quoi qu'il m'appartienne, vous donnant apprehension que je misse un des miens dedans, en quoy il vous faisoit croire qu'il vous rendoit un service notable de vous prendre le Havre et m'oster Honfleur?

N'a-il pas encores trouvé moyen de s'approprier le

[1] T. XVII, 1re partie, pp. 202-259. Pour les passages extraits, pp. 215, 216-217 et 224-225. — Cette pièce et la suivante ont été également publiées dans le *Recueil des diverses pièces pour servir à l'histoire*, MDCXXXV, in-4º, pp. 319 et 353. — En 1631, au moment où Gaston d'Orléans se déclarait contre le cardinal de Richelieu, il envoya de Nancy, où il s'était retiré, une lettre et une requête au Parlement, ainsi qu'un manifeste imprimé sous le titre de *Lettre*, etc., dont nous extrayons les passages qui intéressent la Normandie.

Pont-de-l'Arche, vacquant par la mort du mareschal d'Ornano, avec Pontoise proche de Paris, et sur un mesme chemin?

. . . .

Joignez à cela Saümur, Angers, Amboise et tous les lieux cy-dessus mentionnez qu'il tient en Bretagne et en Normandie, sçavoir Brest, le Havre, le Pont-de-l'Arche et Pontoise, en sorte qu'il vient jusques aux portes de Paris, et jugez par là ce qu'il pretend faire; et en tout cas si ce n'est pas pour se rendre plus promptement et plus seurement dans ses places, s'il estoit surpris avant l'execution entiere de son grand et principal dessein.

. . . .

Aussi a-il desormais d'autant moins à dissimuler qu'outre ses grans establissemens sur terre et sur mer, ses places sont d'ailleurs pleines de l'argent comptant du royaume : veu mesme que depuis peu de mois, il a fait conduire dans le Havre par l'abbé de Bono vingt et un mulets, la plus grande partie chargez d'or, et la moindre de vivres, afin de n'avoir pas besoin de passer par les hostelleries, avec quinze ou vingt de ses gardes, qui marchaient sur les aisles pour les escorter.

[*Extrait de*] *la deffence du Roy et de ses ministres contre le manifeste que sous le nom de Monsieur on fait courre parmy le peuple* [1].

..... Il a (direz-vous) le Havre et Broüage. Voyez si par

---

[1] T. XVII, 1re partie, pp. 265 et suiv.; pour l'extrait publié, p. 303. — Cette défense du cardinal porte le nom du sieur des Montagnes.

l'extraict[a] present des lettres verifiées au Parlement du temps de Monsieur de Joyeuse[1] deux places maritimes ne sont pas attachées à la charge d'admiral. Le Havre y est

[1] Anne de Joyeuse, fils de Guillaume, vicomte de Joyeuse et de Marie de Baternai, créé successivement par la faveur de Henri III duc et pair en 1581, amiral de France le 1ᵉʳ juin 1582, chevalier de ses ordres en 1583, premier gentilhomme de sa chambre et gouverneur de Normandie, fut vaincu par le roi de Navarre à Coutras le 20 octobre 1587, et périt dans la bataille. Il était beau-frère de Henri III, ayant épousé Marguerite de Lorraine, sœur puînée de la reine Louise.

[a] *Extrait des lettres de déclaration faite par le roi Henri III le 26 novembre 1582, signées de Neuville, par lesquelles le Roy declare qu'il reunit et incorpore à la charge d'amiral de France le gouvernement de Dieppe comme il avait esté auparavant :*

Henry, etc., à tous ceux, etc., salut. Combien qu'en pourvoiant nostre tres-cher et bien amé beau-frere le duc de Joyeuse, pair et admiral de France dudit estat et office d'admiral, nous y ayons amplement declaré, etc., toutesfois nous ayant nostredit beau-frere fait entendre, qu'au moyen de ce que par les lettres de provision il n'est fait aucune mention du gouvernement et capitainerie du chasteau et ville de Dieppe, de laquelle de tout temps et ancienneté les precedens admiraux ont esté et deu estre jouyssans, il craint, etc. A ces causes desirant conserver nostredit beau-frere en sesdits droits, authoritez, pouvoirs, facultez et puissance appartenans audits estat et office d'admiral, mesmes audit gouvernement et capitainerie de la ville et chasteau de Dieppe, que nous avons entendu et voulons estre jointe audit estat d'admiral, attendu la connexité qu'il y a de l'un à l'autre, pour estre ladite ville de Dieppe l'une des fortes places et principaux ports de la coste de Normandie ; et pour oster et couper chemin à tous doutes et difficultez que l'on pourroit cy-apres former là dessus, avons en confirmant et declarant lesdites provisions et pouvoir par nous donné et accordé à nostredit beau-frere, dit, declaré et ordonné, disons, declarons et ordonnons par ces presentes, qu'en pourvoyant iceluy dudit estat et office d'admiral, nous avons aussi entendu et entendons le pourvoir de celuy de capitaine et gouverneur de ladite ville et chasteau de Dieppe, que nous avons tousjours reputée estre jointe audit estat d'admiral, et lequel nous y avons, en tant que besoin seroit, de nostre pleine puissance et authorité royale, joint, uny et incorporé, unissons et incorporons, pour estre ensemblement et inseparablement exercé par nostredit beau-frere, aux honneurs, authoritez, prérogatives, preeminences, gages, pensions, droicts, profits, revenus et emolumens qui y appartiennent et y sont ordonnez, telz et semblables que nommé, et Diepe en suite, au lieu du quel le Roy luy a consigné Brouage parce que deux places en une mesme mer sont inutiles, et que le Havre estant dans la Manche du costé du nort, il vaut mieux qu'il en ait une autre

les precedens admiraux, capitaines et gouverneurs de ladite ville et chasteau de Dieppe ont accoustumé faire jouyr et user, sans que pour quelque cause que ce soit ils puissent cy apres estre disjoints et separez l'un de l'autre, ny qu'il soit besoin à nostredit beau-frere prendre aucune autre nouvelle provision de nous pour ladite capitainerie et gouvernement, que celle qu'il a cy-devant euë pour sondit estat d'admiral, ny que par le decebs du dernier capitaine et gouverneur le sieur de Sigongnes[1], ores ny à l'advenir elle puisse estre dite ny reputée vacante, ny impetrable; d'autant que nostre intention a toujours esté, comme dit est, qu'elle fust jointe, annexée et affectée à ladite admirauté; et icelle, entant que besoin est, encores de nouveau l'y affectons et unissons et l'avons donnée et octroyée, donnons et octroyons par ces presentes à nostredit beau-frere admiral, lequel et ses successeurs admiraux en seront tous-jours pourveus ensemblement, et par mesme moyen que dudit estat d'admiral, et sans qu'il y puisse avoir aucun autre capitaine particulier que ledit admiral, ains seulement un sien lieutenant, personnage d'honneur, valeur et fidelité requise, qu'il y commettra, et qui luy sera responsable de ladite charge et non à autre; et aura aussi nostredit beau-frere la charge et commandement tant sur les mortes-payes qu'autres forces et compagnies, mesmes la compagnie ordinaire de gens de pied, qui a accoustumé d'estre en garnison audit chasteau, pour la garde et conservation de la place sous nostre obeyssance. Si donnons en mandement, etc.

Extrait des lettres de declaration du roy Henry troisiesme, données à Fontainebleau le vingt-neufiesme juillet mil cinq cens quatre vingt quatre, signé Pinard, par laquelle le gouvernement du Havre de Grace a esté reuny et incorporé à la charge d'admiral de France, comme il avoit esté de tout temps.

Sçavoir faisons, que pour la bonne, grande, parfaite et entiere confiance que nous avons de la personne de nostredit beau-frere, et desirant iceluy conserver ses droicts, pouvoirs, autorités, facultez et puissance audit estat appartenans, et remettre ladite charge et estat d'admiral en son ancienne auctorité, dignité et splendeur : à ces causes et autres bonnes et grandes considerations à ce nous mouvans, avons à iceluy nostredit beau-frere le duc de Joyeuse admiral de France, donné et octroyé, donnons et octroyons par ces presentes ladite charge de capitaine et gouverneur de ladite ville Françoise de Grace, à present vacante par ladite remise en nos

---

[1] René de Beauxoncles, s^r de Sigognes, gouverneur de la ville et du château de Dieppe, de 1563 jusqu'à sa mort 1585.

vers le midy, pour mettre ordre à ce que le service du Roy requiert de toutes parts. Vous exagerez Pontoise et le Pont-de-l'Arche....

1631

[*Deputez de la Normandie au*] *synode national de ceux de la religion pretenduë reformée tenu à Charenton lez Paris*[1].

Diverses choses furent agitées en ce synode national, comme il se peut voir en la relation suivante, qui se veid

mains dudit sieur de Sarlabous [1], et icelle jointe, unie et incorporée, unissons et incorporons par ces presentes, de nostre pleine puissance et auctorité royale, audit estat d'admiral, pour estre ensemblement et inseparablement exercée par nostredit beau-frere aux honneurs, auctoritez, prerogatives, preeminences, gages, pensions, droits, profits et emolumens qui y appartienent et y sont ordonnez tels et semblables que les precedens admiraux, capitaines et gouverneurs de ladite ville Françoise de Grace, et ledit sieur de Sarlabous avons accoustumé faire jouyr et user, sans que pour quelque cause que ce soit, ladite capitainerie et gouvernement puisse estre cy apres disjointe et separée dudit estat d'admiral auquel nous l'avons jointe, annexée et affectée, unissons et affectons par ces presentes ; et icelle donnée et octroyée, donnons et octroyons, comme dit est, à nostredit beau-frere, lequel et ses successeurs admiraux en seront et demeureront tousjours pourveus ensemblement, et par mesme moyen que dudit estat d'admiral, et sans qu'il y puisse avoir aucun autre capitaine, ains seulement un sien lieutenant, personnage d'honneur, valeur et fidelité requise, qu'il y commettra et qui luy sera responsable et non à autre, de ladite charge. Ayant en outre à iceluy nostredit beau-frere, donné la charge et commandement de ladite compagnie des gens de pied, estant en garnison en ladite ville, mortes-payes et autres forces y estans, pour la garde et conservation d'icelle sous nostre obeyssance.

1 Corberon de Cardillac, s[r] de Sarlabos, fut gouverneur du Havre depuis sa reprise sur les Anglais jusqu'en 1584.

1 T. XVII, 1re partie, p. 729, 735, 737, 761-765, 767. — Le synode de Charenton décida, entre autres choses, que pour l'entretien des académies et collèges des provinces, chaque synode provincial préleverait une somme extraite du quint des aumônes faites aux églises particulières. Cette contribution se monta pour la Normandie à 2,125 livres. Ce fut cette province qui fournit la somme la plus forte.

en ce temps dans les academies des curieux. Voicy ce qu'elle contenoit :

Ceste année, a esté par permission du Roy, tenu au lieu de Charenton prez Paris, un synode national de ceux de la religion pretenduë reformée, composé des deputez de toutes les provinces du royaume.....

Chacune province nomma ses deputez, sçavoir deux ministres et deux anciens, aucunes ne nommerent qu'un ministre et un ancien. Voicy les noms de ceux qui comparurent en ce synode.....

Pour la province de Normandie, Abdias de Montdenis[1], ministre de Diepe; le sieur le Fevre[2], advocat au Parlement de Normandie, ancien de Rouen; Jean Cardet, sieur de Marettes, esleu en l'election d'Alençon, ancien dudit lieu; Benjamin Bernage, ministre de Carentan, ne s'estant presenté à cause des deffences du Roy.....

Le cahier envoyé au Roy contenoit divers chefs de demandes..... 7. Permission aux sieurs Berault[3], Bernage, et Bouteroüe[4], de prendre seance audit synode...

---

[1] Abdias de Montdenis, ministre à Fécamp, fut appelé en 1618, à remplacer David de Caux dans l'église de Dieppe, où il mourut le 18 septembre 1638, à l'âge de 75 ans, après 45 ou 50 ans de ministère.

[2] Nicolas Le Fèvre, noble homme, avocat au Parlement de Normandie, ancien de l'église de Quevilly (Rouen), décédé en 1660, paroisse Sainte-Croix-Saint-Ouen.

[3] Pierre Béraud, fils de Michel Béraud ou Bérault, pasteur et professeur à Montauban, au commencement du XVIIe siècle, pasteur à Bergerac en 1605, à Pamiers en 1615; en 1637 on le retrouve à Montauban. — Un Béraut est cité dans les actes de l'assemblée politique de la Rochelle comme gouverneur de Meillau; on ignore s'il se rattache à la famille du précédent.

[4] Denis de Bouteroue, ministre de Grenoble, jouissait d'une grande réputation près des églises du Dauphiné; député en 1617 à l'assemblée politique de Grenoble, représentant du Dauphiné au synode national de Vitré, député à l'assemblée de Loudun en 1619. Il vivait encore en 1637.

Lecture ayant esté faite des lettres du Roy, lesdits sieurs deputez ont representé, qu'ayans esté appellez au Conseil, sa Majesté les ayant ouys leur fit responce en ces mots : *J'ay ouy et entendu tout ce que vous avez dit. Vous vous pouvez asseurer que je vous veux maintenir en mes edicts; donnez vostre cahier et je le verray en mon Conseil.* Apres quoy monsieur le Cardinal leur dit : *Que... sa Majesté agreant la supplication du synode levoit l'interdiction faite aux sieurs Bernage et Berault, leur permettoit d'y assister selon la charge qu'ils en avoient de leur province.* . . . . . .

Sur quoy la Compagnie approuvant la conduitte desdits sieurs deputez, les a remerciez du soin, fidelité et dexterité qu'ils ont demonstré en l'execution de la charge qui leur avoit esté donnée; et en suitte M. Galland commissaire dit : . . . .

Que sa Majesté pour de grandes raisons par son brevet du 16 aoust dernier, ayant interdit les sieurs Berault, Bernage et de Bouterouë l'entrée du synode avec injonction de les transferer pour l'exercice de leurs ministeres en autres lieux qu'ez provinces de Languedoc, Normandie et Dauphiné : mettant en consideration la tres-humble supplication qui luy a esté faite par les deputez de la part du synode, a trouvé bon que lesdits sieurs Bernage et Berault soient restablis en leurs eglises, et puissent assister au reste du synode; à la charge qu'à l'advenir ils useront de moderation en leurs escrits et en leurs presches, esquels sa Majesté leur commande d'estre retenus et demeurer dans les termes de la discipline.....

Le mesme jour (4 octobre) le sieur Benjamin Bernage, pasteur de l'Eglise de Carantan, et l'un des deputez de la province de Normandie, s'estant presenté pour avoir seance au synode, monsieur le commissaire luy a dit : Que le Roy pour plusieurs considerations ayant trouvé bon de luy retrencher l'entrée au synode, et le tirer hors de la province de Normandie, avoit eu agreable, à la priere tres-humble de l'Assemblée de luy accorder entrée pour ce qui restoit dudit synode, et permettre la continuation de l'exercice de sa charge, à condition de se gouverner cy-apres en ses actions et paroles avec la consideration et retenuë convenable à sa profession.

1632

Mort du sieur de Sainct-Aubin, president à Rouen[1].

Ce mesme jour encor (2 Décembre) à Roüen deceda de mort subite Claude le Roux, sieur de Sainct-Aubin, second president du Parlement de ladite ville.

1633

[Le Roi abandonne aux duchesses d'Angoulême et de Ventadour quelques terres situées en Normandie et ayant appartenu au duc de Montmorency[2]*.]*

..... pour desdits biens ainsi donnez, quittez et remis jouyr...: sçavoir par nostredite cousine la duchesse d'An-

---

[1] T. XVIII, 1re partie, p. 895. — On trouve encore, pour l'année 1632, pp. 411-412, la mention de plusieurs Normands tués au siège de Maëstricht : Jean Bymorelle, fils d'un conseiller au Parlement de Rouen, tué 10 juillet; le s^r des Varennes, lieutenant de la compagnie des carabins du prince d'Orange, tué le 18 juillet. Enfin, il est permis de reconnaître deux noms normands, ceux des s^{rs} du Fay et de Croismare, dans les lignes suivantes qui mentionnent la mort de plusieurs autres Français : « Le 18, Philippe Potart, seigneur de la Ruelle, lieutenant françois, Pierre Potart, son parent, le sieur du Fay, enseigne du sieur de Croismar au regiment de Chastillon, et un autre capitaine françois. »

[2] T. XVIII, 2e partie, p. 981. — Ces lettres sont datées du 23 mars 1633.

goulesme[1] des terres et seigneuries d'Escoüan[2], avec ses dependances telles qu'elles sont designées et mentionnées par le dernier bail fait de ladite terre située en la coustume de Paris et autres voisines, et selon que ladite terre se consiste et estend; ensemble de la terre et seigneurie de Preaux[3] sise et située en nostre pays de Normandie, proche notre ville de Roüen, avec toutes ses appartenances et dependances, sans aucune chose en excepter ou retenir; sur lesquelles terres d'Escoüan et Preaux ainsi par nous données à nostredite cousine la duchesse d'Angoulesme, nostre cousin le comte d'Alais[4] son fils aura et prendra dés à présent six mil livres de rente en fonds de terre, dont pareillement nous l'avons voulu gratifier et auquel nostredit cousin le comte d'Alais, entant que besoin seroit, en avons fait don par ces presentes en recognoissance de ses services. Et pour le regard de nostre

---

[1] Charlotte de Montmorency, fille de Henri (I), duc de Montmorency, maréchal de France et connétable, et d'Antoinette de la Mark, première femme de Charles de Valois, comte d'Auvergne, puis duc d'Angoulême, mourut le 12 août 1636. Elle était sœur consanguine de Henri (II) duc de Montmorency qui avait pour mère Louise de Budos.

[2] Ecouen, Seine-et-Oise, ch. l, de c. de l'arrondissement de Pontoise.

[3] Canton de Darnétal, arrondissement de Rouen, à 13 kilom. de cette ville.

[4] Louis-Emmanuel de Valois, fils de Charles de Valois, comte d'Auvergne, duc d'Angoulême, et de Charlotte de Montmorency. Né en 1596, il fut d'abord destiné à l'état ecclésiastique; son frère aîné ayant été atteint de folie et son plus jeune frère, François de Valois, comte d'Alais, étant mort en 1622, il quitta l'église, prit le titre de comte d'Alais, devint après la mort de son père duc d'Angoulême, exerça les charges de colonel général de la cavalerie légère de France et de gouverneur de Provence, et mourut le 13 novembre 1652.

cousine de Ventadour[1], aura et jouyra des terre et seigneurie d'Amville[2] size et située en Normandie...

1633

[*Séjour de Louis XIII à Forges*[3].]

... Sa Majesté trouva bon, pour la conservation de sa santé, de prendre des eaux de Forges, partit de S. Germain en Laye pour y aller, apres avoir donné audience au sieur Schouski, ambassadeur extraordinaire de Pologne, lequel estoit arrivé sur le commencement du mois de juin, et fut traicté magnifiquement par les officiers de sa Majesté. Ce mesme ambassadeur eut aussi audience de la Royne, laquelle peu apres partit de Paris pour aller aussi à Forges.

Pendant le sejour du Roy à Forges, sa Majesté y receut plusieurs visites. Le Parlement, la chambre des Comptes et la cour des Aydes de Roüen luy allerent rendre les devoirs, ce lieu là estant dans l'estenduë de leur ressort. Le susdit ambassadeur de Pologne y alla aussi trouver S. M. le jour precedent, de laquelle il eut audience, et fut honoré d'une fleur de lis de diamans, et d'une boëte couverte de riches diamans. L'ambassadeur extraordinaire de la republique de Genes, duquel nous avons parlé cy-devant, y alla encor, et y eut son audience d'adieu.

[1] Marguerite de Montmorency, sœur de Charlotte de Montmorency, épousa en 1593 Anne de Lévis, duc de Ventadour, et mourut le 3 décembre 1660.

[2] Eure, ch. l. de c. de l'arrondissement d'Evreux.

[3] T. XIX, 1re partie, pp. 97-98. — Voir pour les particularités intéressantes du voyage et du séjour à Forges du roi, de la reine et de Richelieu, M. F. Bouquet, *Louis XIII et sa cour aux eaux de Forges*, dans la *Revue des Sociétés savantes des départements*, 2e série, t. I, mai 1859, pp. 611-642.

Sa Majesté ayant demeuré douze ou treize jours à Forges, en partit le troisiesme de juillet, y laissant le sieur Franchini[1] pour y accommoder la fontaine minerale dudit lieu, et s'en vint à Ozembray où elle sejourna quelques jours à prendre desdites eaux pour achever les trois semaines.

1635

[Députés du Clergé de Normandie à] l'Assemblée generale du Clergé de France tenue à Paris[2].

Le 25 de may, jour de l'indication de l'assemblée generale du Clergé de France, convoquée par la permission du Roy en la ville de Paris, s'assemblerent en la salle des Augustins les archevesques, evesques et autres ecclesiastiques, deputez des pr[ov]inces du royaume, à sçavoir les seigneurs... Jacques Camus[3], evesque de Seez...,

[1] Franchini était intendant général des eaux et fontaines de France.

[2] T. XX, 2e partie, p. 989. — Cette assemblée du clergé avait été convoquée pour obtenir d'elle une décision contre la validité du mariage de Gaston d'Orléans avec Marguerite de Lorraine, et un secours d'argent pour la continuation de la guerre contre l'Autriche. On lui proposa cette question d'après les ordres du roi : « Si les mariages des princes du sang, qui peuvent prétendre à la succession de la couronne et particulièrement de ceux qui en sont les plus proches et présomptifs héritiers, peuvent être valables et légitimes s'ils sont faits non seulement sans le consentement de celui qui possède la couronne, mais en outre contre sa volonté et défense. » Sur l'avis conforme d'une commission composée de cinq évêques et dont faisait partie Jacques Camus, évêque de Séez, l'assemblée du clergé se prononça, le 10 juillet 1135, contre la validité d'un mariage conclu dans de telles conditions. Gaston d'Orléans se soumit, mais seulement en apparence, à la décision de l'assemblée; le pape Urbain VIII refusa de la ratifier. L'assemblée se sépara le 27 avril 1636, après avoir accordé une partie des subsides qu'on lui demandait.

[3] Jacques Camus de Pontcarré, fils de Geoffroi Camus, seigneur de Pontcarré et de Torci, et de Jeanne Sanguin, évêque de Séez en 1614, mort en 1650.

Leonor de Matignon[1], evesque de Constance..., et les sieurs... Guillaume de Boivin[2], conseiller du Roy en son Parlement de Normandie, abbé de Montmorel, chanoine et grand doyen en l'Eglise d'Avranches, André de Bigards[3], conseiller, aumonier du Roy, abbé de Corneville, et haut doyen de l'Eglise de Lizieux[4].

1636

[*Effroi causé en Normandie par la prise de Corbie*[5].]

Ce qui causa un tel effroy, non seulement en Picardie, mais encores en Normandie, et Isle de France, et à Paris

---

[1] Léonor de Matignon, fils de Charles, sire de Matignon et de Lesparre, comte de Thorigny, etc., et d'Eléonore d'Orléans-Longueville, né 1604, abbé de Lessai et de Thorigny, évêque de Coutances 1625, de Lisieux août 1646, abandonne en 1677 son évêché à son neveu Léonor (II) de Matignon, et meurt le 14 février 1680.

[2] Guillaume de Boivin, sr du Vaurouy, fils de Romain Boivin, sr du Vaurouy, et de Catherine de Tôtes, fut d'abord abbé de Montmorel et doyen de l'église d'Avranches, dont ses deux grands oncles Georges et François Péricard furent successivement évêques. Il devint conseiller-clerc au Parlement en 1633 par la résignation en sa faveur de Claude le Doulx, sr de Milleville, fut nommé en 1635, lors de l'assemblée du clergé, abbé de Fontenay, près Caen, reçut à la mort de son oncle, Henri de Boivin, évêque de Tarse, le prieuré du Rocher et quelques autres bénéfices, et mourut le 25 janvier 1665. (V. ms. fonds Martainville $\frac{Y}{25}$ l. II, IX° partie, n° XXIV, Bibl. municipale de Rouen).

[3] André de Bigards de la Londe, seigneur de Tourville, fut haut-doyen de l'église de Lisieux, de 1630 à 1636.

[4] L'abbé de Saint-Wandrille, Ferdinand de Neufville, faisait aussi partie de cette assemblée, mais comme député du clergé de Lyon.

[5] T. XXI, 2° partie, p. 226. — Corbie, place forte située sur la Somme, assiégée par l'armée allemande que commandaient le général impérial Piccolomini et le général bavarois Jean de Wert, avait capitulé le 15 août. Cette place fut reprise le 14 novembre de la même année.

mesmes, que tout le plat païs se desertoit d'habitans, chacun se retirans aux villes avec leurs meubles, abandonnans leurs maisons et heritages à la discretion des ennemis, qui couraient librement toute la Picardie jusques à la riviere d'Oyse, continuans leurs bruslemens, pillages, violences, tuëries et massacres.

1637

Edict du Roy portant creation d'une generalité des finances en la ville d'Alençon avec les verifications faites en cette année[1].

Pour orner d'autant plus la province de Normandie, l'une des plus grandes et considerables du royaume, le Roy par son edict du mois de may de l'an 1636 y avoit creé une generalité et bureau des finances en la ville d'Alençon, avec pareil nombre d'officiers, qu'és autres bureaux et generalitez de ce royaume. Cet edict ne fut verifié en la cour de Parlement, chambre des Comptes, et cour des Aydes de Roüen, qu'au mois de mars de cette année, et l'installation s'en est depuis ensuivie. La Normandie n'avoit auparavant que deux generalitez, à sçavoir Roüen et Caën; et bien qu'en ce duché d'Alençon, qui a esté un appennage de fils de France, il y ait eu une chambre du Conseil, appelle Eschiquier, supprimée depuis par la reünion du duché à la couronne, comme il y a encore une chambre des Comptes pour le duché d'Alençon, et comté de Bloys, dont jouit monseigneur le duc d'Orleans, frere unique du Roy, neantmoins Alençon respondoit pour les finances aux thresoriers generaux establis à Caën pour la Basse Normandie, jusques à cette erection faite par l'edict susmentionné, dont la teneur s'ensuit.

[1] T. XXII, 1ʳᵉ partie, pp. 69-89.

Louys, par la grace de Dieu roy de France et de Navarre, à tous presens et à venir, salut. Chacun sçait que nous avons esté contraints cy-devant de supporter des despences extraordinaires pour l'entretenement de plusieurs armées que nous avons mises sus pour empescher la rebellion de nos sujets, et proteger nos alliez, et qu'à present nous sommes contraints de lever et faire subsister plusieurs autres armées contre nos ennemis, pour subvenir à la despense desquelles ne voulans charger nostre peuple de nouvelles impositions, au contraire nostre plus sensible deplaisir estant de voir les affaires au point de ne pouvoir encor donner presentement à tous nos sujets le soulagement duquel nous esperons par la grace de Dieu les faire bien-tost jouyr, nous aymons mieux recourir aux moyens extraordinaires à nous proposez, et qui ne donnent aucune foulle à nostre peuple ; entre lesquels nous n'en avons point trouvé un plus expedient au besoin de nos affaires, au soulagement de nos finances, à la conservation de nostre domaine, et plus conforme au bien commun des habitans de nostre duché d'Alençon, et lieux circonvoisins, que l'establissement d'un bureau de nos finances en nostre ville d'Alençon. Nous ayant aussi esté representé que les feuz roys Henry troisiesme et Henry le Grand nostre tres-honoré seigneur et pere, et nous, aurions souventes fois receu diverses plaintes de ce que ladite ville estant riche, populeuse, et ayant eu l'honneur d'avoir esté dés long-temps l'apannage de l'un des enfants de France, en laquelle pour ceste consideration souloit estre l'Eschiquier souverain du païs, qui fut supprimé et uny à nostre Parlement de Roüen par le decez de François, duc d'Alençon[1], en l'an mil cinq cens

---

[1] François de Valois, duc d'Alençon, fils du roi Henri II et de Catherine de Médicis, né 18 mars 1554, reçut en 1566 comme apanage le duché d'Alençon, devint duc d'Anjou, après l'avènement

quatre-vingts quatre seulement, il seroit en quelque sorte esloigné de justice que ladite ville ayant esté dépoüillée de cette marque d'honneur et dignité, et frustrée de l'avantage que la seance dudit Eschiquier luy apportoit, elle n'en fut pas recompensée par quelque autre establissement qui luy rende ceste perte plus supportable. Aussi que ladite ville estant esloignée de trente lieuës de nostre ville de Roüen, nos finances n'y peuvent estre voiturées qu'avec beaucoup de risques et de fraiz, d'où seroient advenus plusieurs vols des deniers de nos tailles et gabelles. Et considerant encore que nos domaines d'Alençon, et des autres vicomtés et eslections cy-apres declarées ayant esté jadis engagez, les acquereurs et tenanciers en ont tous à dessein negligé la conservation pour en tirer avantage ; ce qui seroit arrivé tant de ce que le bureau de la generalité de Roüen estant composé d'un trop grand nombre d'eslections esloignées de ladite ville, les officiers dudit bureau ne peuvent vaquer à la conservation desdits domaines, recherche et amenagement de nos droicts aussi soigneusement que le bien de nos affaires, et le devoir de leurs charges le requiert. Et qu'aussi la jurisdiction contentieuse desdits domaines ayant esté jadis commise à nos vicomtes, et autres juges subalternes du païs qui dependent du pouvoir des engagistes, à cause que lesdits offices sont à leur nomination, ausquels lesdits juges n'oseroient pour ce sujet contredire ny empescher vertueusement leur usurpation, qui est la principale cause que nosdits domaines, droicts et revenus diminuënt journellement, et enfin se

de son frère Henri III, et fut sur le point d'épouser en 1581 la reine d'Angleterre Elisabeth ; appelé par les Pays-Bas révoltés contre le roi d'Espagne Philippe II, il fut proclamé, en 1582, duc de Brabant et comte de Flandres, mais ayant tenté de s'emparer par force de la ville d'Anvers, il fut chassé par ses nouveaux sujets, et revint mourir en France, le 10 juin 1584.

dissiperoient à traict de temps par la foiblesse desdits juges, s'il n'y estoit pourveu par un remede puissant, et si la connoissance et jurisdiction desdits domaines n'estoit attribuée à personnes plus auctorisées : ne nous ayant proposé aucun moyen plus seur pour y remedier que celuy de l'establissement dudit bureau, et de la creation des officiers d'iceluy, avec pareil pouvoir et attribution de la jurisdiction contentieuse de nostre domaine, parts et portions d'iceluy, et celles de la voirie, circonstances et dependances; tout ainsi que par nostre edict du mois d'avril mil six cens vingt-sept, nous l'aurions attribuée aux officiers des autres generalitez de ce royaume, desquelles les charges ont tousjours esté estimées estre necessaires pour la conservation de nos droicts; aussi sont elles d'autant plus considerables qu'elles sont du corps des compagnies souveraines, chambre des Comptes, et cours des Aydes, esquelles ils ont entrée, seance et voix deliberative. Et reconnoissant en outre que dudit establissement il nous peut revenir une grande et notable somme de deniers pour nous secourir dans l'occasion urgente de nos affaires :

Sçavoir faisons, qu'apres avoir mis ceste affaire en deliberation en nostre Conseil, où estoient aucuns princes, et autres notables personnages de nostredit Conseil, de l'avis d'iceluy, et de nostre certaine science, plaine puissance et auctorité royalle, avons par nostre present edict perpetuel et irrevocable, creé et establi, creons et establissons en nostredite ville d'Alençon une generalité et bureau de recepte generale de nos finances, et, pour iceluy composer, les offices cy-apres declarez : A sçavoir, deux nos conseillers, premier et second presidens, tresoriers de France et generaux de nos finances ; seize nos conseillers tresoriers de France et generaux desdites finances ; un nostre conseiller tresorier de France general de nos finances garde seel ; un nostre conseiller advocat; un nostre conseiller procureur pour nous audit bureau ; trois nos conseillers et receveurs generaux de nos finances, ancien, alternatif et triannal ; et trois nos conseillers et controolleurs generaux desdites finances ; trois nos conseillers receveurs generaux du taillon ; trois nos conseillers et controolleurs generaux dudit taillon ; trois nos conseillers receveurs et payeurs des gages et espices des officiers dudit bureau; trois greffiers, et trois maistres clercs dudit bureau desdites finances ; un greffier et un maistre clerc du domaine et voirie pour l'ordinaire des causes d'audiance et procez par escrit ; six procureurs postulans, un premier huissier concierge garde meubles, et sept autres huissiers dudit bureau et domaine, et un beuvetier. Lesquels offices de receveurs generaux du taillon, controolleurs generaux des finances et dudit taillon, receveurs et payeurs desdits gages et espices, procureurs et huissiers, nous avons fait et faisons hereditaires, sans qu'ils puissent estre declarez domaniaux remboursez, ny sujets à aucunes reventes. Comme pareillement faisons hereditaires et domaniaux lesdits greffiers et maistres clercs tout ainsi que ceux des autres generalitez, sans qu'ils puissent estre revendus de dix ans, pour y estre par nous presentement et cy-apres pourveu de personnes capables, graduez et non graduez, à toute mutation ; mesmes ausdits offices casuels vacation avenant par mort, forfaiture, resignation, ou autrement, à tous lesquels offices nous avons attribué et attribuons les mesmes honneurs, auctoritez, connoissance et jurisdiction, prerogatives, rang, seance, privileges, exemptions, franchises, libertez et fonctions, profits, revenus et emolumens que ceux dont joüissent les officiers de pareille qualité des generalitez de Roüen et Caën et autres generalitez de ce royaume, et tels qu'ils leur sont attribuez par plusieurs nos edicts et declarations, specialement audit tresorier garde seel par nostre edict du mois de may mil six cens trente-trois, duquel coppie collationnée est cy-attachée sous le contre-seel de nostre chancellerie, sans aucune difference ny exception, encores que le tout ne soit particulierement cy-declaré. Auquel bureau et generalité ressortiront les elections d'Alençon, Argentan, Dompfront, Mortagne, Verneuil, Bernay, Conches, Lizieux et Fallaize ; lesquelles eslections avons par le present edict desunies et demembrées desdites generalités de Roüen et Caën, et icelles dés à present à tousjours unies et incorporées à celle d'Alençon, où sera choisi une maison ou place pour bastir un bureau, chambre du domaine, archives et logemens necessaires, pour les fraiz duquel bastiment nous ferons fournir et ordonner les deniers qu'il conviendra. Auquel lieu d'Alençon les tresoriers de nostre domaine, receveurs de nos tailles, taillon, aydes, gabelles, et autres desdites elections qui en feront la levée, et qui avoient accoustumé de payer aux receptes generalles de Roüen et Caën, apporteront les deniers de leur maniement és mains desdits receveurs generaux chacun en l'année de leur exercice, ce que leur enjoignons de faire, sans que les tresoriers generaux de France desdites generalitez de Roüen et Caën puissent plus ordonner et disposer de nosdites finances, domaine et voirie, et autres choses dependantes dudit ressort, ny aucunement s'en entremettre, à peine de nullité, cassation de procedures, et de tous depens, dommages et interests en leurs propres et privez noms. Et à cette fin faisons tres-expresses inhibitions et deffenses à nos sujets desdites eslections de les reconnoistre. Lesdits receveurs generaux des finances et du taillon créez par le present edict, pourront rembourser si bon leur semble à proportion du maniement qu'ils feront la finance que ceux desdites generalitez de Roüen et Caën ont payée pour joüyr des taxations à eux attribuées, et en ce faisant joüyr en leur lieu et place desdites taxations, et estre exempts de bailler caution des deniers de leurs charges. Et en cas qu'ils fassent ledit remboursement, voulons qu'en rapportant seulement coppie collationnée des quittances de finance payée par lesdits receveurs generaux des finances et du taillon de Roüen et Caën endossée dudit remboursement, ils soient pareillement deschargez de bailler caution et certificateur. Ausquels offices sera doresnavant fait fonds par chacun an de la somme qu'il conviendra pour les espices, façon et reddition de leurs comptes. Et pour donner moyen ausdits officiers créez par le present edict de pouvoir s'entretenir en exerçant leurs charges, nous leur avons attribué et attribuons les gages qui ensuivent, à scavoir :

A chacun des deux presidens, et seize tresoriers de France et generaux de nos finances, trois mil trente-sept livres dix sols de gages, droicts d'entrée, de presence et de busche. Audit tresorier garde seel, trois mil trente-sept livres dix sols de gages, droicts de presence et busche et en outre le droict de vingt sols pour mil livres attribué ausdits offices par l'edict de leur creation. A nostre advocat et à nostre procureur, deux mil deux cens cinquante livres de gages, droicts de presence et de busche chacun, sans que lesdits droicts de presence et de busche puissent estre diminuez ausdits officiers, ou à chacun d'eux par absence ny autrement pour quelque cause que ce soit. A chacun desdits receveurs genereux de nos finances, ancien, alternatif et triannal, deux mil cinq cens livres de gages. A chacun desdits trois controlleurs generaux des finances, cinq cens livres. A chacun des receveurs du taillon, mil livres. A chacun des controollers generaux dudit taillon, trois cens livres. A chacun des receveurs payeurs des gages et espices, trois cens livres. A chacun desdits greffiers dudit bureau des finances, sept cens livres. A chacun maistre clerc desdits greffes, deux cens livres.

Au greffier de la jurisdiction contentieuse du domaine et voirie, deux cens livres. A chacun des six procureurs dudit bureau et chambre du domaine, soixante livres. Au premier huissier concierge et garde meuble, deux cens livres. A chacun des sept autres huissiers, 74 livres. De tous lesquels gages, droits de presence et de busche, montans ensemble à la somme de soixante dix neuf mil neuf cens quatre vingts sept livres dix sols, sera fait et laissé fonds par chacun an dans nos estats de ladite recepte generale, qui sera delivré de quartier en quartier és mains dudit payeur en exercice, et par luy payé à chacun desdits officiers sur leurs simples quittances, aussi en la mesme forme et maniere sans aucune difficulté. Jouyront en outre nosdits presidens, tresoriers generaux, garde seel, advocat et procureur du Roy, de pareils droits d'espices pour l'assiette et imposition de nos tailles et creuës ordinaires et extraordinaires, et lettres d'assiette pour la verification des estats au vray de tous les comptables de ladite generalité, et de tous autres qui concerneront nostre service, ou les affaires des particuliers, que ceux que nous avons attribuez aux officiers des autres bureaux de ce royaume, et notamment par nostre edict du mois de may 1635; mesmes nosdits greffiers des droits et esmoluments portez par le reglement par nous fait le sixiesme octobre 1631.

Auront lesdits presidens et tresoriers generaux de France l'entiere direction de l'imposition et levée de nos aydes, tailles, gabelles, octroys et deniers communs des villes et communautez, verification des estats de nosdits deniers, et de ceux de nos baux generaux des gabelles des cinq grosses fermes, et autres qui s'adjugent en nostre Conseil. Procederont à la reception des officiers de finance, expedition des attaches sur lettres de provision d'offices et nomination de chappelle, registrement de quittances de finance, et contracts d'engagement d'offices, et droicts domaniaux et hereditaires; attribution, augmentation de gages et droicts; lettres de dons, pensions, lots, ventes et treiziesmes; bien-faits, recompenses, aubaines, confiscations, desherance, et autres de pareille nature; lettres de confirmation d'avis, d'affranchissemens et d'exemptions, remises et descharges des tailles et prix de fermes; lettres de commissions, admortissemens, verification des estats des comptables, mesmes des frais des estapes et passage des gens de guerre; baux des terres, droicts et revenus de nos domaines; des octroys des villes, baux au rabais des reparations necessaires aux maisons et bastiments royaux, fours et moulins bannaux, et autres despendances de nostre domaine: ouvrages publics, ponts, pavez, chaussées, reparations des chemins, guais, tallus, reparation desdits ouvrages, et autres droits quelconques sans exception, dont jouyssent les autres officiers de pareille qualité; et auront en outre l'execution de nos edicts, et commissions ordinaires et extraordinaires qui leur seront par nous addressées. Et pour cet effect toutes nos commissions qui seront d'oresnavant expediées en ladite generalité, tant pour la vente et rachapt de nostre domaine, regallement de nos tailles, recherche et establissement de nos droicts, et generalement toutes autres commissions extraordinaires pour quelque cause que ce soit leur seront addressées, pour estre par eux executées privativement à tous autres officiers, nonobstant oppositions ou appellations quelconques, sans qu'aucuns de nos autres officiers, gouverneurs des provinces, ny autres en puissent cognoistre, ny d'aucunes de leurs ordonnances pour le faict et direction de nos finances; deffendant aux parties de se pourvoir sur icelles ailleurs qu'en nostre Conseil, à peine de mil livres d'amende, et de tous despens, dommages et interests.

Les presidens, tresoriers generaux de France, et tresorier de France garde seel, qui feront leurs visites et chevauchées dedans les elections, pourront si bon leur semble presider à l'assiette des deniers de nos tailles en chacune election; et à cette fin assigner aux eleuz le jour qu'ils y travailleront pour faire garder une plus juste egalité, empescher qu'il ne soit imposé sur nos sujets plus grandes sommes que celles qui seront contenuës dans nos commissions, et qu'il n'y arrive aucunes non valeurs. Voulons en outre qu'ils joüissent dedans ladite generalité de la jurisdiction contentieuse dudit domaine, droicts, rentes et revenus d'iceluy; et ce faisant qu'ils puissent juger en l'estenduë de ladite generalité definitivement et en dernier ressort jusques à deux cens cinquante livres, et au dessous pour une fois payer; et jusques à dix livres de rente en fonds, et le double desdites sommes par provision, et qu'ils ayent à passer outre à l'instruction et jugement definitif d'icelles, nonobstant oppositions, ou appellations quelconques, et sans prejudice d'icelles pour les sommes cy-dessus, dont les appellations seront relevées nuëment en nostre cour de Parlement de Roüen, conformément à nostre edict du mois d'avril 1627, suivant lequel ils regleront les audiances, et procederont au jugement des causes qui seront traictées par devant eux. Comme aussi nous voulons que ladite jurisdiction de ladite voirie soit par eux exercée en tous les lieux de leur estenduë et generalité, tout ainsi qu'elle est à present en nostre ville, prevosté et vicomté de Paris, et estenduë de ladite generalité, tant pour la grande que petite voirie; en toutes lesquelles villes et lieux ils pourront, si bon leur semble, commettre personne capable pour avoir l'œil à ce que ladite voirie soit inviolablement observée.

Lesdits presidens recueilleront les voix desdits tresoriers de France sur toutes les affaires qui se traicteront audit bureau, tant aux audiances du domaine, chambre du Conseil de la jurisdiction contentieuse d'iceluy et de la voirie, que pour le faict de nos finances ordinaires et extraordinaires; lesdits presidens, et tresoriers generaux exerceront leurs charges collegialement, mesmes nos advocats et procureurs; au moyen de quoy les espices, taxations et vaccations, mesmes ceux des commissions extraordinaires (les frais de l'execution d'icelles prealablement deduits) seront communes et partagées; assavoir celles desdits presidens et tresoriers entr'eux, et celles de nostredit advocat et procureur esgallement entr'eux deux. Auront nostredit advocat et procureur communication de tous lesdits edicts, declarations et commissions tant ordinaires qu'extraordinaires, qui seront addressées ausdits presidens et tresoriers generaux de France, tant pour l'imposition et levées de toutes sortes de deniers, que pour la distribution d'iceux; comme aussi de toutes lettres de provision d'officiers, requestes pour payement des gages, baux à ferme, acquits patens de l'espargne de l'ordinaire et extraordinaire des guerres, et generalement de toutes autres affaires qui se presenteront audit bureau pour y prendre et donner leurs conclusions. Pourront prendre au greffe tous comptes, estats, papiers, titres et enseignemens que bon leur semblera pour les voir et s'en servir pour le bien de nos affaires. Auront l'œil à ce que nos receveurs et comptables fassent verifier leurs estats dans le temps porté par nos ordonnances; et où ils seroient en demeure, nous voulons qu'ils y soient contraints; ensemble aux payements des debtes de leurs estats de finance, à la diligence de nosdits advocat et procureur. Assisteront avec lesdits presidens et tresoriers generaux de France, tant à l'audiance, qu'à la chambre du Conseil, et à toutes descentes, devis d'ouvrages publics; baux au rabais qui en seront faits à leurs requestes et diligences; receptions desdits ouvrages, et autres affaires desdits bureaux esquels ils auront entrée et séance avec lesdits presidens et thresoriers generaux de France pour y prendre leurs conclusions sur toutes lesdites affaires, ou dans leur parquet ainsi que bon leur semblera; pour lesquelles conclusions ils prendront le sixiesme de ce que lesdits presidens et tresoriers generaux de France prendront pour leurs espices et droicts outre et par dessus lesdites espices. Lequel sixiesme sera pareillement receu par le receveur des espices dudit bureau, et partagé entre nosdits advocat et procureur également, suivant nos edicts des mois d'avril mil six cens vingt-sept, et may mil six cens trente-cinq ; et en confirmant tous les precedens edicts de creation et establissement desdites charges, nous voulons que lesdits presidens et tresoriers generaux de France, tresorier de France garde seel, nos advocat et procureur, receveurs et controolleurs generaux des finances et du taillon, receveur des gages et espices, greffiers et maistres clercs des finances et du domaine et voirie presentement créez, soient maintenus et conservez en toutes les dignitez, honneurs, pouvoirs, auctoritez, exemptions, fonctions et privileges de leurs charges ; mesmes que lesdits presidens, tresoriers generaux de France, et garde seel, advocat et procureur pour nous, conformément aux edicts des années 1552, 1586, et 1633, et autres, soient tenus et reputez comme ils ont tousjours esté du corps des compagnies souveraines, chambre de nos Comptes et cour des Aydes, sans qu'ils en puissent estre separez, ny sujets à aucunes taxes non plus que les autres officiers desdites cours ; ausquelles lesdits presidens, tresoriers generaux de France et garde seel auront entrée, seance et voix deliberative; et jouyront du droict de Committimus du grand sceau, franc salé, et tous les privileges dont jouyssent les officiers desdites cours souveraines, nos secretaires et commançaux ; mesmes lesdits receveurs generaux des finances du mesme rang et seance en l'assemblée des estats de ladite province, et par tout ailleurs que les receveurs generaux des finances de Roüen et Caën, avec tel et semblable droict d'assistance ; lesquels pourront donner leurs contrainctes contre les receveurs des tailles, et autres despendans de leurs charges, qui seront executées sur leurs simples escrouës, sans qu'ils soient tenus de les faire verifier audit bureau. Comme aussi nous voulons et entendons que tous les officiers presentement créez jouyssent de toutes exemptions de tailles, aydes, gabelles, subcides, subventions, emprunts de villes, fortifications d'icelles, tutelle et curatelle en quelque lieu du ressort de ladite generalité où ils fassent leur demeure ; et que lesdits presidens tresoriers generaux de France, garde seel, advocat et procureur pour nous, precedent en toutes assemblées publiques et particulieres nos baillifs et corps de presidiaux. Lesdits greffiers, maistres clercs pourront commettre à l'exercice desdits greffes et places de clercs personnes capables, qui seront receus par lesdits officiers, et dont lesdits propriétaires demeureront civilement responsables. Les procureurs créez par le present edit pourront faire et presenter les estats des comptables, postuler audit bureau en ladite chambre du domaine et voirie privativement aux procureurs du presidial, bailliage, vicomté, et autres sieges de ladite ville d'Alençon ; ausquels procureurs nous avons deffendu de s'y immiscer, à peine de faux, et interdiction de leurs charges ; et ausdits presidens et tresoriers generaux de France, nos advocat et procureur de les y admettre. Et afin de donner ausdits procureurs presentement créez plus de moyen de s'employer, nous leur avons permis et permettons de postuler és jurisdictions du presidial, bailliage, vicomté, et autres de ladite ville tout ainsi et avec mesme pouvoir que postullent les anciens procureurs qui y ont esté cy-devant pourveus, sans que lesdits procureurs du bureau et domaine soient tenus de prester autre serment que celuy qu'ils auront presté audit buréau. Et quant aux huissiers dudit bureau et domaine, ils exploicteront pour les affaires d'iceluy privativement à tous autres, et en outre par tout nostre royaume tous jugemens et autres actes de justice de quelques juges qu'ils soient emanez ; et generalement feront tous autres exploicts à l'instar des huissiers de nostre Chastellet de Paris. Et afin que les ordonnances dudit bureau puissent estre executées plus aisément et avec moindres frais dedans le ressort de ladite generalité, nous avons permis à quatre desdits huissiers de demeurer hors de ladite ville d'Alençon en tel lieu d'icelle generalité que bon leur semblera. Ceux qui seront pourveus desdits offices de presidens et tresoriers generaux de France, garde seel, nos advocat et procureur, seront installez et receus audit bureau, encores qu'ils eussent des parens ou alliez en iceux, en degré prohibé par nos ordonnances, dont nous les avons dispencez et dispensons par ces presentes ; à la charge toutes fois que les voix de deux parens se rencontrans uniformes ne soient comptées que pour une.

Jouyront pareillement lesdits presidens et tresoriers generaux de France, garde seel, nos advocat et procureur, receveurs generaux de nos finances et du taillon, de la dispense des quarante jours pour le temps qui reste à expirer des neuf années portées par nostre declaration concernant le droict annuel, sans payer aucun prest ny avance, quart ou sixiesme denier de l'evaluation de leurs offices, ny droict annuel ; apres lequel temps ledit droict annuel venant à estre continué, ils y seront receus en payant les mesmes sommes que celles cy-devant payées pour le droict annuel des presidens et tresoriers generaux de France, et autres officiers du bureau de Caën ; et nos advocat et procureur aussi pareille somme que ceux establis és autres bureaux de ce royaume ; sans que lesdites taxes et evaluations desdits offices puissent estre augmentées cy-apres pour quelque cause que ce soit, ny qu'ils puissent estre contraints à faire aucun prest ny avance, ains y seront receuz en payant l'annuel seulement. Et pour ce aussi qu'à cause du grand nombre d'offices de nouvelle creation qui reste à debiter, et de diverses attributions et constitutions de rente que nous avons ordonnées depuis peu, il y aura de la difficulté de trouver des personnes pour se faire pourvoir desdits offices, nous permettons à tous ceux de nos sujets qui nous voudront secourir des sommes portées par les quittances de nos parties casuelles qui s'expedieront pour lesdits offices, de joüir des gages et droicts d'entrée de presence et de busche attribuez ausdits offices; ensemble des vingt sols pour mil livres audit office de tresorier de France garde seel, en vertu de lettres de provision desdits offices expediées les noms en blanc, dont ils seront porteurs, durant la presente année, et les deux suivantes. A cette fin les receveurs et payeurs qui seront chargez de recouvrer et recevoir le fonds desdits gages et droicts, seront tenus d'en faire le payement ausdits porteurs desdites provisions, en leur faisant apparoir d'icelles, et sur leurs simples quittances, que nous voulons estre passez et alloüez en la despence de leurs estats et comptes, sans aucune difficulté, nonobstant tous edicts, reglemens, ordonnances, avis, stils, rigueurs de comptes, et lettres à ce contraires, ausquelles avons desrogé et desrogeons par ces presentes.

Si donnons en mandement à nos amez et feaux conseillers les gens tenans nostre cour de Parlement de Roüen, chambre des Comptes et cour des Aydes dudit lieu, que nostre present edict ils facent lire, publier, registrer, et le contenu en iceluy inviolablement garder et observer, sans permettre qu'il y soit contrevenu en aucune maniere, nonobstant oppositions, ou appellations quelconques, pour lesquelles, et sans prejudice d'icelles ne voulons estre diferé. Et si aucunes interviennent nous en avons retenu et reservé, retenons et reservons la cognoissance à nous et à nostre Conseil, et icelle interdite à toutes autres cours, juges et officiers quelconques, nonobstant aussi tous edicts, ordonnances et reglemens, arrests, deffenses, privileges, et autres lettres contraires, ou donnez en consequence; ausquelles et aux desrogatoires y contenuës, nous avons desrogé et desrogeons par cesdites presentes; car tel est nostre plaisir. Et parce que de ces presentes on pourra avoir affaire en plusieurs et divers lieux, nous voulons qu'au vidimus d'icelles, deüement collationnez par un de nos amez et feaux conseillers et secretaires, foy soit adjoustée comme au present original; auquel afin que ce soit chose ferme et stable à tousjours, nous avons fait mettre nostre seel, sauf en autres choses nostre droict, et l'autruy en toutes. Donné à Versailles au mois de may, l'an de grace 1636, et de nostre regne le vingt-septiesme.

Signé, LOUYS.

Et à costé *Visa*. Et plus bas, Par le Roy, PHILIPPEAUX. Et seellé du grand sceau de cire verte, sur lacqs de soye rouge et verte.

Et plus bas est escrit : Registré és registres de la cour, oüy le procureur general du Roy, pour estre executé suivant l'arrest donné, les chambres assemblées, à Roüen en Parlement, le quatorziesme jour de mars 1637. Signé VAIGNON.

Leu et publié et registré és registres de la chambre des Comptes de Normandie du tres-exprés commandement du Roy, tant de bouche que par escrit; oüy et ce consentant le procureur general de sa Majesté, pour avoir lieu, et estre executé suivant l'arrest de ce jour, les deux semestres assemblez. A Roüen le 18 mars 1637. Signé, De Cantel.

Registré és registres de la cour des Aydes en Normandie, ce requerant le procureur general du Roy, suivant l'arrest de ce jourd'huy 16 mars 1637. Signé, De Lestoille.

1638

Edit du Roy portant creation d'une cour des Aydes à Caën, en la basse Normandie [1].

La grande estenduë de la province de Normandie, avec la multitude des procez, des tailles et autres subsides, meritoient bien qu'il y fust pourveu par la creation d'une nouvelle cour : l'establissement de laquelle sembloit estre deu à l'augmentation de l'honneur de la ville de Caën, en recompence de la fidelité envers son Roy, qu'elle avoit pretenduë entierement conservée inviolable pendant le temps des troubles de la Ligue ; joint le rencontre du bureau des finances auparavant establi dans la dite ville, les officiers duquel estoient capables de remplir partie des charges et offices de ladite cour. Ce qui donna lieu à l'edit, qui fut executé depuis selon la volonté du Roy, dont voici la teneur :

[1] T. XXII, 2° partie, pp. 443-475. — Le même volume contient, p. 325, un *edict du Roy portant creation en titre d'office formé de controlleurs de procurations pour resigner, presentations, collations et autres actes concernans les benefices, l'impetration et possession d'iceux, et les capacitez requises pour les posseder,* daté de novembre 1637 et vérifié au grand Conseil le 7 septembre 1638. Voici ce qui concerne la Normandie. — Un contrôleur est nommé pour l'étendue du ressort du Parlement de Rouen. Il est décidé en outre que les charges et commissions des banquiers, solliciteurs d'expéditions de cour de Rome et de la légation devenant vacantes par démission ou décès de ceux qui les exercent, seront éteintes jusqu'à ce qu'elles soient réduites à deux pour Rouen.

Louis, par la grace de Dieu Roy de France et de Navarre, à tous presens et à venir, salut. N'ayans point de plus grand soin que de veiller au soulagement de nos peuples, et empescher que dans la distribution de la justice qu'ils doivent attendre de nous, ils ne reçoivent de la vexation, nous cherchons tous les moyens possibles pour procurer leur soulagement. Et comme nous sommes bien informez que nos subjets habitans tant dans les villes que plat pays de nostre province de Normandie, sont infiniment grevez pour n'y avoir qu'une seule cour et jurisdiction establie en nostre ville de Roüen, en laquelle se traictent les matieres contentieuses entre nosdits subjets, pour raison de nos aydes, tailles, gabelles et autres subsides, aucunes desquelles sont causes legeres et peu d'importance, qui ne peuvent estre terminées par nos esleus et officiers de nos greniers à sel, pour n'avoir de jurisdiction en dernier ressort, ce qui aporte beaucoup de ruyne à nos subjets habitans dans la basse Normandie, qui sont tellement éloignez de nostre ville de Roüen, qu'ils se consument en frais de voyages ; et s'ils ont à faire à des personnes riches et puissantes, ils sont contraints le plus souvent d'abandonner leur droict, parce que les despenses excedent la valeur du principal ; et arrive par le moyen de ce que les procez ne sont pas assez promptement terminez, un retardement notable à la levée et perception de nos deniers et droicts, dont nous ne sommes pas si promptement secourus qu'il seroit necessaire dans la pressante necessité de nos affaires : à quoy nous n'avons point trouvé de remede plus convenable que d'établir une cour des Aydes en nostre ville de Caën[1], qui est la ville plus

---

[1] La ville de Caen ne jouit pas longtemps de cet établissement, « En l'année 1638, dit Huet (*Origines de la ville de Caen*, etc., Rouen, Maurry, 1702, p. 218), une partie de la cour des Aydes de Roüen en fut transférée à Caen, et unie au Bureau des finances.

considerable de la basse Normandie, et plus propre pour cet establissement, à raison du grand commerce qui s'y fait de toutes sortes de denrées et marchandises, et que les bureaux tant de nos receptes generales que de nos principales fermes y sont établis; aussi que nostredite ville de Caën s'augmentant et accroissant de jour à autre, est devenuë une des meilleures villes de nostre royaume, et dans laquelle l'établissement d'une cour souveraine est comme necessaire, pour y faire davantage resplendir nostre authorité, tenir les peuples dans le respect et obeïssance, pourvoir à la conservation de nos droicts, et au soulagement de nosdits subjets, et par l'honneur que recevra ladite ville d'un tel établissement, recompenser en quelque façon la fidelité qu'elle nous a gardée, et au feu Roy nostre tres-honoré seigneur et pere, dans tous les troubles et autres occasions qui se sont presentés.

A ces causes sçavoir faisons, qu'apres avoir mis cette affaire en deliberation en nostre Conseil, où estoient nostre tres-cher et unique frere le duc d'Orleans, plusieurs princes et officiers de nostre couronne, et autres grands et notables personnages, de l'avis d'icelui, et de nostre certaine science, pleine puissance et auctorité royale, nous avons par nostre present edict perpetuel et irrevocable, creé et erigé, créons et erigeons une cour souveraine qui sera establie en nostredite ville de Caën, à laquelle nous attribüons la connoissance souveraine et en dernier ressort de toutes matieres civiles et criminelles concernans nos aides, tailles, taillon, creuës, levées, impositions ordinaires, gabelles, doüanes, traites foraines et domaniales, octrois, subsides, subventions, emprunts, rembourse-

Elle tenoit ses séances dans la rue Saint-Jean, à l'hôtel où ce Bureau avoit accoutumé de tenir les siennes. Mais elle n'y fit pas un long séjour, et elle fut détachée du Bureau de Caen, et reünie à la cour des Aydes de Roüen, en l'année 1641. »

mens, soldes et logemens de gens de guerre, subsistance d'iceux, procez et differens à cause des contraventions de ladite doüane, des officiers, commis et fermiers d'icelle, perceptions desdites impositions, gabelles, doüanes, subsides, administration et reglement des officiers d'icelles et commis employez dans nos fermes, recouvrement de nos deniers, sous-traitez et associations faites pour raison d'iceux, verifications de chartres, privileges, annoblissemens, affranchissemens, et generalement de toutes les causes et matieres dont connoissent nostre cour des Aides de Paris, et autres cours des Aydes de ce royaume, par les edicts de creation d'icelles, reglemens, arrests et declarations intervenuës depuis leur établissement mesmes par celles du 20 decembre 1635, nonobstant qu'elles ne soient ci-exprimées par le menu, dont nous avons attribué toute cour, jurisdiction et connoissance à nostredite cour, icelle interdicte et defenduë, tant à nostredite cour des Aides de Roüen, qu'à tous autres juges. Et à cette fin revoquons toutes les commissions extraordinaires que nous aurions fait par ci-devant expedier à divers juges et officiers, pour connoistre des matieres susdites dans le ressort d'icelle nostredite cour, et toutes autres qui pourroient estre par ci-apres obtenuës de nous par surprise ou autrement : ausquelles nous dérogeons expressément, et aux clauses dérogatoires, si aucunes y estoient employées.

Voulons que les arrests qui interviendront en nostredite cour sur toutes lesdites matieres en l'étenduë de son ressort, en fait civil que criminel, circonstances et dependances soient executez souverainement, sans qu'il soit loisible de se pourvoir contre lesdits arrests, que par les voyes de droict permises par nos ordonnances. Laquelle nostredite cour aura sondit ressort et étenduë dans et sur les eslections de Caën, Bayeux, Falaise, Argentan, Mortagne, Alençon, Dompfront, Carentan et Sainct Lo, Vire et Condé, Avranches, Mortaing, Coustances et Vallongnes. Et en icelle ressortiront les appellations des sentences et jugemens des officiers desdites eslections, greniers à sel, et traites foraines qui sont dans le mesme ressort, et connoistra des debtes des corps de ville et communautez desdits lieux, payement d'icelles, adjudications de leurs octrois et des reiglemens, punitions et corrections, tant des officiers d'icelle, que de tous ceux des eslections et greniers à sel dudit ressort, comptables et non comptables, receveurs et controlleurs generaux et particuliers, collecteurs et asseeurs des tailles, commis, fermiers, et tous autres préposez à la perception et recouvrement de nosdits droicts et deniers, lors qu'il s'agira des fautes, abus et malversations commises en l'exercice de leursdites charges et commissions, et des differens concernans leurs privileges, exemptions, rangs et seances, de l'examen et reception de tous lesdits officiers des eslections et greniers à sel dudit ressort. Et afin que nos subjets puissent dés à present tirer le fruit et soulagement esperé de l'établissement de nostredite cour, nous avons évoqué à nous et à nostredit Conseil, toutes les instances, procez et differens concernans les matieres ci-dessus, pendans et indecis en nostre cour des Aides de Roüen, tant en consequence des appellations interjettées de nos esleus et officiers des greniers à sel et traites foraines dont nous avons composé le ressort de nostredite cour, que toutes autres actions et procez introduits en icelle pour matieres dependantes d'iceluy ressort, sur lesquelles nous voulons estre procedé en nostredite cour des Aides et finances, suivant les derniers erremens, en quelque estat que soient lesdits procez : encore que les parties y eussent procedé volontairement, sans que desormais ils en puissent estre evocquez, sinon pour cause de parenté ou alliance.

Et pour ce que nous avons preveu que le grand nombre d'officiers dont il conviendroit composer nostredite cour pour vacquer à l'expedition des procez et aussi pour entretenir la splendeur et dignité d'icelle, et les gages qu'il conviendroit departir à chacun d'eux, seroit à la foule de nos subjets ; recognoissans par experience que les personnes versées dans la direction de nos finances et domaines sont beaucoup plus capables que d'autres, pour cognoistre des differens particuliers qui surviennent entre nosdits subjets, tant pour la perception de nosdites finances qu'autres choses dessusdites, pour le rapport et conformité des matieres, et depuis plusieurs années ayans receu grande satisfaction de nos amez et feaux conseillers, presidens, tresoriers de France et generaux de nos finances au bureau dudit Caën, dont la pluspart sont graduez, et de telle capacité et suffisance, qu'ils meritent bien un accroissement d'honneur et de jurisdiction, pour les obliger à continuer leurs soins, vigilance et affection à la conservation de nos droicts et à rendre desormais la justice entre nos subjets ; joint que par les edicts de creation de leurs offices, et par plusieurs de nos declarations, arrests et reiglemens de nostre Conseil, ils sont censez et reputez conseillers de nos cours des Aydes et chambres des Comptes, où ils ont entrée, seance et voix deliberative, nous avons par cestuy nostre edict, uny et incorporé, unissons et incorporons nostredit bureau des finances de Caën à nostredite cour des Aydes, pour estre d'oresnavant une seule et mesme compagnie d'officiers, partie desquels cognoistra des matieres concernant la jurisdiction desdites aides, et l'autre partie vaquera à la direction de nos finances, en la mesme forme et estenduë que l'ont à present nosdits conseillers et tresoriers generaux dudit Caën, chacun en nombre competent à tour de rolle et par semestre, suivant le reiglement qui sera pris entr'eux.

En laquelle chambre et bureau de nos finances ne sera pourveu d'autre greffier que celuy qui est à present audit bureau, sans aucune innovation, et sans aussi que ceux desdits tresoriers de France qui ne sont graduez, puissent avoir voix deliberative en la chambre du Conseil où seront traitées les matieres criminelles, ny que par ci-apres advenant la resignation ou vacation de leurs offices, aucune personne puisse estre receuë en ladite compagnie qui ne soit licentié et gradué. Et pour composer nostredite cour, nous avons creé et erigé en tiltre d'office formé, un premier president, qui sera uny et incorporé à la charge d'ancien president audit bureau, qui est gradué, et trois autres presidens, qui seront aussi unis et incorporés à trois desdits tresoriers de France des anciens, aussi graduez, avec augmentation de gages, ausquels offices de presidens ne sera d'oresnavant pourveu par vacation ou resignation advenant, que sous le nom et titre de premier president en nostredite cour, et de president en ladite cour pour les trois autres; vingt-neuf conseillers et generaux de nostredite cour des Aydes et finances, dont nous en avons uny et incorporé quatorze à pareil nombre d'offices de tresoriers de France dudit bureau, sans aucune augmentation de gages, à condition que ceux d'entr'eux qui ne sont graduez, et n'auront suby l'examen, ne pourront faire ladite fonction de conseiller en ladite cour des Aides, ains seulement celle de tresorier de France; deux advocats generaux; un procureur general; deux substituts; un nostre conseiller secretaire, greffier civil et criminel pour la cour et jurisdiction des Aydes seulement; un controlleur dudit greffier, et outre deux maistres clercs, un de l'audience et l'autre du Conseil; un greffier des presentations; trois receveurs payeurs des gages, épices et menuës necessitez de ladite cour, ancien, alternatif et triennal; un receveur des amendes et consignations; un controlleur dudit receveur ; un greffier garde-sacs ; un controlleur des productions ; seize procureurs postulans ausquels par ces presentes nous attribuons la fonction de tiers referendaires ; un premier huissier beuvetier concierge du palais et garde des meubles ; quatre autres huissiers exploictans par tout le royaume ; et un concierge et garde des prisons ; tous lesdits offices aux mesmes honneurs, fonctions, attributions, pouvoir, jurisdiction, authoritez, prerogatives, privileges, exemptions, franchises, libertez, droits d'épices, franc-sallé et autres droits, profits et émolumens dont jouïssent ceux de pareille qualité de nos cours des Aides de Paris, Roüen, et autres de nostre royaume, et dont jouïssent nosdits tresoriers de France, avec pouvoir ausdits presidens, conseillers, nos advocats et procureur generaux, secretaire, greffier civil et criminel de nostredite cour des Aides et finances de Caën, de porter la robe rouge et droicts de preseance en toutes assemblées generales et particulieres, lesquels presidens, conseillers, nos advocats et procureur generaux de nostredite cour graduez, et qui auront suby l'examen ainsi qu'aux autres cours des Aides apres six années de service en nostredite cour, pourront estre receus en toutes les autres compagnies souveraines de nostre royaume, aux charges de nos conseillers et maistres des requestes de nostre hostel, comme les conseillers de nostre cour des Aides de Paris, sans estre tenus de subir nouvel examen, et sans qu'à l'occasion de l'union faite ausdits offices de presidens et tresoriers generaux de France de ceux créez par le present edit, les officiers dudit bureau soient tenus de prester nouveau serment dont nous les avons dispensez. Lesquels offices de secretaire, greffier civil et criminel, maistres clercs, controlleur dudit greffe, greffiers des presentations, garde sacs, concierge et garde des prisons, et receveur et controlleur des consignations, nous avons faits domaniaux. Et pour le regard desdits offices de receveurs et payeurs des gages, espices et menuës necessitez des officiers de nostredite cour et leurs controlleurs, receveurs des amendes et procureurs postulans, nous les avons aussi faits et rendus hereditaires, sans qu'ils puissent estre declarez domaniaux ny subjets à revente.

Et d'autant que la qualité de second president audit bureau où nous avons accoustumé de pourvoir par commission seulement, est à present vacante par la mort de deffunct maistre Pierre du Bourget, nous avons icelle qualité esteint et supprimé, esteignons et supprimons à la charge de rembourser par les officiers du bureau à la vefve et heritiers dudit Bourget la finance pour ce payée, frais et loyaux cousts; et moyennant ladite union ceux desdits presidens et tresoriers generaux de nos finances au bureau de Caën, en faveur desquels elle a esté faite, seront tenus pour l'augmentation nouvelle de gages qui leur est attribuée de payer les sommes esquelles ils seront pour ce moderement taxez és mains du tresorier de nos parties casuelles ou du porteur de ses quittances, qui leur servira de titre valable pour posseder et prendre lesdites qualitez. Et à faute par lesdits trois anciens tresoriers de France graduez, de payer lesdites taxes dans quinze jours, du jour du commandement qui leur en sera fait, il sera loisible aux autres de les payer pour l'union desdites charges et qualitez à leurs offices, et jouïr desdites augmentations de gages.

Voulons et entendons que suivant et conformément à nostre declaration du 10 aoust 1628, verifiée en nostre grand Conseil, les pourveus desdits offices de receveurs, payeurs des gages et droicts de nosdits officiers, soient receus en nostredite cour, et qu'ils comptent en icelle seulement de leur maniement par devant ceux de nosdits presidens et conseillers, qui tiendront la chambre ou bureau de nos finances, apres toutesfois avoir verifié estat en nostre Conseil, sans qu'ils soient tenus se faire recevoir, ny compter en nostre chambre des Comptes de Roüen, ny ailleurs, dont nous les avons deschargez et deschargeons. Voulons et nous plaist, que tous les comptes qui seront ainsi par eux rendus et examinez, servent à leurs acquits de toutes les parties employées en iceux, comme s'ils avoient esté renduz en nostredite chambre des Comptes. Defendons à nostre procureur general de ladite chambre d'en faire aucunes poursuites à peine de nullité, et dont nous attribuons pour ce regard à nostredite cour des Aides toute jurisdiction et connoissance, à la charge que lesdits comptes seront rendus sans espices ny autres frais que le voyage de venir verifier au Conseil, les originaux desquels comptes demeureront és greffes de nostredite cour et bureau de nos finances. Et seront lesdits payeurs tenus trois mois apres leurs comptes rendus, de fournir un double collationné par le greffier de nostredite cour, au receveur general en exercice ladite année, pour estre par luy rapporté en nostredite chambre, lors qu'il comptera de son maniement sur les parties employées sous le nom dudit payeur, qui sera tenu de tirer dudit receveur general certification qui sera rapportée par son compagnon d'office sur la partie de ses gages en l'année suivante, à peine de radiation d'iceux. Et d'autant qu'auparavant nostre present edit de creation desdits payeurs de nosdits tresoriers generaux de France, les receveurs generaux de nos finances en comptant en nostredite chambre, rapportoient les procez verbaux de leurs chevauchées sur la partie de leurs gages, et qu'ils doivent à present estre rapportez par lesdits payeurs, nous voulons qu'en comptant par estat en nostredit Conseil, ils soient tenus rapporter lesdits procez verbaux de chevauchées, lesquels apres la verification dudit estat, demeureront au greffe de nostredit Conseil, sans que nosdits conseillers et generaux de nostredite cour soient tenus de les envoyer en nostredite chambre des Comptes, dont nous les avons relevez et dispensez, selon qu'il est amplement porté par nostredite declaration du 10 aoust 1628 que nous voulons pour ce regard estre pleinement executée; et que lesdites chevauchées soient faites à l'avenir par ceux de nosdits conseillers et generaux qui seront de service en la chambre ou bureau des finances, dont nos presidens seront dispensez en vertu tant du present edit que de nos anciennes declarations et reglemens, faisans lesquelles chevauchées tous nos officiers, tant presidens, presidiaux, lieutenans generaux, nos advocats et procureurs dans lesdits presidiaux, et autres jurisdictions royales, prevosts, vice-baillifs et leurs lieutenans et autres tant de l'ordinaire que de l'extraordinaire, seront tenus et contrains par toutes voyes deuës et raisonnables, mesme par saisie de leurs gages, de comparoir par devant nosdits conseillers et generaux, pour rendre raison du faict de leurs charges, entant que touche nos finances, et la direction de notre domaine : duquel domaine ils connoistront au bureau et chambre des finances, comme tresoriers de France seulement, et à la charge de l'appel au Parlement. Et pourront nosdits conseillers et generaux en faisant icelles chevauchées, assister et presider en toutes les eslections du ressort de nostredit bureau, aux assietes et départemens des tailles.

Et d'autant que l'impression de nostre seau est necessaire pour authoriser les arrests et autres actes de justice qui seront rendus en nostredite cour, nous avons aussi crée, erigé et establi par le present edict, créons, erigeons et establissons en nostredite ville de Caën, prés de nostredite cour des Aydes et finances, une chancellerie en laquelle seront seellez tous les arrests, executoires, reliefs d'appel, anticipations, acquiescemens, commissions pour faire appeller partie, conversion d'appel en opposition, desertion, rescisions, requestes civiles, restitutions en entier, lettres pour articuler faicts nouveaux et d'assiette de cent cinquante livres et au dessous, et toutes autres lettres de justice concernant la jurisdiction et connoissance de nostredite cour des Aydes et finances, comme les autres chancelleries establies par nos cours souveraines. Voulons à cet effect qu'il soit fabriqué un seau pour l'exercice de ladite chancellerie, où nos armes seront gravées, et qu'en la circonference il soit mis, Seel de la chancellerie establie pres la cour des Aides et Finances de Caen, avec l'année de la fabrication d'iceluy. Et pour composer ladite chancellerie, nous avons pareillement crée et erigé un titre d'office formé, un nostre conseiller garde seel, dont sera pourveu l'un des conseillers de nostredite cour, un nostre conseiller audiencier, notaire et secretaire, un nostre conseiller controlleur, aussi notaire et secretaire, un referendaire, un chauffecire, un commis à l'audience, et deux huissiers audienciers de ladite chancellerie, avec pouvoir d'exploiter par tout nostre royaume, et aux mesmes honneurs, authoritez, préeminences, franchises, libertez, privileges, exemptions, seances, tant aux assemblées generales que particulieres, droits, fruicts, profits, revenus et émolumens, qui ont esté concedez et dont jouïssent nos autres officiers de semblable qualité des autres chancelleries de nostre royaume, avec droict de survivance ausdits conseiller garde seel, à l'audiencier controlleur, et à leurs premiers resignataires, sans pour ce payer aucune finance. Et afin de regler les droicts de l'émolument du seau de ladite chancellerie, nous voulons et ordonnons que les droits de seau des lettres et expeditions qui seront faites en ladite chancellerie soient taxez et payez à la mesme raison qu'il est fait en nosdites autres chancelleries, et que le controlle, registre, populots et delivrance en soit faite par l'ordre et pratique observez en icelles, sans exception, comme si le tout estoit icy par le mesme et plus au long exprimé.

A tous lesquels offices tant de ladicte cour des Aydes que chancellerie, nous avons attribué et attribuons jusques à *quarante-huict mille cinq cens livres* de gages annuels, à departir entr'eux, suivant l'estat qui en sera arresté en nostredit Conseil, outre et pardessus les anciens gages attribuez ausdits tresoriers de France à present establis. Et pource que desjà par notre edit du mois de may 1635, nous aurions evoqué à nous tous les procez et differens que les presidens et tresoriers de France pourroient avoir en nos cours des Aides, et iceux renvoyez en nostre grand Conseil, et que la cause et motif de ladite evocation est augmentée par ce nouvel establissement, nous avons accordé à nos officiers tant de nostre cour des Aydes et finances, que chancellerie de Caën, et à leurs peres, meres, freres, sœurs, enfans, gendres et familles, evocation generalle en cas d'appel de tous leurs procez civils et criminels, meus et à mouvoir, tant en demandant qu'en defendant; et iceux, leurs circonstances et dependances renvoyez en nostredit grand Conseil, auquel nous en attribuons toute cour, jurisdiction et connoissance, et icelle interdisons à nostre cour de Parlement de Roüen, cour des Aydes, et autres juges de ladite province. Voulons que desormais tous nos edicts et declarations concernans le faict des Aydes et finances au ressort de nostredite cour des Aydes de Caën, soient adressées à ladite cour, pour y estre verifiées, avec adresse aussi au bureau des finances pour y estre registrées comme auparavant le present edict. Et que nosdits presidens et conseillers en consequence de l'union des deux jurisdictions soient maintenus et conservez en toutes les fonctions attribuées à leurs charges de tresoriers generaux de nos finances, tant pour la direction et cognoissance de la voirie, circonstances et dependances, visitations des frais, des estapes et passages des gens de guerre, qu'en toutes les autres fonctions qui leur sont attribuées par tous les edicts de leur establissement, mesmes par nostre ordonnance et reglement sur le fait et passage de nos gens de guerre, du 14 fevrier 1632, et par nostredit edit du mois de may 1635, que nous voulons estre executé selon sa forme et teneur. Et que conformément à iceux, nos advocats et procureur generaux créez par le present edict, outre la fonction qu'ils auront pareille à nos advocats et procureurs generaux dans nos cours des Aydes, et autres nos compagnies souveraines jouyssent encor des fonctions attribuées à nos advocats et procureurs generaux des bureaux de nos finances, et ayent communication de tous edicts, declarations et commissions tant ordinaires qu'extraordinaires, qui seront adressées à nostredite cour des Aydes et finances, tant pour l'imposition et levée de toutes sortes de denrées que pour la distribution d'iceux. Comme aussi de toutes lettres de provision d'officiers, requestes pour payement des gages, baux à ferme, acquits patents, et mandemens de l'espargne, de l'ordinaire et extraordinaire des guerres, et de toutes affaires qui seront addressées à ladite cour, pour y donner leurs conclusions. Auront l'œil à ce que nos receveurs et comptables fassent verifier leurs estats dans le temps porté par nos ordonnances. Et où ils seroient en demeure de ce faire, ledit temps passé, nous voulons qu'ils y soient contrains, ensemble au payement des debtes de leurs estats finaux à la diligence de nosdits advocats et procureur. Assisteront avec nosdits presidens et conseillers, à toutes descentes, devis d'ouvrages publics, et baux au rabais qui en seront faicts à leur requeste et diligence, reception desdits ouvrages. Et auront communication de toutes autres affaires generalement quelconques qui se presenteront pour le faict et direction de nos Aydes et finances ordinaires et extraordinaires, et y donneront leurs conclusions verbales ou par escrit. Pour lesquelles conclusions ils prendront le sixiesme de ce que nosdits presidens, conseillers et generaux prendront pour leurs espices et droicts, lequel sixiesme sera pris outre et pardessus lesdites espices, receu par le receveur des espices, et partagé entre nosdits advocats et procureur generaux, selon le reglement qui sera pris entr'eux. Et pour aucunement indemniser nostredite cour des Aydes de Rouen du prejudice qu'elle peut recevoir à cause de la presente creation, nous leur avons par le present edict attribué et attribuons huict mille livres d'augmentation de gages par chacun an, à departir entr'eux suivant l'estat qui en sera arresté en nostredit Conseil, pour avec tous les susdits gages attribuez tant ausdits officiers de nouvelle creation, que par forme de supplément ausdits presidens, revenans outre les anciens gages dont joüissent nosdits presidens et tresoriers generaux audit bureau de Caën à la somme de cinquante six mil cinq cens livres, et encor de la somme de deux mille livres pour les menuës necessitez, mesmes du franc-sallé de tous lesdits officiers, et de ce qu'il conviendra pour les taxations du receveur desdits gages, estre faict et laissé fonds annuellement à commencer du 1er jour du present mois de juillet és estats qui seront expediez en nostredit Conseil de la recepte et despence de la recepte generale de Caën conjointement avec lesdits anciens gages, sans qu'ils puissent estre divertis pour quelque cause ou occasion que ce puisse estre, pour dudit fonds estre lesdits officiers payez desdits gages sur leurs simples quittances par lesdits receveurs payeurs de quartier en quartier. Comme aussi seront payez dudit franc-sallé, ainsi et en la mesme quantité que lesdits presidens et tresoriers generaux de France dudit bureau avoient accoustumé. Et voulans favorablement traitter ceux qui seront pourveus desdits offices créez par nostre present edict, nous voulons qu'ils joüissent de la dispense des quarante jours durant le reste de la presente année et la suivante, et pour les cinq suivantes ils seront admis au payement du droict annuel, sans qu'ils soient tenus de faire aucun prest, ny qu'arrivant le deceds d'aucuns d'eux pendant l'année qu'ils auront payé ledit droict annuel leurs offices puissent estre declarez vacans ny impetrables, ains qu'ils soient conservez à leurs vefves et heritiers pour en disposer au profit de telles personnes capables qu'ils aviseront sans payer autre finance que le huictiesme denier de l'evaluation desdits offices et le droict de marc d'or. Et quant aux autres offices hereditaires, nous voulons que les pourveus d'iceux en joüissent, leurs hoirs, successeurs et ayans cause en titre d'heredité, sans qu'ils en puissent estre depossedez, mesme de ceux qui sont censés et reputez domaniaux, qui ne pourront estre revendus pendant vingt années, et apres icelles qu'en vertu d'edict verifié, auquel cas ils seront remboursez comptant en un seul payement de la finance qu'ils auront payée pour lesdits offices, frais et loyaux cousts; pour à tous lesdits offices créez par le present edict estre dés à present par nous pourveu de personnes capables, et cy apres quand vacation escherra aux casuels par mort ou resignation, mesmes aux domaniaux et hereditaires à toutes mutations, soit par nous ou nos successeurs Rois. Comme aussi aux referendaires, commis à l'audience et huissiers de ladite chancellerie à la nomination de nostre tres-cher et feal chancelier de France, ainsi qu'il se pratique pour les autres chancelleries. Et afin que la justice puisse estre mieux administrée, et que nostredite cour soit en lieu decent pour l'exercice, nous ordonnons qu'à nos frais et despens il sera basty un palais au lieu le plus propre et commode de nostredite ville de Caën, et jusques à ce qu'il sera en icelle loüé à nos despens une maison pour y servir de seance à ladite cour et chancellerie.

Si donnons en mandement à nostre tres-cher et feal le sieur Seguier, chevalier, chancelier de France, que nostre present edict il fasse lire, publier le seau tenant et registrer és registres de l'audiance de nostre grande chancellerie, pour estre executé selon sa forme et teneur. Ce faict, mandons à nostre amé et feal conseiller en nostre Conseil d'Estat le sieur d'Haligre[1], intendant de la justice et police en Normandie, de faire l'establissement de nostre cour des Aydes de Caën, mettre et installer ceux desdits presidens, tresoriers de France et generaux des finances audit Caën qui se trouveront graduez pour faire l'exercice et fonction des charges et offices de premier president, et autres presidens, conseillers et generaux d'icelles, unis et incorporez à leurs charges ; commettre telles personnes capables qu'ils aviseront pour faire l'exercice et fonction de celles de nos advocats et procureur generaux et des autres offices créez par nostredit edict, jusques à ce qu'il y ait esté par nous pourveu, et faire signifier ledit establissement és greffes des eslections et greniers à sel qui doivent à present ressortir en nostre-

---

[1] Etienne d'Aligre, sr de la Rivière, etc., fils d'Etienne d'Aligre, chancelier sous Louis XIII, et d'Elisabeth Chappelier, né 13 juillet 1592, conseiller au grand Conseil en 1615, ambassadeur à Venise, conseiller d'Etat 1635, intendant de justice et de police en la généralité de Caen 1638, garde des sceaux 1672, chancelier 1674, mort 25 octobre 1677.

dite cour et autres que besoin sera : le tout nonobstant oppositions ou appellations quelconques, clameur de haro, chartre normande, prise à partie, et lettres à ce contraires, ausquelles et aux dérogatoires des dérogatoires y contenuës, nous avons dérogé et dérogeons par cesdites presentes : car tel est nostre plaisir. Et afin que ce soit chose ferme et stable à tousjours, nous y avons fait mettre notre seel, sauf en autres choses nostre droit et l'autruy en toutes. Donné à Sainct Germain en Laye au mois de juillet, l'an de grace mil six cens trente-huict, et de nostre regne le 29e. Signé, LOUIS, et plus bas, Par le Roy, PHELIPPEAUX. Et seellé du grand seau de cire verde sur lacs de soye rouge et verde.

Leu, publié le seau tenant de l'ordonnance de monseigneur Seguier, chevalier, chancelier de France, moy conseiller du Roy en ses conseils, grand audiencier de France, present, et registré és registres de l'Audiance de France. A Paris le dix-septiesme de septembre mil six cens trente huict. Signé OLLIER.

Veu par le Roy estant en son Conseil, la requeste presentée en iceluy par les presidens, conseillers, procureur general et autres officiers de la cour des Aydes de Roüen, tendante à ce que pour les causes y contenuës, il pleust à sa Majesté revocquer son edict du mois de juillet dernier, portant creation et establissement d'une cour des Aydes et finances en sa ville de Caën, à laquelle auroit esté joinct, uny et incorporé le bureau des finances dudit lieu, ou du moins les recevoir aux offres par eux faites pour la révocation dudit edict ; veu aussi ledit edict avec la publication d'iceluy en l'audiance de la grande chancellerie de France le seau tenant le 17 septembre 1638 ; le rolle des offices créez en ladite cour ; les lettres de provision desdits offices, et entr'autres celles expediées sous les noms de maistres Jacques Morin sieur Descageul pour l'office de premier president en ladite cour, maistre Pierre Collardin[1] pour l'un des trois autres presidens en icelle, maistre Augustin le Hagais[2] et Gabriel Graind'orge[3], pour les deux advocats generaux avec leurs actes de reception et prestation de serment és mains de sadite Majesté ; l'arrest du conseil du 21e jour d'octobre dernier, portant injonction au sieur d'Haligre conseiller de sadite Majesté, intendant de la justice, police et finance en la generalité de Caën, de proceder à l'instalation de ladite cour et enregistrement

[1] Pierre Collardin, sr de Boisolivier, conserva son titre de président, en payant 25,000 livres de finance, quand la cour des Aides de Caen eut été réunie à celle de Rouen. Il résigna quelques années après en faveur de son fils Jean Collardin, conseiller en la même cour. Les lettres de provision sont datées du 25 décembre 1653. Celui-ci fut président de la cour des Aides pendant trente ans; il résigna en faveur de son fils Pierre, qui fut pourvu de l'office de président après la mort de son père, par lettres du 5 avril 1685. (Communiqué par M. de Beaurepaire.)

[2] Augustin le Haguais, petit-fils d'Adrien le Haguais, secrétaire et conseiller du roi Charles IX, brilla comme avocat avant de devenir avocat général en la cour des Aides de Caen. Voici en quels termes Antoine Hallé parle de lui dans son *Cadomus*.

> A studiis vir ille recens, exegerat annum
> Ille bis octavum, Parisini in lucè senatûs
> Aspectus Phidiæ ceu signum, unaque probatus,
> (Hoc dabat ingenii magni vigor, igneus, ardens)
> Causarum actores inter jam nobilis ibat
> Et tandem princeps, Astrææ in principe templo
> Is fuit orantum, Pericleæ fulmine linguæ.

Le Haguais fut reçu, 31 janvier 1642, conseiller en la cour des Aides de Rouen, semestre de février.

[3] Gabriel Graindorge dut bientôt résigner son office en faveur de son fils Robert, car ce dernier est désigné ainsi dès la réunion de la cour des Aides de Caen à celle de Rouen : Robert Graindorge, avocat général commué, conseiller en la cour des Aides de Rouen, semestre de février.

dudit edict ; le procez verbal dudit sieur d'Haligre, portant l'establissement d'icelle ; plusieurs arrests rendus par ladite cour depuis ledit establissement; veu aussi les offres faites audit Conseil par les officiers de ladite cour des Aydes de Roüen, pour la creation et establissement d'une seconde chambre composée de deux presidens et dix conseillers, et autres menus offices pour resider en ladite ville de Caën; et pour faire valoir à sa Majesté les offices de controlleurs hereditaires des teinctures du ressort de la cour des Aydes de Paris et province de Normandie aux droicts attribuez ausdits offices par leur edict de creation, et les taxes qui seroient faites, tant sur les annoblis depuis l'année 1596, et leurs descendans, pour estre confirmez en leurs privileges, que sur les officiers des seigneurs hauts justiciers, tant ecclesiastiques que seculiers en ladite province, pour joüir de l'exemption de tailles; oüy le rapport desdites offres par le sieur de Houssay conseiller du roy en ses Conseils et intendant de ses finances; ouy aussi plusieurs fois par leurs bouches les officiers desdites cours des Aydes de Roüen et Caën en leursdites offres et remonstrances, et veu le resultat dudit Conseil, par lequel auroit esté surcis à faire droict aux parties, jusques à ce que la volonté expresse du Roy eut esté déclarée sur ce sujet; tout consideré, sadite Majesté estant en son Conseil, sans avoir esgard aux offres des deputez et officiers de ladite cour des Aydes de Roüen et oppositions par eux formées, dont elle les a deboutez, a ordonné et ordonne, que son edict du mois de juillet dernier, portant creation et establissement de ladite cour des Aydes et finances à Caen, sera executé selon la forme et teneur, et en ce faisant, que lesdits Descageul, Collardin, le Haguais, Graind'orge et autres pourveus des offices créez en ladite cour joüiront d'iceux conformément à leurs lettres de provision et prestation de serment és mains de sadite Majesté : faisant defences à ladite cour des Aydes de Rouën ne plus deputer ny s'assembler sur ce sujet, ny fournir aucunes oppositions ou empeschemens à l'execution dudict edict, à peine de tous despens, dommages et interests. Faict au Conseil d'Estat du Roy, sa Majesté y estant, tenu à S. Germain en Laye, le 19 jour de mars mil six cens trente-neuf.

Signé, Phelippeaux.

Louys, par la grace de Dieu Roy de France et de Navarre, au premier des huissiers de nostre Conseil, ou autre huissier ou sergent sur ce requis. Nous te mandons et commandons, que l'arrest dont l'extraict est cy attaché sous le contre-seel de nostre chancellerie, ce jourd'huy donné en nostre Conseil d'Estat, tu signifies à nostre procureur general en nostre cour des Aydes de Roüen, et à tous autres qu'il appartiendra, à ce qu'ils n'en pretendent cause d'ignorance. Faicts les deffences y contenuës sur les peines y mentionnées, et tous commandemens, sommations et autres actes et exploicts necessaires pour l'execution d'iceluy, sans demander autre permission, nonobstant clameur de haro, chartre normande, prise à partie et lettres à ce contraires. Et sera adjousté foy comme aux originaux aux copies dudit arrest et des presentes, collationnées par l'un de nos amez et feaux conseillers et secretaires : car tel est nostre plaisir. Donné à S. Germain en Laye le dix-neufiesme jour de mars, l'an de grace mil six cens trente-neuf, et de nostre regne le vingt-neufiesme. Signé, Louis, et plus bas, Par le Roy, Phelippeaux. Et seellé du grand seau de cire jaune.

Louys, par la grace de Dieu Roy de France et de Navarre, à tous presens et à venir salut. Par nostre edict du mois de juillet dernier, et pour plusieurs grandes considérations, nous avons ordonné l'establissement d'une cour des Aydes en nostre ville de Caën, et à icelle uny et incorporé le bureau de nos finances de ladite generalité, pour estre doresnavant une seule cour des Aydes et finances, et connoistre des causes et matieres declarées par ledit edict, en execution duquel nous aurions pourveu nostre amé et feal conseiller en nos Conseils maistre Jacques Morin, ancien president audit bureau, de l'office de premier president en ladite cour, et maistre Pierre Collardin, tresorier de France en ladite generalité, de l'un des trois autres offices de presidens en icelle, comme aussi nous aurions pourveu plusieurs particuliers de divers offices créez en icelle. De l'establissement de laquelle nous avons desja commencé à recevoir une partie du contentement que nous en desirions et nos subjects beaucoup de soulagement ; ce qui nous a meus à ne rien obmettre de ce qui se trouvera necessaire pour l'entier affermissement de ladite cour, ayant mesmes rejetté toutes les offres et propositions qui nous ont esté faites par nos officiers de la cour des Aydes de Roüen pour la revocation et suppression d'icelle nostredite cour des Aydes et finances de Caën, que nous voulons subsister sans pouvoir jamais estre revoquée pour quelque cause et occasion que ce soit. Et ayant consideré que les deux autres qualitez de presidens, lesquelles par nostredit edict estoient unies à deux tresoriers de France anciens et graduez restoient à remplir, et qu'il estoit important pour l'honneur de cette nouvelle compagnie et pour le bien et utilité de nos affaires d'y pourvoir de personnes capables et suffisantes sans nous arrester à ladite union qui pourroit nous empescher dans le choix que nous en desirons faire ; et aussi que pour rendre nostredite cour fournie et complette, nous avons jugé necessaire de créer encores en icelle quelque nombre d'officiers :

A ces causes, sçavoir faisons, qu'apres avoir mis cette affaire en deliberation en nostre Conseil, nous avons par cettuy nostre present edict perpetuel et irrevocable, maintenu et confirmé ledit Morin en l'office de nostre conseiller et premier president en nostredite cour des Aydes et finances, et ledit Collardin audit office de president en icelle, pour y avoir rang et seance du jour de la prestation de serment. Et quant aux deux autres qualitez de presidens, ausquelles n'a encore esté pourveu, nous les avons esteintes, revoquées et supprimées, revoquons, esteignons et supprimons par nostre present edict, et au lieu d'icelles crée et erigé, créons et érigeons en titre d'office formé deux offices de nos conseillers presidens en nostredite cour pour y estre dés à present pourveu de personnes capables pour faire avec les deux autres desja pourveus le nombre de quatre presidens en ladite cour, conformément à nostredit edict. Comme aussi nous avons creé deux nos conseillers clercs, deux nos conconseillers notaires et secretaires, quatre procureurs postulans hereditaires, quatre huissiers et deux autres huissiers en la chancellerie de ladite cour; et ce outre et pardessus le nombre d'offices porté par nostre edict du mois de juillet dernier. A tous lesquels offices nous avons attribué et attribuons tous les mesmes honneurs, pouvoirs, privileges, droicts, exemptions, evocations, droicts de franc-salé, dispence du droict annuel et autres droicts et facultez attribuez par nostredit edict, aux pareils offices de ladite cour, mesme à nosdits conseillers, notaires et secretaires, droict de porter robbes rouges comme les autres officiers du corps d'icelle, et dix mille sept cens livres de gages qui leur seront departis suivant le rolle qui en sera arresté en nostre Conseil, et dont le fonds sera d'oresnavant employé dans l'estat de nos finances de ladite generalité et mis és mains du payeur des gages de ladite cour, avec les autres gages attribuez aux officiers d'icelles. Voulons et entendons que tous nosdits officiers et ceux cy-devant créez en ladite cour des Aydes de Caën soient reiglez en la fonction et exercice de leurs charges, ainsi qu'estoient et sont encores de present les pourveus de pareils offices en nostre cour des Aydes de Roüen, et qu'il est usité et pratiqué en nostre province de Normandie.

Si donnons en mandement à nostre tres amé et feal le sieur Seguier chevalier, chancelier de France, que nostre present edict il face lire, publier le seau tenant, et iceluy enregistrer és registres de l'audiance de la grande chancellerie de France. Ce faict mandons à nos amez et feaux les gens tenans nostredite cour des Aydes et finances à Caën, que nostredit edict ils facent lire, publier et registrer és registres de ladite cour pour estre executé selon sa forme et teneur : le tout nonobstant oppositions ou appellations quelconques, clameur de haro, chartre normande, prise à partie ou autres voyes et lettres à ce contraires, ausquelles et aux dérogatoires des dérogatoires y contenuës, nous avons dérogé et dérogeons par ces presentes. Et afin que ce soit chose ferme et stable à toujours, nous avons fait mettre nostre seel à ces presentes, sauf en autres choses nostre droict et l'autruy en toutes : car tel est nostre plaisir. Donné à Saint Germain en Laye au mois d'avril, l'an de grace mil six cens trente-neuf, et de nostre regne le vingt-neufiesme. Signé, Louis, et plus bas, Par le Roy, Phelippeaux. Et seellé du grand seau de cire verde sur lacs de soye rouge et verde.

Leu, publié le seau tenant de l'ordonnance de monseigneur Seguier, chevalier, chancelier de France, moy conseiller du Roy en ses Conseils et grand audiancier de France present, et enregistré és registres de l'au-

diance de France. A Paris le dix-neufiesme jour d'avril mil six cens trente-neuf. Signé, LYONNE.

1639

Révolte dans la Normandie[1]

La guerre cause toujours des desordres et bien souvent sert de fondemens aux seditieux pour se porter à la révolte. Pendant que nos meilleurs capitaines estoient empeschez à la conduite de sept ou huict armées que l'importance des affaires du Roy tenoit sur pied en divers lieux, quelques mutins, qui prirent le nom de Jean va Nuds-pieds, se rebellerent en Normandie, et firent un petit corps d'armée, sous l'esperance qu'estans appuyez des principaux officiers de la justice de cette province, ils entraisneroient apres eux tout le reste du peuple, et se dispenseroient des devoirs naturels que tous les autres sujets du Roy rendoient legitimement à sa Majesté.

Ces mouvemens estans de trop grande importance pour en mespriser les moindres avis, le colonel Gassion[2] fut

---

[1] T. XXIII, 1ʳᵉ partie. pp. 406-410. — V. sur la révolte des Nu-Pieds dans la basse Normandie, et sur les troubles de Rouen en 1639 : A. Floquet, *Histoire du Parlement de Normandie*. t. IV, pp. 564 à 687 et t. V, pp. 1 et suiv.; *Diaire du chancelier Séguier*, etc., publié par A. Floquet; Laisné, *Les agitations de la Fronde en Normandie et la sédition des Nu-Pieds en 1639*; *Mémoires du président Bigot de Monville, sur la sédition des Nu-Pieds et l'interdiction du Parlement de Normandie en 1639*, publiés par M. le vicomte R. d'Estaintot.

[2] Jean de Gassion, né à Pau en 1609, fit ses premières armes sous le chef protestant Henri de Rohan, pendant les guerres civiles et religieuses qui troublèrent les commencements du règne de Louis XIII; il fut ensuite colonel au service du roi de Suède, dont il gagna la faveur par ses talents militaires, puis il passa dans l'armée de Bernard de Saxe-Weimar, et enfin servit la France à partir

commandé de prendre les meilleures troupes de l'armée de Picardie, et s'avancer de ce costé-là pour dissiper ces factions, chastier leurs autheurs, et remettre au devoir les villes qui fomenteroient la rebellion. Mais les armes n'estans pas seulement necessaires à cette entreprise, le Chancelier partit d'un autre costé, assisté d'un secretaire d'Estat, de plusieurs maistres des requestes, et autres officiers du Conseil, afin de pourvoir aux desordres du Parlement de Roüen, lequel panchoit à cette révolte.

L'affection que ce colonel apportoit à l'execution des commandemens de sa Majesté, l'ayant fait marcher avec diligence, il se rendit à Caën le 24 novembre, se saisit des portes de la ville, desarma tous les habitans, les armes desquels furent portées au chasteau, et le 27 ayant eu avis par le marquis de Canisy[1] qu'Avranches estoit la retraite des seditieux, lesquels y avoient desja des forces assez considerables pour mettre la ville en danger, il assembla le conseil de guerre pour deliberer si l'on attendroit les ordres du Roy sur cette occurrence, ou si l'on s'avanceroit vers Avranches pour prevenir les desseins de ces factieux. La resolution ayant esté que l'armée devoit demeurer dans la ville, mais qu'il falloit détacher quelque corps de cavalerie ou d'infanterie contre ces mutins, il commanda mille fantassins et cinq cens chevaux, se mit à la teste de cette cavalerie, qui fut divisée en huict esca-

---

de 1636; il devint mestre-de-camp de la cavalerie légère, 10 décembre 1641, et maréchal de France 1643; il mourut le 2 octobre 1647, d'une blessure reçue au siège de Lens.

[1] René de Carbonnel, marquis de Canisy, fils de Hervé de Carbonnel, sr de Canisy, et d'Anne de Matignon, gentilhomme ordinaire de la chambre du roi, gouverneur d'Avranches, lieutenant du roi au bailliage de Cotentin. Par sa mère, il était neveu de Charles de Matignon, gouverneur de Granville, Cherbourg et Saint-Lô, et lieutenant général de la province de Normandie.

drons, ordonna l'infanterie en deux bataillons, et alla loger le 29 à cinq petites lieuës d'Avranches.

Un soldat assez bien monté ayant esté pris la nuit mesme assez prés du camp, avoüa qu'il estoit en campagne pour prendre langue, et dit ensuite que les rebelles estoient à quatre lieuës de là, surquoy le colonel Gassion commandant quatre-vingt maistres et soixante arquebusiers, sous la charge du sieur de Bar[1], pour leur aller enlever quelque quartier, ordonna à ce capitaine de le venir retrouver sur le bord de la riviere qui passe à Avranches près d'un pont nommé la Pierre, ou il l'attendroit; mais y ayant fait alte deux heures entieres sans rien apprendre de sa marche, il r'envoya de mesme costé le sieur de Camferans lieutenant de la cavalerie du baron d'Oysonville[2], lequel ayant deffait une compagnie de cavalerie ennemie retourna pour dire que ces mutins estoient delogez dés minuict. Quelques prisonniers qu'il avoit amenez ayans alors assuré que Champmartin[1], l'un des principaux chefs des factieux, s'estoit retiré dans la grande bruyere de Bovin avec huict cens hommes bien armez, le colonel

---

[1] Dans trois lettres de Mazarin à Le Tellier, datées de Rouen 11 et 18 février, et de Gaillon 21 février 1650, il est question d'un sieur de Bar, gouverneur du Bois de Vincennes et chargé de la garde des princes. (*Appendice aux Mémoires de Mathieu Molé*, t. IV, pp. 367, 372 et 378.)

[2] Le baron d'Oysonville qui se trouvait avec sa cavalerie à Abbeville en mai 1639, avait été en juillet envoyé en Alsace, avec la mission de négocier pour attacher à la France l'armée de Bernard de Saxe-Weimar qui venait de mourir. Il portait à ce moment le titre de lieutenant au gouvernement de Brisach.

[1] D'après la *Relation de la Révolte de la Basse-Normandie*, imprimée par M. A. Floquet à la suite du *Diaire du chancelier Séguier*, pp. 397-421, Champmartin était premier brigadier de l'armée des Nu-Pieds. La mention de *fugitif* qui accompagne son nom nous apprend qu'il sut se soustraire à la répression.

Gassion fit passer la riviere à toutes ses troupes, assigna un poste à l'infanterie sous la conduite du sieur de la Guette[1] ayde de camp, envoya le sieur de Tourville[2] avec soixante chevaux vers un lieu appellé les greves d'Avranches, pour observer ce qui entreroit dans la ville, et tira d'un autre costé avec le reste de la cavalerie. Peu de temps apres, le sieur de la Guette eut avis qu'une partie de ces rebelles avoient fait alte sur le chemin d'Avranches, et qu'il seroit aisé de les enveloper. C'est pourquoy sans attendre de nouveaux ordres du colonel Gassion, il s'avança à la teste de l'infanterie avec le marquis de Courtaumer[3], le sieur de Marrolles, et quelques fuzeliers du regiment de Coaslin, fit haster la marche de son infanterie, et commanda aux arquebusiers à cheval de leur aller couper chemin; mais ils previndrent cette diligence, la

[1] La Guette est mentionné dans une relation du roi comme ayant fait son devoir à Collioure et à Elne, lors de la conquête du Roussillon en 1642 (*Mémoires de Mathieu Molé*, t. IV, p. 132, note). C'est peut-être du même personnage que Bassompierre, alors ambassadeur en Angleterre (*Mémoires*, t. III, p. 277), parle en ces termes : « Le vendredy 27ᵉ (novembre 1626), je renvoyay La Guette en France quy le jour precedent avoit fait une extravagance de la part de l'evesque de Mendes. »

[2] César de Costentin, comte de Tourville et de Fismes, capitaine en 1632 d'une compagnie d'ordonnance, conseiller d'état, premier gentilhomme du grand Condé, mort en avril 1647. De son mariage avec Lucie de La Rochefoucauld, fille du baron de Montendré, naquit en 1642 l'illustre Anne-Hilarion de Costentin, comte de Tourville, maréchal, vice-amiral de France et général des armées navales du roi, mort en 1701.

[3] Cyrus de Saint-Simon, marquis de Courtaumer, fils de Jean-Antoine de Saint-Simon, en faveur duquel la terre fut érigée en marquisat. Il ne laissa qu'une fille, Marie, qui épousa en premières noces René de Cordouan, marquis de Langey ; ce mariage fut annulé à la suite d'un procès scandaleux, et Marie de Courtaumer contracta une nouvelle union avec Jacques Nompar de Caumont, duc de la Force.

peur les avoit desja rangez dans leurs barricades; et quand toutes les troupes furent en estat de les attaquer, ils se trouverent disposez à se bien deffendre.

En effet l'assaut estant commandé, ils le soustindrent vigoureusement, tuërent le marquis de Courtaumer avec 7 ou 8 autres officiers, et 14 ou 15 soldats; mais ayans aussi esté vertement enfoncez, ils furent forcez apres deux heures de combat. Quatre de leurs principaux chefs se trouverent au nombre des morts, lesquels estoient de trois cents et plus, celuy des prisonniers un peu moindre, les autres chercherent à se sauver par la fuite; mais estans tombez entre les mains du sieur de Tourville qui estoit de l'autre costé d'Avranches avec soixante chevaux, il les chargea si vivement qu'apres en avoir tué plus de la moitié, il contraignit le reste à se jetter dans l'eau ou plusieurs furent noyez. Ainsi peu de sang esteignit d'un costé ce grand feu qui sembloit devoir embrazer toute la province, pendant que la prudence du Chancelier amortissoit le reste, donnant au Parlement de Roüen toute la bride dont il avoit besoin pour se maintenir au devoir.

1640

Punition des habitans et du Parlement de Roüen par le Chancelier [1].

Vous avez veu le chastiment des gens de guerre revoltez dans la Normandie au mois de decembre dernier, par les armes du Roy que le colonel Gassion commandoit, il est juste que vous sçachiez la punition que fit le Chancelier de France du Parlement et des habitans de Roüen lesquels estoient accusez d'avoir contribué à cette revolte [2].

[1] T. XXIII, 2ᵉ partie, pp. 445-491.
[2] L'examen impartial des faits ne justifie nullement cette accusation dirigée contre le Parlement de Rouen. V. les travaux déjà cités de MM. A. Floquet et R. d'Estaintot.

Si tost que le combat donné aux portes d'Avranches fut terminé par la mort ou la prise des principaux autheurs de la sedition, le colonel Gassion desarma les habitans d'Avranches, et fit marcher ses troupes vers Roüen, comme à la seule ville qu'il falloit avoir pour remettre en devoir toutes les autres de la province. Le crime donnant presque tousjours de l'estonnement et peu d'assurance, les seditieux ne se mirent pas en estat de lui disputer l'entrée des portes [1], de sorte que sans beaucoup de difficultez il se saisit des principales ruës, mit une partie de ses gens en haye dans celle où il avoit fait choisir le logis du Chancelier de France [2], et sortant à la teste d'une belle cavalerie, alla recevoir hors la ville ce premier officier de la justice, lequel s'avançoit accompagné du sieur de la Vrilliere [3] secrétaire d'Etat, de quelques conseillers d'Etat, et autres officiers de justice, et d'une bonne partie de la noblesse du pays. Le lendemain troisiéme janvier ce Chancelier fit assembler le Parlement, la cour des Aydes et le bureau des finances de Roüen, et leur envoya signifier par des huissiers du Conseil les declarations du Roy, portans interdiction de leurs charges, avec injonction de se trouver dans quatre jours à la suite du Roy

[1] Les troupes de Gassion entrèrent dans Rouen le 31 décembre 1639, à deux heures de l'après-midi.

[2] Le chancelier Séguier était parti de Paris le 19 décembre; il séjourna du 21 au 30 à Gaillon, dans le magnifique château des archevêques de Rouen, où il attendit l'arrivée à Rouen des troupes de Gassion. Il y fit lui-même son entrée le 2 janvier 1640 et eut pour logement la maison abbatiale de Saint-Ouen.

[3] Louis Phelypeaux sr de la Vrillière et de Châteauneuf-sur-Loire, etc., fils de Raymond Phelypeaux, secrétaire d'Etat, et de Claude Gobelin, conseiller d'Etat, 20 décembre 1620, secrétaire d'Etat, 26 juin 1629, commandeur, prevôt et maître des cérémonies des ordres du roi, 1er avril 1643, mort 5 mai 1681.

pour y recevoir les commandemens de sa Majesté. Voicy les termes de ces declarations, et autres suivantes.

Declarations du Roy contre le Parlement, cour des Aydes et bureau des finances de Roüen[1].

Louis, par la grace de Dieu Roy de France et de Navarre, à tous ceux qui ces presentes lettres verront, salut. Lorsque les Roys nos predecesseurs, en instituant les Parlements, leur ont commis une si grande partie de leur puissance et de leur authorité, ce n'a pas seulement

---

[1] V. dans le *Manuel du bibliographe normand* de M. E. Frère, les éditions faites de ces déclarations et arrêts. — Il a paru intéressant de donner la lettre suivante du chancelier Séguier à Mathieu Molé, à cause du renseignement qu'elle contient sur le chiffre (sans doute exagéré) de la population de Rouen en 1640 :

Monsieur, je vous envoie les déclarations touchant les amendes, en la forme que vous l'avez désiré, j'ai joint un imprimé des déclarations et arrêts qui ont été exécutés et dont vous verrez, par un abrégé, les ordres qui ont été donnés pour faire obéir le Roi. Cette province, et particulièrement cette ville, avoit besoin de ce remède. Il semble sévère, mais il a été reçu des principaux bourgeois avec satisfaction, après avoir cognu que le repos de la ville depend entièrement du châtiment que l'on y exerce. Je vous assure que je ne puis assez admirer la persistance du prince, et voir une ville grande (cinquante mille habitants portant les armes) soumis à tout ce qu'on leur ordonne. Je ne dis rien des compagnies souveraines, c'est une autorité que le maître a retirée lorsqu'il a cognu que l'on en abusoit. En vérité le mal étoit grand, et si l'on y eut apporté un remède plus faible, il eût été inutile et sans fruit. Enfin la justice se fera comme auparavant, et vous puis dire que l'on poursuit l'expédition des affaires avec chaleur. Les commissaires ont tant d'emplois qu'ils n'y peuvent fournir ; les avocats ont eu si peu de crainte de leurs juges, qu'ils ont accepté la commission pour les requêtes du palais. Je continue l'exécution des ordres que l'on m'a donnés, et ne sera pas sitôt terminée. Cependant assurez-vous que je suis votre, etc. De Rouen, ce 14 janvier 1640. (*Mémoires de Mathieu Molé*, t. II, pp. 481-482.)

esté pour rendre la justice à leurs subjets, mais aussi pour les contenir dans les devoirs d'une parfaite et legitime obeissance; c'est pourquoy ils ne se sont pas contentez de déposer entre leurs mains leur justice distributive, mais afin d'obliger les peuples vers eux à une plus grande reverence, ils les ont honorez des plus augustes marques de leur grandeur, et des ornemens mesmes de la royauté. Ainsi tant que ces compagnies souveraines ont avec zele et courage fait respecter la majesté royale, les Roys se sont pleus à les maintenir en leur dignité, à recognoistre leurs services, et à leur departir liberalement leurs faveurs; mais lors qu'elles ont negligé le principal devoir de leurs charges, qui consiste à conserver la reverence deüe à l'authorité du prince, les mesmes Roys nos predecesseurs ont tousjours estimé avec grande raison qu'en telles occasions la severité estoit necessaire pour éviter les dangereuses suites d'un pernicieux exemple, lequel ne sçauroit estre pire que lorsque le peuple, qui imite volontiers les actions des magistrats ordonnez pour sa conduite, void abaisser par leurs propres mains la majesté du souverain qu'ils devroient relever et soutenir aux despens mesmes de leurs vies. C'est cette consideration qui, à nostre grand regret, nous oblige d'user de chastiment envers nostre cour de Parlement de Roüen, puis que durant que nous estions sur les frontieres de nostre royaume exposant nostre personne aux incommoditez et aux perils d'un long voyage pour le bien de nos subjets, il a veu et souffert qu'une populace mutinée ait pris les armes, ait demoly les maisons qui servoient de bureau à nos receptes, en ait emporté les tiltres avec l'argent de nos finances, ait trempé ses mains dans le sang de ses concitoyens et commis tous les crimes dont est capable la fureur d'une sedition que la negligence, la connivence, et la lascheté des magistrats laisse croistre jusques aux derniers excez que peuvent produire l'audace et la temerité lors qu'elles ne sont point reprimées. Cette faute est si grande en ceux qui ont receu la plus precieuse partie de nostre puissance, et qui par un privilege particulier ayans aussi le commandement des armes de nostredite ville de Roüen, estoient doublement obligez d'arrester le cours de ces desordres, que nous ne pouvons seulement la dissimuler, mais nous nous trouvons contraints de la punir par un chastiment exemplaire, afin de retenir dans le devoir ceux qui voudroient se porter à l'avenir à de semblables actions:

Savoir faisons, que nous, pour ces causes, estans deuëment informez de la faute et mauvaise conduite de nostredite cour de Parlement sur le faict desdites rebellions, de l'avis de nostre Conseil, où estoit nostre tres-cher et tres-amé frere unique le duc d'Orléans, et autres principaux seigneurs et officiers de ceste couronne, avons dit et declaré, disons et declarons par ces presentes signées de nostre main, voulons et nous plaist, que nostredite cour de Parlement de Roüen, et officiers d'icelle, demeurent interdits, comme de fait nous les interdisons, de tout exercice et fonction de justice, soit en corps ou autrement. Deffendons à tous nos subjets de son ressort de recognoistre lesdits officiers en qualité de juges. Declarons dés à present tous jugemens, arrests, et autres actes qu'ils pourroient rendre cy-apres, nuls et de nul effect, et ce jusques à ce que par nous autrement en ait esté ordonné. Commandons à nos huissiers, qu'à ce faire commettons, se transporter à ladite cour de Parlement de Roüen, et icelle seante, lui signifier ces presentes nos lettres d'interdiction, à ce qu'elle n'en pretende cause d'ignorance, luy faisant commandement d'y deferer et obeïr, et aux officiers d'icelle de sortir quatre jours apres ladite signification de ladite ville, et se rendre à nostre cour et suite, sur peine d'estre procedé contre eux comme contrevenans à nos commandemens; faisans à cette fin par lesdits huissiers tous exploicts requis et necessaires, sans demander placet, visa, ne pareatis, nonobstant aussi clameur de haro, chartre normande, prise à partie, et autres choses à ce contraires : car tel est nostre plaisir. En tesmoin de quoy nous avons fait mettre nostre seel à cesdites presentes. Donné à S. Germain en Laye le dix-septiesme jour de decembre, l'an de grace mil six cents trente-neuf et de nostre regne le trentiesme. Signé, Louis, et sur le reply, Par le Roy, Phelippeaux. Et seellé sur double queuë d'un grand seel en cire jaune.

L'an mil six cens quarante, le troisiesme jour de janvier, environ les sept à huict heures du matin, nous Nicolas Tourte et Claude Lè Gay, huissiers ordinaires du Roy en ses conseils d'Estat et privé, suivant le commandement à nous fait de la part de sa Majesté par ordre de monseigneur le Chancelier, sommes transportez en la grand'chambre du Conseil de la cour du Parlement de Roüen, au palais de ladite ville, où estoient toutes les chambres assemblées, et parlant à tous les sieurs presidents et conseillers du Roy y seants, leur avons monstré et signifié les lettres patentes de sadite Majesté, portans interdiction de l'exercice et fonction de leurs charges, données à S. Germain en Laye le dix-septiesme jour de decembre dernier, signées Louis, et sur le reply, Par le Roy, Phelippeaux, et seellées; desquelles leur a esté fait lecture à haute voix par nous Tourte, et leur avons fait commandement de par sa Majesté, de se separer presentement en nos presences, et retirer chacun d'eux en leurs maisons, sans faire aucune assemblée ny deliberation, et declaré qu'ils n'ont plus de pouvoir de faire aucune fonction de leurs charges, à ce qu'ils n'en pretendent cause d'ignorance, et ayent à y obeïr. A quoy ils ont satisfaict, et sommes demeurez en ladite chambre, jusques apres les avoir veus tous sortir d'icelle; ausquels avons baillé et laissé copie desdites lettres, avec autant de nostre present procés verbal, et icelles mise és mains de l'un d'eux. Et avons à l'instant enjoinct à maistre Sanson Vaignon, greffier en chef de ladite cour de Parlement[1], estant en ladite chambre, d'aller voir et parler à mondit seigneur le Chancelier, et luy porter son registre qu'il tient en l'exercice de son greffe, ce qu'il nous a promis faire. Laquelle signification, interdiction, et contenu cy-dessus, nous avons aussi à l'instant denoncé et fait sçavoir aux sieurs gens du Roy de ladite cour, parlant au sieur le Guerchoys conseiller du Roy et son advocat general en ladite cour de Parlement, en leur parquet, à ce que de leur part ils ayent à y satisfaire et obeyr. Signé, TOURTE et LE GAY[2].

Declaration du Roy, portant interdiction de la cour des Aydes de Roüen

LOUIS, par la grace de Dieu Roy de France et de Navarre, à tous ceux qui ces presentes lettres verront, salut. Comme nous sommes obligez pour soutenir les depenses de la guerre de faire diverses levées sur nos peuples, nous avons faict l'establissement de plusieurs droicts par nos declarations et arrests de nostre Conseil, dont souvent pour éviter les longueurs qu'apportent les compagnies à l'enregistrement nous ne leur en avons fait l'addresse; mais nous nous sommes contentez de suivre les formes accoustumées en pareille nature d'affaires qui sont plus promptes à l'execution; neantmoins lorsque

---

[1] Il remplit cette fonction de 1635 à 1663, date à laquelle il fut remplacé par Pierre Bonnel.

[2] Cette signification a été publiée par M. A. Floquet, *Diaire*, etc., p. 78, n. 1.

nous en pensions tirer le secours et l'assistance en notre province de Normandie, nostre cour des Aydes establie en nostre ville de Roüen, par un attentat extraordinaire sur notre authorité, a faict des deffences de faire aucunes levées de deniers, ny de mettre à execution aucuns edicts qu'ils n'eussent esté enregistrez en leur compagnie : ce qui a donné sujet à nos subjects de nostredite province (sous ce pretexte) de retarder de payer ce que nous avions ordonné, et en suite de faire les soullevemens qui sont arrivés en icelle ; au moyen dequoy nous avons esté privez (au grand prejudice de nos affaires) du prompt secours que nous nous estions promis desdites levées. Et d'autant que ce procedé, qui est tres-prejudiciable à nostre service, a esté cause des desordres qui se sont passez en ladite province, nous oblige à faire sentir à ladite cour des Aydes les effects de nostre indignation, et la priver de l'authorité dont elle abuse et s'est renduë indigne, sçavoir faisons, que nous pour ces causes, de l'avis de nostre Conseil, où estoit nostre tres-cher et tres-amé frere unique le duc d'Orleans, et autres principaux seigneurs et officiers de cette couronne, avons dict et declaré, disons et declarons par ces presentes signées de nostre main, voulons et nous plaist, que ladite cour des Aydes de Roüen et les officiers d'icelle demeurent interdicts, comme de faict nous les interdisons de tout exercice et fonction de leurs charges. Defendons à tous nos sujets de les recognoistre en qualité de juges, declarans dés à present tous arrests, jugemens et autres actes que ladite cour pourroit rendre cy-apres, soit en corps ou autrement, nuls et de nul effect, et ce jusques à ce que par nous autrement en ait esté ordonné. Commandons à nos huissiers qu'à ce faire commettons, se transporter à ladite cour des Aydes de Roüen, et icelle seante, luy signifier ces presentes nos lettres d'interdiction, à ce qu'elle n'en pretende cause d'ignorance, luy faisant commandement d'y deferer et obeïr, et aux officiers d'icelle, de sortir quatre jours apres la signification de ladite ville, et se rendre à nostre cour et suite, sur peine d'estre procedé contre eux comme contrevenans à nos commandemens ; faisant à cette fin par lesdits huissiers tous exploits requis et necessaires, sans demander placet, visa, ne pareatis, nonobstant aussi clameur de haro, chartre normande, prise à partie, et autres choses à ce contraires : car tel est nostre plaisir. En tesmoin de quoy nous avons fait mettre nostre seel à cesdites presentes. Donné à S. Germain en Laye le 17e jour de decembre, l'an de grace mil six cens trente-neuf, et de nostre regne le trentiesme, Signé, Louis, et sur le reply, Par le Roy, Phelippeaux. Et seellé sur double queue, d'un grand seel en cire jaune.

L'an mil six cens quarante, le troisiesme jour de janvier, environ les neuf à dix heures du matin, nous Nicolas Tourte et Claude le Gay, huissiers ordinaires du Roy en ses Conseils d'Estat et privé, soussignez, suivant le commandement à nous donné de la part de sa Majesté par ordre de monseigneur le Chancelier, sommes transportez par devers les sieurs presidens et conseillers du Roy de la cour des Aydes de Roüen, assemblez au lieu où ils exercent la justice, devant l'eglise Nostre-Dame, et parlans à eux leur avons monstré et signifié les lettres patentes de sa Majesté, portans interdiction de l'exercice et fonction de leurs charges, données à S. Germain en Laye le dixseptiesme jour de decembre dernier, signées Louis, et sur le revers, Par le Roy, Phelippeaux, et seellées du grand sceau de cire jaune : desquelles leur a esté fait lecture à haute voix par nous le Gay, et leur avons fait commandement de par sa Majesté de se séparer presentement et retirer ehacun d'eux en leurs maisons, sans faire aucune assemblée ny deliberation, et declaré qu'ils n'ont plus de pouvoir de faire aucune fonction de leurs charges. A quoy ils ont satisfait, et sommes demeurez en la chambre où ils estoient assemblez, jusques et apres les avoir veuz tous sortir d'icelle, ausquels avons baillé et laissé copie desdites lettres, avec autant de nostre présent procez verbal, et icelle mise ez mains de l'un d'iceux. Et à l'instant avons enjoint à maistre Charles de Lestoile greffier en chef de ladite cour des Aydes, estant en ladite chambre, d'aller trouver mondit seigneur le Chancelier, et luy porter son registre qu'il tient en l'exercice de son greffe, ce qu'il a promis faire. Laquelle signification, interdiction et contenu cy-dessus, nous avons à l'instant dénoncé et fait sçavoir aux sieurs gens du Roy de ladite cour, parlans au sieur le Page[1] procureur general estant en ladite chambre, à ce que de leur part ils ayent à y obeïr et satisfaire. Signé, TOURTE et LE GAY.

Declaration du Roy, portans interdiction des officiers du bureau des finances de Rouen

LOUIS, par la grace de Dieu Roy de France et de Navarre, à tous ceux qui ces presentes lettres verront, salut. Les charges de tresoriers de France ayans esté principalement establies par les Roys nos predecesseurs et par nous, pour faciliter la levée et imposition de nos deniers, selon que la necessité du temps et des affaires le pouvoit requerir pour le bien de cet Estat, nous devions esperer sur les occasions qui se passent et nous obligent à des despenses extraordinaires pour nous opposer aux desseins et entreprises de nos ennemis, que les officiers du bureau de nostre generalité de Roüen favoriseroient, autant qu'il depend du faict de leurs charges, l'imposi-

---

[1] Robert le Page, s^r de Pinterville. V. plus haut p. 56.

tion des sommes que nous sommes contraints de faire lever sur nos subjets de ladite generalité pour subvenir aux despenses de la guerre, et nous tesmoigneroient ce qui est de leur fidelité et affection au bien de nostre service. Mais tant s'en faut qu'ils ayent satisfait à ce qui est en cela de leur devoir, qu'au contraire, par un mepris prejudiciable à nostre authorité, qui fait voir la part qu'ils ont prise aux souslevements populaires qui sont arrivez depuis n'agueres tant en ladite ville de Roüen qu'autres de la province de Normandie, ils ont refusé de restablir dans ladite ville les bureaux de recepte de nos droits qui avoient esté bruslez par les seditieux, ce qui a retardé la levée des sommes par nous ordonnée estre faite dans l'estendue de ladite generalité, et nous prive en ce faisant du prompt secours que nous nous en estions promis. Et d'autant qu'une si grande faute commise par lesdits officiers merite d'estre reprimée, et que nous leur fassions sentir les effects de nostre indignation, sçavoir faisons que nous, pour ces causes, de l'avis de nostre Conseil, ou estoient nostre tres-cher et tres-amé frere unique le duc d'Orleans et autres principaux seigneurs et officiers de cette couronne, avons dict et declaré, disons et declarons par ces presentes signées de nostre main, voulons et nous plaist, que lesdits tresoriers de France au bureau de ladite generalité de Roüen demeurent interdits, comme de faict nous les interdisons de tout exercice et fonction de leurs charges. Deffendons à tous nos subjets de ladite generalité, tant comptables qu'autres, de les recognoistre en ladite qualité. Declarons dés à présent tous jugemens, ordonnances, sentences et autres actes qu'ils pourroient rendre cy-apres audit bureau, nuls et de nul effect, et ce, jusques à ce que par nous autrement en ait esté ordonné. Commandons au premier nostre huissier ou sergent, qu'à ce faire commettons, se transporter au bureau desdits tresoriers de France de Roüen, et lesdits officiers seans, leur signifier ces presentes nos lettres d'interdiction, à ce qu'ils n'en pretendent cause d'ignorance, leur faisant commandement de par nous d'y deferer et obeïr, et faire à cette fin tous exploits necessaires, sans demander placet, visa, ne pareatis, nonobstant clameur de haro, chartre normande, et prise à partie, et autres choses à ce contraires : car tel est nostre plaisir. En tesmoin dequoy nous avons fait mettre nostre seel à cesdites presentes. Donné à S. Germain en Laye le quinziesme jour de decembre, l'an de grace mil six cens trente-neuf. Et de nostre regne le trentiesme. Signé Louis, et sur le reply, Par le Roy, PHELIPPEAUX. Et seellé sur double queuë d'un grand seel en cire jaune [1].

L'an mil six cens quarante, le troisiesme jour de janvier, à dix heures du matin, nous Nicolas Tourte et Claude Le Gay, huissiers ordinaires du Roy en ses Conseils d'Estat et privé, sous-signez, suivant le commandement à nous fait de la part du Roy, par ordre de monseigneur le Chancelier, sommes transportez au bureau des sieurs presidens et tresoriers generaux de France à Roüen, assemblez en iceluy, ausquels avons montré et signifié les lettres patentes de sa Majesté, portans interdiction de leurs charges, données à Sainct Germain en Laye le quinziesme jour de decembre dernier, signées Louis, et sur le reply, Par le Roy, PHELIPPEAUX; desquelles leur a esté fait lecture à haute voix par nous Tourte, et leur avons fait commandement de par sa Majesté de se separer presentement, et se retirer chacun d'eux en leurs maisons sans faire aucune assemblée ny deliberation, et declaré

[1] Quelques passages des déclarations du roi, portant interdiction de la cour des Aides et du bureau des finances, ont été publiés par A. Floquet, *Diaire*, etc., pp. 83-85.

qu'ils n'ont plus de pouvoir de faire aucune fonction de leurs charges, à ce qu'ils n'en pretendent cause d'ignorance, et ayent à y obeïr, à quoy ils ont satisfait ; et sommes demeurez audit bureau jusques et apres les avoir veus tous sortir d'iceluy, ausquels avons baillé et laissé copie tant desdites lettres que du present procez verbal, et icelle mise ez mains de l'un d'eux. Et à l'instant avons enjoint à maistre Alexandre Guenet greffier du dit bureau, d'aller trouver et parler à mondit seigneur le Chancelier, et luy porter son registre qu'il tient en l'exercice de son greffe : ce qu'il a promis de faire. Signé, TOURTE et LE GAY.

Le murmure est tousjours le commencement des seditions, les menaces le suivent, la violence en fait le progrez et le chastiment les finit. La sedition de la Normandie commença par une plainte populaire contre quelques commis qui s'y estoient transportez pour recevoir les droits de sa Majesté ; de la plainte on en vint aux menaces, et des menaces à la violence ; car apres les avoir traittez rigoureusement, ils pillerent les bureaux qu'ils avoient establis à Roüen, chasserent ces commis de la ville, et les contraignirent de se retirer au Pont-de-l'Arche. De là vint que sa Majesté les voulant rappeller dans cette ville mutine où elle les jugeoit necessaires pour son service, fit donner des arrests en son Conseil d'Estat en consequence de l'interdiction du Parlement de Roüen, pour l'establissement d'autres juges au lieu et place de ladite cour, le restablissement de tous ces bureaux dans ladite ville, et le reglement pour la recherche de ceux qui s'estoient absentez depuis les émotions. En voicy la teneur :

Arrests du Conseil d'Estat pour le restablissement des bureaux

Le Roy voulant que tous les bureaux des droits de sa Majesté qui ont esté forcez et pillez lors des émotions arrivées en la ville de Roüen, et lesquels ont esté transferez en la ville de Pont de l'Arche et ailleurs, soient r'establis en ladite ville ez mesmes maisons, lieux et endroits où ils estoient auparavant lesdites émotions, sa Majesté en son Conseil a ordonné et ordonne, que tous lesdits bureaux des droits et affaires de sa Majesté seront r'establis en ladite ville de Roüen, ez maisons, lieux et endroits ou ils estoient auparavant lesdites émotions : et à cet effect, que lesdites maisons et lieux leur seront rendus libres par ceux qui les occupent à present, lesquels seront contraints par corps d'en deloger 24 heures apres la signification du present arrest, et rendre esdites maisons, lieux et endroits, place nette; et outre ledit delai passé, seront les meubles de ceux qui occupent lesdites maisons et lieux, mis sur le pavé. Fait au Conseil d'Estat du Roy, tenu à Roüen le troisiesme janvier mil six cens quarante. Signé, GALLAND.

Louis par la grace de [Dieu] Roy de France et de Navarre, à nos amez et feaux conseillers en nostre conseil d'Estat et maistres des requestes ordinaires de nostre hostel, estans en nostre ville de Roüen pres de nostre trescher et feal le sieur Seguier chevalier, chancelier de France, salut. Par l'arrest de nostredit conseil d'Estat, ce jourd'huy donné, nous avons ordonné que tous les bureaux de nos droits et affaires cy-devant establis en nostredite ville de Roüen, et lesquels ont esté rompus, forcez et pillez lors des émotions populaires arrivées en icelle ville, seroient r'establis ez maisons, lieux et endroits où ils estoient; et à cet effect que lesdites maisons et lieux seroient rendus libres par ceux qui les occupent. A ces causes, nous vous mandons et à chacun de vous qui serez à ce commis et deputez par ledit sieur Chancelier de France, ordonnons de vous transporter esdites maisons, lieux et endroits où lesdits bureaux estoient establis, les y restablir conformement à nostredit arrest, et ce faisant, remettre dans lesdits bureaux les fermiers de nosdits droits, receveurs et autres chargez de nos affaires, leurs procureurs et commis, et les rendre libres possesseurs desdites maisons, lieux et endroits; et pour leur seureté et libre perception des deniers de leursdites fermes et affaires, les mettrez en la protection et sauvegarde des capitaines, lieutenans, enseignes et autres notables bourgeois des quartiers où lesdits bureaux seront par vous r'establis, leur enjoignant d'y tenir la main, et donner toute seureté, protection et main-forte en cas de besoin, lors toutefois et quantes que requis en seront, à peine d'en respondre en leurs propres et privez noms; leur declarant, chacun à leur égard, en cas que lesdits fermiers, receveurs et autres chargez de nos affaires, leurs procureurs et commis soient opprimez, inquietez ou molestez par rebellion, émotion ou autrement par les peuples et habitans de ladite ville, que nous entendons qu'il soit pour raison de ce procedé directement et extraordinairement à l'encontre d'eux, et qu'ils soient punis selon les crimes qui pourront estre commis esdites rebellions et emotions, et de tout dresserez vos procez verbaux, lesquels remettrez és mains dudit sieur Chancelier de France : de ce faire vous donnons pouvoir. Commandons au premier nostre huissier ou sergent sur ce requis, de faire pour l'entiere execution dudit arrest et des presentes, tous exploits, sommations, commandemens, defenses et autres actes necessaires, sans pour ce demander aucune permission ny pareatis, et nonobstant clameur de haro et chartre normande; et sera foy ajoutée aux copies collationnées dudit arrest et des presentes par l'un de nos amez et feaux conseillers et secretaires, comme aux originaux : car tel est nostre plaisir. Donné à Roüen le 3e jour de janvier, l'an de grace 1640, et de nostre regne le trentiéme. Par le Roy en son Conseil, Signé, GALLAND, et seellé du grand sceau de cire jaune.

Extrait des Registres du Conseil d'Estat

Veu par le Roy estant en son Conseil, ses lettres patentes seellées de son grand sceau, portans interdiction aux officiers de la cour de Parlement de Roüen, de la fonction de leurs charges, avec la signification faite desdites lettres à ladite cour par les huissiers dudit Conseil, le 3 du present mois de janvier 1640, sa Majesté jugeant nécessaire de pourvoir de juges pour terminer les affaires de la connoissance de ladite cour, attendant qu'elle ait fait establissement d'une autre compagnie, afin que la justice soit renduë à ses sujets, a evoqué et evoque à soy et à son dit Conseil, tous les procez et differens, tant civils que criminels, pendans en ladite cour de Parlement de Roüen; ordonne que sur iceux les parties procederont en sondit Conseil, et ce par les formes et procedures accoustumées estre observées en ladite cour. Et pour cet effet, enjoint sadite Majesté aux greffiers, avocats, huissiers et procureurs de ladite cour, de continuer la fonction de leurs charges, et faire tout ce qui sera necessaire pour l'instruction et jugement desdits procez, ainsi et en la forme qu'ils faisoient en ladite cour. Ordonne en outre sadite Majesté que les appellations des jugemens rendus par les juges de sa province de Normandie, qui ressortissoyent nuëment en ladite cour, seront relevées en sondit Conseil pour y estre terminées et jugées en iceluy : auquel, à l'effet que dessus, sadite Majesté, en tant que besoin seroit, a attribué toute cour, jurisdiction et connoissance desdits procez et differens, tant civils que criminels, meuz et à mouvoir, icelle interdite à tous autres juges; veut que sondit Conseil procede incessamment à l'expedition et jugement desdits procez, selon les formes pratiquées dans ledit Parlement, et selon l'usage et coustume de la province de Normandie, et ce jusqu'à ce qu'autrement par sadite Majesté ait esté pourveu de juges pour faire la fonction dudit Parlement. Fait audit conseil d'Estat du Roy, sa Majesté y estant, tenu à S. Germain en Laye, le 4ᵉ jour de janvier 1640. Signé, PHELIPPEAUX.

Louis, par la grace de Dieu Roy de France et de Navarre, à nos amez et feaux conseillers en nostre conseil d'Estat et privé, salut. Suivant l'arrest dont l'extrait est cy attaché, ce jourd'hui par nous donné, nous avons évoqué à nous et à nostredit conseil, tous les procez et differens tant civils que criminels pendans en nostre cour de Parlement de Roüen, ordonné et ordonnons par ces presentes, signées de nostre main, que sur iceux les parties procederont en nostredit Conseil, et ce, par les formes accoutumées estre observées en ladite cour, et pour cet effet avons enjoint et enjoignons aux greffiers, avocats, huissiers et procureurs de ladite cour, de continuer la fonction de leurs charges, et faire tout ce qui sera nécessaire pour l'instruction et jugement desdits procez, ainsi et en la mesme forme qu'ils faisoyent en ladite cour; avons en outre ordonné et ordonnons que les appellations des jugemens rendus par les juges de nostre province de Normandie, qui ressortissoyent nuëment en ladite cour, seront relevées en nostredit conseil, pour estre par vous jugées et terminées en icelui, vous en ayant, en tant que besoin est ou seroit, attribué et attribuons par cesdites presentes, toute cour, jurisdiction et connoissance desdits procez et differens civils et criminels, meus et à mouvoir, icelle interdite et defenduë, interdisons et defendons à tous autres juges quelconques; et vous mandons et ordonnons que vous ayez à proceder incessamment à l'expédition et jugement desdits procez, selon les formes pratiquées dans ledit Parlement, et selon l'usage et coustume de nostredite province de Normandie, le tout jusques à ce que par nous ait esté fourni de juges pour faire la fonction dudit Parlement. De ce faire vous avons donné et donnons pouvoir, authorité, commission et mandement special par cesdites presentes. Mandons à tous nos justiciers, officiers et sujets qu'il appartiendra, vous reconnoistre et vous rendre l'obeïssance pour ce deuë, mesmes ausdits greffiers leurs clercs ou commis, avocats et procureurs de ladite cour de Parlement, et à tous nos officiers de justice de nostre province de Normandie, qui ressortissoyent nuëment d'icelle cour, de satisfaire et obeïr, chacun de sa part, au contenu dudit arrest et des presentes, sans y apporter aucun retardement. Commandons à tous nos huissiers et sergens requis faire l'execution d'iceluy arrest et desdites presentes, tous actes de justice necessaires, sans que pour ce il leur soit besoin d'autre placet, visa, ne pareatis, nonobstant clameur de haro, chartre normande, prise à partie et autres choses contraires, ausquelles nous avons derogé et derogeons. Voulons iceluy nostredit arrest et cesdites presentes estre luës, publiées et affichées partout ou besoin sera, à ce que nul n'en pretende cause d'ignorance, et qu'aux copies d'icelles, collationnées par l'un de nos secretaires ou par deux notaires royaux, foy soit adjoustée comme à l'original : car tel est nostre plaisir. Donné à S. Germain en Laye, le 4ᵉ jour de janvier l'an de grace 1640, et de nostre regne le trentiesme. Signé, Louis, et plus bas, Par le Roy, Phelipeaux, et scellé du grand sceau de cire jaune.

Extrait des Registres du Conseil d'Estat

Le Roy ayant par ses lettres patentes du 17ᵉ jour de décembre dernier, interdit la cour de Parlement de Rouen, et enjoint aux officiers d'icelle de sortir la ville dans quatre jours, et se rendre à la suite de la cour, lesdites lettres signifiées audit Parlement les chambres assemblées, par Tourte et Le Gay, huissiers du Conseil, le 3 du present mois de janvier, et par arrest dudit Conseil du 4e jour dudit mois évoqué tous les procez tant civils que criminels pendans audit Parlement et requestes du palais d'iceluy, pour estre jugez et terminez audit Conseil, dans les formes accoustumées dudit Parlement, et suivant les coustumes de la province de Normandie; et d'autant que les sacs et productions, enquestes, informations et autres pieces servans à l'instruction desdits procez civils et criminels à juger, estans és mains des conseillers dudit Parlement et requestes du palais, doivent estre remis par eux aux greffes, afin que le jugement d'iceux ne soit retardé, et que la justice soit continuée et renduë aux sujets de sa Majesté, lesquels autrement en recevroyent notable prejudice, il est necessaire que les conseillers rendent lesdits procez à juger, et en soyent deschargez avant leur depart, et voulant y pourvoir, sa Majesté en son Conseil a ordonné et ordonne, que les conseillers tant dudit Parlement que requestes du palais, remettront aux greffes dudit Parlement et requestes du palais, tous les sacs, productions, enquestes, informations et autres actes, qu'ils ont és mains, des procez à juger, dans trois jours pour toutes prefixions et délais; autrement et à faute de ce faire, qu'ils y seront contraints par toutes voyes deuës et raisonnables, et seront tenus et responsables en leurs propres et privez noms de tous les despens dommages et interests que les parties pourront souffrir par le retardement et instruction desdits procez. Fait au Conseil d'Estat du Roy, tenu à Roüen le 5e jour de janvier 1640. Signé, GALLAND.

Extrait des Registres du Conseil d'Estat.

Le Roy estant en son Conseil, bien informé que depuis les émotions arrivées en sa ville de Roüen, plusieurs habitants d'icelle qui estoyent autheurs et complices de la rebellion, se sont absentez pour eviter la peine et le chastiment que meritoit un crime si detestable, et d'autant qu'il n'est pas juste qu'un tel crime demeure impuny, au contraire qu'il doit estre chastié severement, afin qu'à l'avenir l'exemple de la severité retienne ceux qui auroyent volonté de s'esloigner de leur devoir ; sa Majesté estant en son Conseil a ordonné et ordonne, qu'incessamment apres la publication du present arrest, les capitaines, lieutenans, et centeniers de ladite ville de Roüen feront exacte perquisition et recherche, chacun en leur quartier, de ceux qui se sont absentez depuis ledit temps dont ils feront leurs procez verbaux, qu'ils remettront dans quatre jours entre les mains de son Chancelier. Enjoint sadite Majesté à tous les bourgeois de ladite ville, de quelque qualité et condition qu'ils soient, d'apporter dans quatre jours ausdits capitaines, lieutenans, enseignes et centeniers, les noms de ceux qui estoient demeurans chez eux, et qui se sont retirez depuis ledit temps ; autrement et à faute de ce faire dans ledit temps, et iceluy passé, il sera procédé contre eux comme complices des crimes de ceux qui se sont retirez de leurs maisons, et absentez de la ville. Fait au Conseil d'Estat du Roy, sa Majesté y estant, tenu à Sainct Germain en Laye, le 5ᵉ jour de janvier 1640. Signé, Phelipeaux.

Le feu violent ne s'éteint pas facilement, et bien souvent l'on voit revivre les étincelles apres l'avoir cru esteint. Le chastiment qu'on avoit fait des gens de guerre et du Parlement de Normandie devoit avoir estouffé la flame de cette sedition, jusques à n'en voir jamais aucune fumée, neantmoins on decouvrit quelques jours apres, que les mutins avoient encor quelque reste de mauvaise chaleur dans le cœur, et que beaucoup d'assemblées secrettes se faisoient en divers lieux de la province. Voilà pourquoy les nouvelles en estant venuës jusqu'au Roy, sa Majesté voulut pourvoir aux desordres qui pouvoient arriver de ces conferences, et fit une nouvelle declaration portant injonction aux gentils-hommes de la province de Normandie, d'empescher sur leurs terres toutes assemblées et souslevemens, à peine d'en respondre en leurs propres et privez noms, et aux magistrats des villes de desarmer le menu peuple, sur les mesmes peines. Elle fut verifiée à Roüen en Parlement le 10 janvier. En voicy les termes :

Declaration du Roy portant injonction aux gentilshommes de Normandie

Louis, par la grace de Dieu Roy de France et de Navarre, à tous ceux qui ces presentes lettres verront, salut. Les émotions qui sont arrivées en nostre province de Normandie nous ayans obligé d'envoyer le sieur Gassion, mareschal de camp en nos armées, avec des troupes d'infanterie et de cavalerie, pour r'establir par nos armes nostre authorité, et contenir par la force en nostre obeïssance ceux de nos sujets qui ne pouvoient y estre retenus par les vrais respects et obligations envers leur prince, sa conduite a esté si prudente et si genereuse qu'en peu de temps il a dissipé toute la faction qui s'estoit formée, obligé ceux qui avoient pris les armes contre nostre service, de se retirer hors nostre royaume, pour éviter la punition et le chastiment qu'un si enorme crime pouvoit meriter, et enfin, apres avoir fait chastier ceux qui avoient esté si temeraires d'attendre nos armes, il a dissipé toutes les assemblées de nos sujets, qui poussez de passion et de fureur, ou mauvais conseils, s'estoient soustraits de nostre obeïssance. Et d'autant qu'il est de la bonté et prudence d'un bon prince, non seulement de faire punir les crimes de ses mauvais sujets, mais de pourvoir à l'avenir par de bons reglemens qu'ils ne retombent en pareille faute, et ne se tirent de l'obeïssance : à ces causes jugeans que toutes ces rebellions ne seroient pas venuës au poinct où on les a veuës dans ladite province, sans la connivence ou foiblesse de ceux qui ont l'authorité et le pouvoir de les empescher, qui ne s'y sont pas opposez avec la vigueur et le courage que requeroit nostre service, et qu'ils estoient obligez de faire ayans nostre authorité, nous avons estimé qu'il n'y avoit point de moyen plus assuré pour retenir nos sujets dans la legitime obeïssance qu'ils nous doivent, et les detourner de se porter à l'avenir dans la rebellion, que de rendre les magistrats, officiers et ceux qui ont charge dans les villes, responsables des émotions qui y surviendront, s'ils ne justifient avoir apporté le soin et la vigilance qu'ils doivent en leurs charges pour les reprimer, et pour la campagne, d'obliger les gentils-hommes chacun en l'estenduë de leurs terres, de contenir nos sujets dans l'obeïssance, et les empescher de faire aucunes assemblées contre nostre service, ce qui leur est aisé, veu le pouvoir qu'ils prennent ordinairement sur leurs tenanciers, ausquels ils font bien executer leurs volontez lors qu'il s'agit de leur interest particulier. Sçavoir faisons, qu'apres avoir mis cette affaire en deliberation en nostre Conseil, où estoient nostre tres-cher et tres-amé frere unique le duc d'Orleans, autres princes et les autres officiers de nostre couronne; de l'avis de nostredit Conseil et de nostre certaine science, pleine puissance et authorité royale, nous avons dit et declaré, disons et declarons, voulons et nous plaist, que cy-apres les gentils-hommes de nostre province de Normandie ayent à empescher qu'aucunes assemblées ne se fassent en l'estenduë de leurs terres, à peine, en cas qu'il arrive quelque souslevement contre nostre service en l'estenduë de leursdites terres, d'en respondre en leurs propres et privez noms, comme complices, s'ils ne justifient y avoir fait tout leur devoir, et y avoir apporté tout le soin, la vigilance et la force qu'ils sont obligez pour l'execution de nos commandemens. Et quant aux magistrats, officiers et autres qui ont charge dans les villes, nous leur enjoignons de ne permettre qu'à l'avenir le commun peuple ait aucunes armes. Voulons qu'ils ayent à le desarmer, et mettre les armes dans un lieu seur pour s'en servir lorsqu'ils le jugeront necessaire pour le bien de nostre service. Leur commandons de s'opposer avec le courage et la force qu'ils doivent et sont obligez, ayans nostre authorité, pour reprimer les émotions, si aucunes surviennent dans les villes où ils sont residens. Autrement et à faute d'executer cettuy nostre commandement, voulons qu'ils soient responsables des rebellions qui arriveront, en leurs propres et privez noms, et qu'il soit procedé contre eux comme complices, en cas qu'ils ne justifient avoir fait leur devoir pour retenir nos sujets dans nostre obeïssance. Si donnons en mandement à nos amez et feaux les conseillers d'Estat et maistres des requestes ordinaires de nostre hostel, tenans nostre cour de Parlement à Roüen[1] de faire enregistrer et publier nos presentes lettres de declaration, et le contenu en icelles faire garder et observer

---

[1] « La ville de Rouen estoit en cet estat, le lundy 9 janvier 1640, lorsque M. le chancelier y establit une nouvelle forme de justice souveraine composée de cinq conseillers d'Estat et huit maistres des requestes, à savoir MM. Le Febvre sieur d'Ormesson, de Moric, Gaudart de la Thuillerie et Laubardemont, conseillers d'Estat, et MM. de Vertamon, Daubray, Vignier, de Hère, Le Goux sieur de

ponctuellement. Et à la diligence de nostre amé et feal conseiller le sieur Bosquet[1], par nous commis pour faire la charge de nostre procureur general audit Parlement, les envoyer en tous les bailliages et autres jurisdictions de nostredite province de Normandie, et icelles faire publier en toutes nos villes dudit païs à son de trompe et cry public, à la diligence de nos procureurs dans lesdits sieges ; mesmes aux prosnes des parroisses par les curez, afin que personne n'en pretende cause d'ignorance. Enjoignons à nosdits procureurs, qu'un mois apres que nostredite declaration leur aura esté envoyée, ils certifient nostre tres-cher et feal Chancelier de la diligence qu'ils auront faite pour ladite publication, à peine d'en respondre en leurs propres et privez noms. Voulons qu'aux copies de cettedite presente, collationnées par l'un de nos amez et feaux conseillers et secretaires, ou par deux notaires royaux, foy soit ajoustée comme à l'original, car tel est nostre plaisir. Donné à Sainct Germain en Laye, le 8e jour de janvier, l'an de grace 1640, et de nostre regne le trentiesme. Signé, Louis, et sur le reply, Par le Roy, Phelipeaux, et scellée sur double queuë du grand sceau de cire jaune. Lesdites lettres leuës et publiées en suite.

Le jour auparavant, qui fut le 9 janvier, fut decernée commission pour exercer dans Roüen la jurisdiction des requestes du palais, à maistres Anthoine Deschamps, Cen-

---

la Berchère, Jubert sieur du Til et de Marescot, maistres des requestes, et M. François du Bousquet, au lieu du procureur général du roy, qui avoit esté juge civil et lieutenant criminel en la ville, viguerie, et vicomté de Narbonne. » *Mémoires de Bigot de Monville*, p. 252.

[1] François Bosquet, né à Narbonne en 1615. M. A. Floquet lui a consacré (*Diaire*, p. 95) une note dont les éléments sont empruntés au *Dictionnaire* de Bayle et à la *Bibliothèque historique de la France*.

turion de Cahaignes [1], Louys Radulphi, Jean de Lesdos, Jacques Cocquerel [2], et Jacques Eustache, avocats au Parlement de Normandie [3]. Leuë et publiée le 31 du mesme mois.

Le douxiesme et le dix-huictiesme, fut enregistrée et publiée en la cour des Aydes de Paris la declaration du Roy du quinziesme decembre mil six cens trente-neuf, portant commission à ladite cour des Aydes de Paris, pour exercer la justice de la cour des Aydes de Roüen.

Le 23 fut publiée à Roüen la commission du Roy, aux sieurs de Paris [4] et de Coulanges [5], maistres ordinaires en

---

[1] Centurion de Cahaignes, avocat au Parlement de Rouen, était fils de Nicolas de Cahaignes et de Jeanne le Menu; il mourut en janvier 1650.

[2] Jacques Coquerel, écuyer, avocat au Parlement de Rouen, était fils de Jacques Coquerel, écuyer, s[r] d'Artemare, conseiller du roi et auditeur en sa chambre des Comptes de Normandie, mort 27 avril 1633. L'avocat Coquerel avait une grande réputation d'éloquence. Tallemant des Réaux nous rapporte à son sujet une anecdote singulière, mais qui prouve cependant l'estime où on le tenait : « Un maquignon à Rouen, voulant bien louer son cheval, dit : Il a la bouche admirable, et a, pour tout dire, une bouche de *Coquerel*, c'était un avocat célèbre en Normandie » (t. X, p. 179, édit. in-12, 1840). Né en 1590, il mourut en 1670.

[3] A ces noms, Bigot de Monville (*Mémoires*, etc., p. 257) ajoute celui de l'avocat protestant Jean Carue. Le chancelier qui l'avait désigné pour faire partie de cette commission, voulut l'en exclure quand il sut qu'il était de la religion réformée. Carue prévint cet affront en priant lui-même le chancelier de pourvoir à son remplacement. Séguier commit en son lieu « le sieur Chopin advocat, petit-fils de René Chopin, autheur assez congneu » (*Ibid.*, p. 260).

[4] Claude Paris, maître des requêtes de l'hôtel du roi, exerça de 1638 à 1643 la charge d'intendant de justice, police et finances en la généralité de Rouen.

[5] Philippe de Coulanges, conseiller du roi, maître ordinaire en la chambre des Comptes de Paris, mort en juin 1659, dans sa soixante-quatrième année. De son mariage avec Marie Lefebvre d'Ormesson,

la chambre des Comptes de Paris, pour exercer les charges de presidens, tresoriers de France, et generaux des finances, au bureau establi à Roüen.

Autre commission du Roy, au president Seguier[1], et autres y dénommez[2], pour exercer la justice souveraine au lieu et place de la cour de Parlement de Roüen, publiée audit lieu le dernier janvier.

Le mesme jour fut publiée à Roüen une autre commission du vingt-neufiesme dudit mois, addressante au sieur du Fossé[3], pour faire la charge de procureur general au Parlement de Roüen. Ainsi la justice du Roy esclatoit sur une partie de ceux qui avoient appuyé la revolte, mais les plus coulpables s'estans retirez, et cette mesme justice voulans qu'ils fussent cognus pour estre chastiez avec le temps, il intervint arrest de contumace de la cour de Parlement et Conseil d'Estat de Roüen, dont je vous veux donner la lecture, afin que rien ne manque pour avoir une parfaite cognoissance de cette affaire.

sœur d'Olivier Lefebvre d'Ormesson, dont M. Chéruel a publié le Journal (2 vol. in-4°, 1860-62), naquit Philippe-Emmanuel de Coulanges, conseiller au Parlement, puis maître des requêtes de l'hôtel, auteur de Mémoires sur les conclaves d'Alexandre VIII et d'Innocent XII, et de chansons qui lui valurent en son temps une grande réputation de finesse et d'esprit. Mme de Sévigné était la nièce de Philippe de Coulanges.

[1] Tannegui Séguier, sr de Dranci, de l'Estang-la-Ville, etc., fils de Jérôme Séguier et de Marie Menisson, conseiller au Parlement de Paris 1615, maître des requêtes 1628, président à mortier 1633, mort 1er novembre 1642. Il était cousin-germain du chancelier.

[2] V. dans les *Mémoires de Bigot de Monville*, p. 275, n. 1, la liste des membres qui composaient cette commission.

[3] V. sur François du Fossé, sr de la Fosse, procureur général en la cour des Aides de Vienne, une note de M. A. Floquet, *Diaire*, etc., p. 7.

Arrests du Parlement de Roüen et Conseil d'Estat, portans les noms de ceux qui sont condamnez par contumace

Louis, par la grace de Dieu Roy de France et de Navarre, au premier des huissiers de nostre cour de parlement, autre huissier ou sergent sur ce requis. Veu par les commissaires par nous deputez, pour tenir nostre cour de Parlement de Normandie, les informations faites pour raison des seditions arrivées en nostre ville de Roüen, lés 4, 21, 22 et 23 aoust dernier, les decrets de prise de corps decernez par les conseillers commissaires deputez par nostre cour de Parlement de Roüen, des 26 septembre et 6 octobre derniers, autres decrets de prise de corps decernez par les commissaires par nous deputez par arrest du 16 novembre dernier, des 2, 3 et 6 du present mois, contre Barthelemy Riviere, Jean serviteur du nommé le Coq maistre cartier, le serviteur du Patry maistre cartier, Pierre porteur de foing, Nicolas Beaurepaire, dit Blancher, Michel Deshayes passementier, Nicolas Lerminier seiller, Charles Delamare, Louys Malherbe fils tonnelier, Jean Noël courtier et interprete des Flamans, Julien Philippes, le petit Jacques chargeur, Guillaume le Blond, Pierre Herse fossoyeur de Saint Maclou, Jean Regnault et Romain Oüail bateliers demeurans hors le pont, Michel Langlois castelonnier demeurant à la Maresquerie, la Vastine fils de Nicolas la Vastine vendeur de biere demeurant ruë de Matelas, Estienne Dubosc savatier demeurant ruë S. Hilaire, François Toustain peigneur de laine, Philippes Forment fils de Nicolas Forment patenostrier de la parroisse Sainct Vivian, Pierre Godes charbonnier demeurant ruë du Figuier, Jacques le Rat carleur demeurant à la Noble ruë parroisse Sainct Vivian, Guillaume Guyot dit Patta, autrement le Prestre, manouvrier de Sotteville, Bertrand le

Carpentier plastrier demeurant audit lieu, Jean de la Motte tavernier et masson demeurant audit lieu, Galet pere crieur de vieux drapeaux, Clement François cornetier, Marie Macé femme de Pierre Fouques, une grande femme nommée *gueule de sabot,* Pierre Jean dit Cuvert, autrement le Dieppois, tisserant en sarge, Charles Bazon tavernier, Robert Dubosc l'aisné plastrier demeurant à Sotteville, Jean et Isaac de Longuemare freres, marchands de chevaux demeurans audit lieu, le valet de Marin Dubosc, Guillaume Foüage paveur demeurant au faux-bourg de Bouvereul, Caron fils d'un charron demeurant devant le cimetiere de ceux de la religion pretenduë reformée, et Louys Beranger savatier demeurant au faux-bourg Saint-Sever ; procez verbaux des perquisitions des personnes desdits accusez, arrest de nostre Conseil du 14 du present mois, par lequel auroit esté ordonné que lesdits accusez seroient ajournez à son de trompe et cry public par trois jours consecutifs aux carrefours et lieux publics accoustumez de nostre ville de Roüen, à comparoir trois jours apres pour tous delais, à la salle du palais pour ester à droit, et à faute de comparoir dans ledit temps, que les tesmoins oüys esdites informations, seroient recolez en leurs depositions pour le recolement valoir confrontation à l'esgard des defaillans, et le procez fait, jugé ainsi qu'il appartiendra par raison ; procez verbaux de publications à ban faites en execution dudit arrest, des 17, 18 et 19 du present mois ; defauts à ban obtenus contre lesdits accusez par nostre procureur general le 24 dudit mois ; recolemens faits des tesmoins oüis esdites informations, pour valoir confrontation contre lesdits accusez ; conclusions de nostre procureur general, et tout consideré : lesdits commissaires ont declaré et declarent lesdits defauts et contumaces bien et deuëment obtenus pour le profit d'iceux, et pour les cas resultans du procez, ont condamné et condamnent lesdits Barthelemy Riviere, Nicolas Beaurepaire dit Blanchet, les nommez Pierre porteur de foin, Jean serviteur du nommé le Coq maistre cartier, et le serviteur de Patry aussi maistre cartier, estre rompus vifs sur un eschaffaut qui pour ce sera dressé en la place du vieil-Marché, et leurs corps mis sur une roüe pour y finir leurs jours ; et lesdits Michel Deshayes, Nicolas Lerminier, Charles Delamare, Loüis Malherbe, Jean Noël, Julian Philippes, le petit Jacques, Guillaume le Blond, Pierre Herse, Jean Regnault, Romain Oüail, Michel Langlois, Estienne Dubosc, François Toustain, Philippes Forment, Pierre Godes, Jacques le Rat, Guillaume Guyot, Bertrand le Charpentier, Jean de la Motte, et le nommé la Vastine, estre pendus et estranglés en une potence, qui pour ce sera dressée en ladite place du vieil-Marché, si pris et apprehendez peuvent estre; sinon par effigie en un tableau attaché à ladite potence, et declaré leurs biens à nous acquis et confisquez. Et ont lesdits commissaires banny et bannissent à perpetuité de nostre province de Normandie, lesdits Clement François, Gallet pere, Pierre Jean dit Cuvert, Charles Bazon, Robert Dubosc, Loüis Bosquet, Simon Caillou, Jean et Isaac de Longuemare, Guillaume Foüage, le valet de Marin Dubosc, Loüis Beranger, le nommé Caron, Marie Macé et la nommée *gueule de sabot*, à eux enjoint de garder leur ban à peine de la vie. Pour ce est-il que nous te mandons le present arrest cy-dessus contenu, mettre à deuë et entiere execution selon sa forme et teneur, faisans tous exploits et assignations à ce requis et necessaires. De ce faire te donnons pleine puissance et authorité. Mandons et commandons à tous nos justiciers, officiers et sujets, à toy en ce faisant obeïr. Donné à Roüen devant lesdits sieurs commissaires par nous deputez pour tenir nostredit Parlement de Normandie, le 28ᵉ jour de janvier, l'an de grace 1640, et de nostre regne le trentiéme. Et plus bas, par lesdits sieurs commissaires, signé, LE TELLIER, et scellé sur simple queuë de cire jaune, avec un contreseel en marge.

Extrait des Registres du Conseil d'Estat.

Veu par le Roy en son Conseil l'arrest donné par les commissaires deputez par sa Majesté pour tenir sa cour de Parlement de Normandie, le 28 janvier dernier par defaut et contumace, contre Charles de Moüy[1] escuyer sieur de Richebourg, son valet de chambre nommé petit Jean, et son laquais André Allain et Nicolas Quittebœuf, Toussaints Couvent faiseur de boucles à baudrier, et Loüis Mallet boucher, par lequel ils ont esté bannis à perpetuité de la province de Normandie, et à eux enjoint de garder leur ban à peine de la vie ; ledit de Moüy condamné en six mille livres d'amande, et outre, rendre la somme de quarante-trois mille livres ; et ledit petit Jean son valet de chambre et son laquais, Allain, Quittebœuf, Couvent et Mallet, rendre chacun d'eux la somme de quatre cens cinquante livres ; lesquelles sommes seront par eux payées et mises és mains du greffier dudit Conseil ; à quoy faire ils seront contraints par toutes voyes deuës et raisonnables, mesmes par emprisonnement de leurs personnes, et ordonné que la somme de deux mille sept cens quarante-huit livres, ensemble ce qui sera payé par ledit petit Jean, le laquais, Quittebœuf, Allain, Cou-

---

[1] Charles de Mouy, s^r de Richebourg, avait été condamné pour détournement de 43,000 livres des deniers du roi, lors du pillage, 23 août 1639, de la maison et des bureaux du receveur général des gabelles. Nicolas le Tellier, s^r de Tourneville, qui logeait rue de la Prison. Plus tard, Charles de Mouy prit part aux troubles de la Fronde. V. à ce sujet une note de M. A. Floquet, *Diaire*, etc., p. 220.

vent et Mallet, sera déduit audit de Moüy sur ladite somme de quarante-trois mille livres; autre arrest donné par lesdits commissaires ledit jour, aussi par contumace, par lequel Barthelemy Riviere et autres y dénommez, sont condamnez à estre pendus, si pris et apprehendez peuvent estre, sinon, par effigie, et leurs biens declarez acquis et confisquez au Roy. Et outre, le nommé Clement François, cornetier et autres aussi y denommez, sont bannis à perpetuité de ladite province de Normandie, et à eux enjoint de garder leur ban, à perte de la vie. Le Roy en son Conseil, a ordonné et ordonne que lesdits arrests seront executez selon leur forme et teneur. Enjoint au bailly de Roüen, ses lieutenans, prevosts des mareschaux, vis-baillifs et tous autres officiers de la province de Normandie, de tenir la main à l'execution d'iceux, et de faire conduire és prisons du Fort-l'Evesque de la ville de Paris ceux desdits condamnez qui seront par eux arrestez. A fait et fait Sa Majesté inhibitions et deffences à tous les habitans de la ville de Roüen, et autres ses sujets de ladite province de leur donner retraite, à peine de la vie. Et à celle fin, a ordonné et ordonne que les capitaines, lieutenans et enseignes de ladite ville de Roüen, seront tenus faire de deux mois en deux mois recherche et perquisition d'iceux chacun dans leurs quartiers, et en mettre leurs procez verbaux au greffe du bailliage de ladite ville, à peine d'en respondre en leurs propres et privez noms, sauf à ceux desdits condamnez qui se voudront representer dans ledit temps porté par les ordonnances, de se rendre en estat dans lesdites prisons du Fort-l'Evesque, et se retirer pardevers Sa Majesté, pour leur estre pourveu de juges, ainsi qu'elle verra estre à faire pour raison. Fait sadite Majesté tres-expresses inhibitions et deffences à tous juges et officiers d'en prendre aucune cour, jurisdiction ny connoissance, à peine de nullité et cassation de procedures. Et sera le present arrest leu et publié à son de trompe et cry public, et affiché par les carrefours et places publiques de la ville de Roüen, et des autres villes de ladite province de Normandie. Fait au Conseil d'Estat du Roy, tenu à Roüen, le premier jour de fevrier 1640. Signé, GALLAND.

Au bas duquel arrest est la commission du mesme jour.

Tariffe[1] des impositions que le Roy en son Conseil a permis et octroyé aux bourgeois et habitans de la ville et banlieuë de Roüen, de lever durant trois ans, commençant du jour et date du present tariffe, et finissant à la veille de Pasques, que l'on comptera 1643, sur les marchandises et denrées cy apres specifiées, qui se vendront et consommeront en ladite ville et banlieuë, outre et pardessus les anciennes dispositions, pour satisfaire au payement d'un million quatre-vingts cinq mille livres, que sa Majesté desire estre levé sur ladite ville de Roüen : sçavoir, quarante-trois mille livres pour reste de la subsistance des gens de guerre de l'année derniere ; quarante-deux mille livres pour reste de six-vingts mille livres à quoy ladite ville a esté taxée par arrest du Conseil, pour la jouïssance des halles et moulins ; cent cinquante mille livres, pour la subsistance [des gens de guerre] de l'année presente ; quatre cens vingt mille livres, pour la taxe et emprunt sur les aizez d'icelle ville, et quatre cens mille livres pour le dedommagement des personnes interessées aux esmotions populaires arrivées en ladite ville au mois d'aoust dernier, et trente mille livres pour les interests des sommes qui seront avancées pour cet effet. Toutes

---

[1] Sur les charges imposées alors à la ville de Rouen et sur les mesures fiscales auxquelles on eut recours pour y faire face, V. *Mémoires de Bigot de Monville*, pp. 266-273.

lesquelles impositions seront payées par toutes sortes de personnes de quelque qualité et condition qu'ils soyent, exempts et non exempts, privilegiez et non privilegiez, à la charge qu'elles demeureront esteintes et supprimées apres ledit temps passé et expiré, ou plustost si la somme est remplie et acquittée, sans qu'elles puissent estre continuées pour quelque cause et occasion que ce soit.

A sçavoir, sur chaque bœuf entrant en la ville et banlieuë de Rouen, six livres. Sur chaque vache, soixante sols. Sur chaque pourceau, 20 sols. Sur chaque mouton, brebis ou veau, dix sols. Sur chaque poinçon de vin entrant et qui se consommera en ladite ville et banlieuë, quatre livres ; et des autres vaisseaux à l'équipolent. Sur chaque poinçon de cidre ou poiré vingt sols, et des autres vaisseaux à l'équipolent. Sur toute sorte de poisson frais, y compris les huistres, qui sera vendu et debité en ladite ville et banlieuë, un sol pour livre. Sur chaque baril de haranc blanc entrant et vendu en ladite ville et banlieuë, dix sols. Sur chaque millier de haranc sor, dix sols. Sur chaque cent de moruë verte, vingt sols. Sur chaque cent de moruë seiche, dix sols. Sur chaque hambourg de saumon, vingt sols. Sur chaque baril de maquereau, dix sols. Sur chaque baril de moruë en sel ou sausse, dix sols. Sur chaque charettée de bois à brusler, entrant en ladite ville et banlieuë, de quelque sorte et qualité qu'il soit, la charettée contenant deux milliers de fagots ou cotterets, ou quatre mesures de busches et deux mesures de busches de Lyon, cinq sols. Sur chaque petite broüette harée de gabois, six deniers. Sur chaque somme de cheval, un sol. Sur chaque charrettée de charbon, huict sols. Sur chaque somme de cheval, deux sols. Sur chaque cent pezant de beurre frais, entrant et vendu en ladite ville et banlieuë, dix sols. Sur chaque pot de beurre salé, entrant et vendu en ladite ville et banlieuë, cinq sols. Sur chaque tinette, huict sols. Sur chaque demie tinette, quatre sols. Sur chaque piece de drap d'Espagne, Angleterre et Holande, blanc, teint ou meslé, entrant et vendu en la ville et banlieuë, douze livres, et les demies pieces à l'equipolent. Sur chaque piece de sarge et ratine de Florence, douze livres. Sur chaque piece de sarge raze d'Auxonne, vingt sols. Sur chaque livre pesant de manufactures de soye de toutes sortes, tant en estoffes, bas, dentelles, passemens et ruban, entrans et vendus en ladite ville et banlieuë, quinze sols. Sur chaque botte de soye ecruë, cinq sols. Sur chaque botte de soye teinte, sept sols six deniers. Sur chacun cent de planches de sapin, chesne ou haistre, au compte ordinaire entrant et vendu en ladite ville et banlieuë, cent sols. Sur chaque mont de plastre entrant dans ladite ville et banlieuë, huict sols. Sur chaque millier de thuille et grand pavé entrant en ladite ville et banlieuë, dix sols. Sur chaque millier de petite tuille, et petit pavé, sept sols six deniers. Sur chaque millier d'ardoise, vingt sols. Sur chaque millier de plomb, entrant et vendu en la ville et banlieuë, soixante sols. Sur chaque cent pesant d'estain, entrant et vendu en la ville et banlieuë, quarante sols. Sur chacun cent pesant de suif de toutes sortes, estranger et forain, soit en pain, baril et pippe entrant et vendu en la ville et banlieuë, vingt sols. Sur chaque cent de piece de formage de Holande entrant et vendu en la ville et banlieuë, cent sols. Sur chaque cent de barils de charbon de terre entrant et deschargé à terre en la ville et banlieuë, six livres, Sur chaque piece de toile de Holande, tant de soye que de fil, de toutes sortes, cordelette, baptiste, cambray, affut et quintin, et sur chaque piece de Troye, Saint Quentin et Beauvais, entrant et vendu en la ville et banlieuë, vingt sols. Sur chaque pippe d'huile d'olive entrant et vendu en la ville et banlieuë, cent sols, et des autres vaisseaux à l'equipolent, suivant la reduction qui se fait en la Romaine. Sur chaque barique d'huile de poisson, rabette, noix et lin, entrant et vendues en la ville et banlieuë, quinze sols, et des autres vaisseaux à l'equipolent. Sur chaque livre pesant d'indigo, entrant et vendu en la ville et banlieuë, quatre sols. Sur chaque panier, cages et cageot de gibier et volaille, entrant en la ville et banlieuë, dix sols. Sur chaque piece de volaille d'Inde, levraux, cabril, aigneau, cochon de lait, buttor, heron, paon, fezant, canard de riviere, porté en panier à bras, poche ou à la main, un sol. Sur chaque cercelle, perdrix, plouvier, becasse, autys, morillou, vanet, bizet, ramier, poulet d'Inde, courlieur, livergin, lapin, poulle, chappon, canart de pallier et couple de poulets porté en panier à bras, poche ou à la main, six deniers. Sur chaque douzaine de pigeons, chevaliers, beccassines, cailles, poulets caillerets, un sol. Sur chaque douzaine de mauvits, allouëttes, litournes, six deniers. Sur chacun cent pesant de savon en balle, casse ou boucaut, blanc et marbré, entrant et vendu en la ville et banlieuë, quinze sols. Sur chacun cent pezant de savon mol de toutes sortes, sept sols six deniers. Sur chacun cent pezant de savon manufacturé en la ville et banlieuë, sept sols six deniers. Sur chacun cent pezant de sucre raffiné en la ville et banlieuë, quinze sols. Sur chacun cent pezant d'alun de Rome et d'Angleterre entrant et vendu en la ville et banlieuë, dix sols.

Tous lesquels droits seront pris et levez sur toutes les marchandises et denrées cy-dessus declarées, qui se consommeront dans ladite ville, fauxbourgs et banlieuë de Roüen, et sans qu'ils y puissent estre levez ny erigez sur les marchandises et denrées qui entreront, passeront debout, ou sejourneront dans ladite ville, faux-bourgs et banlieuë de Rouen, pour en estre transportées, suivant l'arrest du Conseil de ce jourd'huy. Fait et arresté au

Conseil d'Estat du Roy, tenu à Roüen le 16 jour de fevrier 1640. Signé, GALLAND.

1641

Le Parlement de Normandie restably [1].

Parmy les soins que le Roy prenoit de maintenir ses armes dans une redoutable grandeur, il n'oublioit pas qu'il devoit la justice à ses peuples ; et de là vint que pour la faire exercer dans la Normandie, d'où il sembloit que la revolte des precedentes années l'avoit bannie en quelque façon, il fit un edict au mois de janvier, portant le restablissement du Parlement de Normandie en deux seances et ouvertures semestres, avec creation de quatre presidens au mortier, trente-sept conseillers laics, deux conseillers clercs, un conseiller garde des seaux pour exercer sa charge en l'un desdits semestres, et l'ancien garde des seaux aussi establi conseiller en l'autre, quatre substituts du procureur general, cinq huissiers, deux notaires secretaires de ladite cour, deux presidens et six conseillers aux requestes du palais dudit Parlement. Mais d'autant qu'il falloit du temps pour la reception de tous ces nouveaux officiers, l'establissement n'en fut fait que le 25 d'octobre, auquel jour les patentes de sa Majesté furent couchées és registres de ladite cour. En voicy la declaration, et vous trouverez l'extraict à la suite.

Declaration du Roy concernant la composition et establissement de deux semestres du Parlement de Roüen, en consequence de l'edict de sa Majesté du mois de janvier dernier.

Louis, par la grace de Dieu Roy de France et de Navarre, à tous ceux qui ces presentes lettres verront, salut.

[1] T. XXIV, 1ʳᵉ partie, pp. 23-28.

Ayant par nostre edict du mois de janvier dernier, ordonné nostre Parlement de Roüen estre doresnavant tenu et exercé par deux seances et ouvertures semestres, et à celle fin creé et augmenté le nombre d'officiers d'iceluy, lesquels seroient departis par nostre tres-cher et feal le sieur Seguier, chevalier, chancelier de France, nous en avons fait differer la distribution jusques à ce que les officiers créez par nostredit edict eussent esté receus. Ce que jugeans à propos de faire à present pour le bien de nostre service, et distribuer tous les officiers creez par nostredit edict dans l'un desdits semestres : à ces causes nous avons par ces presentes signées de nostre main, dit, declaré et ordonné, disons, declarons et ordonnons, voulons et nous plaist, que les presidens et conseillers desnommez en la liste arrestée par nostredit Chancelier, cy-attachée sous le contreseel de nostre chancellerie, tiennent nostredit Parlement, y rendent la justice chacun en leur semestre, suivant la distribution portée par icelle. Et neantmoins attendu que tous lesdits officiers créez par ledit edict ne sont encore receus, et se presentent de jour à autre, et que mesmes nostre intention est et a tousjours esté de ne restablir entierement les officiers de nostredit Parlement, qu'apres l'entiere reception de ceux créez par nostredit edict, et qu'il importe pour le bien de nos sujets que la justice soit continuellement renduë, nous voulons que lesdits presidens et conseillers, tant receus qu'à recevoir, distribuez en ladite liste pour servir au semestre de fevrier, commancent leurs entrées et seances dés le douziesme jour de novembre prochain, pour tenir ledit Parlement et continuer icelles pendant lesdits deux semestres, jusques à ce que tous lesdits officiers créez par nostredit edict ayent esté entierement receus. Attendant laquelle reception ils composeront deux chambres, en chacune desquelles il y aura la moitié desdits anciens officiers, et l'autre moitié desdits officiers nouvellement créez. Voulons en outre que les officiers nouvellement créez aux requestes du palais de nostredit Parlement ayent entrée, seance et voix deliberative en nostredit Parlement avec nos autres officiers audit semestre de fevrier, jusques à ce que les anciens officiers desdites requestes soient restablis, et que ce qui reste à recevoir des pourveus desdits nouveaux offices, tant dudit Parlement que requestes de nostre palais, soient receus audit Parlement par les officiers tenans ledit semestre de fevrier, et qu'il n'y ait qu'un tiers desdits anciens officiers, et les deux tiers de nouveaux, sans que plus grand nombre desdits officiers anciens y puisse assister, et avoir voix deliberative ; ce que nous leur defendons tres-expressément, par ces presentes. Si donnons en mandement à nos amez et feaux conseillers les gens tenans à present nostre Parlement de Roüen, de faire registrer ces presentes purement ; et aussi à nos amez et feaux presidens et conseillers dudit Parlement de Roüen distribuez audit semestre de fevrier, de prendre leurs seances, et tenir doresnavant ledit Parlement, à commancer audit douziesme novembre prochain, y rendre la justice distributive, et continuer leurs entrées et seances ainsi et en la forme cy dessus prescripte, nonobstant tous edicts, ordonnances et reglemens à ce contraires, ausquels nous avons derogé et derogeons par ces presentes : car tel est nostre plaisir. En tesmoin de quoy nous avons fait mettre nostre seel à cesdites presentes. Donné à Compiegne le 22ᵉ jour d'octobre, l'an de grace 1641, et de nostre regne le trente-deuxiesme. Signé Louis, et sur le reply, Par le Roy, Bouthilier, et seellé sur double queuë de cire jaune.

Extraict des Registres de la cour de Parlement de Roüen.

Veu par la cour les lettres patentes du Roy données à Compiegne le vingt deuxiéme jour d'octobre, mois et an

presens, signées Louis, et sur le reply, Par le Roy, Bouthilier, et seellées sur double queuë du grand seel en
cire jaune, par lesquelles sa Majesté dit, declare et
ordonne, veut et luy plaist que les presidens et conseillers
desnommez en la liste arrestée par monsieur le Chancelier, attachée ausdites lettres sous le contre-seel de la
chancelerie, tiennent le Parlement de Roüen et y rendent
la justice chacun en leur semestre, suivant la distribution
portée par icelle; et neantmoins attendu que tous les officiers créez par edict du mois de janvier dernier ne sont
encor receus, et se presentent de jour à autre, et que
mesmes l'intention de sa Majesté est et a tousjours esté
de ne restablir entierement les officiers de son Parlement
qu'apres l'entiere reception de ceux créez par ledit edict,
et qu'il importe pour le bien de ses sujets, que la justice
soit continuellement renduë, sadite Majesté veut que lesdits presidens et conseillers, tant receus qu'à recevoir,
distribuez en ladite liste pour servir au semestre de fevrier,
commencent leurs entrées et seances dés le douziesme de
novembre prochain, pour tenir ledit Parlement, à continuer icelles pendant lesdits deux semestres jusques à ce
que tous lesdits officiers créez par ledit edict ayent esté
entierement receus. Attendant laquelle reception, ils composeront seulement deux chambres, en chacune desquelles
il y aura la moitié desdits anciens officiers, et l'autre
moitié desdits officiers nouvellement créez. Veut en outre
que les officiers nouvellement créez aux requestes du
palais de cedit Parlement ayent entrée, seance et voix
deliberative en iceluy avec les autres officiers du semestre
de fevrier, jusques à ce que les anciens officiers desdites
requestes soient restablis, et que ce qui reste à recevoir
des pourveuz desdits nouveaux offices, tant dudit Parlement que requestes du palais, soient receus audit Parlement par les officiers tenans ledit semestre de fevrier, et

qu'il n'y ait qu'un tiers desdits anciens officiers et les deux tiers de nouveaux, sans que plus grand nombre desdits anciens y puisse assister, ny avoir voix deliberative, ce que sa Majesté leur defend tres-expressément par lesdites lettres ; la liste attachée sous le contre-seel d'icelles ; conclusions du procureur general du Roy, et oüy le rapport du conseiller commissaire à ce deputé : ladite cour, ce requerant ledit procureur general, a ordonné et ordonne que lesdites lettres patentes seront registrées és registres d'icelle pour estre executées selon leur forme et teneur. Fait à Roüen en Parlement, le 25 octobre 1641. Signé, Cusson.

Table des noms d'Hommes

Addo Viennensis, 13.
Aguerre (Chrétienne d'), 128.
Aguesseau (Philippe d'), receveur général du clergé, 225.
Aiguebonne (le s^r d'). *V.* Du Puy-Saint-Martin.
Alain, assesseur à Saint-Lô, 107.
Alais (François de Valois, comte d'), 274.
Alais (Louis-Emmanuel de Valois, comte d'), 274.
Albain (Jean), docteur en théologie, 262.
Albret (Jeanne d'), 158.
Aleaume (Jean), docteur en théologie, 262.
Alègre (Christophe I, marquis d'), 2.
Alègre (Christophe II, marquis d'), s^r de Blainville, 2, 3, 4, 15, 20.
Alègre (Yves, marquis d'), 2.
Alençon (François de Valois, duc d'), puis d'Anjou, 279.
Alexandre IV, pape, 256.
Alexandre VIII, pape, 347.
Aligre (chancelier d'), 56.
Aligre (Etienne d'), intendant en Normandie, 310, 312, 313.
Allain (André), 351.
Ambres (baron d'). *V.* Voisins.
Ancre (Concino-Concini, maréchal d'), xii, xx, xxii, 29, 30, 34 à 40, 57, 108, 110, 113, 117, 121, 162, 216.
Ancre (maréchale d'), xii, xx.
Andelot (marquis d'). *V.* Coligny.

Angennes (Charles d'), 129.
Angennes (Jacques d'), évêque de Bayeux, 25, 210.
Angennes (Louis d'), s^r de la Loupe, 32, 129.
Angennes (Louis d'), baron de Meslai, s^r de Maintenon, 25.
Angennes (René d'), s^r de la Loupe, 32.
Angerville (chevalier d'), *V.* Bailleul.
Angerville (le s^r d'), 213.
Angoulême (Diane, légitimée de France, duchesse d'), 31, 37.
Angoulême (duchesse d'). *V.* Montmorency.
Anguien (duc d'). *V.* Condé.
Anjou (duc d'). *V.* Orléans.
Anne d'Autriche, 54, 120, 126, 275.
Anquetil (Louis d'), 27.
Anquetil (Henri d'), s^r de Saint-Waast, 27.
Antist (Gabriel d'), s^r de Mansan et de Saint-Plancard, sous-gouverneur de Monsieur, 58.
Antist (N.), s^r de Mansan, 129, 142.
Anzeray (François), s^r de Courvaudon, 28.
Anzeray (François), s^r de Fontenelle, 28.
Argouges (Louis d'), baron de Gouville, 123.
Arnauld (Antoine), 126.
Arnauld (Isaac), s^r de Corbeville, 126.
Arnauld (Pierre), 126, 132, 137, 138, 141, 144, 149.
Asseline, cité, 41.

Attilius (Marcus) Regulus, 6.
Aubert (François), sr de la Haye, 211.
Auberville (Françoise d'), 129.
Aubeterre (vicomte d'). *V.* Esparbez de Lussan.
Aubigné (d'), cité, 161.
Aubourg (Anne d'), 44.
Aubourg (chevalier d'), 28.
Augustin (saint), 253.
Aumale (Charles de Lorraine, duc d'), 109.
Auvergne (Charles de Valois, comte d'), 31, 34, 35, 37, 274.
Aux-Espaules (Georges), sr de Sainte-Marie-du-Mont, lieutenant de roi en Normandie, 25.
Aux-Espaules (Suzanne), 25.
Avenel (M.), cité, 151.
Averton (Renée d'), dame de Belin, 112.

Baigorry-Navarre (vicomtes de), 44.
Baillet (Charlotte), 120, 215.
Bailleul (Charles de), chevalier, sr d'Angerville, 151.
Bailleul (Françoise de), 118.
Bailleul (Robert de), 151.
Ballue (Catherine de), 151.
Banastre (Antoine), sr et curé d'Harcanville, 25.
Bar (sr de), 320.
Barbin, 57, 113.
Barneveldt, xxii.
Basile (saint), 241.
Basnage (Benjamin), ministre protestant à Carentan, 107, 271, 272.
Basnage (Jacques), 107.
Basnage (Henri) de Franquesnay, 107.
Basnage (Nicolas), ministre protestant à Evreux, 107.
Bassompierre (François de), 118, 155, 157.
Bassompierre, cité, 54.
Baternai (Marie de), 3, 268.
Bauches (Guillaume), procureur-syndic de Caen, 120.

Bauquemare (Claude de), prieur de Sausseuze, 27, 28.
Bauquemare (Jacques de), sr de Bourdeny, premier président du Parlement de Rouen, 27.
Bauquemare (Jacques de), sr du Mesnil et de Vittot, 128.
Bauquemare, sr de Vittot, gouverneur du vieil Palais de Rouen, 128.
Bayle, cité, 345.
Bazon (Charles), tavernier, 349, 350.
Beaufrémont (Henri de), baron de Senecey, 23.
Beaulieu (Augustin de), xxvi, 218.
Beaurepaire (Nicolas), dit Blanchet, 348, 350.
Beaurepaire (M. Ch. de), cité, xxxiii, 27, 29, 35, 39, 40, 45, 58, 60, 119, 120, 124, 312.
Beauxamis-Cauvigny (le sr de). *V.* Cauvigny.
Begran (Jeanne de), 146.
Belfort, 143.
Belin (comte de). *V.* Faudoas d'Averton.
Bellarmin, jésuite, 236, 239, 249.
Bellefonds (Bernardin Gigault, sr de Bellefonds), 30, 121, 122, 133, 134, 141, 147.
Bellefonds (Jean Gigault, sr de), 30.
Bellegarde (Jean de Saint-Lary, sr de), 115.
Bellegarde (Jeanne de Saint-Lary de), 113.
Bellegarde (Roger de Saint-Lary, duc de), grand écuyer, 115.
Belmont, lieutenant aux gardes, 142, 143, 149.
Bennauville (le sr de). *V.* Le Bourgeois.
Benoît XII, pape, 242.
Bentivoglio, nonce du pape, 115.
Béranger (Abel de), sr de Morges, 53, 54.
Béranger (Louis), savetier, 349, 350.
Béraud (Michel), 271.
Béraud (Pierre), 271, 272.
Bernières (de), 124.

Bernières (Jean de), s^r de Louvigny, trésorier de France à Caen, 124.
Bernières (Jourdaine de), 124.
Bernières (Pierre de), 124.
Bertrand (Pierre), évêque d'Autun, 246.
Bertrix (le P.), recteur des jésuites à Rouen, 265.
Bethevílle (Françoise de), 24.
Béthune (Anne de), 126.
Béthune (Marguerite de), 113.
Beuvron (marquis de). *V.* Harcourt.
Bigars de la Londe (André de), s^r de Tourville, 277.
Bigars (Antoine de), s^r de la Londe, 213.
Bigars (Catherine de), 213.
Bigars (Françoise de), marquis de la Londe, 213, 214, 215.
Bigot de Monville, cité, 345, 346, 347, 351.
Billaine (Pierre), libraire, xi.
Blainville (le s^r de), 109.
Blanchefort (Antoine de), 128.
Blanchemain (M. P.), cité, 29.
Bléville (le s^r de), 125, 133, 134, 135.
Blondel, 123.
Blondel (Jacques), lieutenant du bailli de Caen, 123.
Bochart (Denise), 129.
Boisdauphin (maréchal de). *V.* Laval.
Boissise (le s^r de). *V.* Thumery.
Boivin (Guillaume de), s^r du Vaurouy, 277.
Boivin (Henri de), évêque de Tarse, 27, 277.
Boivin (Romain de), 27, 277.
Boniface VIII, 235.
Boniface XII, pape, 256.
Bonnel (Pierre), 328.
Bono (abbé de), 267.
Bosquet (François), 345.
Bosquet (Louis), 350.
Boubiers, lieutenant de Sully à Jargeau, 160, 161, 162.
Bouchard (David), vicomte d'Aubeterre. 113, 214.

Bouchard (Hippolyte), 113, 214.
Bouchart (Alexandre), 208.
Bouchart (Lanfranc), vicomte de Blosseville, 208.
Boucher (Jean), 251.
Bouchet (Antoine), s^r de Bouville, prévôt des marchands de Paris, 48, 57.
Boudet (Louise), 46.
Bouillon (duc de), 159.
Bouis (M. de), cité, 37, 40.
Boulainvilliers (Henri de), 26.
Boulainvilliers (Samuel de), s^r de Saint-Saire, 26.
Boulenger, 153.
Boullenc (Robert), prieur du Parc, 211.
Bouquet (M. F.), cité, 2, 275.
Bourbon (Catherine de), 168.
Bourbon (Marie de), duchesse d'Estouteville, 4.
Bourdeille (Renée de), 113, 214.
Bourget (Jacques), s^r de Chaulieu, trésorier de France à Caen, 139.
Bourget (Jacques), s^r de Chaulieu, conseiller au Parlement de Rouen, 139.
Bourget (Pierre du), 302.
Bourgneuf (Jean de), s^r de Cussé, premier président au Parlement de Rennes, 46, 47, 55.
Bourgueville (Charles de), s^r de Bras, 123.
Bourriquant, libraire, xxvi.
Boutemorin, 112.
Bouteroue (Denis de), 271, 272.
Bouteville (comte de), xvi, 111.
Bouthilier, 359, 360.
Bouthillier (Denis), avocat, 5, 12, 21.
Boutin (Pierre), s^r de Victot, bailli de Caen, 134, 135, 138.
Boyer (Antoine de), s^r de Bandol, 146.
Boyer (Etienne de), 146.
Brancas (André de), connu sous le nom d'amiral de Villars-Brancas, 36.
Brancas (Ennemond de), 36.
Brancas (Georges de), duc de Villars, baron d'Oise, 36, 152, 172.

Bras (baron de). *V.* Escalis.
Bréauté, 216.
Bréauté (Adrien II, sire de), 27, 209.
Bréauté (Adrien III, sire de), 27.
Bréauté (Adrien-Pierre, sire de), 209, 210.
Bréauté (Pierre, sire de), 209.
Brésoles (Jeanne de), 129.
Bretel (Louis de), s^r d'Auberbosc, 210.
Bretel (Louis de), s^r de Lanquetot et de Gremonville, 210.
Brétignières (François de), procureur général au Parlement de Rouen, 47, 56, 57, 131, 208.
Brétignières (Louise de), 208.
Bretteville (Alphonse de), official et chanoine de Rouen, 24, 211, 223, 230.
Brèves (le s^r de). *V.* Savary.
Brichanteau (Françoise de), 162, 216.
Brienne, cité, 113.
Briquemault (Jean de), 164.
Briquemault (Marc de), dit le cadet Briquemault, s^r de Ruère, 164.
Briqueville (chevalier de), 218.
Briqueville (Gabriel de), s^r de Colombières, 107.
Briqueville (Paul de), s^r de Colombières, 107.
Briqueville (de), s^r de Piennes, 227, 228, 229.
Brissac (Charles I de Cossé, comte de), maréchal de France, 50.
Brissac (Charles II de Cossé, comte de), maréchal de France, 50, 53, 115.
Bronchard (le capitaine), 164, 165.
Brosse (Guillaume de), archevêque de Bourges, 247.
Brosse (Roger de), 247.
Brulart (Denis), premier président au Parlement de Dijon, 46, 55.
Brulart (Nicolas), premier président du Parlement de Dijon, 46, 55.
Brulart (Nicolas), chancelier de France, 43, 49, 50, 51, 120.
Brulart (Pierre), s^r de Berny, 43.

Brulart (Pierre), vicomte de Puisieux, 43, 213.
Buckingham, 229.
Budos (Louise de), 155, 274.
Bueil (Louis de), 164.
Bueil (Jean de), comte de Sancerre et de Marans, 164.
Bueil (René de), comte de Marans, 164, 165.
Bymorelle (Jean), 273.

Cadet-Lagloë (le), 20.
Cahaignes (Centurion de), 346.
Cahaignes (Nicolas de), 346.
Cahain (Jacques), docteur en théologie, 262.
Caillebot (Louis de), s^r de la Salle, 129, 144.
Caillebot (Robert de), 129.
Caillou (Simon), 350.
Calix-Poulain (le s^r de), 125.
Camferans (le s^r de), 320.
Campion (Jacques), s^r d'Auzouville, 25.
Camus (Geoffroy), s^r de Pontcarré et de Torci, 42.
Camus (Geoffroy), s^r de Pontcarré et de Torci, 28, 276.
Camus (Jacques), évêque de Séez, 28, 276.
Camus (Jean), baron de Bagnols, 42.
Canel (M. A.), cité, xxvi, xxvii.
Canisy (marquis de). *V.* Carbonnel.
Cantel (de), 293.
Carbonnel (Hervé de), marquis de Canisy, 319.
Carbonnel (René de), marquis de Canisy, 319.
Carbonnel (Renée), 27.
Cardet (Jean), s^r de Marettes, 271.
Caresme (M. l'abbé), cité, 28.
Caron, fils d'un charron, 349, 350.
Carrouges (comte de), 213.
Carue (Jean), 346.
Cassagnet (Antoine de), s^r de Tilladet, 129.

Cassagnet (Bernard de), s^r de Tilladet, 129.
Castelbajac (de), 129.
Casteljaloux (de), 129.
Castelnau (Mathurin de), s^r de Boisjoli, 129, 144.
Castelnau (Pierre de), s^r de la Mauvissière, 129.
Castille (Pierre de), intendant des finances, 57.
Castillon (Jacques), xxxii.
Catherine de Médicis, 279.
Cauchon (Marie), dame de Sillery et de Puisieux, 43.
Caumont (Jacques Nompar de), duc de la Force, 321.
Cauvigny (Jacques de), s^r de Bernières et de Beauxamis, 138.
Caux (David de), ministre protestant à Dieppe, 271.
Cerizay (de), V. Serisay.
César, cité, xvii.
Chabot (Jeanne), 148.
Chabot (Marguerite), comtesse de Charny, 145.
Chambon (Marie de), 245.
Chamillard, cité, 161.
Champigny (le s^r de), 221.
Champmartin, 320.
Champollion-Figeac (Aimé), cité, 47, 60.
Chancelier. V. Brulart et Séguier.
Chantérac (M. le marquis de), cité, 119.
Chappelaine (Thomas), dit les Fontaines, 203.
Chappelier (Elisabeth), 310.
Charlemagne, 257.
Charles IX, roi de France, 14, 31, 42, 312.
Charles I, roi d'Angleterre, 229.
Charles-Quint, 209.
Charpillon (M.), cité, 28.
Chartres (Prégent de la Fin, vidame de), s^r de Maligny, la Ferté, etc., 32.
Châteaubriant (Gabriel de), comte des Roches-Baritaud, 228.

Châteaubriant (Philippe de), comte des Roches-Baritaud, 228.
Châteigner de la Roche-Pozai (Louis), ambassadeur à Rome, 45.
Châteigner de la Roche-Pozai (Henri-Louis), évêque de Poitiers, 44, 45, 55.
Châtillon, 164.
Chaulieu (le s^r de). V. Bourget.
Chéruel (M.), cité, 347.
Chevalier (Nicolas), premier président de la cour des Aides de Paris, 48, 56.
Chevillot (Pierre), imprimeur, xxix, 175.
Chevry (le s^r de). V. Duret.
Childéric, roi de France, 257.
Chilpéric, roi de France, 16.
Choiseul (Charles de), marquis de Praslin, maréchal de France, 126, 128, 140, 141, 142, 143, 144, 147, 148, 150.
Choiseul (Ferry de), s^r de Praslin, 126.
Chopin, avocat, 346.
Chopin (René), 346.
Chrétien (Jean), procureur, 233, 264.
Claret de Saint-Félix de Paliers (Françoise du), 129.
Clément IV, 256.
Clément (Jacques), 252.
Clermont (Claude-Catherine de), baronne de Retz, 45.
Clèves (Catherine de), 129, 144.
Clèves (Henriette de), duchesse de Nevers, 32.
Clotaire II, roi de France, 6, 13, 17.
Clovis, roi de France, 16, 249, 259.
Cochefilet (Jacques de), s^r de Vaucelas, 171.
Cochefilet (Rachel de), duchesse de Sully, 171.
Coligny (amiral de), 54.
Coligny (Charles de), marquis d'Andelot, 53, 54.
Collardin (Jean), président de la cour des Aides de Rouen, 312.
Collardin (Pierre), s^r de Boisolivier, président de la cour des Aides de Caen, 312, 313, 316.

Colombières (le s^r de). *V*. Briqueville.
Condé (le grand), 29, 114, 316, 321.
Condé (Henri I de Bourbon, prince de), 29.
Condé (Henri II de Bourbon, prince de), 29, 30, 33, 108, 117, 118, 120, 128, 140, 145, 147, 148, 150, 151, 159, 163 à 172, 175.
Condé (Louis I de Bourbon, prince de), 35.
Constantin, 234.
Conti (prince de), 29.
Coquerel (Jacques), avocat, 346.
Coquerel (Jacques), s^r d'Artemare, 346.
Cordouan (René de), marquis de Langey, 321.
Corneille, xxi.
Cornullier (Pierre), évêque de Tréguier, 55.
Cossé (Jeanne de), dame de Gonnor, 113.
Costentin (Anne-Hilarion de), comte de Tourville, 321.
Costentin (César de), comte de Tourville, 321, 322.
Costentin (Charlotte-Esther de), 27.
Coulanges (Philippe de), 346.
Coulanges (Philippe-Emmanuel de), 347.
Courant (Nicolas), libraire à Rouen, 231, 232, 233, 264, 265.
Courtaumer (marquis de). *V*. Saint-Simon.
Courtaumer (Marie de), 321.
Couvent (Toussaint), 351, 352.
Courtenvaux (marquis de). *V*. Souvré.
Couvrechef, 175.
Créqui (cardinal de), 128.
Créqui (Charles, s^r de), 128, 140, 141, 142, 143, 144, 147, 149, 150, 154, 155.
Cristot (le s^r de). *V*. Le Vavasseur.
Croismare (Catherine de), 27.
Croismare (Jeanne de), 26.
Croismare (le s^r de), 273.
Cruzy (Silvestre de), abbé de Marsillac, 218.

Cugnières (Pierre de), 231, 232, 243, 244, 245, 246, 248, 265.
Cussé (le s^r de). *V*. Bourgneuf.
Cusson, 361.
Cyprien (saint), 241.

Dablon (Simon), syndic de la ville de Dieppe, xxxii.
Dadré (Jean), grand pénitencier de Rouen, 21, 230.
Dagobert, roi de France, 7, 12, 13, 17.
Daillon (Anne de), 164.
Daillon du Lude (Françoise de), 152.
Damiens (Geneviève), 223.
Damours, capitaine, 161.
Damours (Guillaume), 161.
Damours (Jacques), 161.
Damours (Louis), s^r de Lizon, 161.
D'Amours (Louis), 161.
Damours (Marie), 28.
Daubray, 344.
Deageant (Guichard ou Guiscard) de Saint-Marcellin, intendant des finances, 57.
De Caen (Ezéchiel), xxxi.
De Caen (Guillaume de), xxxii.
Delamare (Charles), 348, 350.
Delorme (Philibert), 109.
Déols (Marguerite de), 247.
Descartes, xxi.
Deschamps (Antoine), 345.
Deschamps, 266.
Des Chapelles (comte des), xxi.
Des Ducs (Philippe), dame de Coni, 37.
Des Essarts (le s^r), 187.
Des Hameaux (le s^r). *V*. Dyel.
Deshayes (Michel), passementier, 348, 350.
Des Marais, 143.
Des Marest, 143.
Des Montagnes (le s^r des), 267.
Desportes (Philippe), poète, abbé de Bonport, 1.
Desportes-Coulant, 186.

Des Prez (Emmanuel-Philibert), sr de Montpezat, 53, 54.
Des Prez (Melchior), 54.
Des Tourailles (le sr des). *V.* Turgot.
Des Varennes, 273.
Des Ventes, 182.
Diane de Poitiers, 109.
Donat, 241.
Dormans (Charles de), sr de Bièvre-le-Chastel, 263.
Dormans (Guillaume de), chancelier de France, 263.
Dormans (Jean de), chambellan de Philippe de Valois, 263.
Dormans (Jean de), évêque de Beauvais, chancelier de France, 263.
Dormans (Jean de), conseiller au Parlement de Rouen, 263.
Dormans (Miles de), chancelier de France, 263.
Droué (le sr de). *V.* Du Raynier.
Droué fils, 143.
Du Bec (Françoise), dame du Plessis-Marly, 54.
Dubosc (Etienne), savetier, 348, 350.
Dubosc (Robert), plâtrier, 349, 350.
Dubosc (le valet de Marin), 349, 350.
Du Bourget (Pierre), 302.
Duchesne (David), échevin de la ville du Havre, xxxii.
Du Fay, 273.
Du Faur (Pierre), premier président au Parlement de Toulouse, 55.
Du Fossé (François), sr de la Fosse, 347.
Du Hallier (le sr). *V.* L'Hospital.
Du Hallot (dame). *V.* Hébert.
Du Hallot (le sr). *V.* Montmorency.
Du Landé (le sr), 151.
Du Laurens (André), médecin de Henri IV, 44.
Du Laurens (Gaspard), archevêque d'Arles, 44, 55.
Du Mesnil, capitaine, 161.
Du Mont (J.), cité, 190.
Dumont-Doubledent, 20.

Dumoucel (Rachel), 208.
Du Noier, 170.
Du Perron (Jacques Davy, cardinal), 3, 43, 50, 53, 115.
Du Perron (Jean Davy), archevêque de Sens, 115.
Du Plessis-Piquet (Louise Charles), 217.
Du Prat (Antoinette), 2.
Du Préau (Gabriel), 242.
Du Puy-Saint-Martin (Antoine d'Eurre), 143.
Du Puy-Saint-Martin (Rostain-Antoine d'Eurre), sr d'Aiguebonne, 143.
Durant, poète, xx.
Duranville (M. L. de), cité, 209.
Du Raynier (Isaac), sr de Droué, 129, 142, 143, 147, 149.
Du Raynier (Marie), 129.
Dure, 228.
Duret (Charles), sr de Chevry, intendant des finances, 57.
Duret (Charles), sr de Chevry et de la Grange, président à la chambre des Comptes de Paris, 57.
Du Rosel (Claude), 183, 184.
Du Thier, 30.
Du Tillet, 226.
Du Vair (Guillaume), garde des sceaux, 43, 120, 130.
Duval (M. J.), cité, 160.
Dyel (Jean), sr des Hameaux, premier président de la cour des Aides de Rouen, 48, 56.
Dyel (Nicolas), sr de Miromesnil, 48.

Effiat (Henri d'), marquis de Cinq-Mars, 115.
Elbeuf (Charles I de Lorraine, duc d'), 145.
Elbeuf (Charles II de Lorraine, duc d'), 145, 219.
Elisabeth, reine d'Angleterre, 280.
Entragues (comte d'), 31.
Entragues (Henriette d'), 31.
Epernon (duc d'). *V.* La Valette.

Escajeul (le sr d'). *V.* Morin.
Escalis (Henri d'), de Sabran, président au Parlement d'Aix.
Escalis (Marc-Antoine d'), baron de Bras, premier président du Parlement de Provence, 46, 55.
Escalis (Sextus d'), 46.
Eschaux (Bertrand d'), archevêque de Tours, 44, 55.
Esparbez de Lussan (François d'), vicomte d'Aubeterre, 113, 214.
Esparbez de Lussan (Jean-Paul d'), 214.
Esquetot (Charlotte d'), 50.
Estaintot (M. le vicomte R. d'), cité, xxx, 209, 213, 318, 322.
Este (Anne d'), 109.
Estissac (Claude d'), 118.
Estrées (Gabrielle d'), 33, 110.
Eusèbe, 234.
Eusèbe, cité, 13.
Eustache (Jean), 346.
Evodius, évêque de Rouen, 16.

Farin, cité, 24, 25, 57.
Farnèse (Horace), duc de Castro, 37.
Faucon (Alexandre de), sr de Ris, premier président du Parlement de Rouen, 46, 55, 116, 130, 131, 184, 185, 221.
Faucon (Claude), sr de Ris, premier président du Parlement de Rennes, 46.
Faucon (Charles de), sr de Frainville, premier président du Parlement de Rouen, 46, 221.
Faudoas d'Averton (François de), comte de Belin, gouverneur d'Alençon, 112, 154.
Faudoas (Jean-François de), sr de Serignac, 112.
Faye (Barthélemy), 263.
Feuquières (François de Pas, sr de), 229.
Feuquières (Manassès de Pas, marquis de), 229.
Flavius ou Alanus, 16.
Flesselles (Antoine de), conseiller au Parlement de Rouen, 57.
Flesselles (Jean de), sr de Bregy et du Plessis-au-Bois, 57.
Fleury (Henri Clausse, sr de) et de Marchimont, 39.
Fleury (Nicolas Clausse, sr de), grand maître des eaux et forêts de Normandie, 38.
Floquet (M. A.), cité, xxx, 2, 5, 14, 19, 21, 37, 230, 231, 318, 320, 322, 328, 333, 345, 347, 351.
Foix, (abbé de), 216.
Foix (Marguerite de), comtesse de Candale, 114.
Fontenay-Mareuil, cité, 53, 58, 112.
Fontius (Joannes), 235.
Forbin (Gaspard de), sr de Soliers et de Saint-Cannat, 53, 54.
Forbin (Palamède de), 54.
Forget (Anne), 126.
Forment (Nicolas), patenostrier, 348.
Forment (Philippe), 348, 350.
Fouage (Guillaume), paveur, 349, 350.
Fouilleuse (Philippe de), sr de Flavacourt, capitaine de Gisors, 28.
Foulé, avocat du roi au grand Conseil, 2, 5, 16, 21.
Foulques (Perrette), 28, 32.
Fouquerolles (le sr de), 216.
Fouques (Pierre), 349.
Fouquet de la Varenne (Guillaume), évêque d'Angers, 44, 45, 55, 156.
Fouquet (René), marquis de la Varenne, 156.
Franchini, intendant général des eaux et fontaines de France, 276.
François (saint), 241.
François Ier, roi de France, 14, 80, 96.
François II, roi de France, 14.
François (Clément), cornetier, 349, 350, 352.
Frédégonde, 17.
Fremyn de Floques, capitaine, 20.
Frère (M. Ed.), cité, 21, 188, 231, 324.
Frère (Claude), sr de Crolles, premier

président du Parlement de Grenoble, 47, 55.

Galard de Béarn (Jean de), baron de la Rochebeaucourt, comte de Brassac, 53, 54.
Galard de Béarn (René de), 54.
Galet père, crieur de vieux drapeaux, 349, 350.
Galland, 272, 335, 337, 340, 353, 357.
Gallia christiana, cité, 26, 44, 245.
Galteau ou Cailleteau, 148.
Garraut (Radegonde), 44.
Gassion (Jean de), colonel, 318, 320, 321, 322, 323, 342.
Gaudart, conseiller d'État, 344.
Gaultier, jésuite, 236.
Gautier de Girenton (Françoise), 149.
Genebrard (Gilbert), 235.
Genesté (Isaac de), s^r de la Tour, 176.
Geston, 185.
Germain (Jacques), s^r de la Conté, avocat à Carentan, 27.
Gobelin (Claude), 323.
Godes (Pierre), charbonnier, 348, 350.
Gondi (Albert de), baron, puis duc de Retz, 45.
Gondi (Charles de), marquis de Belle-Isle, 112.
Gondi (Henri de), évêque de Paris, 44, 45, 55.
Gondi (Henri de), duc de Retz, 112.
Gonzague (Catherine de), 107.
Gonzague (Louis de), prince de Mantoue, 32.
Gonzague (Vincent Ier de), 32.
Gonzague-Clèves (Charles de), duc de Nevers, 32, 38, 119, 159.
Gosselin (M. E.), cité, xxxi, xxxii, 130, 189.
Gouffier (Gilbert), duc de Roannès, 113.
Gouffier (Louis), duc de Roannès, 113.
Gourdon (Louis Ricard de), s^r de Genouillac, comte de Vailhac, 53, 54.
Gourdon (Louis de), 54.

Gourgues (Marc-Antoine de), premier président du Parlement de Bordeaux, 47.
Gouville (baron de), 187.
Graindorge (Gabriel), président de la cour des Aides de Caen, 312, 313.
Graindorge (Robert), conseiller à la cour des Aides de Rouen, 312.
Grand-Prieur (M. le). *V.* Vendôme.
Grasse de Pontevez (Marguerite-Louise de), 106.
Grégoire V, pape, 256.
Grégoire IX, pape, 256.
Grégoire X, pape, 256.
Grégoire XI, pape, 256.
Grichy (le s^r de), 188.
Griffet (le père), cité, xv.
Grosbendonck, gouverneur de Bois-le-Duc, 209.
Grosbendonck (le fils de), 210.
Grossetier-Béraut, 228, 229.
Groulard (Claude), premier président du Parlement de Rouen, 46, 124.
Guenet (Alexandre), greffier du bureau des finances de Rouen, 334.
Guespray (baron de). *V.* Myée.
Gueule de sabot (femme nommée), 349, 350.
Guillaume-le-Conquérant, 136, 258.
Guillaume de Melun, 245.
Guillaume, s^r des Roziers, 245.
Guise (Charles de Lorraine, duc de), 119, 220.
Guise (Henri de Lorraine, duc de), 119 144, 251.
Guyot (Guillaume), dit Patta, autrement le Prestre, manouvrier, 348, 350.

Hacqueville (le s^r de), 221.
Hallé (Antoine), cité, 124, 312.
Hallé (Barthélemy), s^r d'Orgeville, 223.
Hallé (Jacques), s^r de Cantelou, Orgeville, Pitres, etc., 24, 223.
Hallo, avocat du roi à Caen, 123.
Harcourt (Jacques d'), marquis de Beuvron, xxviii, 53, 54, 152.

Harcourt (Pierre d'), marquis de Beuvron, 54, 152.
Harcourt (comte d'), 218.
Harlay (Charlotte de), 209.
Harlay (François I de), archevêque de Rouen, 26, 44, 45, 55, 210, 223, 230.
Harlay (François II de), archevêque de Rouen, 44.
Harlay (Jacques de), marquis de Chanvallon, 44.
Harlay-Sancy (Jacqueline de), 143.
Harville (Claude de), s^r de Palaiseau, 53, 156.
Harville (Esprit de), s^r de Palaiseau, 53.
Hatin (M. E.), cité, xi.
Hautemer (Charlotte de), comtesse de Grancey, 34.
Hautemer (Guillaume de), s^r de Fervacques, maréchal de France, 30, 34.
Hébert (Claude), dite d'Ossonvilliers, dame de Courcy, veuve du s^r du Hallot, 3, 4, 12.
Hébert (Louis), s^r de Courcy, 3.
Hélie (Guillaume), prieur de Cléville, 26.
Hénaut (Jean), libraire, xi.
Hennequin (Madeleine), 46.
Henri II, roi de France, 14, 37, 109, 279.
Henri III, roi de France, 3, 14, 37, 42, 113, 115, 190, 250, 251, 252, 256, 268, 269, 279, 280.
Henri IV, roi de France, viii, xi, xviii, xix, 2, 3, 5, 11, 14, 15, 19, 20, 21, 31, 33, 35, 36, 37, 42, 50, 57, 61, 72, 73, 92, 109, 112, 117, 155, 156, 161, 174, 188, 190, 191, 202, 216, 255, 256, 265, 268, 279, 296.
Henri IV, cité, xviii.
Henriette-Marie de France, 217.
Hère (de), 344.
Herse (Pierre), fossoyeur de Saint-Maclou, 348, 350.
Hesperien (Pierre), 176.
Heurtevent (Philippe de Liée, baron de), 35, 37, 38.
Hidulphus, évêque de Rouen, 17.

Home (David), ministre protestant à Jargeau, 160, 161.
Houel (Jean), s^r du Petit-Pré, xxxii.
Houssay (s^r de), 313.
Housset (Constantin), 26.
Huault (Estiennette), 46.
Huet, cité, 123, 124, 295.
Huraut (André), s^r de Maisse et de Belesbat, 190, 191, 201.
Huraut (Nicolas), s^r de Boistaillé, 190.

Inger (P.), avocat à Rouen, 222.
Innocent XII, pape, 347.
Innocent, pape, 257.

Jacques Ier, roi d'Angleterre, 188, 190, 191.
Jacques (le petit), chargeur, 348, 350.
Jacquin (Julien), libraire, xxvii.
Jambeville (Antoine le Camus, s^r de), 42.
Jandun (Jean), 242, 243.
Jean (saint), 238.
Jean XXII, pape, 242.
Jean, serviteur de Le Coq, 348, 350.
Jean-va-nu-Pieds, 318.
Jeanne de Bourgogne, 246.
Jeannin (Charlotte), 57.
Jeannin (Pierre, dit le président), xxxii, 42, 57, 113, 115.
Jeannin de Castille (Nicolas), marquis de Montjeu, 57.
Joannes de Parisiis, 235.
Joinville (Charles de Lorraine, prince de), 144.
Joly (M. A.), cité, 160, 188, 189.
Jouvenel des Ursins (Catherine), 156.
Jouvenel des Ursins (Christophe), 156.
Jouvenel des Ursins (François), marquis de Trainel, 156.
Jouvenel des Ursins (Isabelle), 156.
Joyeuse (Catherine de), 36.
Joyeuse (Anne de), amiral de France, 268, 269.
Joyeuse (François de), cardinal, archevê-

que de Rouen, 3, 5, 15, 20, 23, 24, 44, 144, 205.
Joyeuse (Guillaume II de), maréchal de France, 3, 268.
Jubert, s^r du Til, 345.

L'Aubespine (Charles II de), s^r de Châteauneuf, 224.
La Ballivière (le s^r de), 29.
La Berchère le Goux, 221.
La Chapelle-Blaye, trésorier de France à Caen, 147.
La Châtre (Claude de), maréchal de France, 148.
La Châtre (Jacqueline de), 58.
La Châtre (Louis de), baron de la Maison-Fort, maréchal de France, 148.
La Chaussaye, échevin de Caen, 124.
La Chesnaye-Desbois, cité, 48.
La Cour (de), vicomte de Caen, 125.
La Croix (Jean de), s^r de Chevrières, évêque de Grenoble, 55.
La Fayette (Madeleine de), 229.
La Forest, 228.
La Fosse, 147.
La Fresnaye (le s^r de). *V.* Le Bouvier.
La Fresnaye (le s^r de). *V.* Vauquelin.
La Garde (Jeanne de), 54.
La Guette, aide-de-camp de Gassion, 321.
La Haye du Puy (de), baron de Meneville, 107.
Laisné, cité, 318.
La Londe (marquis de). *V.* Bigars.
La Loupe (le s^r de). *V.* Angennes.
La Luzerne (Antoine de), 152.
La Luzerne (Pierre de), gouverneur du Mont-Saint-Michel, 152.
La Madeleine (François de), marquis de Raguy, 53.
La Mailleraye (le s^r de). *V.* Mouy.
La Mark (Antoinette de), 274.
La Mark (Catherine de), dame de Bréval, 44.
La Mark (Charles-Robert de), comte de Maulévrier et de Braine, 126.

La Mark (Louis), marquis de Mauny ou de Mosny, 34, 126, 132, 136, 137, 141, 153, 154, 172, 173, 174, 215.
La Montagne (le s^r de). *V.* Le Page.
La Mothe-Houdancourt (Daniel de), évêque de Mende, 217, 218, 321.
La Mothe-Houdancourt (Philippe de), 217.
La Motte (le s^r de). *V.* Péhu.
La Motte (Jean de), tavernier et maçon, 349, 350.
Langhac (Françoise de), 164.
Langlois (Marie), XXXII.
Langlois (Michel), castelonnier, 348, 350.
Langrune-Hevé, élu à Caen, 125.
La Noue (Claude de), 53.
La Noue (François de), dit Bras-de-Fer, 53.
La Noue (Odet de), 53.
La Rivière (:. de), 139.
La Rochebeaucourt (baron de). *V.* Galard de Béarn.
La Rochebeaucourt (Marie de), 54.
La Rochefoucaud (Charles de), comte de Randan, 43.
La Rochefoucaud (François IV, comte de), 118.
La Rochefoucaud (François V, comte, puis duc de), 118.
La Rochefoucaud (François de), cardinal, 43, 45, 50, 53.
La Rochefoucaud (Lucie de), 321.
La Rue (abbé de), cité, 136.
La Salle (le s^r de). *V.* Caillebot.
Lateignant (Gabriel de), XXXII.
La Thuillerie (de), conseiller d'Etat, 344.
La Touche (Elisabeth de), 152.
La Tour (Antoinette de), 126.
La Trémoille (Charlotte-Catherine), 29.
La Trémoille (Claude, s^r de), 112.
La Trémoille (Henri, s^r de), duc de Thouars, 112.
La Trémoille (Jacqueline de), 164.
Laubardemont, conseiller d'Etat, 344.
Lausières (comte de), 30.
Lausières (Pons de), marquis de Thé-

mines, maréchal de France, 118, 219.
Lausières (Jean, s^r de), 118.
La Vache (Nicolas), s^r du Val-Saint-Jean et de Cléry, procureur général en la chambre des comptes de Rouen, 46, 56.
Laval (Charlotte de), 54.
Laval (René de), 112.
Laval (Urbain de), s^r de Boisdauphin, maréchal de France, 112.
La Valette (Bernard de Nogaret, duc de), 114.
La Valette (Jean de Nogaret de), 113.
La Valette (Jean-Louis de Nogaret de), duc d'Epernon, 108, 112, 113, 114.
La Varende (de), lieutenant du vicomte de Caen, 125.
La Varenne, 125.
La Varenne (Guillaume), 156.
La Vastine, 348, 350.
La Vastine (Nicolas), vendeur de bière, 348.
La Vérune (dame de). *V.* Montmorency.
Le Blanc (Pierre), s^r du Raullet, grand prévôt de la Normandie, 119.
Le Blond (Guillaume), 348, 350.
Le Boucher, grènetier à Caen, 125.
Le Bourgeois (Jacques), s^r de Bennauville, conseiller au présidial de Caen, 120.
Le Bourgeois (Jean-Louis), conseiller au présidial de Caen, 120.
Le Bouvier (Jean), s^r de la Fresnaye, ministre protestant à Caen, 173.
Le Bret (Julien), s^r du Mesnil-Gaillard, vicomte de Gisors, 28.
Le Bret (Robert), gouverneur de Gisors, 28.
Le Canu, échevin de Caen, 124.
Le Carpentier (Bertrand), plâtrier, 349, 350.
Le Charon (Marie), 56.
Le Clerc, conseiller au présidial de Caen, 125.
Le Conte (Nicolas), s^r de Draqueville, président au Parlement de Rouen, 48.

Le Coq, maître cartier, 348, 350.
Le Cordier (Nicolas), s^r du Tronc, 213.
Le Corsonnois (Jacques), procureur, 233.
Le Doux (Claude), s^r de Milleville, lieutenant général à Evreux, 27, 277.
Le Doux (Jean), lieutenant général à Evreux, 27.
Le Faulconnier, trésorier de France à Caen, 124.
Le Faulconnier (Jean), s^r du Mesnil-Patry, 124.
Le Febvre, s^r d'Ormesson, conseiller d'État, 344.
Le Febvre d'Ormesson (Marie), 346.
Le Fèvre (Nicolas), avocat au Parlement de Rouen, 271.
Le Gay (Claude), 327, 328, 330, 331, 333, 334, 340.
Le Goupil (Marie), 128.
Le Goux, s^r de la Berchère, 345.
Le Guerchois (Hector), s^r de la Garenne, 233.
Le Guerchois (Pierre), 233.
Le Guerchois (Pierre), xxix, 231, 233, 328.
Le Haguais (Adrien), 312.
Le Haguais (Augustin), président de la cour des Aides de Caen, 312, 313.
Le Menu (Jeanne), 345.
Le Mesgissier (Henri), libraire, 231.
Le Hardelay, 232.
Le Jumel de Lisores, procureur général au Parlement de Rouen, 48.
Le Maistre, 175.
Le Maistre (Simon), xxxii.
Le Marets, 143.
Le Marquetel (Marie), 152.
Le Masuyer (Gilles), premier président du Parlement de Toulouse, 47, 55.
Le Mesnil, 186.
Lenoncourt (Jeanne de), 112.
Lenoncourt (Madeleine de), 154.
Le Normant, xx.
Léonard (Frédéric), cité, 190.
Le Page (Gabriel), s^r de Montaigu, 57.

Le Page (Gabriel), s^r de Pinterville, 57.
Le Page (Robert), s^r de Pinterville, 56, 331.
Le Porche, conseiller au présidial de Caen, 124.
Le Rat (Jacques), carleur, 348, 350.
Lerminier (Nicolas), 348, 350.
Le Rouillé (Guillaume), 29.
Le Rouillé (Isaac), 29
Le Rouillé (Jean), 29.
Le Rouillé (Pierre), avocat du roi à Alençon, 28.
Le Roux (Barbe), 128.
Le Roux (Claude), s^r de Saint-Aubin, lieutenant général du bailli de Rouen, 127, 128, 210, 273.
Le Roux (Françoise), 210.
Le Roux (Nicolas), baron du Bourgtheroude, président au Parlement de Rouen, 127.
L'Escarde, 180.
L'Escarde, échevin de Caen, 124.
Les Cluseaux, 148.
Lesdiguières (connétable de), 129.
Lesdos (Jean de), 346.
Lesens (M.), cité, xxxiii.
L'Estoile (Charles de), 293, 331.
L'Estoile, cité, xvii.
Le Tellier, 351.
Le Tellier (Nicolas), s^r de Tourneville, 351.
Le Tellier, cité, 320.
Le Tonnelier (Claude) de Breteuil, receveur général des finances de Paris, 56.
Le Tonnelier (Claude) de Breteuil, procureur général de la cour des Aides de Paris, 56.
Le Vavasseur (Jacques), s^r de Cristot, 183, 184, 185.
Lévis (Anne de), duc de Ventadour, 275.
Lévis-Charlus (Catherine de), 53.
L'Hospital (François de), s^r du Hallier, 216.
L Hospital (Louis), s^r de Vitry, 216.

L'Hospital (Louis de), marquis de Vitry, 162.
L'Hospital (Nicolas de), s^r de Vitry, capitaine des gardes, puis maréchal de France, 40, 162, 216.
Lhuillier (Jeanne), 45.
Lhuillier (Jérôme), procureur général de la chambre des Comptes de Paris, 56.
Lhuillier (les) de Chalendos, 56.
Liberbiken, 209.
Loménie (Antoine de), s^r de la Ville-aux-Clercs, secrétaire d'État, 43, 44, 51, 153, 186, 208.
Loménie (Henri-Auguste de), comte de Brienne, 44.
Longaunay (Jean, s^r de) et d'Amigny, 25.
Longchamp, gentilhomme de Normandie, 172.
Longuemare (Isaac de), marchand de chevaux, 349, 350.
Longuemare (Jean de), marchand de chevaux, 349, 350.
Longueval (le s^r de). V. Monchi.
Longueville (Anne-Geneviève de Bourbon, duchesse de), 29, 107.
Longueville (Henri Ier d'Orléans, duc de), 107.
Longueville (Henri II d'Orléans, duc de), gouverneur de Normandie, 107, 108, 111, 112, 113, 116, 127, 128, 131, 132, 135, 159, 172, 177, 181, 185, 186, 219.
Longueville (Léonor d'Orléans, duc de), 4.
Longueville (Louise de Bourbon, duchesse de), 107, 111.
Lormier (M. C.), cité, xxix.
Lorraine (Anne de), 109.
Lorraine (Louis de), cardinal de Guise, 144.
Lorraine (Marguerite de), femme d'Anne de Joyeuse, 268.
Lorraine (Marguerite de), femme de Gaston d'Orléans, 276.
Lorraine (Louise de), 268.

Loubier, 176.
Louis (saint), 240, 260, 261.
Louis XI, roi de France, 114.
Louis XII, roi de France, 12, 14, 16, 17, 248.
Louis XIII, roi de France, *passim*.
Louis XIV, roi de France, x, xvii, xxi, 143.
Louis IV, de Bavière, 242.
Luxembourg (Madeleine de), 156.
Luynes (Charles d'Albert, duc de), xxii, 29, 30, 40, 57, 106, 117, 145, 147, 148, 149, 150, 158, 189, 190, 216.
Luynes (Honoré d'Albert, s^r de), 117.
Lyonne, 318.

Macé (Marie), 349, 350.
Maillard (Anne), 190.
Maisse (le s^r de). *V*. Huraut.
Maizet (de), capitaine de la ville de Caen, 139, 173.
Malherbe (le poète), 123.
Malherbe, cité, 180.
Malherbe du Bouillon, procureur du roi au présidial de Caen, 123, 146.
Malherbe (Louis), fils, tonnelier, 348, 350.
Mallard (Nicole), doyen de la Faculté de Théologie de Paris, 262.
Mallet (Louis), 351, 352.
Mallissi, lieutenant aux gardes, 142.
Mancel (M. Georges), xxv, xxvi.
Manneville, conseiller au présidial de Caen, 124.
Mansan (le s^r de). *V*. Antist.
Marans (le comte de). *V*. Bueil.
Marbeuf (Charles de), baron de Blaison, procureur général au Parlement de Bretagne, 47, 4 , 56.
Marescot (de), 345.
Mariage (Michel), s^r de Mongrimont, échevin de Rouen, 25.
Marie de Médicis, 22, 30, 31, 35, 44, 108 à 117, 119, 126, 130, 131, 133, 145, 146, 153 à 157, 209, 214.

Marigny (marquis de). *V*. Rohan.
Marle (Claude de), 263.
Marroles (s^r de), 321.
Marsile de Padoue, 242, 243.
Martel (Charles), s^r de Montpinçon, 151.
Martel (Marie), 151.
Martin (saint), évêque de Tours, 110.
Martin III, pape, 256.
Masseville, cité, 25, 228.
Mathilde, femme de Guillaume-le-Conquérant, 136.
Matignon (Anne de), 319.
Matignon (Charles de), lieutenant général en Basse-Normandie, 111, 135, 152, 175, 177, 181, 182, 185, 219, 227, 228, 229, 277, 319.
Matignon (François de), comte de Thorigny, 219.
Matignon (Gilonne de), 54, 152.
Matignon (Jacques de), comte de Thorigny, lieutenant général en Basse-Normandie, 111, 132, 135.
Matignon (Jacques de), 152.
Matignon (Léonor Ier de), évêque de Coutances, 277.
Matignon (Léonor II de), évêque de Coutances, 277.
Mauchrestien, apothicaire à Falaise, 187.
Mauny (marquis de). *V*. La Mark.
Maupeou (Gilles de), s^r d'Ableiges et de Villeneuve, intendant des finances, 57.
Mayenne (Charles de Lorraine, duc de), 33.
Mayenne (Henri de Lorraine, duc de), 33, 35, 41, 108, 113, 118.
Mazarin, cité, 320.
Mazurier. *V*. le Masuyer.
Médavy (François de Rouxel de), évêque de Lisieux, 28, 32.
Médavy (François de Rouxel de), archevêque de Rouen, 28, 32.
Médavy (Jacques II de Rouxel de), 28, 32.
Médavy (Pierre de Rouxel, baron de), comte de Grancey, gouverneur de Verneuil, 32, 34.

Médavy (Renée de), 213.
Melantius, évêque de Rouen, 16.
Melchisedec, 235.
Menisson (Marie), 347.
Mesmes (Henri de), s^r de Roissi et d'Irval, lieutenant civil, 48, 56.
Mesnier (Isaac), libraire, xxvi, xxvii.
Mesnil-Auvray (le s^r de), 185.
Meux (le s^r de). *V.* Rouville.
Michel de Césène, 242.
Miron (Charles), évêque d'Angers, 44, 45, 156.
Miron (François), prévôt des marchands, de Paris, 24.
Miron (Robert), s^r du Tremblay, prévôt des marchands de Paris, 24.
Modène (baron de). *V.* Mourmoiron.
Moisant (Jacques), s^r de Brieux, 125.
Moissac (comte de), 168.
Molé (Mathieu), s^r de Champlâtreux, procureur général au Parlement de Paris, 47, 50, 55, 59.
Molé (Mathieu), cité, xxiv, 41, 51, 52, 56, 60, 95, 105, 151, 153, 320, 321, 324.
Molina (Louis), 239.
Monchi (Antoine de), s^r de Senarpont, 34.
Monchi (François de), s^r de Longueval, 34.
Monchi (Jeanne de) de Senarpont, 107.
Monchi (Suzanne de), 27, 209.
Monsieur. *V.* Orléans.
Monstreuil (de). *V.* Montereul.
Montafié (Anne, comtesse de), 41, 109, 111.
Montaigu (Catherine-Bernarde de), 214.
Montbason (duc de). *V.* Rohan.
Montberon (Anne de), 54.
Montchrétien-Vatteville (Antoine), xxiii, xxviii, xxix, 160 à 164, 166 à 171, 175 à 189.
Montdenis (Abdias de), 271.
Montdragon (Jeanne de), 2.
Montendré (baron de), 321.

Montereul (Jean de), avocat, 5.
Montgommery (comte de), 152.
Montgommery (Gabriel de Lorges, comte de), 152, 159, 174, 228.
Montlor (comtesse de), 215.
Montlouet (le s^r de), 229.
Montmagny (le s^r de), 46.
Montmorency (Charlotte de), duchesse d'Angoulême, 273, 274.
Montmorency (Charlotte-Marguerite de), 29.
Montmorency (François de), maréchal de France, 37.
Montmorency (François Ier de), s^r du Hallot, de Bouteville, etc., 2.
Montmorency (François II de), s^r du Hallot, 2, 3, 4, 5, 10, 12, 15.
Montmorency (Henri Ier de), connétable de France, 155, 274.
Montmorency (Henri II, duc de), gouverneur de Languedoc, 155, 273, 274.
Montmorency (Jourdaine-Madeleine de), dame de la Vérune, 3, 4, 12.
Montmorency (Marguerite de), duchesse de Ventadour, 273, 275.
Montpensier (Mlle de), 41.
Montpezat (le s^r de). *V.* Des Prez.
Montpinçon (le s^r de), 216.
Moreau (Sylvestre), libraire, xxvii, xxviii.
Morges (le s^r de). *V.* Béranger.
Moric (de), conseiller d'État, 344.
Morin (Gabriel), 124.
Morin (Jacques), s^r d'Escajeul, trésorier de France, puis premier président de la cour des Aides de Caen, 124, 311, 312, 313, 315, 316.
Morin (Robert), s^r d'Escajeul, 124.
Mornay (Jacques de), s^r de Buhi, 54.
Mornay (Philippe de), s^r du Plessis-Marly, 53, 54, 158.
Motteville (Françoise Bertaut, dame de), 45.
Motteville (Nicolas Langlois, s^r de) ou de Mauteville, premier président de la chambre des Comptes de Rouen, 45, 56.

Mourmoiron (François-Raymond de), baron de Modène, 149.
Mourmoiron (Laurent-Raymond de), 149.
Mouy (Charles de), s^r de Richebourg, 351, 352.
Mouy (Françoise de), 27.
Mouy (Jacques de), s^r de Pierrecourt, 24.
Mouy (Louis de), s^r de la Mailleraye, 24, 27, 53.
Muisson (Jacques), xxxi.
Myée (Philippe de), baron de Guespray, 151.

Nassau (Charlotte-Brabantine de), 112.
Nemours (Henri de Savoie, duc de), 109, 114, 154.
Nemours (Jacques de Savoie, duc de), 109.
Neufville (de), 268.
Neufville (Charles de), 143.
Neufville (Denyse de), 39.
Neufville (Ferdinand de), abbé de Saint-Wandrille, 277.
Neufville (Nicolas de), s^r de Villeroy, secrétaire d'État, 39, 42, 118, 202.
Neufville (Nicolas de), marquis de Villeroy et d'Alincourt, 143.
Nevers (duc de). *V.* Gonzague.
Nicolaï (Antoine), premier président de la chambre des Comptes de Paris, 45.
Nicolaï (Antoine), idem, 45.
Nicolaï (Jean), s^r de Goussainville et de Presle, premier président de la chambre des Comptes de Paris, 45, 56.
Nicolas III, pape, 256.
Noël (Jean), courtier et interprète des Flamands, 348, 350.
Nu-Pieds (les), 318.

O (Jeanne d'), 25.
Occam (Guillaume d'), 242, 243.
Odespung (Louis), s^r de la Meschinière, 230.
Oisonville (baron d'), 320.
Olivier (Abel), syndic de Falaise, 25.
Ollier, 311.

Orbeville (d'), 181.
Orléans (Gaston d'), frère du roi, 41, 50, 51, 52, 53, 58, 106, 120, 148, 150, 213, 214, 266, 267, 276, 278, 296, 326, 329, 332, 343, 361.
Orléans-Longueville (Antoinette d'), 112.
Orléans-Longueville (Eléonore d'), 111, 219, 277.
Orléans-Longueville (Françoise d'), 35.
Ornano (Alphonse d'), maréchal de France, 106.
Ornano (Jean-Baptiste d'), comte de Montlor, lieutenant général en Normandie, 30, 106, 127, 149, 213, 214, 215, 267.
Ornano (Joseph-Charles d'), 213.
Ornano (Henri-François-Alphonse d'), s^r de Mazargues, 213.
Ornano (Pierre d'), 213.
Ouail (Romain), batelier, 348, 350.
Ouailly (d'), capitaine des gardes de Monsieur, 58.
Ouen (saint), évêque de Rouen, 7, 12, 13.

Palaiseau (le s^r de). *V.* Harville.
Palier (Noël), docteur en théologie, 262.
Palma-Cayet (Pierre-Victor), vii, viii, ix.
Paris (Claude), 346.
Parisot, lieutenant de Prudent, 150.
Parme (duc de), xxii.
Parry (Thomas), ambassadeur d'Angleterre, 190, 192, 201.
Parthenay (Catherine de), dame de Soubise, 113.
Pasquier, secrétaire du duc de Nemours, 114.
Pasquier (Etienne), cité, 2.
Patry, maître cartier, 348, 350.
Paul (saint), 238, 241.
Paul V, pape, xxii.
Péhu (Claude), s^r de la Motte ou la Mothe, 2, 3, 4, 5, 9, 11, 12, 15, 16, 19, 20.
Pelet (Gaspard de), s^r de la Vérune, lieu-

tenant général au baillage de Caen, 3.

Pelletier (Jean), docteur en théologie, 262.

Pépin, roi de France, 250, 257.

Péricard (Anne), 27.

Péricard (Charles), 26, 27.

Péricard (Emery), sr de Saint-Etienne, 26.

Péricard (François), évêque d'Avranches, 26, 210, 277.

Péricard (François), évêque d'Evreux, 26, 27.

Péricard (François), évêque d'Angoulême, 27.

Péricard (Georges), évêque d'Avranches, 26, 277.

Péricard (Guillaume), doyen du chapitre de Rouen, évêque d'Evreux, 3, 26.

Péricard (Jean), procureur général au Parlement de Rouen, 26, 27.

Péricard (Nicolas), avocat du roi au bailliage de Rouen, 26.

Péricard (Oudart ou Odoard), sr de la Lande, 26.

Petit-Jean, valet de Charles de Mouy, 351.

Phelypeaux, 293, 311, 314, 317, 327, 330, 333, 338, 339, 341, 345.

Phelypeaux (Louis), sr de la Vrillière, 44, 323.

Phelypeaux (Raymond), 323.

Phelypeaux (Paul), sr de Pontchartrain, 44, 51.

Philippe-le-Bel, 235.

Philippe VI de Valois, 231, 243, 244, 246, 247, 248.

Philippe II, roi d'Espagne, VIII, 280.

Philippes (Julien), 348, 350.

Picardet (Hugues), procureur général au Parlement de Dijon, 47, 56.

Picardet (Marie), 47.

Picart (J.), XI.

Piccolomini, 277.

Pic de la Mirandole (Fulvie), 43.

Piédefer (Marie), 263.

Pierre (saint), 236, 238, 259.

Pierre, porteur de foin, 348, 350.

Pierre Jean, dit Cuvert, autrement le Dieppois, tisserand en serges, 349, 350.

Pigny (Marin de), 230.

Pinard, 269.

Pont-Bellanger (Robert, sr de), 107.

Pontchartrain, cité, 34, 105.

Pont-Pierre, capitaine, 189.

Porphyre, 254.

Pot (François de), sr de Rhodes, grand maître des cérémonies, 58.

Pot (Guillaume), 58.

Potart (Philippe), sr de la Ruelle, 273.

Potart (Pierre), 273.

Potier (Antoine), sr de Sceaux, secrétaire d'État, 120, 121, 126, 146, 226.

Potier (Louis), baron de Gesvres, secrétaire d'État, 120, 215.

Potier (René), comte de Tresmes, 215.

Poulain (Pierre), sr de Calix, 125.

Praslin (maréchal de). V. Choiseul.

Prétextat, évêque de Rouen, 16.

Prou, 151.

Prudent, lieutenant du grand prieur de Vendôme au château de Caen, XXVIII, 110, 116, 121, 122, 123, 125, 128, 133, 136, 137, 141, 148, 150, 151.

Prudhomme (Claude), 43.

Puiseux (M. Léon), cité, XXV, XXVI, 136, 143.

Puymisson (Jeanne de), 118, 219.

Quittebeuf (Nicolas), 351.

Rabasse (Louis-François de), sr de Vergons, procureur général au Parlement d'Aix, 47, 48, 56.

Radulphi (Louis), 346.

Ragny (marquis de). V. La Madeleine.

Raillart (Louise de), dame de Marville, 32.

Raullet (le sr du). V. Le Blanc.

Ravaillac, XI.

Regnault (Jean), batelier, 348, 350.

Renaudot (Eusèbe), XII.

Renaudot (Isaac), XII.

Renaudot (Théophraste), XII, XIII, XV, XVI.

Répichon (Gilone de), 123.
Répichon (Michel de), trésorier à Caen, 123.
Retz (duc de). *V*. Gondi.
Rhodes (le s^r de). *V*. Pot.
Richelieu (cardinal de), xi, xiv, xv, xxii, xxxi, 108, 151, 156, 163, 217, 218, 221, 229, 266, 267, 272, 275.
Richelieu, cité, xiv, 110, 151, 216, 218.
Richer (Etienne), libraire, xi, xii.
Richer (Jean), libraire, vii, viii, xi, xii.
Riffault, 176.
Ris (le s^r de). *V*. Faucon.
Rissé (le s^r de), 141, 143.
Rivière (Barthélemy), 348, 350, 352.
Roannès (duc de). *V*. Gouffier.
Rochefort, conseiller au présidial de Caen, 125.
Roches–Baritaud (comte des). *V*. Châteaubriant.
Rodulf (Anne de), 117, 149.
Rodulf (Jeanne de), 149.
Roger (Pierre), archevêque de Sens, 245, 247.
Rohan (Alexandre de), marquis de Marigny, 154.
Rohan (Eléonore de), dame du Verger, comtesse de Rochefort, 30, 154.
Rohan (Henri duc de), 113, 118, 318.
Rohan (Hercule de), duc de Montbason, 30, 36, 40, 42, 50, 53, 115, 154.
Rohan (Louis de), prince de Guéméné, comte de Montbason, 30, 154.
Rohan (Louis de), comte de Rochefort, 154.
Rohan (René, vicomte de), 113.
Romain (saint), évêque de Rouen, 6, 7, 9, 11, 12, 13, 14, 16, 17. Fierte ou châsse et privilège de S. Romain, xxix, 2, 3, 4, 5, 8, 10, 11, 12, 18, 19, 20, 21. Confrérie de S. Romain, 9.
Roquemont (Claude de), s^r de Brisson, xxxiii.
Rouville (Jacques), s^r de Meux, 129.

Rouville (Jean de), s^r de Meux, 129, 149.
Royer (M.), secrétaire de Monsieur, 58.
Rozée (Jean), xxxii.
Rutebeuf, cité, 240.
Ryantz (le s^r de), 207.

Saint-Amadour (Gillette de), 3.
Saint-Amour (Guillaume de), 240, 241.
Saint-André-Bernier (le s^r de), 187.
Saint-Bonnet de Caylar (Aymar de), 129.
Saint-Bonnet (Jean de), s^r de Toiras, 129.
Saint-Christophe (de), conseiller au présidial de Caen, 124.
Saint-Clair Turgot (le s^r de). *V*. Turgot.
Saint-Félix (Claude de), président au Parlement de Toulouse, 55.
Saint-Félix (François de), procureur général au Parlement de Toulouse, 55.
Saint-Germain, 21.
Saint-Paul (François, comte de), 4, 159 à 163, 186.
Saint-Sime (Jean-Michel de), 223.
Saint–Simon (Cyrus de), marquis de Courtaumer, 321, 322.
Saint-Simon (Jean-Antoine de), baron, puis marquis de Courtaumer, 107, 321.
Saint-Simon (duc de), 32.
Sainte-Marie (le s^r de), 185.
Sainte-Marie d'Aigneaux (famille de), 181.
Sainte-Maure (Catherine de), 54.
Sallo (Charlotte de), 228.
Salomon, 234.
Sancerre (comte de). *V*. Bueil.
Sanguin (Jeanne), 28, 276.
Sardini (Nicolas), 145, 146.
Sariac (Bernard de), 230.
Sarlabos (Corberon de Cardillac, s^r de), 270.
Saugrain (Abraham), imprimeur, xxix, 175.
Savary (François de), marquis de Brèves, gouverneur de Monsieur, 58.

Savoie (Henriette de), marquise de Villars, 33.
Saxe-Weimar (Bernard de), 318, 320.
Sceaux (le sr de). *V.* Potier.
Schetz (Erasme), 209.
Schouski, ambassadeur de Pologne, 275.
Séguier (Antoine), président au Parlement de Paris, 46, 55.
Séguier (Jérôme), 347.
Séguier (Marie), 47.
Séguier (Pierre), chancelier de France, 46, 310, 311, 317, 318, 322, 323, 324, 327, 328, 330, 331, 333, 334, 335, 336, 341, 345, 346, 347, 358, 360.
Séguier (Pierre), 46.
Séguier (Tannegui), 347.
Seguin (Richard), cité, 226.
Serisay (Guillaume de), avocat au grand Conseil, 3.
Servien (Abel), marquis de Sablé et de Châteauneuf, procureur général au Parlement de Grenoble, 56.
Sévigné (Mme de), 347.
Sigisbert de Gemblours, cité, 13, 235.
Sigogues (René de Beauxoncles, sr de), 269.
Sigonneau (Marguerite de), 129.
Simiane (Baptistine), 143.
Siti, florentin, xx.
Soissons (Charles de Bourbon, comte de), 35, 41, 109, 111.
Soissons (Louis de Bourbon, comte de), 35, 41, 42, 43, 107, 109, 112, 155.
Soliers (le sr de). *V.* Forbin.
Souvré (Gilles de), maréchal de France, 118.
Souvré (Jean de), marquis de Courtenvaux, 118.
Soyer (Marthe), 125.
Spinola, 210.
Stabenrath (M. de), cité, 40.
Stace, 124.
Suarez (François), 239.
Suidas, 255.

Sully (Maximilien de Béthune, duc de), 22, 42, 160, 171.
Sully (Mme de). *V.* Cochefilet.
Surville (Etienne de), 120.
Surville (de), capitaine de la ville de Caen, 120.

Tallemant des Réaux, cité, 346.
Tanquerel (Jean), 263.
Tanquerel (Jean-Jacques), xxix, 230 à 233, 236, 237, 239, 243, 246, 248, 249, 250, 252, 256, 257, 261, 262, 264, 265, 266.
Téligni (Marguerite de), 53.
Thémines (maréchal de). *V.* Lausières.
Thémines (Jean de), 219.
Thesart (François), baron de Tournebu, 107.
Thévenot, cité, 218.
Thomas (Michel), dit Houssaye, 204.
Thorigny (comte de). *V.* Matignon.
Thou (Augustin de), 263.
Thou (Christophe de), 263.
Thou (Jacques-Auguste de), 47, 263.
Thumery (Jean de), sr de Boissise, 42, 190, 191, 201.
Tiard de Bissi (Cyrus), évêque de Châlon-sur-Saône, 55.
Tiard (Ponthus de), évêque de Châlon-sur-Saône, 55.
Tilladet (le sr de). *V.* Cassagnet.
Tibère, 19.
Tite-Live, cité, 6.
Toiras (le sr de). *V.* Saint-Bonnat.
Tôtes (Catherine de), 277.
Touchet (Marie), 31.
Tougard (M. l'abbé), cité, 25.
Tournebu (le sr de), 187.
Tourte (Nicolas), 327, 328, 330, 331, 333, 334, 340.
Tourville (le sr de). *V.* Costentin.
Toustain (François), peigneur de laine, 348, 350.
Trainel (marquis de). *V.* Jouvenel des Ursins.

Trapes (Léonard de), archevêque d'Auch, 55.
Trasi (le s^r de), 229.
Travail, 216.
Turgot (Claude), s^r des Tourailles, 175, 178 à 181, 183, 184, 185, 186.
Turgot (Jacques), s^r de Saint-Clair, 150, 179.
Turgot (Nicolas), s^r de Lanteuil, 150.

Urbain V, pape, 256.
Urbain VIII, pape, 276.

Vaignon (Samson), 293, 328.
Vaillac (comte de). *V.* Gourdon.
Vaissette (dom), cité, 47, 58.
Valère-Maxime, cité, 6.
Vallance, 129.
Varennes (Olivier de), libraire, xi.
Vasquez (Gabriel), 239.
Vaulx (Jacques de), 189.
Vauquelin (François), s^r de Bazoches, bailli d'Alençon, 28.
Vauquelin (François), s^r de Sacy, 28.
Vauquelin (Guillaume), s^r de la Fresnaye, lieutenant général à Caen, 25, 123.
Vauquelin (Jean), s^r de la Fresnaye, lieutenant général à Caen, 25, 123.
Vauquelin (Nicolas), s^r des Yveteaux, 25, 123.

Vaux (Françoise de), 34.
Veilleux (le s^r de), 221.
Vendôme (Alexandre, chevalier de), grand prieur de France, 109, 110, 111, 116, 121, 122, 132, 133, 138, 139, 141, 145, 151, 152, 157.
Vendôme (César, duc de), 29, 33, 108, 112, 154, 155, 157, 159.
Verdun (Nicolas de), premier président du Parlement de Paris, 46, 55, 221.
Vergons (le s^r de). *V.* Rabasse.
Verthamont (de), xxx, 344.
Vervins (Louis de), archevêque de Narbonne, 44, 55.
Victot (le s^r de). *V.* Boutin.
Vignier, 344.
Vignols (Antoinette de), dame de Pontcarré, 42.
Villars (M. de). *V.* Brancas.
Villemur (Anne de), 115.
Villeroy (le s^r de). *V.* Neufville.
Vincent de Beauvais, cité, 13.
Visé (Donneau de), xiv.
Vitry (le s^r de). *V.* L'Hospital.
Voisines (Charlotte de), 30.
Voisins (Louis de), vicomte de Lautrec, baron d'Ambres, 53.

Wert (Jean de), 277.

Zacharie, pape, 257.

Table des noms de Lieux

Alençon, 154, 177, 178, 279, 280, 283, 290, 293. Château d' —, 40, 112, 154, 203. Duché d' —, 155, 278, 279. Echiquier d' —, 278, 279, 280. Election d' —, 283, 298. Forêt d' —, 177, 178. Gibet d' —, 205. Généralité d' —, xxx, 278 à 294. Paroisse des Sept-Frères à —, 203.

Alexandrie (patriarche d'), 236.

Amboise, 267.

Amiens (citadelle d'), 30, 36, 108.

Andaine (forêt d'), 177, 178.

Anet, 109.

Angers, 109, 112, 115, 117, 145, 146, 153, 154, 155, 156, 267.

Angleterre, 153, 188, 193, 197, 198, 199, 228, 229, 258. Alun d' —, 356. Draps d' —, 355.

Angoulême, 130. Duché d' —, 37.

Angoumois, 113, 117.

Anjou, 159, 160.

Antioche (patriarche d'), 236.

Argentan, 177. Election d' —, 283, 297.

Argenton, 212.

Arles (patriarche d'), 237.

Auxonne (serge rase d'), 355.

Avranches, 319, 320, 321, 322, 323. Diocèse d' —, 26. Election d' —, 298. Grèves d' —, 321. Pont-le-Pierre à —, 320.

Bacqueville, 41.

Bâle (concile de), 249.

Basse-Normandie, 152, 177, 226, 227, 228, 278, 279, 295, 296.

Bayeux, 188. Diocèse de —, 226. Election de —, 297.

Beauce, 155, 172.

Béarn, 158.

Beauvais (pièce de), 355.

Belesme, 157.

Bellegarde, 115.

Bernay (élection de), 283.

Berry, 159, 160, 165, 172, 186, 189.

Blavet, 220.

Blaye, 113.

Blois, 23, 29, 251. Comté de —, 41, 278. Etats de —, 252. Ordonnance de —, 77, 102, 105.

Bois-le-Duc, 209.

Bonport (abbaye de), 1.

Bordeaux, 113, 193, 195, 220. Château-Trompette à —, 106. Parlement de —, 202.

Boulogne, 219.

Bourbonnais, 165, 172.

Bourges (patriarche de), 237.

Bourgogne, 115, 160, 164, 172.

Bouille (la), 130, 144.

Bovin (bruyère de), 320.

Bréda, 210.

Brest, 217, 267.
Bretagne, 113, 115, 158, 160, 174, 196, 198, 219, 220, 267. Parlement de —, 157.
Brouage, 267, 269.

Caen, xxv, 5, 15, 110, 116, 117, 120, 121, 125, 126, 128, 129, 130, 132 à 136, 138, 139, 140, 144 à 148, 153, 155, 159, 172, 173, 177, 193, 198, 215, 227, 228, 278, 290, 291, 294, 295, 296, 313, 319. Abbaye aux Dames à —, 136. Bureau des finances de —, 291. Carrefour de l'Epinette à —, 137. Château de —, xxv, xxviii, 30, 36, 40, 108, 111, 116, 121, 122, 123, 133, 134, 136, 137, 142, 143, 145, 147, 148, 149, 152, 153. Conseil de ville de —, 122, 123, 125, 126, 132 à 135, 137 à 140, 146, 152. Cour des Aides de —, xxx, 294 à 318. Election de —, 297. Faubourg Saint-Julien à —, 144, 147. Faubourg du Vaugueux à —, 136, 142, 144. Généralité de —, 278, 282, 283, 284. Halle à blé de —, 134. La Pigacière à — 147. La Roquette à —, 144. Maison de ville à —, 121. Présidial de —, 121, 122, 137. Pont Saint-Pierre à —, 134. Porte du berger à —, 142. Porte des Champs à —, 136. Porte Milet à —, 140. Porte Saint-Julien à —, 136. Tour de Saint-Pierre à —, 141. Saint-Jean à —, 147.
Canada, ix, xxx, xxxi.
Carentan, (église de), 272. Election de —, 298.
Carneille (la), 183. Le bailli de la —, 184.
Carrouge (château de), 177.
Carthage (évêché de), 241.
Caux (pays de), 127, 128.
Chalcédoine (concile de), 249, 253.
Champagne, 115, 117, 119, 155, 158, 159, 172.
Charente, rivière, 113.
Charenton, 270, 271.

Chartres, 119, 155. Duché de —, 41.
Château-Gaillard, 213.
Château-Gontier, 112.
Châteauneuf-en-Thimerais, 31, 32.
Châtellerault (duché de), 37.
Châtillon-sur-Loire, 161, 188.
Châtillon-en-Vandelais, 159.
Cherasco (traité de), 32.
Chinon, 112.
Cologne, 239.
Colombelles, 140.
Compiègne, 359, 360.
Conches (élection de), 283.
Condé (élection de), 298.
Constance (concile de), 242, 249.
Constantinople (concile de), 249. Patriarche de —, 236.
Corbeil-sur-Seine, 37.
Corbie, 277.
Coutances (élection de) 298. Diocèse de —, 226.

Damas, 254.
Damville, 275.
Dauphiné, 272.
Dieppe, 41, 108, 111, 114, 127, 159, 172, 173, 217, 218, 219, 268, 269.
Dives, 145.
Domfront, 177, 178, 181, 182, 186. Place de la Brière, à —, 182. Election de —, 283, 298.
Douay, 234.
Dreux, 109, 112, 155, 157.

Ecosse, 199.
Ecouen, 274.
Ecouis, 128, 130.
Ephèse (concile d'), 249.
Escoville, 147.
Espagne, xxii. Draps d' —, 355. Roi d' — 256.
Eure, rivière, 155.
Evreux (diocèse d'), 226.
Falaise, 139, 177, 178, 187, 227. Château de —, 40. Election de —, 283, 297.

Ferté-Bernard (la), 33, 112, 157.
Ferté-Vidame (la), 32.
Flamanville, 26.
Flandre, 160.
Flèche (la), 154, 156.
Florence (concile de), 249. Ratine de —, 355.
Fontainebleau, 190, 202, 211, 269.
Fontenay-le-Comte, 223.
Forges, 275, 276.
Françoise de Grâce. *V.* Havre (le).

Gaillon, 41.
Garonne, 114.
Gâtinois, 155, 189.
Gênes (ambassadeur de), 275.
Genevois (le), 114.
Gergeau. *V.* Jargeau.
Gertruydemberge, 209.
Gien, 161.
Gironde, 113.
Gisors, 2.
Grande-Bretagne, 193, 194, 195, 196, 198, 199.
Graville (marquisat de), 266.
Grèce, 241.
Guernesey, 198.
Guyenne, 103, 113, 117, 196, 198. Mer de —, 113.

Ham (château de), 108.
Havre (le), 152, 159, 172, 173, 212, 217, 219, 266, 267, 268, 269, 270.
Haye-le-Puy (la), 229.
Hibernie, 254.
Hollande, 220. Draps de —, 355. Fromage de —, 355. Toile de —, 355.
Honfleur, 145, 212, 266.

Ile-Bouchard (l'), 159.
Ile-de-France, 154, 159, 160, 203, 277.
Italie, 250.
Irlande, 195, 199.

Jargeau, XXIII, 159, 160, 161, 162, 163, 175.
Jersey, 198.
Jérusalem (patriarche de), 237.

Laigle, 156, 157.
Languedoc, 156, 169, 272.
Lésigny-en-Brie, 40.
Liége, 117.
Limoges, 172.
Lisieux, 155. Election de —, 283. Diocèse de —, 226.
Loches, 112.
Loir, rivière, 112.
Loire, 33, 112, 113, 117, 172.
Londres, 193, 194, 195.
Longueil, en Picardie, 2.
Lorraine, 160.
Loudun, 106. Paix de —, 29.
Lyon (patriarche de), 237.
Lyons (bûches de), 354.

Magny, 126, 127, 128.
Maine, 31, 33, 112, 155, 159, 160, 176, 177, 227. Comté du —, 155.
Manche, (la), 269.
Mans (le), 154, 156. Château du —, 33.
Mantoue (duché de), 32.
Marans (rivière de), 218.
Marmoustier (abbaye de), 110.
Mayenne, rivière, 112.
Meaux-sur-Marne, 37.
Melun (édit de), 252.
Ménétriou, 165.
Metz, 114, 117.
Meulan, 37.
Mézières, 118.
Montauban, 181, 186.
Morbihan, 217, 220.
Mortagne, 157. Election de —, 283, 298.
Mortain (élection de), 298.
Moulins (ordonnance de), 96, 97, 98, 102.

Nantes (édit de), 23, 212

25

Nicée (concile de), 249.
Nogent, 155.
Nogent-le-Rotrou (château de), 33.
Normandie, *passim*. Députés du clergé de —, 210, 223, 276. Gouvernement de —, 40, 106. Parlement de —. *V.* Rouen.

Oise, rivière, 35, 278.
Olonne, 220.
Orbec, 156.
Orléans, 162, 172, 189. Comté d'—. 249. Forêt d'—, 188. Conciles d'—, 16. Duché d'—, 41. Ordonnance d'—, 102.
Ozembray (Ons-en-Bray), 276.

Paris, 16, 23, 35, 37, 39, 41, 100, 114, 116, 117, 120, 128, 146, 154, 172, 188, 203, 227, 231, 264, 267, 275, 276, 277, 318. Augustins de —, 210, 276. Bastille, xx, 37, 216. Châtelet de —, 291. Collège de Harcourt à —, 262. Conciles de —, 16, 249. Cour des Aides de —, 297, 301, 313, 346. Coutume de —, 274. Croix-du-Tiroir à —, 38. Faubourg Saint-Germain à —, 208. Fort-l'Evêque à 352 —, Grève à —, xx, 21. Louvre à —, 116, 214. Maison professe de Saint-Louis à —, 208. Notre-Dame de —, xx. Parlement de —, 40, 115, 207, 226, 239, 243, 244, 247, 248. Rue de la Harpe à —, 188. Sorbonne à —, 188, 262. Université de —, 206, 208.
Perche, 31, 32, 33, 38, 112, 155, 159, 160.
Picardie, 20, 30, 108, 203, 219, 277, 278, 319.
Poitiers, 118, 172, 223, 230.
Poitou, 113, 114, 172.
Pont-Audemer, 39, 130, 144.
Pont-de-l'Arche, 34, 36, 39, 106, 267, 270, 334, 335. Château du —, 40.
Pontoise, xxiv, 37, 120, 126, 127, 205, 206, 207, 208, 267, 270. Collège de —, 205. Lieutenant du bailli de Senlis à —, 207.
Ponthieu (comté de), 37.
Pontorson, 159, 174, 186, 211.
Ponts-de-Cé (les), 112.
Pouilly, 165.
Préaux (seigneurie de), 274.
Provence, 119.
Provinces-Unies, xiii.

Quillebeuf, 35, 36, 37, 38, 39, 189, 190, 211. Château de —, 40.

Regnéville, 227.
Rennes (parlement de), 202.
Rochelle (La), xi, 182, 223, 224, 226 à 230. Assemblée de —, 158, 159, 174, 176, 177, 182.
Rouen, xxiii, xxx, 2, 3, 4, 6, 14, 16, 19, 21, 22, 23, 36, 38, 39, 40, 41, 45, 49, 59, 105, 111, 116, 117, 120, 126, 127 à 132, 138, 139, 140, 144, 159, 172, 173, 185, 189, 193, 194, 195, 203, 214, 221, 231, 232, 233, 260, 273, 274, 278, 280, 290, 293, 295, 322, 323, 324, 326, 329, 332 à 337, 341, 342, 346, 347, 349, 350, 352, 353, 354, 361. Alun de —, 356. Bailli de —, 352. Bailliage de —, 7. Bureau des finances de —, 323, 324, 331, 332. Chambre des Comptes de —, 37, 130, 132, 275, 278, 303. Chapitre de —, 3, 5, 7, 8, 9, 12, 13, 14, 15, 16, 17, 18, 20, 21. Cour des Aides de —, 7, 130, 132, 275, 278, 297, 298, 301, 306, 311, 313, 314, 315, 317, 323, 324, 328, 329, 330, 346. Diocèse de —, 246. Généralité de —, 278, 280, 282, 283, 284. Faubourg Bouvreuil à —, 349. Faubourg Saint-Sever à —, 349. La Maresquerie à —, 348. La Noble rue à —, 348. Notables (assemblée des) de —, xxiv, 27, 40. Notre-Dame de —, 330. Parlement de —, 7, 8, 9, 10, 14, 15, 22, 23, 37, 127, 128, 130, 131, 132,

181, 183, 184, 185, 202, 221, 230, 273, 275, 278, 279, 284, 292, 294, 306, 319, 322 à 327, 334, 337 à 341, 344, 348, 357 à 360. Paroisse Saint-Hilaire, 348. Paroisse Saint-Vivien, 348. Rue du Figuier, 348. Rue des Matelas, 348. Rue Saint-Hilaire, 348. Sainte-Catherine (fort), 37, 39. Vieux-Marché, 350. Vieux-Palais, 39, 128.
Rouville, 41.

Sablé, 112.
Saint-Germain-en-Laye, 203, 275, 311, 314, 317, 327, 328, 330, 333, 339, 341, 345.
Saint-Jean d'Angely, 113.
Saint-Lô, 135, 185. Election de —, 298.
Saint-Malo, 220.
Saint-Martin-de-Ré (fort), 217, 219.
Saint-Pierre-du-Regard (paroisse), vicomté de Vire, 204.
Saint-Quentin, 355.
Saint-Satur, 168, 171.
Sainte-Suzanne, 156.
Saintonge, 113.
Sancerre, XXIII, 159, 160, 161, 163, 164, 165, 167, 168, 169, 171, 172, 175.
Sarthe, rivière, 112.
Saumur, 23, 157, 158, 159, 267.
Sées (diocèse de), 226.
Seine, 6, 33, 36, 111, 128, 130, 155.
Senlis (bailli de), 207.

Senonches, 32.
Seure, 115.
Soissons, 33.
Sologne, 186.
Sotteville, 348, 349.
Suède (roi de), 318.
Suze (la), 156.

Thimerays (le), 31.
Toulouse, 100, 223. Parlement de —, 156.
Tourailles (les), 178, 179.
Touraine, 112, 118, 159, 160, 172.
Tours, 158. Concile de —, 16, 250.
Trente (concile de), 249.
Troyes, 29. Pièce de —, 355.

Valognes (élection de), 298.
Vendôme, 109.
Venise (république de), XXII.
Verger (le), 154.
Verneuil, 32, 34, 155, 156. Château de —, 40. Election de —, 283.
Vernon, 2, 4, 37.
Versailles, 293.
Veurdre (le), 165.
Vexin français (archidiaconé du), XXIV.
Vienne, rivière, 112.
Vincennes (bois de), 37, 247.
Vire, 177, 226, 227, 228. Election de —, 298.
Vitré, 159.

TABLE DES MATIÈRES

	Pages
Introduction	VII
Philippes Desportes	1
Plaidez sur les privileges de la fierte S. Romain de Rouen.	2
S. Germain et autres executez à mort	21
Edits révoqués	22
Erection d'une chambre de l'Edict au Parlement de Rouen en 1599	22
Députation de la Normandie aux Etats généraux	23
Le maréchal d'Ancre gouverneur de Normandie	29
Préparatifs de guerre en Normandie	31
Extrait d'un livret contre le maréchal d'Ancre	34
Heurtevan décapité	37
Le maréchal d'Ancre en Normandie	38
Assemblée des Notables à Rouen	40
Monsieur d'Ornano, lieutenant général en Normandie	106
Députés de la Normandie à l'assemblée de ceux de la religion prétendue reformée à Loudun	106
Le duc de Longueville nommé gouverneur de Normandie	107
Siège et reddition du château de Caen	108
Les protestants tentent de soulever la Normandie	157
Le capitaine normand Antoine de Montchrétien à Jargeau et à Sancerre	160
Désarmement des protestants en Normandie	172
Récit de la troisième entreprise de Vatteville-Mont-Chrestien	175
Le roi promet la démolition des fortifications de Quillebeuf.	189
Articles accordez entre le tres-chrestien roy de France et de Navarre, et le serenissime Roy de la grand-Bretagne, pour le commerce des François et Anglois traficquants és pays	

de leur obeyssance. Confirmez à Fontainebleau le 14 avril 1623	190
La peste à Rouen	203
Histoire véritable d'un estrange accident advenu à Alençon en l'execution à mort de deux faux monnoieurs, l'un catholique et l'autre de religion protestante	203
Arrest du Conseil privé du Roy, portant defenses aux eschevins et habitans de Pontoise de donner l'administration de leur college aux peres jesuites	205
Mort du sieur de Breauté	209
Deputés du clergé de Normandie à l'Assemblée générale du clergé de France	210
Demandes relatives à la Normandie extraites du Cahier general de ceux de la Religion pretendue reformée, présenté à Fontainebleau au mois de juillet 1625	211
Querelle du colonel d'Ornano avec le marquis de la Londe, pour le gouvernement de Chasteau-Gaillard	213
Mort du marquis de Mauny gouverneur de Caen ; ses estats et gouvernements à qui donnés	215
Le sieur du Hallier, capitaine des gardes, arreste Montpeinson et l'envoie à la Bastille par Fouquerolles	216
Ordre et diligence en Normandie du cardinal de Richelieu pour le secours de la citadelle de S. Martin de Ré	217
Mort du sieur de Rie, premier président au Parlement de Normandie. — Son epitaphe	221
Députés du Clergé de Normandie à l'Assemblée du Clergé de France en 1628	223
Conspiration des rebelles huguenots sur la ville de Vire en Normandie	226
Arrest du Parlement de Rouen contre une Table chronologique soubs le nom d'un nommé Tanquerel	230
Extrait de la Lettre écrite au Roy par Monsieur et par lui envoyée à MM. du Parlement pour la présenter à sa Majesté	266
Extrait de la deffence du Roy et de ses ministres contre le manifeste que sous le nom de Monsieur on fait courre parmy le peuple	267
Deputez de la Normandie au synode national de ceux de la religion pretendue reformée tenu à Charenton lez Paris	270
Mort du sieur de Sainct-Aubin, président à Rouen	273

Le Roi abandonne aux duchesses d'Angoulême et de Ventadour quelques terres situées en Normandie et ayant appartenu au duc de Montmorency...... 273
Séjour de Louis XIII à Forges...... 275
Députés du Clergé de Normandie à l'Assemblée générale du clergé de France tenue à Paris...... 276
Effroi causé en Normandie par la prise de Corbie 277
Edict du Roy portant création d'une generalité des finances en la ville d'Alençon avec les verifications faites en cette année 278
Edit du Roy portant creation d'une cour des Aydes à Caen en la basse Normandie...... 294
Révolte dans la Normandie...... 318
Punition des habitans et du Parlement de Rouen par le Chancelier...... 322
Declarations du Roy contre le Parlement, cour des Aides et Bureau des finances de Rouen...... 324
Declaration du Roy, portant interdiction de la cour des Aydes de Rouen...... 328
Declaration du Roy, portant interdiction des officiers du bureau des finances de Rouen 331
Arrests du Conseil d'Estat pour le restablissement des bureaux 334
Extrait des Registres du Conseil d'Estat...... 337
Extrait des Registres du Conseil d'Estat...... 339
Extrait des Registres du Conseil d'Estat 341
Declaration du Roy portant injonction aux gentilshommes de Normandie 342
Arrests du Parlement de Rouen et Conseil d'Estat, portans les noms de ceux qui sont condamnez par contumace.... 348
Extrait des Registres du Conseil d'Estat...... 551
Le Parlement de Normandie restably...... 357
Declaration du Roy concernant la composition et establissement de deux semestres du Parlement de Rouen, en consequence de l'edict de sa Majesté du mois de janvier dernier...... 357

www.ingramcontent.com/pod-product-compliance
Lightning Source LLC
Chambersburg PA
CBHW050919230426
43666CB00010B/2243